［著］青木　美智男

近世非領国地域の民衆運動と郡中議定

ゆまに書房

はじめに

現在、日本近世史研究では、近世社会において地域はいかに形成されるか、また近代社会へ移行するにあたって近代化の指標となる村落や地域の自治はいかなる方法で形成されるか、そのさいの母胎になる領域を越えた地域的市場の存在や、そこでの主役である中間層の役割や力量の内容が問われている。

本書は、こうした研究を意識して、私が関心を持ってまとめてきたいくつかの論稿を集めたものである。私は長く近世後期の非領国化する地域の問題に取り組んできた。なかでも出羽国村山郡の村々に関心を持ち、この地域がなぜに非領国化するのか、その過程を追究してきた。そして非領国的地域なるがゆえに生まれる、領主と農民の狭間にあって、独自の役割をはたす「郡中惣代」と、彼らが策定した「郡中議定」に注目し、史料の収集をおこなってきた。

また、こうした地域での民衆運動にも強い関心を持ち、村方騒動や百姓一揆や打ちこわしの分析から、「郡中議定」制定の関係、さらに地域の秩序維持のために組織された農兵の存在にも注目し、分析を進めてきた。

たしかにこの間、「郡中惣代」や「郡中議定」研究は、藪田貫さんや久留島浩さんたちの精力的な研究で大きく前進した。村山地方も、岩田浩太郎さんの堀米家を中心とする多角的でかつ重厚な研究で大きくイメージが変わろうとしている。そんな時に、いまごろこんな古い仕事を刊行してどうするのか、と疑問を持たれる方々もおられるかもしれない。「郡中議定」など、いまでこそ誰もが当然と思っている歴史的事象に最初に関心を持ち、それを学界に提起したのは、安孫子麟さんであり、次いで私であった。そしてそのフィールドは、出羽国村山郡そのものだった。

多くの方々の「郡中議定」研究で一番気になるのは、はじめから非領国ありき、ということを前提に研究がなされているという点である。なぜある郡が非領国化されるのか。じつはこの問題を解かないと地域の特性を証明できないはずである。郡が「一郷」＝「わが里」であるということを、そこに住む人々がいつ意識し、そこが非領国なるがゆえに、「一郷」的結束の必要が生じるとき、はじめて「郡中議定」なるものが策定されるのである。村山郡はどういう歴史的条件のもとで非領国化させられたのだろうか。私の関心がそこからはじまったのは、以上のような理由からである。

そしてそこに生きる民衆たちの近世後期から幕末にかけての動きを追った。本書はそんな論文配置になっている。そして第二編として、これまで収集してきた出羽国村山郡内の「郡中議定」を編年紹介し、今後の新たな研究の発展に寄与できればと考えた。

本書は、専修大学図書刊行助成金をいただき刊行することができた。大学に感謝するとともに、刊行を引き受けてくれた、ゆまに書房に心からお礼を申し上げたい。

二〇〇四年一月一〇日

［再版にあたって］

本書を刊行してから八年を経過した。専修大学図書刊行助成金で刊行したので、出版部数の大半を長くお世話になった関係各位に贈呈したため、すぐ品切れになり、近世の出羽国村山地方の研究を志す方々に御迷惑をおかけした。このたび、ゆまに書房の御好意により再版されることになり、本書が少しでも今後の研究に役立てればと期待する次第である。

なお、刊行年の二〇〇四年に、明治大学刑事博物館は明治大学博物館と改称されたが、今回の再版に当っては旧館名のままになっている。本書で使用した同館の史料は、博物館図書室に収められているので、利用される場合は、そちらへ御連絡されたい。今回再版の際、原文との照合に当り、博物館の皆さんに大変お世話になった。かつて自分で整理した文書に久しぶりに再会し感無量だった。（二〇一二年　四月）

近世非領国地域の民衆運動と郡中議定　目次

図表目次

第五章　幕末・維新期、羽州村山地方の世直し騒動

第一編　近世非領国地域の民衆運動

第一章　羽州村山地方における非領国地域の形成過程

はじめに

近世の出羽国村山郡は非領国的な地域であるといわれる。しかし初期からそうであったわけではない。本稿は、村山郡がいかにして非領国化したかということを歴史的に分析し、その実態と幕府の意図を明らかにすることを目的とする。なかでも村山郡内に存在する幕府直轄領（御料、天領とも）、山形藩領、小藩領、および遠隔地所領（「飛地」と呼ばれる）の形成過程を歴史的に追うことに力点をおき、そこからなぜ村山地方が所領が分散錯綜する、いわゆる、非領国化させられたかを論ずることにする。

ただ、こうした関係史料は、どこかに集中的に存在するものではない。村山郡内で刊行された郡史や市町村史に収録されている断片的な史料をつなぎ合わせて活用しなければならない。その点で、昭和六三年（一九八八）に刊行された『藩史大事典』第一巻「北海道・東北編」（雄山閣）は、藩政全般を概観できるうえでたいへん便利なものだが、残念なことに所領の村々や存在形態に関する説明が弱い。また、寛文四年（一六六四）に限っては、国立史料館編『寛文朱印留』上（史料館叢書1、国立史料館、一九八〇年）が利用できるが、全時代をたどることはできない。

あえてまとまった関連史料として利用できるものといえば、『寒河江市史編纂叢書』六六（二〇〇三年）に収録されている「手控」と、『西川町史編集資料』三（二）（一九七八年）に収められている「最上盛衰記」をあげることができよう。前者は、天保一三年（一八四二）、村山郡八鍬村の名主見習である森谷与兵衛憲章の村役人事務必携とでもいうべきもので、親が使っていたものを書き写したものらしい（「解説」参照）。なお同郡荒谷村（現在、山形市内）名主村形家にも「手控」と題してほぼ同じ内容のものが残されていて、『山形市史編集資料』二二（一九七〇年）に収録されている。これは嘉永元年（一八四八）、村形家の求めに応じて植松雅慶なる人物が筆録したものである。両者の関連性は分からないが、天保末年の幕藩所領の実態を詳細に示すとともに、そこに至る過程についても歴史的な史料に基づいて証明した点で出色な記録といえるだろう。また後者は、同郡大井沢村（西川町）の名主志田五郎右衛門が調べたものである。幕領を中心に所領の変遷を具体的にたどったものだが、それに関連して山形藩領の動きも描かれていて、本稿にとってたいへん貴重な史料であるといえよう。しかし今回、十分な史料批判ができなかったため、いずれもわずかな活用にとどめた点をお断りしておかなければならない。

いずれにせよ、所領の変遷を正確に把握できないのは、非領国地域村山地方の特質でもある。できるだけ正確を期すが、その点を予めお断りしておかなければならない。

一　幕府直轄領の成立と増大

まず羽州村山地方の幕府直轄領（以後幕領と略す）の変遷とその存在形態を示しておこう。第1表及び第1図がそれである。その全般的検討から、羽州村山郡における幕領の変遷をおおよそ次の三期に区分できるであろう。

第１表　出羽国村山地方幕領の変動表

年代	増減の事由	増減の地域	増減	規模	合計
元和八	最上氏改易	寒河江領二八カ村（鳥居氏へ領地として）	＋	（二〇〇〇〇）	（二〇〇〇〇）
寛永五	上ノ山松平氏転封の際	谷地領一五カ村	＋	一五〇〇〇	三五〇〇〇
一〇	白岩領、酒井忠重改易	白岩領一六カ村	＋	八〇〇〇	四三〇〇〇
一三	鳥居氏改易、保科氏二〇万石入封の際	尾花沢領三二カ村	＋	二〇〇〇〇	六三〇〇〇
二〇	保科氏転封、正保元年、越前大野より松平直基一五万石入封の際	山野辺、延沢、長崎、大石田、楯岡、蔵増領合五八カ村	＋	五〇〇〇〇	一一三〇〇〇
寛文八	松平忠弘宇都宮へ転封、奥平昌能九万石入封の際	一五万の差額のうち三万石（漆山領）二四カ村公収、残り三万石松平氏飛地	＋	三〇〇〇〇	一四三〇〇〇
八	高力左京亮に加増のため	深堀、大寺、高楯の三カ村	−	三〇〇〇	一四〇〇〇〇
一一	幕府直轄領総検地の結果増加分	（第一章註７参照）	＋	五八七二	一四五八七二
天和二	本多利長遠江より移封	寒河江領、長崎領、山形領、漆山領のうち	−	一〇〇〇〇	一三五八七二
貞享二	奥平氏宇都宮へ転封、堀田氏（一〇万石）入封	蔵増領五カ村、山野辺領のうち六カ村	−	一〇〇〇〇	一二五八七二
元禄一二	本多助芳越後糸魚川へ転封	（天和二年の項へ戻ル）	＋	一〇〇〇〇	一三五八七二
享保一三	堀田正虎（山形）、大坂城代就任のため河内などに替地	山形藩領のうち植木、落合、要害、蔵増、古館、柏倉各組より四二カ村	＋	二〇〇〇〇	一五五八七二
一四	堀田正虎死去のため堀田領に戻る	（享保一三年の項へ戻ル）	−	二〇〇〇〇	一三五八七二
寛保元	上杉氏へ預地設置（米沢）	山野辺村他一〇カ村	−	一四一二一	一二一七五一
二	白河松平氏姫路へ転封の際（寛文八年の項参照）	東根領二三カ村	＋	三〇〇〇〇	一五一七五一
延享元	堀田正亮大坂城代就任に付大坂周辺と村替のため	要害組、岡組、古館組、柏倉組、植木組、落合組より	＋	四〇〇〇〇	一九一七五一
二	堀田氏下総佐倉へ転封、佐倉より松平乗佑（六万五千石）入封の際、この時正亮老中就任、大坂周辺領村替村戻る	①延享元年再び堀田氏へ、 ②転封により関根村など九カ村	①− ②＋	①四〇〇〇〇 ②二三〇〇〇	①一五一七五一 ②一七四七五一
宝暦三	米沢預地を戻す	（寛保元年の項参照）	＋	一四一二一	一八八八七二
三	漆山附のうち、九カ村を再び上杉氏へ預地とする	漆山附九カ村	−	四〇二一	一八四八五一
明和元	松平乗佑転封、全山形領公収	山形城下を含む全域	＋	三七〇〇〇	二二一八五一
四	武蔵川越より秋元氏（六万石）、山形入封	（明和元年の項参照、そのうち二千石を残す）	−	三五〇〇〇	一八六八五一
四	織田信浮上野小幡より置賜郡高畑へ転封の際	天童領六町一八カ村	−	一八九〇〇	一六七九五一
五	米沢預地を廃し公収	（宝暦三年の項参照）	＋	四〇二一	一七一九七二
七	三度び漆山領を上杉氏の預地とする	漆山領八カ村	−	一五五〇〇	一五六四七二
天明八	堀田氏大坂城代就任のため、河内国と村替により	柏倉領四六カ村	−	四〇〇〇〇	一九六四七二
寛政三	土浦土屋氏へ和泉、近江、美作領の替地として	北目領一八カ村	＋	一三〇〇〇	一八三四七二
一〇	堀田氏大坂城代罷む	（天明八年の項参照）	−	四〇〇〇〇	一四三四七二
一一	武蔵久喜より米津氏長瀞へ転封	長瀞領七カ村	−	六一五〇	一三七三二二
文化一〇	上山領の一部、美作南北条郡などと村替	溝延領九カ村	−	一三〇〇〇	一五〇三二二
文政六	武蔵忍より阿部鉄丸（一〇万石）白河に転封の際	山野辺領二四カ村	＋	二七〇〇〇	一二三三二二
天保一三	上知令により秋元氏武州川越領と替地につき	米沢領地の一部、他各代官領三八カ村	−	二五〇〇〇	九八三二二
弘化三	長瀞領のうち、武州埼玉郡のうちに替地につき	長瀞領鷹ノ巣、二藤袋、本楯三カ村	−	一九三四	九六三八八
嘉永一	天童高畑領、米沢預地漆山領と替地の差額を公収	漆山領の一部	＋	二〇〇〇	九八三八八
安政三	蝦夷地上知のため、松前藩へ替地として	尾花沢領、柴橋領、東根領などより六五カ村（うち二四カ村領地）	−	四四五八〇	五三八〇八

第１図　出羽国村山郡における幕府直轄領の拡大期（元和～寛保）の存在形態

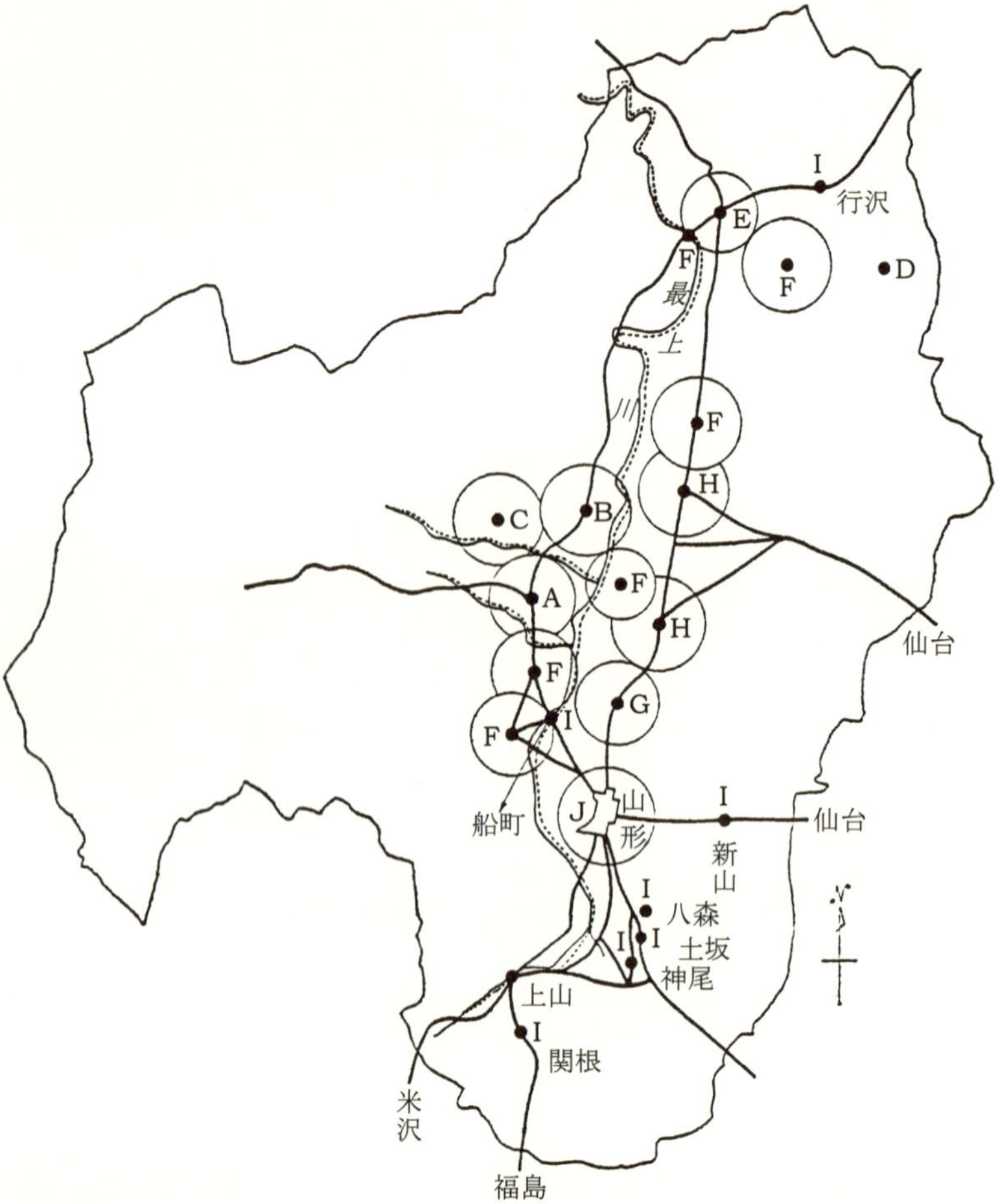

A　元和８年寒河江	F　正保元年大石田	G　寛文８年漆山
B　寛永５年谷地	楯岡	H　寛保２年東根
C　寛永10年白岩	蔵増	天童
D　寛永11年延沢銀山	長崎	I　延享３年船町，他
E　寛永13年尾花沢	山野辺	J　明和元年～４年
	延沢	山形領全域

第一期　寛永～寛文期　代官設置、急速な拡大期。
第二期　延宝～明和期　拡大の停滞、山形中央平野部への進出。
第三期　安永～安政期　寛政以降の漸次的縮小、天保～安政期の絶対的縮小。

以上のような各期の幕府領の変遷過程は、幕政そのものの変質と結びつく、最も具体的現象であることがわかる。第一期は、幕藩制の成立過程において、幕府が最大規模の土地所有者として諸大名に絶対優位する直轄領の実現過程、とくに秀忠、家光期の外様大名への改易政策で関東・畿内を中心に次第に全国的に拡大し、しかも辺境地帯にも介在して大名・寺社領統制にまで関与した幕藩制成立期の一環としてとらえることができる。(1)

まず「最上記」(2)によれば、元和八年（一六二二）最上氏の改易の結果、その旧領は次のように分割された。

一、寒河江領　　弐万石　　江戸御蔵入ニ被遊、鳥居左京様御預所
一、山形御城下　弐拾弐万石　鳥居左京様知行所、此節延沢銀山出初
一、上ノ山　　高四万石　　松平丹後守様御知行所
一、白　岩　　高八千石　　酒井長門守様御知行所
一、左　沢　　高弐万石　　酒井右近様御知行所
一、新　庄　　高六万八千弐百石　戸沢右京様御知行所
一、庄内鶴ケ岡　高拾四万石　酒井宮内様御知行所

と、幕府御蔵入地（幕領）は、鳥居氏山形入封の際、寒河江領二万石・三〇ヵ村を預地として成立する。

その後の拡大過程の詳細は第1表に示すごとくである。まず代官所設置による直接支配の体制は、寛永一三年（一六三六）の鳥居氏の改易、保科氏入封の際に確立した。[3] しかし、その当初の目的は、鳥居氏の管轄下にあった「延沢銀山」の直接経営にあったものと考えられる。「野辺沢御銀山大盛記」[4] は当時の銀山経営の様子を次のように記している。

……鳥居左京様御領地弐拾四万石之収納米、銀山江被差上候而茂、右銀山谷中諸人数扶持米ニ引足不申候ニ付……（中略）……寛永拾壱歳より御公儀山ニ相成申候、為上使と江戸表より伊丹播磨守様御下リ被遊、山口惣輔五拾三口御請取被成、御支配被遊候間、御手山ニ相成申候由也、夫より御料私領差別なく御収納米御年貢不残山方江引向御上ケ被成、金掘者扶持米ニ被成候得者、夫ニ而も扶持米引足り不申、我（餓）死致候躰もの出来申候（以下略）

と、おもに人足米が山形藩内では供給できない実情と、幕府が延沢銀山を寛永一一年（一六三四）に、「御公儀山」＝直轄化し、その採掘に積極的に乗出し、そのため「御料私領差別なく」郡内全域から人足米を調達しなければならなくなった事情が述べられている。ここに羽州村山郡における幕領拡大の最初の目的があったと思われる。

しかし飯米確保などを目的とした鉱山維持のための周辺地域幕領化の動きは、銀山経営の衰退とともに転換する。それは、正保元年（一六四四）、保科氏の転封後、越前国大野から松平直基が一五万石で山形へ入封の際に生じた差額五万石収公[5]から本格化する。

五万石収公の内容は、第1図のFに示される地域を中心に行われた。それは山形北部と西部を中心にした山野辺領八ヵ村・八千七四二石余、長崎領一二ヵ村・七千四八五石余、蔵増領九ヵ村・八千五九一石余、楯岡領七ヵ村・一万二千九六四石余、大石田領一一ヵ村・六千二九八石余、延沢領一一ヵ村・六千二九八石余、合計六領五八ヵ村がそれである。ここで言う「領」とは、戦国期に形成された在地領主の領域であると思われる。

これらの領の中心的な村落は、それぞれが旧山形藩領域における定期市場であり、その設定のあり方に注目すべきである。これらは元和八年（一六二二）、寛永五年（一六二八）、同一〇年（一六三三）、同一三年（一六三六）に収公された寒河江、谷地、白岩、尾花沢などの、各定期市場を中心とした地域の直轄化とあわせて、村山地方にかなりの割合の幕領を配置し、出羽支配の中核に位置付けようとする意志を示したことを意味した。(6)なかでも村山地方における河川運輸統制上の中枢をなす最上川筋大石田領の収公は、村山郡内に配置された諸藩領に対して、優位な条件を確保したことを意味する。

その後、出銀量は次第に減産しはじめ、代官陣屋の平野部への移動によって銀山経営からの撤退が明確になっていく。そして寛文八年（一六六八）、奥平氏の山形入封の際、漆山領三万石（第1図参照）を収公し、寛文期総検地の実施による五千五百石余に及ぶ増加分を加えて、(7)ほぼ羽州村山地方における幕領の確立をみたのである。さらに寛文一一年（一六七一）、延沢銀山陣屋を廃して、「延沢御屋敷御畳・木材等長瀞へ御運ヒ、古城之跡ニ被成御普請、御本〆役衆各被成御移」(8)と、平野部への移動が進められたのである。

このように、近世初期の村山地方での幕領拡大化の過程は、単に転入封の際に生ずる「偶然性」による拡大ではなく、その存在形態をみても明らかなごとく、定期市場を中核に収公し、その地域における流通の拠点（市場）に代官所を配置して統治体系を整備していったことがわかる。(9)その後それぞれの定期市場は、次第に在郷町化し、近世中期には、城下町山形との市場的な対抗関係を引き起こすに至るほどの成長をみるのである。

あえて「偶然性」による幕領の拡大が見られるとすれば、それは村山地方の諸藩がしばしば領主が交代する転封地域として固定化されることと深くかかわっている。その点で第二期の延宝～明和期に見られる幕領の拡大は、まさにその現れだといってよいだろう。

すなわち、第1表にみられるように、貞享二年（一六八五）、堀田氏の山形入封のさいの一万石の減少、元禄一二年（一六九九）、村山藩・本多助芳の越後糸魚川への移封、廃藩にともなう一万石の収公、享保一三年（一七二八）、堀田氏の大坂城代就任にともなう河州等との村替による増減、寛保元年（一七四一）、米沢上杉氏へ預地設置等、これまでの急激な拡大化とは異なり、転封のさいに生じる差額を収公することによって幕領を拡大させる傾向に注目すべきである。

なかでも、最も注目すべき点は、寛保二年（一七四二）、奥州白河藩松平氏の姫路転封にともなう飛地東根領三万石の収公、延享三年（一七四六）、山形藩堀田氏の下総佐倉への転封と、下総佐倉よりの松平乗佑の山形入封の際の差額二万三千石の収公を契機として、明和元年（一七六四）、乗佑の三河西尾への転封、同四年（一七六七）、武蔵川越より秋元氏入封までの四年間にわたる山形藩領全域の収公をピークとする約二一万二千石余におよぶ、全時代を通じ最大規模の直轄化が図られた点であろう。

その具体的な動きは第1図に示す通りであり、そのうちH～Jの存在形態をみると、Hは平野部の中心部にあり、村山郡中でも最も商品生産の高い地域である。またIは、図の示す通りきわめて点在的であり、これまでの一定期市場を中心としたあり方とは異なって、主に街道筋で時に領外との接触点に近接するか、もしくは最上川河川交通の上郷地方の舟着場等、商品流通統制上の重要な地域を占めている。新山、行沢、関根、船町等はその意図を端的に表現した地域であることがわかる。

このような寛保～明和期の幕府直轄領の存在形態は、同時期の同地方に対する商品流通の統制と深く結びついていたと考えられる。とくに当時積極的に展開されだした紅花生産に関する新政策への転換と関連していると思われる。

享保期から寛保期にかけて京都及び在方の各紅花市場に著しい変化があったことは先学の認めるところである。(10)この間の事情について、時代は下るが寛政期紅花会所設置反対の際、一京都商人から三井家宛の「書簡」(11)に次のように指摘されている。

一、於京都之紅花取扱之儀ハ凡七十年前正徳享保此頃迄ハ、紅花問屋と申儀無御座、京都と奥筋国方相仕と成、紅花買入紅染方へ売渡、又紅染屋よりも奥筋へ紅花買方ニ罷越手広家業相続仕来候処、享保之頃（二〇年）於京都紅花問屋御免願候者有之、十四軒紅花問屋相定り、此十四軒以外江紅花荷物国方へ引受候事不相成、又紅染屋より国方へ買方ニ下り候儀も不相成立法出来、依而紅花荷物ハ問屋十四軒申合売り値段定自由ニ売り候故……（以下略）……

一、享保之頃より京都問屋相立候而より紅染屋中、国方荷主中難渋、百姓方大痛ニ相成御座候処、宝暦之頃（明和二年）山形御城御領地ニ成リ紅花地御年貢納リ兼候筋ニ而、小野日向様より京都紅花問屋紅染屋御呼下シ、問屋名目御取放往古之通りと被為仰付御座候……（中略）……扨又国方荷主ハ紅染屋中へ直売相成ニ付荷主十分之売方出来甚難有存罷在候

一、下地紅花問屋十四軒問屋名目放、只今ハ紅花屋と斗申ニ成、国方へ罷越出張直買致、又国方荷主送り荷之分受取、紅染屋中へ持廻り売付家業仕候、且宝暦（明和二）以来ハ右十四軒以外国方手前手前ニ紅花荷引受紅染屋中へ売り候者追々出来、依之近来紅花捌方京都甚手広相成り、夫故常陸、上総、伊勢、近江、伯耆、肥後等ニ而紅花増作京都へ差登候、全売買自由簾直在元通と申事候

この書簡の概略は、享保二〇年京都紅花十四軒問屋設置による独占支配の確立後、自由な商売を妨げられた京紅屋と、在方荷主の苦境の事情をあげ、とくに明和元年「山形御城御領地ニ成リ紅花地御年貢納リ兼候筋ニ而」と山形領収公の結果が、十四問屋独占廃止に関連することをのべている。更に、この背景には紅花値段の問題と、全国的な生産地域拡大によって、独占支配が維持し得ないものとなっていた現状を独占問題廃止後、「近来紅花捌方京都甚手広相成り、夫故常陸、上総、伊勢、近江、伯耆、肥後等ニ而紅花増作京都へ差登候、全売買自由簾直在元通と申事候」という実情からうかがうことができる。

また、一方生産地においては、「大勢郡中之百姓悦申事に候、当時願人荒町吉田五兵衛、前小路金右衛門並伝蔵、当町吉田五郎兵衛右四人願成就悦帰国仕候[12]」と生産者農民、および在郷町の商人を歓喜させ、翌三年には、「当年京都より紅屋並に問屋壱両人、山かた直買に下り申し候、依之百姓方甚気つよく有之、直段高直仕候」という状況を生みだした。しかし、幕府は同年正月には、農民直売に対し郡外向けの「荷役口銭」の増加と、これまでの村役人を通す間接徴収法を改めて、最上川筋河岸等で徴収する取締令を郡内各村に出し、直接的な農民的商品経済の掌握の意図をみせている。

その点は、幕府代官宮村孫左衛門の勘定所宛の上書[13]によれば、それは、とりもなおさず

紅花・青苧・たはこ三品之儀、村々ニ荷作仕酒田湊江差下候直売之分、前々より村々名主送り状を以附送口銭差出候処……（中略）……、右村々より東根、天童、大石田三ヶ所之市場江差出候分者、市場ニ而買請商人共荷作切手取立口銭相納来候得共、村々ニ而荷作リ仕酒田湊江差下直売候之分者、口銭差出不申候段村方申立候通紛無御座候

と、在方市を通しての課税が最早不可能となっていることが分かる。こうした、「村々ニ而荷作リ」による直接酒田積み下しに対しては、最上川筋河岸における新課税方式がもっとも有効であり、それによってのみ、「紅花之儀者壱駄ニ付金三拾両程、此口銭金壱分永弐百五拾文ツヽ、取立候ニ付差而難儀ニ相成候筋ニも無御座候間、以来紅花者直売之分者口銭取立方之儀も是迄より相増候」と高い税収入を確保しうるという背景においてである。

さらに、大石田による独占的な最上川舟差配の変質にみられる動き(14)などに、寛保二年以降の幕府直轄領拡大化政策を重ねあわせると、それが発展する農民的商品市場を直接的に掌握しようとする幕府の積極的な意図と密接に関連していたと考えることができよう。

しかるに、第三期に至るとその存在形態は、質的にも量的にも、第一期、二期とは異質な性格を持ってくる。その徴候が明らかになるのは、寛政の改革以降である。つまり寛政三年（一七九一）、常州土浦藩領一万三千石の設定(15)、同一一年（一七九九）、武州久喜藩米津氏一万石の幕府長瀞領への入封による六千一〇〇石余の割譲(16)、文政六年（一八二三）、武州忍より阿部氏の白河移封の結果として山野辺領地二四ヵ村二万七千石余の設置など(17)、寛政三年から文政六年にかけては、文化一〇年（一八一三）、の上山領の一部の収公はあるものの、およそ四万石に近い減少(18)を示している。

ついで、天保一二年（一八四一）、「三方領知替」の失敗で、転封を阻止された武蔵川越藩が二万石を加増されたさい、山形藩秋元氏の武蔵川越領三万六千石余(19)が川越藩に与えられ、その代り村山郡の幕領および米沢藩預地漆山領の一部が山形藩に与えられた。そして、さらには安政三年(20)（一八五六）、蝦夷地松前藩領の幕府直轄支配による見返りとして、陸奥伊達地方九千石、出羽村山地方に三万石余の幕領が与えられることとなり、村山では、その結果、東根領・柴橋領・尾花沢領から四一ヵ村三万六〇〇石余と、尾花沢領二四ヵ村一万三千九〇〇石余を預地とし、合計四万四千石余が与えられることになった。ここに村山地方の幕府領は第一期、二期にくらべて絶対的な減少をみせ、およそ五万八千石台になるのである。

以上第三期は、明らかに幕藩制の変質、解体期における幕政の具体的反映であろう。上知令や蝦夷地収公など、天保期以降、露骨にみせる解体期の対外関係への対応と不可分に結びつく直轄領支配の変質を見事に体現していると言ってよいだろう。

二　山形藩領の縮小と分散化

次に郡内最大の藩である山形藩領をみてみよう。山形藩はさきにのべた幕府直轄領の変遷とは全く対照的に、元和八年（一六二二）、最上氏改易のあとをうけて、鳥居氏二二万石が成立するが、寛永一三年（一六三六）の改易以降は、固定的な転封地域として設定され、その後縮小化の一途をたどり、かつ、分散錯綜化する傾向を示すのが特徴である（第2表参照）。

一言でいえば、元和八年以降に成立、拡大する幕府直轄領および諸藩領域は、すべてこの山形藩領の侵蝕をもって行われた。しかも、それは度重なる新領主の入替の際に行われたため、藩主の交替数が縮小の証左となる。なかでも、著しい変質をみせるのは、寛文八年（一六六八）、奥平氏九万石入封の際と、延享三年（一七四六）、下総佐倉松平乗佑六万石入封の二つの時点である。第2表は、その所領規模の変遷過程をみたものであるが、このように、とくに延享期以降の存在形態はきわめて重要な問題を提示している(21)。

以下、その変遷の具体的な分析の中から、とくに藩領域圏の問題を、所領規模の変遷と存在形態に注目しつつ考察

第2表　山形藩所領変遷表

年代	領主名	地域	増減 (＋)増 (－)減	地域内訳 山形村山地方	地域内訳 他国他郡	合計 (差引)
元和8年	鳥居　忠政	山形城下他	二二〇、〇〇〇石	二二〇、〇〇〇石		二二〇、〇〇〇石
寛永13年	保科　正之	山形城下他	－　二〇、〇〇〇	二〇〇、〇〇〇		二〇〇、〇〇〇
正保元年	松平　直基	山形城下他	－　五〇、〇〇〇	一五〇、〇〇〇		一五〇、〇〇〇
寛文8年	奥平　昌能	山形城下他	－　六〇、〇〇〇	九〇、〇〇〇		九〇、〇〇〇
貞享2年	堀田　正仲	山形城下他	＋　一〇、〇〇〇	一〇〇、〇〇〇		一〇〇、〇〇〇
延享3年	松平　乗佑	山形周辺、下総	－　四〇、〇〇〇	三七、〇〇〇	下総　二三、〇〇〇	六〇、〇〇〇
明和4年	秋元　涼朝	山形周辺、武蔵、河内	山形周辺のみ (－)　二、〇〇〇	三五、〇〇〇	武蔵川越・河内 二五、〇〇〇	六〇、〇〇〇
弘化2年	水野　忠精	山形周辺、近江	－　一〇、〇〇〇	四、八〇〇	近江坂田浅井郡 五、六〇〇	五〇、〇〇〇 (四、八〇〇)

を試みてみよう。

元和八年鳥居氏入封の際の山形藩領は、旧最上氏領五〇万石余の約二分の一弱にあたる二二万石（実質的には幕府預地二万石を加え二四万石となる）で、村落は二四二ヵ村を山形を中心に、上山、新庄、酒井氏左沢領の一部をのぞき、ほぼ村山郡全域に一円的に形成された。

その内部には、後に周辺在郷町・城下町として発達する、尾花沢、大石田、山野辺、船町、天童、長崎本郷、楯岡、東根等、かつて最上氏の勢力下に入っていた旧小領主層の小城を中心に設定された定期市場を含んでいた。(22)

つまり、第2図に示す如く、山形を中心として五キロメートル間隔に斜線平地部に点在する各市場は、それぞれほぼ周辺半径五キロメートル内の周辺農村における非自給

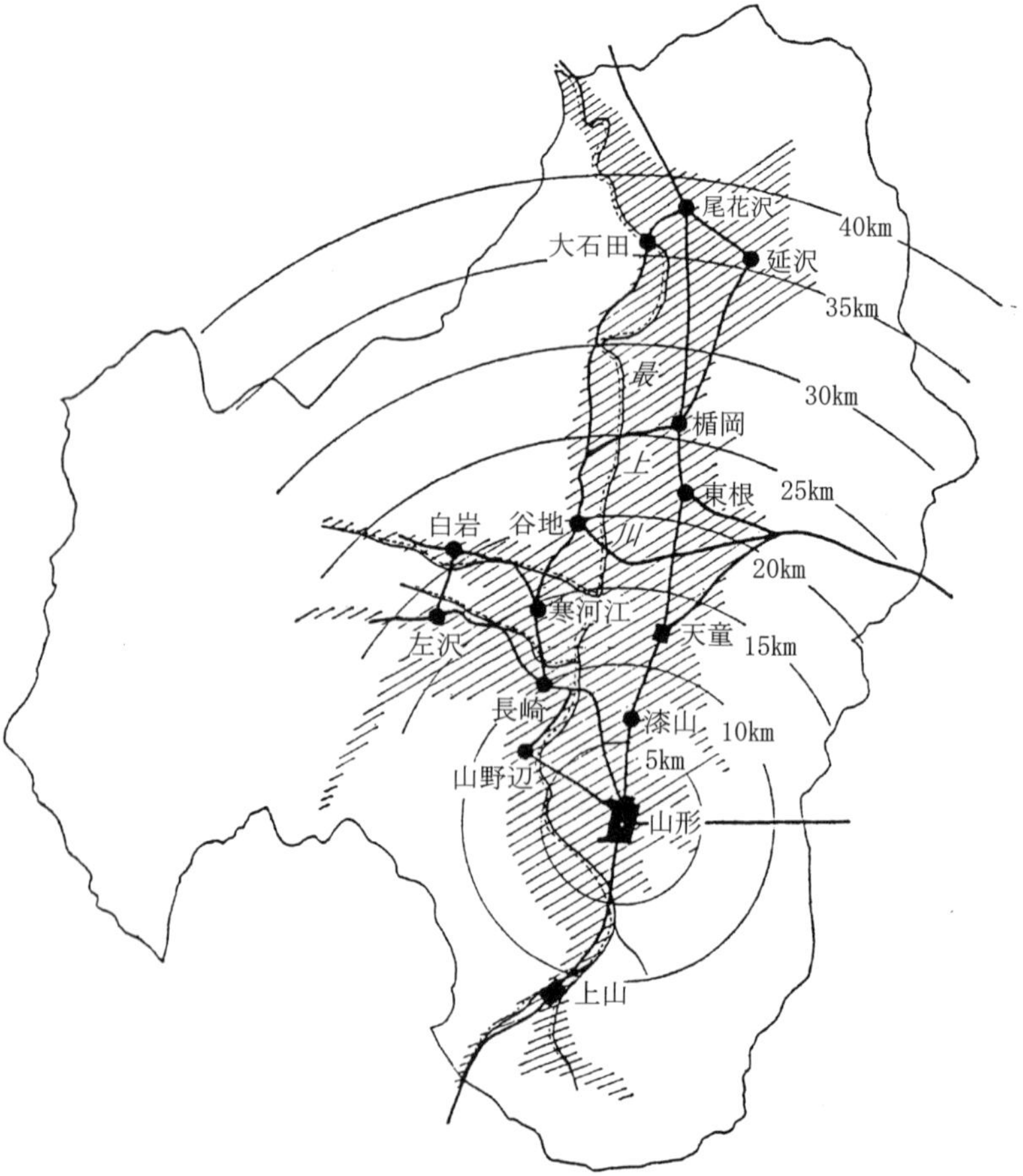

第２図　山形周辺定期市場、在郷町の所在地
■は城下町をあらわす。注，天童は文政12年より城下となる。

品の商品交換という性格をもつ定期市場として形成されていた。しかも、これらは戦国期において周辺村落を掌握した在地小領主層によって、市場的機能がほぼ整備されていたのではなかろうか。(23)

しかるに、寛永一三年（一六三六）、鳥居氏に代わって入封する保科正之二〇万石の際に行われた尾花沢領二万石・三二ヵ村の削減を契機に、以後、新藩主交替の都度、石高の減少が恒常化する。つまり、正保元年（一六四四）、松平直基一五万石の入封（五万石縮小―大石田領他四領(24)）、寛文八年（一六六八）、奥平昌能九万石の入封（六万石縮小―漆山領三万石・二四ヵ村を幕領東根領、残三万石・二四ヵ村を松平忠弘領）と、主に幕府直轄領拡大に伴う縮小化の一途をたどるのであるが、その縮小の特色は常に前述した定期市場を中心に形成されていた平均二〜三〇ヵ村の各ブロックを単位に収公化される点にある。このことは、藩領域内に市場を中心に形成されつつあったブロックを、幕領設定の際の一つの基準としている事を物語っているが、にもかかわらず山形藩領は、依然城下山形を中心に一円知行的に存在していた。

以上のように、鳥居―奥平氏までの元和〜寛文期は、いまだに一円的規模を有し、山形城下を中核に近世的藩領域圏の典型的な形を維持しつつあった時期であると考えられよう。

しかし、奥平氏九万石以来、堀田氏の下総佐倉転封、松平乗佑が入封する延享三年（一七四六）までの寛文〜延享期は、前節でみた幕府直轄領拡大の停滞期であるが、山形藩は、藤野保さんの指摘するごとく、あきらかに固定的転封地域(25)の一つとしての特色を示しはじめることは、第3表の示す通りである。藩主の交替にもかかわらず、山形藩領の規模は安定的である。しかし内在的には、いわゆる幕府直轄領内の各在方町の独自な発展期であり、それは各市場が山形城下を経ないで直接的に中央市場と結びつく関係が形成され、山形城下中心の藩領域圏に新たな変質をもたらす過渡的時期でもあった。それはとりもなおさず紅花生産の発展に触発されての変化である。

第3表　山形藩主歴代表

城主名	入封年代	前封地	知行高	転封年代	転封地
最上					改易
鳥居左京亮忠政	元和8年	陸奥磐城平	二二〇、〇〇〇	寛永13年	改易
保科肥後守正之	寛永13年	信濃高遠	二〇〇、〇〇〇	寛永20年	陸奥会津若松
松平大和守直基	正保元年	越前大野	一五〇、〇〇〇	慶安元年	播磨姫路
松平下総守忠弘	慶安元年	播磨姫路	一五〇、〇〇〇	寛文8年	下野宇都宮
奥平大膳大夫昌能	寛文8年	下野宇都宮	九〇、〇〇〇	貞享2年	下野宇都宮
堀田下総守正仲	貞享2年	下総古河	一〇〇、〇〇〇	貞享3年	陸奥福島
松平大和守直矩	貞享3年	豊後日田	一〇〇、〇〇〇	元禄5年	陸奥白河
松平下総守忠雅	元禄5年	陸奥白河	一〇〇、〇〇〇	元禄13年	備後福山
堀田伊豆守正虎	元禄13年	陸奥福島	一〇〇、〇〇〇	延享3年	下総佐倉
松平和泉守乗佑	延享3年	下総佐倉	六〇、〇〇〇	明和元年	三河西尾
秋元但馬凉朝	明和4年	武蔵川越	六〇、〇〇〇	弘化2年	上野館林
水野越前守忠精	弘化2年	遠江浜松	五〇、〇〇〇		

次に、延享三年（一七四六）、松平乗佑六万石の入封が、いかなる形で山形藩領域に大きな変質を与えたかを検討する必要がある。この転入封は寛保二年（一七四二）、白河藩松平氏の姫路への転封を機に、東根領（第1図参照）が収公されて以来の一連の幕領拡大政策と関連している。すなわち入封する松平氏六万石の内訳は第2表に示す如く、山形城附領に三万七千石、残りを下総に残すこととなった。更に山形城附領の詳細は、山形各町二万石余、周辺二二ヵ村に一万七千石余(26)となっている。このように、延享以前には一〇万石台の所領規模に比べて、山形附村数の大幅な減少がこの転封の最大の特色である。

その結果として山形藩は、旧来の大庄屋支配体制の解体を余儀なくされ、さらに最上川河川交通の支配権を喪失した。この点を重視しなければならないであろう。山形藩の村落支配はおおむね、正保二年（一六四五）松平直基によって設定された組別の大庄屋支配体制を踏襲してきた。『東村山郡史』巻之二によれば、次のようである。

松平大和守直基
正保二年十五万石ノ所領ニ、大庄屋十八人ヲ置カル、則チ左ノ如シ、
船町組久右衛門、志戸田組喜平、上野組惣右衛門、中野組太郎兵衛、松原組四郎右衛門、平清水組久左衛門、前田組嘉右衛門、谷柏組善右衛門、青野組嘉右衛門、漆山組善左衛門、渋江組与惣左衛門、古館組太平、東根組弥平治、大石田組六右衛門、野川組善右衛門、山口組藤兵衛、高木組弥兵衛、天童組久兵衛
郡奉行　須藤又左衛門、沢井徳兵衛

右のように、正保三年松平氏一五万石の所領は、大庄屋一八人によって分割され、藩政の末端機構として支配組織の内部に組み入れられた。その後の度重なる転封・所領の縮小化にもかかわらず、大庄屋制による支配は維持され、延享三年まで続けられてきたのである。

第4表は、元禄～延享年間の大庄屋体制の内容を示したものであるが、これによっても明らかなように、大庄屋は元禄一三年（一七〇〇）、一三名、延享二年（一七四五）、一〇名と所領の規模に応じて減少しているが、堀田氏山形時代の「在方心得」(27)に「大庄屋ハ其組之鏡押而者御領分中之鏡」、「……農業之働自身と難成風俗自身も百姓とハ違候」とある如く、在方支配にきわめて重要な役割をはたしていたのである。この支配体制は、延享三年村数二二ヵ村まで

の所領規模の縮小によって廃止され、その支配権は主に山形城下町人の手にゆだねられることとなった。(28)

第4表　山形藩の大庄屋制

組名	元禄13年 大庄屋名	元禄13年 村数	元禄13年 石高	延享2年 大庄屋名	延享2年 村数	延享2年 石高
古館	新関太郎左衛門	八	六、五六二・一五八	新関太郎左衛門	一〇	八、九八九・四六〇
植木	三沢利兵衛	八	六、一九二・五二七	三沢弥市右衛門	一〇	七、四〇五・五九八
平清水	佐久間久左衛門	一三	七、〇三一・二一〇	佐間久左衛門	一八	八、九九三・四六七
土野	青木惣内	八	五、八〇四・六九二	青木宗内	一〇	七、一七五・一〇九
谷柏	中川武右衛門	五	七、二三三・六六〇	中川武兵衛	七	三、一七五・一〇五
松原	岩瀬四郎左衛門	八	六、三四〇・六七〇	岩瀬四郎兵衛	一〇	八、五九〇・三四〇
船町	草苅孫四郎	八	六、五〇〇・九七五	―		―
落合	鈴木惣右衛門	一一	五、九五一・四九五	鈴木与兵衛	八	六、八九三・七四五
陣場	斗鋪庄右衛門	五	六、一四九・六二〇	―	―	―
志戸田	草壁喜兵衛	四	八、八三五・九六〇	―	―	―
大石田	高桑金蔵	二	六五二・二三〇	高桑惣左衛門	二	―
要害	佐藤治郎兵衛	七	五、〇二七・〇七九	佐藤利兵衛	一〇	一〇、〇九一・九一五
蔵増	秋保儀左衛門	七	五、六二五・一四二	秋保儀左衛門	七	六、六七六・六八五
山形		三〇	二四、〇四八・三八二		三〇	一九、九〇五・一三七
合計	一三	一二四	一〇一、二六六・八四三八	一〇	二二	九七、九七九・五一五

（川崎浩良『山形の歴史』下巻、出羽文化同好会、1949年、より作成）

ついで最上川河川交通の支配権の喪失は、内陸藩として最大の打撃であったとおもわれる。すなわち、第1、2図によって明らかなように、最上川筋で最も重要な地点であり、その意味において早くから発達していた大石田と、最上川の支流須川の上流にあって山形への荷揚地点として重要な役割をはたした船町は、延享三年（一七四六）の転封を機に、山形藩領から堀田氏（下総佐倉）→幕府→堀田氏（下総佐倉）という変遷をしつつ、まったく支配権を喪失することとなった。

山形藩における大石田の重要性については、元和八年（一六二二）鳥居氏入封の際、次のような逸話がある。「新庄古老覚書」(29)はそれについて

源勝院様新庄へ御所替被仰付候節、大石田、尾花沢二万石添て、谷地二万石は山形御領分にて有之候処に、忠政公政盛公と被成御談合、新庄領分は清水、大石田二ヶ所の舟付有り、山形領は舟付一ヶ所も無以故、谷地二万石を以而大石田、尾花沢を取替可賜の御所望に依而、政盛公も左京様の事成故難背被思召、其意に被任候と也、定而御公儀へ御訴有ての事なるべし、

とあり、元和八年、大石田、尾花沢二万石が新庄領であったのに対し、「新庄領分は清水、大石田二ヶ所の舟付有り、山形領は舟付一ヵ所も無以故」、谷地領二万石との交換によって、大石田舟付場の山形領化を進めたという話である。この点から如何に大石田が山形藩にとって重要な地点であったかを理解できよう。その後大石田は正保元年（一六四四）一部を幕領として接収されるが、依然としてその支配権を維持していた。この点は船町もまた同様であり、延享三年以降、船町の支配権をめぐって度々訴訟が提起されている事実からうかがうことができる。天保期幕領長崎村名主勘兵衛、山家村名主三右衛門から出された船町村阿部孫市を相手どる訴状(30)の内容は、船町の重要性を物語っている。

その一部を紹介すると、

乍恐以書付御賀籠御訴訟奉申上候

……(前略)……当郡之儀者海辺を離れ四方高山纒、至而辺隔の国柄ニ御座候得共、最上川と唱ひ候大川有之、右川筋者置賜村山最上三郡を貫き、同国庄内酒田湊江落込、御廻米者勿論国中之産物川船ニ而積下シ、且日用之塩・菜・肴・木綿繰綿其外都而他産之品者、右湊より為積登、此川一筋之助を以交易を通し候儀ニ而、往古者川方請負人相立年季を定御冥加金上納仕川船差配いたし候処……(中略)……然処最上川江落込候須川と申枝川筋河岸之内、堀田備中守御領分船町名主問屋兼孫市儀、近来川筋取締役之名目自身より相乗、何れニ通行致候ニも賀籠乗物ニ相乗、小者躰之者江十手取縄等為持召連厳重ニ横行いたし、川筋船方之者は勿論商人小前之もの共を心之儘ニ取斗……(中略)……国中之商人共唯々恐怖いたし、右江附入商人共を抱込〆売〆買等悪斗を巧ミ種々之手段を以、外河岸々追々押潰シ船町河岸一手ニ荷揚いたし川筋悉〆くゝり候儀を相目論、其余之所行目ニ不顧、国中之難儀筋幾許之儀ニ而難拾置、去丑年御料私領拾五ヶ分向々郡中惣代名主大庄屋共申合其筋江……(以下略)……

とあるように、船町が最上川筋において、とくに山形城周辺の「川筋船方之者は勿論商人小前之もの」にとって重要な役割をはたしていた事を理解しえるであろう。それゆえ、山形藩にとって「船町河岸一手ニ荷揚いたし川筋悉〆くゝり候」という船町支配権の喪失は、その後の藩政に大きな影響を与えたものと思われる。

以上のような問題を含んだ延享三年(一七四六)の松平氏六万石の入封の結果として、山形藩の藩域は全く様相を一変させる。つまり、藩域の接点に設置される「口留番所」の位置は、元禄一〇年代は「山形故実録」[31]によると、

御関所之覚

一、松原御関所へ　壱里
一、新山御関所へ　弐里拾丁
一、長谷堂へ　弐里
一、畑谷へ　参里
一、狸森へ　参里
一、簗沢へ　参里
一、大石田へ　拾里半

と、ほぼ山形城下より、二、三里間の四方に点在しており（大石田は例外）、元禄期の藩域の広さを物語る。それに対し、文政期の山形藩口留番所[32]をみると、前記のうちにみられる杉原口（一里）、新山口（二里一〇丁）長谷堂口（二里）の三ヵ所以外は廃止され、新たに下条口、銅町口、円応寺口、薬師寺町口、鉄炮町口といずれも城下への出入口に設置されており、延享三年以降の所領規模の縮小化は藩域の存在形態を城下町中心に変質せざるを得なくなったことが分るであろう。

明和元年（一七六四）より同三年までの幕領時代を経て、同四年に入封する秋元氏（但馬守涼朝）の所領[33]は、城附領三万九千石（山形城下二万石、周辺村落一万五千石、武州川越五万石、河州二万石）と、七ヵ村に縮小される。

この傾向は寛政期以降においても変わらず、幕府領の縮小によっても大きな変化はない。一時天保一三年（一八四二）～弘化二年（一八四五）の数年間、秋元氏川越領の替地として村山郡の幕領の一部が山形藩領化するが、秋元氏の上州館林への転封を機に元に戻る。さらに弘化二年（一八四五）、遠江浜松より入封する水野氏の所領が小規模化し、分散錯綜化することは『山形市史』中巻、近世編、第四章第一節「幕末の山形藩」[34]で明らかである。

以上のように、延享三年（一七四六）の転入封は、山形城下を中心とする藩域経済のあり方に大きな転換をもたらした。前節でのべた如く、この段階に至ると成長しつつあった周辺在方町商人と城下町商人との対抗がより露骨になり、しかも、紅花生産の村落内部への浸透は、在方商人層の発生を促し、寒河江、谷地、大石田、天童、東根、尾花沢などの在郷町の発達をもたらした。しかし、山形城下は藩領域内での中心市場としてではなく、紅花生産を中心として形成されつつあった郡内各地域の、地域的市場の中核として新たな存在意義をもちはじめたのである。つまり、山形藩財政の基盤は、かくのごとく城下町内で発展する特権的な商人資本ではなく、郡内紅花生産地域の中核として、独自な展開を示す商人資本である。この点で推測ではあるが、近世前中期から後期解体期にかけて、おそらく山形商人内部にも新旧商人の交替を見ることができるのではなかろうか。

このような事情は、弘化期山形藩藩政改革における山形商人層の動きに明らかに示されており、依然「山形城下至而繁昌御庵候間、凡近国の諸品悉く山形へ持出し、夫より他国へ出し、又上方或者江戸其外之諸品ニ而も一旦山形へ着荷之上近国へ売捌相成候儀御座候間」と「山形御産物廻送之儀ニ付書付」[35]が述べている通り、郡内流通の中心であったが、弘化二年の水野氏の入封にさいし、藩政への期待と不安が浮上した。

一、先々より右様の仕来御座候間、御国産新規御目論見相成候而も、当時御必至御困窮之御勝手に而は、容易に
　御自力に而之御成就に可成様無御座候

一、山形之人気は山国之儀ニ付、とかく情強く、あしくとも先々之仕来を守りよしとのみ心得、新規之事は何様

よき事に而も納得いたし兼候と申風俗に御座候
一、山形御用達共前条四人之もの（長谷川吉郎次・村井清七・佐藤理兵衛・福島治助）共、去る午年御所替より壱ヵ年に相成、いまた御恩沢を蒙る事薄く、上之御評判宜を承り候而も、長く山形御在城は不被遊と、既ニ口外ニも発し候程之気味に而、御用相勤候も自然踏止かね候事と奉存候

（中略）

一、仮令は紅花木綿之儀、紅花之仕入之節、其水ニ而染上候品ニ付、反数は聊之儀ニ可有之、上方引受人江山形元方之ものと相談引合整候は、上方より数万反之白木綿を山形へ相廻し、全く之紅染に仕方、又上方其方へ相廻り候様相成御国益可相成と奉存候

これによると、「長く山形御在城は不被遊と、既に口外ニも発し候程之気味」という藩主交替の噂が広まり、この間ほとんど「御恩沢を蒙る事薄く」、「御用相勤候も自然踏止かね候」と領主権力を評価し、しかも「御国産新規」による国益増大策に対しては「先々より右様の仕来御座候」と反対する。また藩財政窮之の折「容易に御自力」では成功しがたい事を熟知している。

しかし、そのような問題を排除して国益拡大をはかるとすれば、「上方より数万反之白木綿を山形へ相廻し、全く之紅染に仕方、又上方其方へ相廻」すしかないとしている。このように山形藩の意図する紅花専売制は、単に紅花流通機構への介入のみではなし得ず、「紅染」木綿という新商品の開発でのみ可能であることを、商人層自身が明確に指摘していたのである。

以上、延享以降の山形藩は、藩政の主要な条件である藩域経済圏の独自性を喪失せしめられ、かつて安孫子麟さん

が山形水野藩の研究[36]において指摘されたように「在城する領主といえども封建権力本来の意味での在地性、支配は弱っていた」、「一領主の意志をもっては根本的改変を行い得ず、おおむね旧慣、旧法に従うことになってしまう」のであり、このような所領の存在形態が藩制の再生産構造をより積極的に危機に落し入れ、幕藩制の変質を加速させることになったのである。

三　諸藩領および飛地の増大と錯綜化

これまで、幕府直轄領および山形藩の場合について概観した。最後に郡内に分散されている小藩領と、城附領に対して一般に「飛地」と呼ばれている遠隔地所領について、具体的な分析を行っておこう。

まず郡内で、一藩領として、山形藩とともに元和七年（一六二一）より城下を中心に藩域を形成した上山藩があげられる。上山藩は、鳥居氏入封の前年、元和七年に松平丹後守重忠が、遠江横須賀より転封されたことにはじまる。

この時期の上山は、最上氏の「脇々城[37]」の一つとして山形の支城的役割を占め、上山兵部が居城し、しかも山形周辺の定期市場としての性格を兼備えていたと考えられる。寛永期に書かれたといわれる「上山見聞随筆[38]」によると、その様子を次のように述べている。

一、毎年正月十日、初市として市神を祭り町中大に賑ひをなす、蕉と、しらひけを商ふこと例なり、常に二、四、六、九の日を市日と定む、市日は二日目より次第に十日町、下十日町、新町と順次に立てへきを、兎角場所は十日町に成るもの故に、盆市、節季市には新丁、二日町の人は出し見世より、見世役銭といふて、日かは

　りに幾分の銭を取集ることなりしか……(以下略)……

とあるように、上山の場合も、大石慎三郎さんが指摘されるように六斉市ユニットの中心としての性格を、すでに戦国期以来有していたのではなかろうか。

　この上山兵部三万石の知行地のあとに入封したのが松平氏であった。しかし、松平氏は寛永三年（一六二六）、摂津三田へ転封となり、上山は蒲生氏の系統である松平中務大輔忠知に給せられたが、翌年伊予松山へ転封となり、翌々年まで鳥居氏の監守下に入る。[39] しかし、同年下総相馬郡より土岐山城守頼行が二万五千石で封ぜられ、この際、幕領谷地一万五千石が成立する。[40]

　この年、上山領として設定された村落について明らかなことは示しえないが、『寛文朱印留』の「一万石以上領地御朱印并目録留」一二七、「土岐頼行宛領知朱印状・目録」によれば、「出羽国村山郡之内三拾八ケ村、都合弐万五千石」である。[41] その後、土岐氏は元禄四年（一六九一）、一万石を加増され、翌五年、頼殷が大坂城代となり、越前野岡陣屋へ転封され、代って金森出雲守時頼が三万八千石で封ぜられる。しかし同一〇年、美濃郡上に移され、ここに備中庭瀬より松平信通が三万石で入封する。こうして、上山領分は「御城廻六ヵ郷」他周辺郷三七ヵ村と谷地周辺に下郷と称される溝延郷六ヵ村、合計四三ヵ村によって構成されるようになった。

　元禄一〇年以降上山藩は明治維新まで松平氏によって支配されるが、その間の所領移動は、文化一二年（一八一五）、美作南北条・勝北郡の内三一ヵ村、一万二千五五四石余の替地があり、下郷六ヵ村が収公された。その後文政元年（一八一八）に作州領は越後国三島・苅島両郡四九ヵ村に移された。天保九年（一八三八）巡見使に対する領内覚書（「御巡見様御案内」[42]）によれば、

一、高参万石
内壱万参千石余
但、村数四十九ヶ村、越後国三島刈羽両郡之内ニ御座候間、様子柄一向不存申候

とあり、その事実を確認できる。

以上のように上山藩領は、寛永五年（一六二八）土岐氏入封後に藩体制を確立した。しかし文化一二年（一八一五）以降村山地方における城附領が半減され、幕末期においては、小規模な領域圏を維持するのみで、内陸小藩として常に山形を中核とする流通機構に依存するかぎりにおいて、いわゆる〝脇々城〟としての周辺定期市場的性格を幕末期まで存続させねばならなかったのである。

その他郡内に近世前期より、城附領として設定された大名として白岩領酒井氏等[43]があげられるが、数年後に改易され、その対象にはならない。問題は、第一節でのべた幕府領第三期における縮小化傾向が、とくに山形藩領の増大に結果するのではなく、新たに城附領をもって設置される諸藩領と、飛地の増加にあったことである。

まず、寛政一一年（一七九九）、武州久喜より米津政喜一万石が入封する。この点は第一節で指摘したが、旧幕府領長瀞陣屋付村々六千石・五ヵ村に封ぜられたことを指す。[44]内訳は陣屋がある長瀞村三千三八〇石のほか、二藤袋、六沢、原田、上ノ畑、鷹ノ巣・本楯、六村合計三千石である。

また明和四年（一七六七）、上野小幡より置賜郡高畑へ転封された織田信浮は、全所領二万三千石余のうち、村山郡内の幕府直轄領の天童およびその周辺一万八千九〇〇石余・六ヵ町村を与えられ、織田天童領が成立した。[45]しかしその後、文政一二年（一八二九）三月、高畑より天童へ居城をかえ、ここに天童織田藩（二万三千石・六町二一ヵ村）

が成立する。さらに嘉永元年（一八四八）、高畑に残された四千石余・五ヵ村と、幕領米沢藩預地との交換が行われて、分散的にではあるが所領はすべて村山郡内に定着することになった。[46] このように織田藩もまたその藩域は、天保期に入って確立するのであって、この段階においては、すでに郡内市場は地域市場的な性格をもった新たな段階への展開を示していることに注目しなければならないであろう。

最後に、問題を遠隔地所領いわゆる「飛地」の場合についての検討に移らなければならない。

元和八年段階から幕末まで、村山地方に形成された「飛地」は、きわめて多数にのぼる。つまり、元和八年（一六二二）、最上氏改易によって成立する酒井（鶴岡）氏左沢二万石、[47] 新庄戸沢氏谷地領二万石余、[48] 寛文八年（一六六八）、下野宇都宮松平氏東根領三万石[49]（宇都宮→白河→姫路、寛保二年幕府領）、同年、旗本高力左京介深堀村他二ヵ村・三千石、[50] 天和二年（一六八二）、遠江より減封された本多利長一万石の入封[51]（元禄一二年越後糸魚川へ）。延享三年（一七四六）、下総佐倉堀田氏四万石[52]（陣屋を吉原村→廃絶→柏倉におく）。堀田氏の老中就任により一時的に村山地方より関東へ所領が移動する延享四～宝暦一三年（一七六三）の間、一時的に陸奥棚倉小笠原氏二万石、[53] 寛延三年（一七五〇）、肥前島原戸田氏領一万二千石と下野宇都宮松平氏吉原領八千石が成立。[54][55] ついで前述した出羽置賜郡高畑、織田氏天童領一万八千九〇〇石余が成立し、寛政三年（一七九一）、土浦土屋氏北目領一万三千石、[56] 文政六年（一八二三）、白河阿部氏山野辺領二万六千石余、[57] 更に弘化二年（一八四五）、山形より転封された上野館林秋元氏漆山領四万六千石、[58] 安政二年（一八五五）蝦夷松前藩尾花沢領他四万四千石余の成立まできわめて多数で、しかも複雑である。[59]

以上、この事実を編年的に整理すれば、その大半を寛保二年（一七四二）以降におくことができる。しかも、幕末まで残存する遠隔地所領はおよそ一五万五千石におよび、村山郡三三万七千石余の約半数を占めるのである。

以上のような各所領は元和八年に形成された酒井氏左沢藩領の集中的形態をのぞき、とくに延享以降の場合はきわめて分散的であり、その傾向は山形周辺において最も顕著であることを指摘し得る。しかも、近世後期に設定された遠隔地所領の陣屋は、近世前期に幕府領設定の際とられた定期市場中心の原則を一応踏襲し、そのあり方は、かつて小領主の居城と小定期市場が存在したところが選定されている。この点の具体的な分析、およびその内容については、拙稿「下総佐倉藩羽州村山領の構造」(『西村山地域史の研究』二六号、二〇〇八年)において展開しているので参照して欲しい。

むすび

これまで見てきたように、羽州村山郡は、最上氏の出羽南部の一円的な支配の崩壊後、幕府の銀山開発に始まる羽州村山地方の幕領化によって、領域支配のあり方を大きく変貌させていくことが分かるだろう。とくに銀山の衰退にともなう平野部での幕領拡大化政策と、近世後期に山形藩が譜代大名の左遷地としての性格を鮮明にするさいに生じた藩領縮小化とが重なりあって、非領国化が一段と進み、さらに諸藩領の飛地の増大化が分散錯綜化をいちだんと顕著なものにしていったことが明らかになろう。

この結果、天保一三年(一八四二)段階で郡内の所領は、第5表のような状況になっていることが分かろう。この中で比較的所領がまとまりをもっているのは、⑦上ノ山、⑪新庄藩谷地北口・横山領、さらに⑭松山藩飛地左沢領のみである。この他郡内に居城・陣屋を持つ山形・天童・上ノ山・長瀞のいずれの藩も、郡外にかなりの飛地を持っており、上ノ山藩領を除けば、居城・陣屋の周辺の城付領がきわめて分散的である。(60)

まさに典型的な非領国地域を形成したといえるだろう。当然このことが、幕領支配、藩領支配に多大な影響を与え

第５表　天保一三年、村山郡の幕藩所領の存在形態

		所　領	天保13年９月	
			石	村
幕領	①柴　橋陣屋附	添田一郎治代官所領	42444.46991	68
	②寒河江　〃	〃	23319.90170	23
	③尾花沢　〃	大貫次右衛門代官所領	34798.32640	52
	④東　根　〃	〃	43310.83410	46
	⑤漆　山　〃	上杉弾正大弼預所 （米沢15万石）	9270.56390	4
城付私領	⑥長　瀞陣屋附	米津伊勢守領 （長瀞１万1,000石）	6421.54930	7
	⑦上ノ山城附	松平山城守領 （上ノ山３万石）	17842.53100	34
	⑧天　童　〃	織田伊勢守領 （天童２万石）	18966.04350	20
	⑨山　形　〃	秋元但馬守領 （山形６万石）	36576.87478	町方29ヶ町 在方７ヶ村
飛地私領	⑩北　目陣屋附	土屋釆女正領 （常陸土浦９万5,000石）	13007.38180	18
	⑪北　口 横　山　〃	戸沢能登守領 （新庄６万8,200石）	17329.21000	18
	⑫柏　倉　〃	堀田備中守領 （下総佐倉11万石）	41521.04984	46
	⑬山ノ辺　〃	阿部能登守領 （陸奥白河10万石）	26953.66570	26
	⑭左　沢　〃	酒井石見守領 （庄内松山２万5,000石）	12259.75610	77
旗本	⑮深　堀　〃	高力健三郎知行所領 （深堀3,000石）	3000.00000	3
	⑯朱印地・除地	—	13591.56000	—

（『山形市史編集資料』第22号「解説」より）

た。とくに村山郡のほぼ中心地に居城をもつ山形藩は深刻だった。そこで、米穀流通などが停滞する飢饉などの有事には、最上川流域における紅花生産などで地域市場化していた「郡」を単位とした、領民惣代らによる救済システム（「郡中議定」）を創設させ対応することになった。そうした中間支配組織（「郡中議定」）の「惣代」らは、幕府代官の下で村落の日常的管理を委任されていたので、組織はどうしても幕領村落の惣代名主（「郡中惣代」）の主導のもとに展開させざるをえない。このシステムが郡内で有事が頻発し、たびたび組織されると、しだいに恒常化し、救済機能のみならず、治安維持的役割をも兼務しだす。当然諸藩の地方支配との間に摩擦が生じるにいたる。それゆえ諸藩から、こうした弊害打開の要望が生まれる。弘化二年（一八四五）、山形藩主秋元但馬守志朝は、幕府に村山郡の封土転換を建言するに至る。(61)その内容は、非領国地域の真ん中にある藩主の気持ちが切々と述べられているのでその全文を紹介して、本稿を終わることとしよう。

書取

出羽国村山郡之儀は、国中第一地味宜場所ニ候得共、雪国殊海岸を離れ、最上川一筋ニ而国産捌方又は日用之諸品運送仕候間、諸失墜夥敷相掛全く之入方少く、乍去隣郡米沢は村山郡より地味遥ニ相劣り、運送も又々難儀之場所ニ候得共、三四代已前より取締り行届候故、国富民豊ニ相成、當時ニ而は出羽第一之国柄之由、左候得は、土地之善悪ニも不依、深切ニ心を用得候は国富民豊ニ相成歟と奉存候、国富民豊ニ相成候得は上下両為成事と奉存候間、誠ニ恐多御儀ニは御座候得共、極内々国絵図江村々高調帳相添奉入聖覧、訳柄大略左に奉申上候

一、村山郡之儀往古保科侯山形御在城無間も会津江御国替ニ相成候後は、御料私領入会ニ相成、勿論其砌は村々最寄宜場所江陣屋御取建取締被成候故、人気も穏ニ有之候由ニ候得共、其後最寄替之節々、最寄不最寄ニ不

拘御割替相成候事と相見へ、当時ニ而は御料私領之向々散々ニ入会、其支配領主ニ而村方取締被致候而も、隣村者他領故取締区々ニ相成、都而風儀一般ニ不相成故、当時は天下第一之人気悪敷場所之由、尤関東筋ニも入会場所数多御座候様承候得共、是者御府内ニ近く殊に御取締も格段被為行渡、其響奥州小坂迄は行渡候得共、小坂・金山両峠を越遥々遠国与相成、右躰入会候而は実以国之憂いニ御座候間、別紙絵図面江掛紙いたし候通御割替被成下置候得は永世国之治方宜、尤最寄々々御割替は御取箇詰御調旁御面倒之儀も可有御座候得共、村々ニ取候而は莫太之損益有之、其上取締方ニ拘り候事故、何卒御仁恵思召を以御面倒を御忍、御調被下置候仕度奉願候事

一、村々高聢与相糺候儀ニは無之、前々心掛ケ記し置候手扣を以取調候間、相違之儀も可有之哉、且又御取箇詰御突合御調ニ相成候ハヽ、不都合之儀も可有御座奉候得共、増減御差引之儀は何卒別紙絵図面江御引合、其最寄々々之内ニ而被成下候様仕度奉願候事

一、陣屋之新規取建候而は領主并村々共難儀ニ御座候間、素々陣屋有之場所江御割替ニ相成候様取調候事

一、当巳（弘化二年乙巳二月）春村山郡之内、四ヶ村ニ而高五千石余之場所上杉侯江御預所被仰付候処、右場所之儀は御同人城下米沢よりは掛隔候ニ付、新規陣屋取建不申候而は取扱難相成、右は格別之思召を以御預所被仰付候事ニも可有御座候得共、高五千石余ニ付而陣屋取建役人衆詰合候而は、入用も余程相掛、尤口米永は諸入用として被下候由ニ候得共、同国之儀は米直段至而下直之場所故、代金ニ積り候而は纔ニ相成候間、諸入用不足相立、領主之償ニ相成候趣、且又村方之儀は御預所ニ相成、第一難渋之廉は一陣屋附郡中与相成候事故、年々御廻米江戸・大坂両所江相廻シ候ニ付而は、納名主壱人ツヽ出役いたし、道中往返并江戸・大坂逗留中諸雑用之分右四ヶ村ニ而割合差出、其余都而一陣屋郡中丈ケ之入用相掛り候ニ付不容易儀、一躰郡

中入用は一陣屋限り高割ニ相成候間、陣屋附高余斗之場所者一村ニ取入用相減候義ニ御座候処、右御預所之儀は纔四ヶ村ニ而割合候事故、実以余計之入用相掛格別難儀之由ニ而、御預所ニ相成候義は何分ニも御免相成候様奉歎願度趣ニも候得共、遠路出府入用も不少、聊之村々ニ而是又難渋十方ニ暮罷在候由ニ相聞候間、右御預所御引替、織田侯領分之内置賜郡高畑陣屋附之分、上杉侯御預所ニ被仰付、其代地は村山郡織田侯在所最寄ニ而御渡ニ相成候ハヽ、村々は不及申上、上杉・織田之両侯共嘸々難有可被存事

一、白川侯領分之内、奥州保原陣屋附村々は御取箇は高免之由に候得共、定例半石半永之場所ニ而、永納は金壱両ニ付米七石替之由ニ付、領主内証之損失夥敷、右等ニ付而も猶更勝手向不宜趣ニ相聞候間、保原附之分は上知被仰付候上、水野侯江御渡、右代地尾花沢陣屋附ニ而御渡相成候得は、白川侯ニおゐても嘸難有可被存、尤尾花沢陣屋之儀は、村山郡奥筋境殊ニ秋田・庄内・新庄、奥州所々江之越口ニ而取締場所ニ有之、少人数之御代官一手ニ而は口々取締も不行届、白川侯家士ニは人物有之哉ニ而、山野辺陣屋詰村社喜平抔は適之役人、其外臼倉国蔵・同苗岩次郎何れも相応之人傑、平常専ら文武を励、且村々治方宜哉ニ而領分殊之外帰伏之躰、当時村山郡之諸士におゐて山野辺詰役人ニ可及人物無之、其上白川侯ニは大身手人も多キ事故取締も可行届、旁尾花沢陣屋附御渡之方と奉存候、左候得は御代官も陣屋一ヶ所ニ相成候間、夫丈ケ入用も相減候故、新規御代官五万石高支配被仰付候而も内損相立申間敷、又村々ニ取候而者陣屋諸修復御廻米出役入用は定式、陣屋一ヶ所丈ケ之益筋有之、其余最寄宜相成候ニ付而は村方入用不少相減、且は取締も宜罷成候事

一、山形旧来城附之分は三万石余唱来候得共、此度調見候処三万七千石余有之、右は手扣相違も有之哉、但シは込高と申ニ而も候哉、若シ込高之分御引上ニ可相成義も御座候哉と奉存候間、旧来之城附ニは候得共、右之内、菅沢・長谷堂・狸森・新山四ヶ村堀田侯江代地渡し組入申候、尚領分御引上ニ相成候儀ニも御座候ハヽ、

飯塚村御引上、其余堀田侯領分与御差略、御同人領分之内沼木村共弐ヶ村御料所ニ被仰付可然、一躰此辺は地味宜場所、殊ニ此度之取調ニ而御料所最寄ニも相成候間、御含迄ニ申上置候事

一、村々高調帳之内川東弐万四千石余之場所は、川西御代官新規之節は川東御代官江附ケ、川東御代官新規之節は川西御代官江附ケ候様仕度、左候得は支配替度毎村々狂ひ無之取締宜御座候間、別廉ニ認印し附置申候、右は悉く地理を斗り組立候事故、永世不崩様聢与御定被為置候ハヽ、両全之儀与奉存候事

一、寒河江之儀は別紙高調帳之通、壱万石余之場所ニ付素々陣屋有之、尤大場之事故陣屋無之候而は取締不行届、然ル処弐十町程隔柴橋ニも陣屋有之、右は寒河江陣屋江一纏ニ相成候得は、前申上候通御代官并村々之益筋不少候得共、旧来立来候陣屋一且ニは難取潰、右故私領渡ニ相成候得は穏ニ陣屋一ケ所相減候間、態与白川侯江組入候事

本文陣屋之儀無益之雑費相掛ケ、纔之場所ニ弐ヶ所立置一纏ニ不相成訳は、郡中村々名主之内より郡中惣代与号、陣屋許江郡中入用を以役所ニ准し候会所与申場所を立置、定詰いたし村々より訴出候公事出入其外都而何事ニ不限、一通惣代共取調之上ならてハ、御役所江不差出仕癖ニ付、自然権威を震ひ、支配は替り候而も其もの共は不相替事故、地役人同様之権式ニ相成居、陣屋詰役人ニより候而は、却而惣代共江諭候様成行、自ら上下心之儘ニ取斗候間、郡中一同畏恐れ権門ニ市を成為躰故、陣屋ニ離れ候而は惣代共、勝手不宜候間、郡中は迷惑ニ候得共、惣代共不伏故決而一纏ニ相成不申、一躰郡中惣代立置候儀は不宜間、不相成段先年被仰出も有之、国柄ニ寄候而は今以被仰出候御趣意相守、惣代不立置、陣屋用達与申もの立置、一切御用向きニは携り不申候間、郡中之害ニ不相成、至而弁利宜由、惣代ニ付而は実ニ煩敷儀共数々有之候得共、従来之流弊ニ付、御威光ニ無御座候而は迚も相止申間敷哉ニ奉存候

一、別紙之通調候得者大石田・今宿弐ヶ村は白川侯領分最寄ニ相成候得共、大石田村之儀は川方御役所有之、最寄御代官進退いたし、最上川筋取締場所ニ御座候間、陣屋許他領ニ而は御用弁不宜故、東根陣屋附ニ組入候事

一、酒井石見侯領分村山郡左沢陣屋附之内ニは、少々不最寄有之候得共、右は旧領之儀、殊ニ山中村々ニ而人気質朴故、敢而取締ニ拘り候儀も無之ニ付、是迄之通調候事

一、上之山領内之内、仁位田村分郷ニ相成、堀田侯領分之内ニ孕り居候得共、引替候村方相見へ不申候ニ付、是又其儘ニ居置調候事

一、土屋侯領分之内、双月一ヶ村御料所之内ニ孕り候様相成候得共、是又最寄ニ引替候村方相見へ不申候ニ付、其儘ニ居置調候事

一、是迄分郷ニ相成居候村方も有之候得共、分郷之儀は村方衰微之基ニ御座候間、可成丈ケ一纏ニ相成候様取調申候、訳而小村分郷は甚だ難儀なるものに御座候事

一、織田侯在所天童は、一郡之中央殊ニ同所辺は土地柄も宜、御料所ニ被仰付東根陣屋を引移候得は、郡内之取締も格別宜御座候処、在所之動は不容易儀ニも可有御座哉、併家中之諸士・足軽・中間ニ至迄御家柄を鼻ニ掛ケ、我儘之所行其余領内之取扱等も不宜、右之通中央之事故、外村々取締向ニ差障り候義共数々有之候得共、他之悪を算候を恥恐れ、あらわにハ申上兼相省キ候事

一、村々高調帳面御料所之分は、元支配領主之訳認不申候得共、諸向御割替余は悉く御料所と思召可被下事

右之通御割替被成下置候ハヽ、村々取締宜暫時ニ村柄立直り可申、然ル時は自然荒地起返等も出来、御益筋ニも相成両全之儀与奉存候間、不奉顧恐一通大略之処書取、絵図面并村々高調帳相添奉申上候、以上

大変長文になったが、内容は前述の通り非領国地域ならではの建言であり、検討に値するものである。建言は、本来「国中第一地味宜場所」にある山形藩が、「諸失墜夥敷相掛全く之入方少なく」困窮しているのに対して、「地味遥ニ相劣」る米沢藩が、どうして「国富民豊」で、「出羽第一之国柄」になったかという視点から、自藩を顧みて、その要因を論じ、あわせて、「国絵図江村々高調帳相添」(62)て差し出したという国絵図は、おそらく色分けされた代官領と諸藩領とが分散錯綜する実態を示しながら幕府に改善方を具体的に申し入れたものである。国絵図は、二通用意されていて、第3図のような分散錯綜の様子が一目でわかるものと、「封土転換案」通りに要望が受け入れられ、一円知行的な様子が分かるものであったろう。

その最大の要因は、間違いなく「当時ニ而は御料私領之向々散々ニ入会、其支配領主ニ而村方取締被致候而も、隣村者他領故取締筋区々ニ相成、都而風儀一般ニ不相成故、当時は天下第一之人気悪敷場所」という、典型的な非領国地域のど真ん中に山形藩があることである。それゆえ、村山郡内の代官領・藩領を全面的に入れ替えて一円支配を可能とする方向へ政策を改めるべきであると、代官領と各藩領の状況を説明し、具体的な割替案を示してみせたのである。

そのさいもっとも大きな問題は、郡内各所に点在する幕府代官所の整理と管轄村落、飛地藩領などの入れ替えについてであるが、その提案の骨子は、陣屋等の諸負担が村民にどれほど大きな負担になっているかにある。つまり整理統合を求めた点であろう。しかもそれはどうすれば可能かにまで言及する。たとえば、幕府代官所がわずかの距離のあいだに二ヵ所あるが（寒河江と柴橋）、こんな費用の無駄遣いをしているにもかかわらず、なぜ一箇所にまとめられないのか。それは、郡中の村々の名主の内より「郡中惣代」を選び、彼らに代官所内に役所に準じた会所を設置し、そこに常駐させて地役人同様の権限を与え自由に振舞わせているため、その権限を失う「郡中惣代」らが統合を嫌うからだという。そして「郡中惣代」の代わりに、「陣屋用達与申もの立置、一切御用向きニは携り不申候間、郡中之害ニ不相成」と、畿内の代官領で採用されている「用聞き」制[63]の導入を勧めるなど、具体的な代替策を示しながら「郡中惣代」制の廃止まで申し出ている。

しかし非領国地域がもたらす弊害を具体的に指摘して、一円知行化を求める山形藩主の切実な訴えも、事はスムーズには運ばないだろう。もしこの「封土転換案」を実行に移したとすれば、村落から猛烈な反撥を喰うことが予測されるからである。「郡中惣代」たちはもとより、領主と村落はさまざまな利害関係の上に成立っていた。そうした関係を一挙に消滅させることは不可能だったからである。そのことは、「支配は替り候而も其もの共は不相替事」と、山形藩主自身が領主は代われど「郡中惣代」・村落は変わらずとのべているように、これまで頻繁に繰り返されてきた「村替え」すらままならない状況が生まれてきていることを考慮に入れれば、山形藩主の建言は遅きに失したといえなくもない。この点については、第三章で具体的に論ずることにしよう。

〔註〕

（1）藤野保著『幕藩体制史の研究』（吉川弘文館、一九六一年）二一〇頁、「江戸幕府」（岩波講座『日本歴史』近世第二〈一九六三年〉所収）参照。

（2）『北村山郡史』上巻（一九二三年）。

（3）同右所収「最上記」によれば代官所設置の様子を次のようにのべている。

一、左京様御繁昌終り最上御蔵入、御代官始小林重郎左衛門様也、伊豆之戸（利）島ヲ御代官被成候処ニ御所替、寛永十三年此地ニ被成下向、寒河江領出目高共弐万千弐拾石八斗三升弐合、谷地領壱万五千石壱升五合、右二ヶ領ハ左京様御預之通、小林様最初ニ御代官ト成ル

（4）『尾花沢市史資料』第十輯「延沢銀山史料」（一九八八年）所収。
（5）『東村山郡史』巻之二（一九一九年）によると、正保元年、幕府直轄領五万石の成立とその内容について次のように記している。

一、正保元申年、保科肥後守様山形ヨリ会津へ所替ニ而、山形御城下弐拾万石之内減少シ、拾五万石ニ而、松平大和守様被成御入部候、右残高五万石五斗六升、御蔵入ニ相成、則清左衛門様御支配以来、当時五万石付ト申候
　山形領御蔵入ニ成来候、五万石附、併高辻之事
一、高八千七百四拾弐石弐斗四升九合、山野辺領八ヶ村
山野辺村、大寺村、大蕨村、根木和村、要害村、杉下村、深堀村、高館村
一、高七千四百八拾五石壱斗壱升五合、長崎領十二ヶ村
長崎本郷、金沢村、柳沢村、土橋村、岡村、小塩村、平塩村、中郷村、伏熊村、深沢村、用村、島村
一、高八千五百九拾壱石八斗五升五合　蔵増領九ヶ村
蔵増本郷、中之目村、寺津村、高野村、窪ノ目村、大清水、成生村、羽入村、今町村
一、高壱万弐千六百九拾四石八斗七升壱合　楯岡領七ヶ村
楯岡本郷、宮崎村、熊沢村、島村、大堀村、長瀞村、貝塩村
一、高六千百八拾七石壱斗四合　大石田領十一ヶ村
大石田本郷、山口村、湯之沢村、名取村、大淀村、櫤山村、本飯田村、名木沢村、朧気村、下長崎村
一、高六千弐百九拾八石七斗四升六合　延沢領十一ヶ村
延沢本郷、細野村、細村、柳沢戸村、鹿沢村、北郷坂本、鶴ノ子村、行沢村、中島村、谷越村、関谷村

右高合五万石五斗六升　村数五拾八ヶ村

（6）　長井政太郎『山形県の市の研究』（山形県郷土研究会、一九四二年）参照。『河北町の歴史』上巻第四章「産業経営の発達」（一九六二年）に引用されている、元禄五年「小泉村差出帳」『当村近郷市場之事』によると、寒河江、白岩、谷地、天童市を載せ、また宝永六年（一七〇九）、「工藤弥次右衛門手控」には、寒河江、左沢、白岩、天童、東根、楯岡、尾花沢の市日を記載している。なお、延享三年（一七四六）四月の大巡見使通行の折に地元関係者が記録したといわれる「御巡見様御通順細鏡」（『山形市史編集資料』三一、一九七三年）には、「最上所々日市」として、天童（三・六・九・十一）、高擶（盆市斗り）、東根（二・八）、楯岡（二・五・十）、寒河江（大八朔日より・小八三日より一日置）、谷地（十日斗り）、山ノ辺（二・六・九）、左沢（四・九）、白岩（三・六・十二）、上ノ山（二・六・九）、山形（紅花市　七日町・十日町）、二日市の外に、舟町市（七月廿日より七日切り）、長崎馬市、白岩馬市などが記されている（嘉永二年写し）。

（7）　幕府直轄領　元和九年～延宝年間までの新田増加

領地別	村数	本田畑高	新田畑高	新田畑反別
寒河江	三〇	二〇石三八八、七五〇合	六三六石七五三合	
谷地	一六	一五、三二二、七二五	四九二、一六二	七六・三二、〇〇
白岩	一八	八、〇二二、七二七	八五七、一五五	
尾花沢	三二	二〇、三五三、六九九	一、一六六、三九一	
長崎	一二	七、九〇八、六一七	六一七、五七五	
山野辺	六	六、五一六、九六二	二九一、五〇〇	
蔵増	一〇	九、〇一八、五一七	五三〇、二九六	
楯岡	八	一三、三六二、四九四	八〇九、四九七	
大石田	一一	七、一二三、六九八	三三一、九三七	

（「正覚寺文書　最上御蔵入高辻并五万石付六万石付之訳、其外諸事覚書写」『寒河江市史編纂叢書』第13輯より作成）

延　沢	一二	六、八〇九、〇一九	一三九、〇五〇
合　計	一四九	一一四、八一六、二〇八	五、八七二、三一六

（8）『北村山郡史』上巻所収。

（9）たとえば、東根代官所の場合を例にとれば、一時閉鎖され再開を求めるさいに、東根周辺の村々がその理由にしたのは、「東根村之儀者、往古より日市相立、諸品相場等東根村より月々御役所江書上り候村方ニ而、尤前々より御陣屋相立有之酒田・新庄・左沢・山形四ヶ村之儀者、御私領ニ御座候得共、市場五ヶ所之内諸相御書上仕候内ニも、東根村者五ヶ所随一之村方ニ而」（『東根市史編集資料』第一七号「東根陣屋関係史料」所収）とあるように、市場の存在とその重要性だった。

（10）安孫子麟「江戸中期における商品流通をめぐる対抗—羽州村山郡の紅花生産を中心として—」（東北大学『経済学』三二号、一九五四年）、守屋嘉美「村山地方における商品経済の発展と流通」（『歴史学研究』二八二号、一九六三年）等を参照。

（11）三井文庫所蔵文書。

（12）『大町念仏講帳』（『河北町誌編纂史料』、一九九一年）明和二年の項。

（13）明治大学刑事博物館所蔵、出羽国村山郡山口村伊藤家文書（目録二四号）。詳しくは拙稿「佐倉藩羽州領の成立とその構造」（木村礎・杉本敏夫編『譜代藩政の展開と明治維新—下総佐倉藩—』文雅堂銀行研究社、一九六三年）を参照のこと。

（14）横山昭男「近世中期における最上川水運の一考察—寛政四年、幕府直営大石田川舟役所の設置を中心として—」（『歴史の研究』一〇号（のちに『近世河川水運史の研究』（吉川弘文館、一九八〇年）に収録）を参照。

（15）土屋但馬守英直九万五千石のうち、寛政二年一一月二八日、和泉、近江、美作三国の二万石を陸奥国白川、岩瀬二郡、出羽国村山郡に移された。

（16）武州久喜宿は、寛政一〇年幕府直轄領となり、同一二年松前若狭守章広領にかわるが、文化元年再び幕領となる。

(17) 阿部鉄丸正権、武州忍一〇万石は文政六年、陸奥白川に転封の際、出羽国村山郡に二万七千石余を設置される。

(18) 七万三千石のうち四万石余は天明八年、下総佐倉藩堀田正順の大坂城代就任のため、村山郡所領は河内、美作、摂津三ヵ国に村替となるが、寛政一〇年再び佐倉藩領となる。その間佐倉藩四万石は幕府領となっていた。

(19) 「三方領知替」の失敗のさい、武蔵川越藩は、二万石の加増を受けるが、その分は山形藩秋元氏の武蔵川越領が宛てられた。その代知として羽州村山郡の幕領が与えられた。そのことについて秋元家の立場を「山形雑記」巻之下から紹介しておこう。

一、前書被仰出たる御触之事に就而も、御家は無間に稀成御領分計御頂戴之事故、何れも怖々致居候処、天保十三寅年八月中、武州御領分三万六千石余不残羽州御城附ニ替地被仰付、奉恐入川越御引渡済之上御陣屋詰郡奉行高畑氏は定府勤転役……(中略)……同年六月中河州御領分も上地被仰付、驚入途方に暮当惑無此上目と目を見合居候処、其情態、自然公辺に而も御分り被遊候哉、同年十月中河州之儀ニ付其儘御据置被仰出一同恐悦には奉存候……(以下略)……(山形商業会議所編『復刊本　山形経済志料』第一集、郁文堂書店、一九七〇年)

以上のような事情から、武州領三万六千石に対して、羽州にその替地として米沢藩預地漆山領と、天領二八ヵ村が与えられる。

(20) 蝦夷松前藩領の移封については、『北村山郡史』下巻所収「本飯田安達家文書」に次のように記されている。

御領分之内東西蝦夷地西在乙部村、東在木古内村迄島々共一円御上知被仰出候、為御替地今度陸奥国伊達郡、出羽国村山郡之内、高三万石込高四万三百五拾八石余被下、且又為御手当年々合壱万八千両余宛被下、以来三万石之御家格ニ被為蒙仰、右高之内当郷村御引渡……(以下略)……

とあり、その内訳は次の通りである。

〔元東根附〕東根、宮崎、名取、原方、万善寺、野川、名和新田、猪沢、沢渡、伝兵衛・長右衛門新田、後沢、大田新田、

大江新田、観音寺、沼沢、幾右衛門新田
〔元柴橋附〕宮内、熊野、石田、柳沢、間沢、網取、岩根沢、水沢、八兵衛新田、入間、沼山
〔元尾花沢附〕毒沢、深堀、川前、二年子、土生田、本飯田、荻袋、海谷、岩袋、元鷹巣、新鷹巣、駒籠、大浦、寺内
この他に尾花沢領の残り二四ヵ村が松前預地となる。

(21)　藩領域圏の問題をとくに提示された論稿に大石慎三郎「藩域経済圏の構造―信州上田藩の場合―」（神奈川大学『商経法論叢』Ⅻ―3、一九六二年）がある。きわめて示唆に富むものである。本稿はおもにその大石さんの論理をベースにしている。

(22)　長井政太郎『山形県の市の研究』参照。さらにこの点について大石さんは「上田藩の場合は藩成立にあたって、明らかに戦国末期より近世初頭に成立していた六斉市市場圏ユニットが、その基礎におかれている」と述べている。

(23)　元和八年八月、最上氏所領没収にあたって、領内諸城を収めた記録（『北村山郡史』上巻）によると「中小領主層の要害」が各地に点在することがうかがわれる。その一部をあげよう。

脇々城被相渡覚之事

一、上之山ノ城　米沢衆　上ノ山兵部居城也
一、長谷堂ノ城　同　城紀伊守居城也
一、山野辺ノ城　同　山野辺右衛門殿居城壱万七千石
一、八　沢　同　右御内人知行
一、高玉之城　同　斎藤伊予居城知行五千石
（以下略）

(24)　『寛文朱印留』上（国立史料館編、史料館叢書1、国立史料館、一九八〇年）寛文四年（一六六四）「万石以上領地之朱印

并目録留」三三、松平忠弘宛領知判物・目録（出羽山形藩）では、次のようになっている。

出羽国村山郡之内、百五拾弐箇村、都合拾五万目録在別紙事、如前々充行之訖、全可領知之状、如件

寛文四年四月五日　御判

筆者
建部与兵衛

山形侍従とのへ

目録

出羽国村山郡之内　百五拾弐箇村

として左のような村々が書かれている。

山家　双月　小白川　妙見寺　釈迦堂　宝沢　焼山　関根　行沢　十文字　風間　大森　東山　高野　山寺　荒谷　萩
野戸　奈良沢　貫津　山家（ママ）　山口　道満　乱川　九本　老（野）森　天童　北目　矢野目　沢渡　野川　観音寺　関山
沼沢　猪（野）沢　河原子　原方　東根　万膳寺　土生田　村木沢　若木　古舘　浄明寺　深沢　畑谷　簗沢　北作
大町　南舘　吉原　片谷地　松原　津金沢　谷柏　長谷堂　新田　前明石　狸森　小白府　柏蔵　門伝　黒沢　金谷
半郷　上野　高湯　山田　成沢　飯田　下桜田　中桜田　上桜田　青田　本木　反田　三川尻　大塚　六椹　諏方　前
田　平清水　小立　岩波　八森　今宿　漆山　神尾　宮町　長町　七浦　千手堂　門伝（蔵増門伝）　芳賀　青柳　落
合　浜田　青野　植野　大野目　院役　高擶　高木　小関　江俣　内表　中野　舟町　成安　渋江　門伝（中野門伝）
今塚　陣場　鮨洗　志戸田　槻沢　飯塚　沼木　下條　十日町　横　蝋燭　桶町　七日町　三日町　桧物　二日町　本
河原　旅籠　地蔵　五日町　八日町　上町　鉄砲　小荷駄　北肴町　火行川原　材木　塗町　銀子町　皆川　小橋　弓

町　薬師　荷口　滝野平　灰塚　狸野　大石田村内　土坂草谷倉共

(25) 藤野保「前掲書」参照。

(26) 延享三年における山形領の村々は次の通りである。
山形城下二七ヵ町のほか、松原、黒沢、長谷堂、本木、南館、前田、小白川、菅沢、飯塚、前明石、狸森、二位田、上・下反田、簗沢、上・下椹沢、志戸田、長町、印役、青柳、釈迦堂。以上二二ヵ村である（川崎浩良『山形の歴史』下巻、出羽文化同好会、一九四九年）。

(27) 山形大学文理学部所蔵、村木沢村文書。

(28) 山形城下については、「町組」が組織されていて、「町大庄屋」が「組」を差配していた。『山形の歴史』下巻によれば、延享三年当時の町役人は、町年寄　小清水庄蔵、佐治弥惣右衛門、佐久間善蔵、町大庄屋　豊田七郎兵衛、佐藤甚次郎、町用人　佐藤忠右衛門らである。この制度は残存し同時に領内の支配にもあたることになった。

(29) 『北村山郡史』上巻。

(30) 明治大学刑事博物館所蔵、出羽国村山郡山口村伊藤家文書（目録二四号）。

(31) 『復刊本　山形経済志料』第四集所収。

(32) 明治大学刑事博物館所蔵「前掲文書」（目録二四号）。詳しくは、本書第二編、史料番号四四（三一五頁）を参照のこと。

(33) 武州川越より転封になった秋元涼朝の領地について「袖中雑録」（『復刊本　山形経済志料』第三集所収）は次のようにのべている。

領知之義山形町中二万石、在方小白川村・新山村・長谷堂村・狸森村・松原村凡七ヶ村、但関所之場所斗壱万五千石也、余ハ河内ニ而二万石、川越ニ而五千石、都合六万石也、其外先代領地之村廿弐ヶ郷長瀞・柴橋御料ニ相成候

とあり、これに南館・飯塚二村が加わり七ヵ村となる。天保一三年に山形藩領に組入れられた村々については、本書第三章を参照。

(34) 安政六年(一八五九)の水野氏の所領は、山形二七町、二万四千三七九石余、村山郡内に、南舘・小白川・長町・同新田・前田・院役・釈迦堂・妙見寺・内表・上・下椹沢・行沢・新山・長崎・上桜田・土坂・草矢倉・神尾・志戸田・青野・同新田・達摩寺・今塚・同新田・片谷地、計二五ヵ村、二万五〇八石余である。

(35) 「経済志料」を参照(『復刊本　山形経済志料』第三集所収)。

(36) 安孫子麟「前掲論文」参照。

(37) 〔註〕(23)を参照。

(38) 『上山町史』完(一九一五年)。

(39) 『上山町史』、寛永四年二月一〇日の項によれば「志知伊予ニ封セラルルヤ、山形城主鳥居左京亮忠政ニ命シ、上山城ヲ監守セシム、忠政其将稲毛四郎左衛門ヲ遣ハシ之ヲ守ラシム」とある。

(40) 『編年西村山郡史』(一九一七年)に、「元和以来村山郡四万ノ石地上山領タリ、是ニ至リ一万五千石地ヲ幕府ニ公収シ石川・君田町二村ヲ谷地領ニ帰ス」と題して「余り地御蔵入ニ被遊候、日田村ハ上ノ山付ニ成候、石川・君田町、此二ヶ村ハ谷地領ニ被仰」とある。

(41) 『寛文朱印留』によれば、土岐氏二万五千石の所領三八ヵ村は、次の通りである。

城廻町、高松村(以下「村」省略)石曽根　川口　藤五　細谷　阿弥陀地　小穴　下関根　中関根　上関根　皆沢　楢下　宮脇　金沢　牧野　原口　須田坂　大笹　大久保　大門　庄部沢　上生居　中生居　下生居　仙石　小泉　金谷
高谷　長野　権現堂　小倉　溝延　台　仁田　小泉　日和田　箕輪

なお、元禄十年に上山に入部した松平信通三万石の所領は、『山形県史』第二巻（一九二〇年）所収の「上山領目録」には、「出羽国村山郡之内、参拾七ヶ村」として

十日町　二日町　北町　裏町村（以下「村」を省略）長清水　海原期　高松　石曽根　川口　藤五　細谷　阿弥陀地
小穴　上関根　中関根　下関根　皆沢　楢下　宮脇　金沢　牧野　原口　須田坂　小篠　大久保　大門　菖蒲　上生居
中生居　下生居　仙石　小泉　金谷　高野　長野　権現堂　小蔵

である。その管轄は

一、上山領分総高壱万七千四百四拾五石五斗八升五合。六郷参拾七ヶ町村、外支村弐拾六戸
　内訳　　川西拾八ヶ村
一、御城廻六ヶ郷、六ヶ町村、合高弐千五百石参斗四升八合、支村、松山片町四ツ谷外新丁ハ無高ナリ
一、西郷七ヶ村、合高四千百壱石参斗参合、支村、滝沢、赤坂、塩崎
一、本庄郷五ヶ村、合高弐千百四拾石八斗七升壱合、支村、姥懐、赤山、金山、柏木、藤沢、立塚
　川東三郷拾九ヶ村
一、中川郷七ヶ村、合高参千六百拾石七斗壱升弐合、支村、射留、廻館、甲石、臼沢、堀切、足口、棚木、塩坪
一、生居郷五ヶ村、合高弐千六百四拾石六斗四升、支村、泥部
一、牧野郷七ヶ村、支村、笠松、植山、古屋敷、萱平、大倉沢
　合反別千参百弐拾五町九反壱畝弐拾壱ト
　内、田方七百四拾参町五反五畝六ト、畑方五百八拾弐町参反六畝五ト
一、屋敷合反別七拾壱町九反参畝九歩

とあり、「御城廻六ヶ郷」六ヵ町村、「西郷」七ヵ村、「本庄郷」五ヵ村、「中川郷」七ヵ村、「生居郷」五ヵ村、「牧野郷」七ヵ村に分かれていたが、ほぼ上山周辺に位置していた。この他に下郷の谷地溝延郷七千五五〇石余六ヵ村があり、合計二万五千石余になる。その後五千石余の加増があるがその所領は明らかではない。

(42)『上山町史』完。

(43)元和八年の最上氏改易の際、白岩八千石に封ぜられた酒井長門守忠重は、寛永一〇年苛政のため改易となっている。

(44)「手控」(『山形市史編集資料』一二一、所収)参照。

(45)明和四年織田氏の入封については、「天童古事記」(『山形県史』第三巻、所収、一九二〇年)に詳しい。なお天童に関する研究は、『天童の生ひたち』(一九五二年)、「天童風土記」を参照した。織田氏入封について「天童古事記」によれば、次のようにのべている。

明和四年亥年上州小幡ヨリ、置賜郡高畑古城跡へ国替

一、明和四年亥年、宮村孫左衛門ヨリ織田家へ御引渡、御高二万石、右内村山郡天童下二十ヶ村、芳賀、門伝、奈良沢、荒谷、南・北青柳、千手堂、成安、灰塚、中野、両組高楯、北目、中野目、寺津、小関、大清水、羽入、郡山、窪野目　此高壱万八千九百六十六石四升三合五勺

一、置賜郡高畑下六ヶ村、小郡山、相野森、柏相、泉岡、塩野森　此高四千六百四十六石二斗五升五合壱勺

一、天童六町　此高四千七百二十二石九斗三升

(46)『天童の生ひ立ち』には、嘉永元年(一八四八)の「上杉家記録」が採録されているが、それによると「出羽国置賜郡織田兵部小輔殿御領分高四千六百四拾六石余御領所に仰せつけられ、同国村山郡是迄御領所之内高四千百九拾石余織田兵部少輔殿に代知として御渡、残高弐千石余之分御代官吉田条太郎殿(幕領代官)当分御預……(以下略)……」とあり、このときの

米沢預地の規模は、推定計算（明和七年一万五千五〇〇石から天保一三年秋元氏へ九千石を引いて六千五〇〇石となり、史料の内容と一致する。天童領の村々には幕領・天童領との分給支配が多かったが、この際すべてを天童藩領になったのだろうとおもわれる。

（47）左沢を中心とする酒井氏（松山）領二万石は、後期までかわらず維持される。その所領は村山西部の山間部を中心として、青苧の産地であり、しかも、村山地方の所領の中できわめて集中的である。『寛文朱印留』上によれば、左沢七二ヵ村は次の通りである。

大巻　和郷　古真木　送橋　下足沢　上足沢　針生　杉山　宇津野　大滝　助巻　末吉良　新宮宿　中郷　能中
八沼　高田　長沼　石須部　白倉　多良　松程　大舟木　今平　須野瀬　水口　赤釜　一石楢　夏草　雪谷　西助巻
西舟渡　藤田　本富沢　新富沢　中沢　芸息坂　本・新左中　舟渡　栗木沢　川通　堂屋敷　塩平　所部　材木　本顔
吉　本橋上　十八才　新橋上　大久保　楢山　本月布　新月布　大針　新顔吉　葛沢　滝沢　上北山　下北山　荻袋
本小漆川　新小漆川　一野沢　雨池　丸竹　吉川　原　入間　渇俣　宮中　左沢町

（48）新庄領、戸沢氏の場合も、元和八年に与えられた所領が維新まで安堵されている。
戸沢氏については「新庄古老覚書」（『北村山郡史』上巻）に詳しい。寛永二年一一月の項に次のように記録されている。

「出羽最上郡五十九箇村、三万八千四百五十六石余、村山郡十三箇村、二万千五百十三石余、已上六万石、此外六千石開発地千弐百石改出ニ都合六万八千三百石、目録在（別紙）事宛行之記、全可領地者也」とあり、村山郡に十三ヵ村（横山、田沢、駒居、山内、大窪、上野、大巻、白鳥、湯ノ沢、岩木、吉田、北口、工藤小路）、二万千五〇〇石余、最上郡五九ヵ村三万八千四〇〇石余を領有していた。なお、前出「手控」には、「谷地北口御陣屋付村々」と「横山御陣屋付村々」に分けて書上げられている。谷地北口陣屋付は一〇ヵ村（北口　工藤小路　吉田　岩木　湯野沢　樽石　長善寺　大久保　宝田新吉田）、横山陣屋付八ヵ村（横山　富並　大槇　白鳥　稲下　上野　山内　田沢）となっている。

(49)　寛文八年松平忠弘の野州宇都宮転封に際して旧山形藩領の東根領三万石が「飛地」として残される。東根領三万石は、『東根郷土史談』寛文元年一一月の項に、「当時東根陣屋附ノ村々ハ、道満、茨崎、若松、川原子、山口、石倉、猪野沢、野川、万善寺、後沢、瀬戸山、石那坂、柳西道、観音寺、関山、東根、湯野沢、上・下荻ノ戸、田麦野、天童、山家、上・下貫津等二十（ママ）、其石高凡三万石ナリ」とある。

(50)　高力左京については『寛政重修諸家譜』第八（三四三頁）参照、深堀、高楯、大寺の三ヵ村である。

(51)　本多越前守利長は一度改易され、改めて一万石を下賜された。それは幕領のうち、寒河江領（達摩寺・高屋・仁田・北目・北山）、長崎領（君田・小泉・嶋・田沼・柳沢）、山形領（杉ノ下・山形）計五千七百三十石、漆山領の一部（四千石）を与えられる。居城不明。元禄一二年六月子若狭守助芳は越後国糸魚川へ移封される（『編年西村山郡史』参照）。

(52)　木村礎・杉本敏夫編前掲書参照。なお、「手控」には、「村山郡柏倉御陣屋付村々」として四六ヵ村の名があげられている。次の通りである。

柏倉　門伝　村木沢　古舘　要害　根際　大塚　下反田　上反田　深沢　滝平　常明寺　北作　畑谷　小白府　沼木
吉野宿　舟町　陣場新田　陣場　江俣　上山家　下山家　植野　大野目　前明石　吉原　下桜田　飯田　中桜田　青田
小立　岩波　平清水　下宝沢　上宝沢　谷柏　津金沢　金谷　上野　高湯　山神　半郷　山田　成沢　大石田

(53)　『山形の歴史』下巻によれば、幕府は柏倉村付近二万石の村々を棚倉城主小笠原土丸に交付した。小笠原氏は柏倉に陣屋を営んでこれを支配した。其村々は左の如くであった。

柏倉　金谷　上野　根際　大塚　瀧の平　常明寺　古舘　本木　門伝　山野神　山田　半郷　下桜田　反田　宝沢　小
白府　岩波

以上一八ヵ村である。

(54)『東村山郡史』第二巻、寛延二年八月の項に

寛延三年午二月四日

一、吉原領主堀田相模守様御知行所替り、吉原領弐万石内壱万弐千石、肥前島原城主戸田能登守様、此村々要害組大庄屋佐藤三郎右衛門、船町・沼木村・上反田・下反田・深沢・北作、江俣組大庄屋、陣場・新田・吉野宿・植木・大野目・山家

一、八千石野州宇都宮城主松平吉十郎様、此村々、谷柏・前明石・平清水・成沢・山神・高津

とあり、肥前島原藩の「飛地」が一時的に存在したことが分かる。

(55) 同右参照。

(56)『北村山郡史』下巻所収「蟹沢村阿部氏文書」の「土屋但馬守御領分帳」によれば、土屋氏所領の「北目附村々」は、本木、八森、双月、落合、藤内新田、渋江、奈良沢、下原町、北目（これまで上郡中という）、老野森、川原子、乱川、高野、荷口、蟹沢、松沢、見塩、下山口（これまでを下郡中）以上一八ヵ村で、これらはきわめて分散的である。

(57)『北村山郡史』下巻所収「大淀村文書」によればその支配村を知ることができる。

阿部鋕丸様江御渡村々

柴橋附ニ而　大暮山村、大谷村、柳沢村、金沢村、大蕨村、今塚村、岡村、伏態村、鮨洗村、用村、山野辺村、片谷地村、二位田村　合計拾四ヶ村　高九千石余

寒河江ニ附　蔵増村、成生村、高擶村、七浦村、十文字村　合五ヶ村　高九千石余

宮崎附ニ而　大森村、上荻戸村、下荻戸村、楯岡村、楯岡本郷、大淀村　合村数五ヶ《(ママ)》村　高八千石余

惣合村数弐拾四ヶ村高　弐万七千石余
此度御私領渡ニ相成候分
なお「手控」には二六ヵ村が書かれており、深沢村（元柴橋陣屋付）が加わり、蔵増村が南・北に分かれている。

(58) 秋元氏の飛地については、『高揃郷土史』（一九五五年）によれば次の村々である。
高揃、漆山、本楯、谷地前小路、谷地、荒町、田中、今町、貫津、山寺、上・下東山、杉下、平塩、中郷、松原、黒沢、谷柏、狸森、長谷堂、高木、飯塚、仁井田、鮨洗、七浦、十文字、大森、上荻野戸、蔵塒、大淀、楯岡

(59) 〔註〕(20)を参照。

(60) 「書取」は『山形市史編集資料』二二号（一九七〇年）に所収。

(61) 同右所収、「解説」。

(62) 「村々高調帳」は、市中に流出し、おそらく「手控」（同右　二二号所収）に収められている「村山郡村々石高帳」が、それに当たるだろう。そこには、「一、柴ばし御陣屋付村々高」にはじまり、寒河江・尾花沢・東根・漆山御陣屋（以上幕領代官所管轄）、上ノ山御城付、柏倉御陣屋（下総佐倉　堀田氏）、山形御城付、（秋元氏）、山ノ辺御陣屋（陸奥白河　阿部氏）、左沢御陣屋（出羽松山　酒井氏）、谷地・北口（出羽新庄　戸沢氏）、横山御陣屋（同）、北目御陣屋（常陸土浦　土屋氏）、長瀞御陣屋（米津氏）、高力健三郎知行所、天童御陣屋（織田氏）それぞれの村ごとの石高（村高）が書き上げられている点からみてほぼまちがいないと思われる。

(63) 「用聞」制については、村田路人『近世広域支配の研究』（大阪大学出版会、一九九五年）第三部「近世支配の特質」、第一章「用聞の諸機能と近世支配の特質」、に詳しい。なお村田さんによれば、「用聞」もまた山形藩主秋元氏が描くような理想的なものではないことがわかる。

第二章　天保飢饉期、羽州村山地方の百姓一揆と打ちこわし

はじめに

当年の作ガラヲツク／＼考ヘ、米ノ廻シヲ案ズルニ、江戸ヘマハス事ハムツカシカルベシ、ソノユヘハ先出羽ハ半作ニモナラシテ行カヌル也、シカルニ土地ニテ飢ヌダケハアルベシ、少ニテモ余リアレバ奥州ヘ送ル也、奥州ハ皆無ナレバ十月比ヨリ餓死アリ、サレバ出羽ヨリ送リタリトモ中々足ル事ニアラズ、サレバ奥羽二州ノ米ハ一切江戸ヘハ出ズ、関八州モ凶作甚シケレバソロ／＼飢ルモノアリ、或ハ一揆ナドサハゲバ江戸ヘ送ル米トテハナキナリ、サテ又東海道諸州ハ自国ノ食サヘ足リカヌルナリ、江戸ヘハ出米アルベカラズ、中山道ハ何レモ凶年ニテ信州ナドハ乱ノ萌アルベキ勢ナレバコレ又足ラヌナリ、サテ北国ハイヅレモ亦凶年ニテ他ヘ米ヲ出スベキ力ナシ、山陰道モ米不足ニテ他ヘ出スベキ力ナシ、山陽諸国ハ平生ニテモ米ヲ北国舟ニ買求ル地ナレバ中々他ヘ出ス由ナシ、五畿内凶作ノ事ナレバ自国ノ食ニ他ヘ出スベキ事アルベカラズ、九州モナラシテ三四分ノ作ナレバ他ヘ出ス事ナシ、只四国ノミカナリニトレタリ、土州ハ米乏ク他ヘハアマリ出サヌ由也、阿州モ藍多ケレバ米ハ少キ方ナリ、サヌキ《（讃岐）》イヨ《（伊予）》ノ二州カナリニミノレリ、シカシ米ノ性アシクテクダケル由也、サレバ何方ヨリ江戸ヘ米出ベキヤ覚束ナシ

はじめから長文の史料を引用したが、これは昌平黌に学んでいた儒学者山田三川の天保七年（一八三六）の日記の一部[1]である。つまり、天保七年に、江戸への米穀移入が著しく減少してしまうだろうという予測を、全国的な稲作の作柄状況や市場関係、さらに甲州郡内騒動をはじめ各地の一揆・打ちこわしなどの情報を基礎に行なっている部分である。これによれば、あらゆる地方からの米穀移入は、幕府の江戸廻米奨励政策にもかかわらず、ますます「ムツカシカルベシ」ということになる。各地方の状況を箇条書にすると次のようになる。

（イ）羽　州　半作。余米は奥州へ。
（ロ）奥　州　皆無。餓死者出る。羽州よりの移入にても不足。それゆえ江戸へは廻らず。
（ハ）関　東　凶作甚し。飢える者生ずる。一揆がおこれば、江戸へは廻さず。
（ニ）東海道諸州　自国分さえ不足。江戸へは廻さず。
（ホ）中山道　凶作。米不足。信州では乱のきざし。
（ヘ）北国　凶作。他へ米を出すべき力なし。
（ト）山陰道　米不足。他へ米を出すべき力なし。
（チ）山陽道　普通でも北国より買う。他へ出すべき力なし。
（リ）五畿内　凶作。自国の食のみ。
（ヌ）九州　平均三四分作。他へ出さず。
（ル）四国　豊作。しかし、①土佐―米乏しい。②阿波―米乏しい。③讃岐・伊予―米性悪く江戸へは廻さず。

この三川の判断と予測は、現実には、もっときびしい状況となってあらわれ、とくに米穀の移入に頼って生活や生産を支えていた地域の人々に打撃を与え、結果として惹起される米価騰貴が要因となって、大坂における大塩平八郎の乱へと発展し、江戸にも持続的な社会不安を生みだすなど、全国的に巨大な社会的動揺を与え、支配者層に封建的危機感を強烈に意識させたことは、周知の事実である(2)。

この米穀流通の変化に江戸の社会的動揺の一要因を見た三川の観点は、基本的に正しいだろう。この観点をさらに直接各地方の具体的状況に立入って、しかも各地を相互に連関させつつ再把握すれば、そこには、大塩の乱に至る、幕藩権力にとってもっと深刻な事態が進行していたことを明らかにできるだろう。つまり一般にいわれるような、凶作・飢饉→米価騰貴→飢餓一揆として爆発、という単線的図式ではなく、とくに天保七〜八年に巨大な社会的動揺をひき起した原因は、天保四年（一八三三）から前年まで全国的に爆発した一揆・打ちこわしによって、幕藩支配の構造上の深刻な矛盾が露呈したことにかかわるものであり、また再び「一揆ナドサハゲバ」とか「乱ノ萌シ」と三川が指摘したごとく、飢饉に対する救済を正当に要求し立ち上ろうとしている民衆たちの闘いそのものにあることを注目しなければならないだろう。

それゆえ、この段階の一揆や打ちこわしについては、個々具体的な内容検討から民衆運動の歴史的性格を明らかにする作業も当然のことながら、その闘いがいかなる要求をもってどのように実現をせまり、その要求が結果として、幕藩領主層にいかなる政治的対応を余儀なくさせ、それがまた幕藩制の全構造をどのようにゆがめ、支配体制を動揺させたか、という点を明らかにすることが必要である。

そのような観点から本稿では、平年なら江戸・大坂への米穀移出を廻米等を通して行ない、中央市場の米穀消費を支えてきた地域の天保期前半の民衆の闘いを、幕藩領主層の対応と関連させつつ分析し、三川の指摘が、各地域ではどのような形で生み出されるか、ということを明らかにし、結果として江戸・大坂等での社会的動揺を深刻化させた原因を追及してみようと思う。

分析の対象地は、羽州村山地方（現在の山形県村山盆地）である。

一　一揆発生の件数と史料

まずはじめに、天保元年（一八三〇）から同八年にかけて羽州村山地方において発生した一揆・打ちこわし、およびそれに類似した動きをとらえておこう。

第1表はそれを編年的にみたものである。この結果、八年間に一一件の発生件数を見ることができる。(3) しかし、これらの動きに関する史料および文献は、享和二年（一八〇二）の村山騒動や後述する慶応二年（一八六六）の兵蔵騒動と比較すると、量的にも質的にも問題にならないほど劣っている。いわゆる、当時の日記類などに断片的に残っているに過ぎないため、各事件の全貌を明らかにすることは到底不可能である。ただし、断片的ではあれそれぞれの直接的な記述や関連する記述から、各事件の背景や闘いの目的を明らかにすることができる。そしてそれらを総合すれば、天保期に共通する闘いの性格や相互の関連性を把握できるし、それを歴史的に位置づけることも不可能ではない。そこで、まず、管見できた数少ない史料を、編年的に紹介することにしよう。

第1表　天保元～八年　村山地方の一揆・打ちこわし年表

年　月	一揆・打ちこわしなどの動き	出　典	本文史料番号
天保元年一〇月（文政一三）	不作のため幕領尾花沢、東根周辺村々検見役人へ圧力の一揆	大町念仏講帳	(1)
秋	不作・米騰のため、幕領柴橋・寒河江代官領不穏、周辺山内私領（左沢？）減免一揆	中山町史資料編一	(2)
二年　春	東山内（？）で石代値段引下げを求めて騒動	大町念仏講帳	(3)
一一月	南金井村で揚水不許可のため騒動	河北町の歴史（上）	
四年五月	幕領大町村（谷地）にて騒動	大町念仏講帳	(4)
七月	山形領山寺・清池・高揃村にて打ちこわし	大町念仏講帳	(5)
七月	山形城下にて米安売を求めて不穏	事林日記（二）	(6)
八月	不作、米騰のため佐倉藩柏倉領周辺で騒動	山形県史（三）	(7)
五年三月	世間物騒	事林日記（二）	(8)
七年四月	白岩山内で騒動の風聞	大町念仏講帳	(9)
八年二月	幕領白岩山内で安石代要求一揆	編年西村山郡史	(10)
三月	幕領白岩山内で廻米削減、安売要求の一揆	編年西村山郡史	(11)

史料(1)　天保元年一〇月　幕領尾花沢・東根周辺で検見役人へ圧力の一揆

①

一、当春季候不順ニ而、至而苗不足ニ而、隣村より貰苗仕、植ふさぎ仕候処、土用中雨天続ニ而田方引立不申、案事罷在候所、土用後暑強ク御座候間、安心仕候処、田方一円虫附ニ相成、黒穂粗かちニ而誠ニ違作御座候、当時竹垣善佐様御支配之処、御病気ニ而御代検御勘定藤井百助様、御普請役曾根慎之丞様御検見先御手張ニ付、尾花沢・東根十月十一日昼夜諸々鐘打ならし、ほらかへ吹立、鯨波声上ケ驚立申候ニ付、御勘定御普請被成驚、少々御勘弁出来申候由、併未夕御仮免状御渡無之候、且八月中旬より雨天続キニ而稲草当時雪下ニ相成、五分通ハ取仕舞ニ相成不申候

（『大町念仏講帳』(4)）

②

乍恐以書付御願奉申上候

村山郡之儀、連年違作凶年打続候内、偶去丑年豊熟之様申触候処、以之外見込違之作毛ニ而驚キ入候得共、郡内一統之見込違無詮方当春中御廻米高存外相嵩、夫等ニ付夫食払底ニ相成米穀直段者春中より至而相進日々増高貴ニ相成、買食之者夫食ニ差支候得共、素より根米者無之事故売出米一向無之、三度之食事も欠キ候程ニ御座候間、所々物騒敷騒立候体ニ付、村々ニおいて種々手を尽し米穀諸方より穿鑿買入、漸為取続人気を相宥メ取鎮置候

（出羽国村山郡「郡中議定」(5)）

史料(2)　天保元年秋　幕領柴橋・寒河江代官所管内凶作、米高値のため不穏、山内私領年貢減免一揆

「御吟味ニ付御請書　　柴橋附
寅十一月　　寒河江附」

別紙之通村々難儀之次第奉歎上候処、いつれも不容易願ニ付御取用難相成趣被仰渡候間、小前末々迄申聞候処、当年米直段之儀は、去ル天明三卯年之外前後不覚高直段ニ御座候得共、米不足ニ而売買も無之、来春夏ニ至り候ハヽ、可及

飢渇は歴然ニ而歎敷奉存候処、麦作取入も有之儀ニ付、夫までどの様にも可取続旨被仰聞候得共、当国之儀は田方勝ニ而畑方至而無数、雪国之事故畑とも不残一毛作ニ而、夏作地相除候得は纔之麦作迚も来秋新穀取入迄中々引足不申、五六月ニ至リ候ハヽ、夫食ニ差支一国可及飢餓、其節ニ至候ハヽ心得違之ものは騒立可申哉も難斗、既ニ当秋隣郷私領山内之もの共凡千人程も相集り収納方引願ひ強訴騒立候儀も有之、(6)其外村々ニおゐて無躰之難題相願種々之取沙汰申ふらし、又は寄こそり候風聞も有之候儀ニ付、其段は其節申上……

（『中山町史』資料編一　浅倉文書「留書」）

史料(3)　天保二年春　東山内で石代値段の引下げを求めて騒動

一、去寅之大凶作ニ而米穀引上ケ、春中ヨリ夏迄壱俵ニ付金弐歩位迄仕候ニ付、東山内春中騒立候儀ニ付、去暮定石直段八斗九勺之所、御廻米之内五分御救穀代納願上、酉ヨリ丑迄五ヶ年平均ニ而、壱石三斗弐合八勺六才御聞済ニ相成申候、余郡ハ五分之所御廻米相成、酒田・大坂・江戸欠米多分相立由ニ御座候、東根付ハ五分米納之内、六分ハ石代ニ相成、四分ハ江戸買納ニ相成申候、米納ハ松前渡ニ斗リニ御座候

（『大町念仏講帳』）

史料(4)　天保四年五月三日夜　幕領・新庄領谷地大町村にて騒動

一、五月三日夜、当村八幡宮之鐘を突騒立候ニ付、東根・寒河江・尾花沢・漆山・北口五ヶ所之御陣屋より御出役被遊、九日夜新町村名主内蔵之助宅ニ而御吟味、翌十日ハ松橋村九郎右衛門宅ニ而御吟味之上咎なきもの共斗召取被成候ニ付、十一日ニハ御引取相成申候

（『大町念仏講帳』）

史料(5)　天保四年七月　山形領・幕領山寺・清池・高揃村の農民打ちこわし

①

一、山寺東山より徒党人出候而、清池・高揃ニ押寄、家二軒打こわし申候間、東根江召取候もの五拾二人御吟味之上、拾人入牢ニ相成申候処、御代官様御吟味之上、八人ハ手錠宿預ケ、弐人ハ口書御取被成候而、御伺ニ相成申候

（『大町念仏講帳』）

②

私領分羽州村山郡蔵増(増)門伝村江、去ル十六日之夜近郷百姓躰之ものニ候哉、出所得計不相分大勢罷越、百姓市蔵と申もの方江押寄相潰申候段訴出候ニ付、早速取鎮人数差向候間、鎮り所々江散仕候様子ニ相聞候、右騒立之者之内、私領分之者無之由相聞候、乍去鎮り候後之様子不相分、無心之奉存候旨在所家来ともより申越候間、先此段御届申上候、以上

三万石羽州高畑
織田若狭守

七月廿四日

別紙申上候通、私領分羽州村山郡之内江近郷百姓躰之もの大勢罷越、万一未及理不尽理害申聞候而茂不相用、無法相働及狼籍難取鎮候ハヽ、鉄砲ニ而打払品ニ寄玉込相用候而も苦カル間敷哉、此段在所江申遣置度奉存候ニ付、奉伺候、以上

右　同

七月廿四日　　　　　　　　　　　　　　織田若狭守

即日御対紙

可為伺之通時宜ニ寄玉込候とも相用候様可致候

（黒正文庫「雑書」(7)）

③

羽州山寺外五ヶ村之もの共騒立、同国蔵増門伝村市蔵外弐人宅打毀候一件、右村々支配御領主ニ而再応御吟味御伺之上、今般曾我豊後守様・内藤隼人正様御下知之趣、左ニ被仰渡候

一、大貫次右衛門様御代官所山寺村百姓左助・間之助儀去巳年違作ニ而米価高直ニ候所、蔵増門伝村六《（市カ）》蔵、高擶村弥平治申合、米穀〆売いたし利潤を貪、東山之もの共江米売渡さず難渋いたし候間、東山・中里・山寺三ヶ村申合両人宅打毀遺恨可相晴と、東山村喜三郎・中里村次六頭取、村内石兵衛・仙蔵差続申勧ニ同意いたし、村内観音堂念仏講之節庄三郎外弐十三人并御吟味以前欠落いたし太蔵外三人江申通し、東山村地内字牛ヵ暮ニ而篝を焚候を合図と心得、右場所江寄集り市蔵外壱人宅打毀候節立交り、清池村孫左衛門宅打毀候儀者無之候とも、右始末不届ニ付、中追放被仰付候

但、御構場所徘徊いたす間敷旨被仰渡候

一、元池田仙九郎様御代官所東山村百姓次右衛門儀、去巳年違作ニ付米価高直之折柄、村内喜三郎方ニ而中里村次六と出会候砌、穀屋共米穀〆売いたし利潤を貪心憎く候間、右両人頭取山寺村石兵衛外壱人差続蔵増門伝村市蔵外壱人宅打毀し罷越しニ付、可参旨申聞候迚、喜三郎・次六倶々立出御吟味已前欠落いたし候村内善兵衛伜善六外三人

を誘引一同□、右之内庄六者麦藁持参し字牛ヶ暮ニ而篝を焚候故、山寺・中里・上下荻野戸・高揃五ヶ村之もの共騒立、右市蔵外壱人清池村孫左衛門宅打毀候次第ニ至り候段、右始末不届ニ付、中追放被仰付候

但、御構場所徘徊いたす間敷旨被仰渡候

一、右山寺村上組百姓庄三郎外弐十三人、中組百姓甚兵衛外拾五人、下組百姓左次郎外壱人、并惣百姓立石寺領同村惣百姓、右東山村惣百姓、光明寺領中里村惣百姓、上杉弾正大弼様御預所高揃村百姓嘉助次男勘助并惣百姓、阿部能登守様御領分同村惣百姓、上荻野戸村百姓弥兵衛伜孫兵衛并惣百姓、下荻野戸村百姓熊次郎次男小八并惣百姓共儀、去巳年違作ニ而難儀之折柄、米穀高直ニ売捌穀屋共利潤を貪候を心憎存、東山村喜三郎・中里村次六頭取山寺村石兵衛・儀蔵差続蔵増門伝村市蔵外弐人宅打毀候節、庄三郎外弐十三人者山寺村左助外壱人より通達を請、甚兵衛外拾五人者右儀蔵より、左次郎外壱人者石兵衛より申勧ニ任セ、御吟味已前欠落いたし候太兵衛外三人一同孫兵衛・小八も、村内逸八・上荻野戸村平兵衛・仁助倶々、勘助者村内三吉・彦蔵同道いたし、其外百姓共者穀屋共打毀候間、可出逢、若不馳加候ハヽ可打毀旨高声ニ触歩行候を承立出、東山村地内篝を焚候場所江馳集り、又者蔵増門伝村市蔵外弐人宅江馳行家財諸道具打毀候次第、殊ニ小八者村方帳外ニ相成候兄鉄蔵儀右騒ニ紛盗取之品之由者不存風呂敷包預置候始末不届之至、不罷出もの共者罷出候もの共を不差留段一同不埒ニ付、小八者預置候品取上、村高ニ応し過料被仰付候

但、過料銭之儀者高百石ニ付、弐貫文之割合を以差出可申旨被仰渡候

一、無宿鉄蔵儀、帳外ニ相成候身分ニ而元居村江立入、其上東山村外村々之もの共蔵増門伝村市蔵宅打毀候節、右人数江加リ高揃村弥平治外壱人宅をも打毀、剰落散有之候銭・衣類・脇差盗取候始末不届ニ付、入墨敲被仰付候

一、右東山村・山寺村・中里村・高揃村・上荻野戸村・下荻野戸村名主組頭共儀、東山村喜三郎・中里村次六頭取、

山寺村石兵衛・儀蔵差続村々之もの共徒党いたし、蔵増門伝村市蔵外弐人宅打毀候節、差留方不行届始末一同不埒ニ付、名主者急度御叱、組頭共者御叱リ被置候

一、織田若狭守様御領分天童町清市郎儀、鉄蔵を無宿と者不存、高揃村弥平治外壱人宅打毀候節盗取候品も不心附候とも、得と身元出所も不相糺鉄蔵申ニ任セ羽織壱ツ無判ニ而質取候段不埒ニ付、右品御取上過料銭三貫文被仰付候

一、御同人様御領分蔵増門伝村百姓市蔵儀、去巳年違作ニ而米価高直之節、村々穀留之儀御領主限御申付被置候処、他村江竊ニ持参り候米買取候儀不束ニ付、急度御叱被置候

一、東山村喜三郎其外御吟味以前欠落いたし候もの共、御支配御領主ニ而日限尋被仰付候もの共儀、度々御日延之上不尋出段不埒ニ付、重立候ものへ過料銭三貫文ツヽ被仰付、其外之もの共者一同急度御叱被置、銘々行衛者永尋被仰付候

一、右之外御吟味ニ付被召出候もの共者御構無之旨被仰渡候

右之趣大貫次右衛門様・池田岩之丞様・上杉弾正大弼様御預所御役人中、阿部能登守様・織田若狭守様御家来中御立会、大貫次右衛門様御陣屋ニおゐて被仰渡、盗物御取上候分者被盗主江御渡被下置、且過料銭者三日之内次右衛門様御役所江相納可申旨被相渡、一同承知奉畏候、若相背候ハヽ重科可被仰付候、依之御請証文差上申処、仍如件

無宿　鉄　蔵

天保五午年十月十六日

御朱印地
立石寺領
羽州村山郡山寺村

欠落人
石兵衛親類無之
組合惣代
庄　三　郎

（以下略）

（山口村文書⑧）

④

然る所今年巳の夏に至り、又々気候不順にして無比類凶年となり、いよいよ米穀払底となり、ひたすら求むるものの ミ多かりければ、利を貪る商人共秘して出さず、後日をへるものハ得ることを先としかハ、交易甚だ不自由となり、於是窮家便りを失ひ、大いに難義に及び、いかんともすへきよふなかりし処、県　令《おんやきしよ》にて深く患、且あわれミ給ひ、里なる村々御穿鑿ありて有合余米之分、御融通となし下さることといへとも、七月中旬に至り最早余米も払切りとなり、夫より長崎村近在にて麦の分残らず御買上ケとなり、是等を融通なされ手を画し御仁恵有といへとも、多村多人数の事なれハ中々引足り難く、其内貪欲無慙の邪曲《ねじけ》もの共、一味徒党し大勢集り迅雷のことく鬨の声を発し、高揃村なる富農におし寄せ、倉稟家財を破却し米粟を掠去らんとし、狼藉に及び大に騒動する事、はやくも聞へけれハ公　廨《おんやくしよ》其悪を憎ミ給ひ郷村に相沢大助殿馳向ひ、忽ち徒党張本のもの不残搦捕、厳しく糾明を遂られたれハ、その威ニ伏し漸しつまりたり

然りといへとも時としてハ村々へ催促の落し処などあり、或ハ高き山寺に参り鐘を撞き、又螺貝を吹鳴らし軍勢を催することき事、度々にして騒かりしかども、法令御厳重にして再び大なる騒動にハ及ざりき

於是公廨こと安からぬ事を思召し、御管《やくにん》　家相沢大助殿良計を廻らされ、七月廿六日、柴橋御陣中を御発足ありて、

六拾里峠より庄内へ越し給ひ鶴岡城外酒田湊において、米千俵余お買上ケなされ、最上へ入米となし下され、最上川より舟に積立運送し、又は六十里峠越に人夫に斉らし、村々に応し割渡し御配米ありけれハ（以下略）

（天保四年「巳荒鑑」『西川町史編集資料』三の二）

⑤

一、去巳山寺東山辺より騒動いたし候もの、徒党三人入牢、右御裁判東根御役所へ被仰付、御代官大貫様、池田様、漆山、山辺、天童、立石寺、光明寺七ケ分立会之上、壱人ハ入墨ニ而擲放中追放、弐人ハ軽追放、外ハ急度御呵、過料五百貫文余と相聞申候

（『大町念仏講帳』）

史料(6)　天保四年七月　山形城下にて米安売を求める町民不穏

明日迄と有之候へ共、定而米穀壱件ニ可有之と存候間、役人会田七郎右衛門直様同日藤助宅迄罷越申候処、近頃米穀高直ニ付、何歟怱々敷相聞、すてに一昨夜歟、愛宕山辺にてかゝり火焚申候様ニ相見江申候、依之繁々役人中見廻り候間、此段得相心可被置候、猶又先日より御願被成候酒田米、未当着候間、役人中も心配罷有候、先達之洪水ニ而、川瀬猶引筋辺大ニ損候趣、依之着延引可致、依之余遠着ニ相成候ハヽ、御差出之金子丈斗も、役所ニ而何とか不致ハ相成間敷申候、依之二・三日中米之一条沙汰可有之候也

（『山形市史』史料編3「事林日記」）

史料(7)　天保四年八月　佐倉藩柏倉領近辺農民不作・米価高騰にて騒動

私領分羽州村山郡近年米穀出来不致、其上当年不作ニ而、此節ニ至リ必止と差支及難渋百姓ともゝ有之、精々手当仕罷在候、然処近領ニ而ハ百姓体之者騒立之由ニモ相聞候、尤領内ノ義ハ此節別条無御座候得共、此上如何可有之哉、

且又他領より押来候義も難計、殊ニ陣屋之儀は人少之場所ニ而御座候間、別而心配仕候、万一右体騒立候歟、又は他領より領分内へ押来候程之儀も出来仕、利害申聞候而も不相用、不法働手向等仕難取鎮候節ハ、鉄砲ニ而相払品々寄玉込相用候而も不苦御座候哉、遠国之儀ニ付、兼而奉伺置候間申遣候、此段奉伺候、已上

八月廿三日

堀田相模守

附札

可為伺之通候、品ニ寄玉込をも相用候様可被致候

（『山形県史』三）

史料(8)　天保五年三月一日　山形城下物騒

世間物騒、殊ニ夜々出火等有之ニ付、例《（ママ）》座役人并小前一同打混夜番見廻り被仰付、即今晩より相催候事

（『山形市史』史料編3「事林日記」）

史料(9)　天保七年四月　幕領白岩山内地域で騒動の風聞

一、四月中白岩山内騒動有之由風聞ニ付、東根御役所より当村迄御出役有之候得共、何事無之引取、其後柴橋江五六人御召捕ニ相成候得共、御吟味之上御免ニ相成候

（『大町念仏講帳』）

史料(10)　天保八年二月　幕領白岩山内安石代を求めて一揆

酉二月六日、夜白岩山内之者共さわき立候付、夜中村々より御役所へ注進在之、此六日ニハ柴橋郡中会所へ寄合有之、

此儀者去未年御徊米買納代金米直段、江戸ニ而去年より追々引上候ニ付、凡四千両程不納致候処、尤さかひ両郡ニ而也、依之先御代官様より御取立ニ大矢周助様、さかひ江御下リ被遊候而、御取立ニ付、郡中名主中寄合節也、然処右山内之者共取しつめに、柳沢村名主権平、宮内村名主兵蔵両人、柴橋より申付ニ而差向候外、御あしかる衆も御出かけ被成候由、山内之者共へ尋候処、里方出候而も、米一切不買れ候ニ付、可相成ハ、安石代ニ而米買入度願候由、然らハ何分願之通ニ取計見可申候間、立帰候様可致とて、柳沢村御寺の下、又ハ石田村田中の茶屋之あたりより帰申候由、中ニハ上野辺迄も参候者も、少々御座候由、山内之者共、道すからとても一切何々にてもさわり不致候由、只サアいべ〳〵（可レ行可レ行ノ意）申を大勢ニ而申たはかり、鍋金様之物たゝき、ところ〳〵ニ而時之声を上ケ候由、其四五日以前に、白岩大橋元へ寄合可申候との目くら徊状まわり候由

（『編年西村山郡史』）

史料⑾　天保八年三月　幕領白岩山内農民廻米量の削減と米の安売を求めて一揆

天保八丙三月十二日ばん、白岩迄山内衆そうとう相つめ、柴橋役所より出勤有之様子ニ御座候、尤四五百人も集り候様子、同十四日三拾人召取られ候故、夫切ニて仕舞申候

（「佐藤日記」）

一、酉三月十一日、夜海味村枝郷辺より、柳沢村より始りニ而、猶亦さわき立申候、夫より白岩辺へ隠レ居候而、同十三日夜五ツ頃白岩たて八幡宮之鐘をはやかねにつき、大橋元切通しの上ニかゝり火をたき、石などつミかさね、白岩役元より柴橋御役所江追々御ちう進在之ニ付、（注）御役人長沢様、友沢様外ニ御足軽四人、柴橋名主弥十郎、七兵衛、非人番貫蔵、外人足衆大勢ニ而、大橋元茶屋迄、其夜御出張、然ル所、願総代柳沢村竹二郎始、外弐人ニて白岩名主治兵衛方江、願書差出し、其願書ハ御徊米七分通置米、融通米直段壱俵代金壱分弐朱ツヽいたし呉候様との願の由、次兵衛方より御出役様差上候由、夜明候而、白岩橋元門三郎方江御役所相立候由、然る処柳沢村竹次郎始、

白岩村恭八、鹿山村染屋の宅江にきりめしの手伝いたし居候て取られ、海味村庄太郎・柳沢村重蔵外ニミのわの人弐人、是ハ其夜番ニ当リ見物かてらに参候処、貫蔵ニ白岩より留場へ行道ニて取られ候由、都合六人本縄ニ而三月十四日五ツ半時頃、柴橋へ引参候、三九郎此節願事ニ而、柴橋郷宿居候節也、夜入籠也、ミのわの人弐人ハ翌日上り申候

一、又同十五日、夜さわき立、日和田村入口原かゝり火をたき、時之声を上け候ニ付、八鍬村よりハ柴橋御陣屋へ御注進、日和田よりハ寒河江御陣屋へ御注進ニ付、大川様御出役被遊候由、柴橋御役所よりハ佐藤様・友沢様、御会所よりハ市太郎殿。名主七兵衛外平塩名主・中郷名主衆、是ハ会所へ詰合、然る処、ミのわの出口ニて大川起七郎様、三拾壱人御召取被遊候由、御用状日和田村より人足ニて柴橋御陣屋江参申候也、名主次郎兵衛前小屋江三拾壱人つなき置被成候而、御吟味之由、翌十七日柴橋江引つれ入籠

(『編年西村山郡史』)

二　闘いの展開と領主側の対応

前節で紹介した一揆に関する史料を検討しつつ、文政一三(天保元)年から天保八年までの闘いの過程を、それをとりまく諸状況と関連させせつつ分析し、その歴史的意義を明らかにしてみたい。

1　文政一三(天保元)年

村山地方でのいわゆる「天保の飢饉」の初発は、すでに「去ル申年洪水以来違作と」[9]文政七年(一八二四)の大洪水による不作にさかのぼるが、厳密には、文政一三(天保元)年の不作にはじまるといってよいであろう。この年は、

「当春季候不順ニ而、至而苗不足ニ而隣村より貰苗仕植ふせぎ仕候処、土用中雨天続ニ而田方引立不申」(10)と、春からの天候不順にはじまり、土用まで雨続きで水稲の育ちが悪かった。その後一時、「土用後暑強ク御座候」(11)といった気候の回復にもかかわらず、今度は、「田方一円虫附ニ相成、黒穂粗かちニ而誠ニ違作御座候」(12)という凶作になった。この状況は、ほぼ村山郡一円に共通し、この結巣、一一月になると、ついに「去ル天明三卯年之外前後不覚高直段ニ御座候」(13)と米価の高騰を招来した。しかもその上、「米不足ニ而売買も無之、来春夏ニ至り候ハヽ可及飢渇は歴然」(14)と、いかに高値でも売る米さえ無く、「麦作迚も来秋新穀取入迄中々以引足不申」(15)と翌年春の麦の収穫量ではとても来秋まで間に合わず、「一国可及飢餓」(16)状況が予測されるほどの深刻な事態になった。

これは、『大町念仏講帳』の内に記録されている毎年の米相場から米価の動きをみた第1図によっても、この事態はうなずけるだろう。しかも、この深刻な状況をさらに不安にさせた要因がもう一つある。それは、「偶去丑年豊熟之様申触候処、以之外見込違之作毛ニ而驚キ入候得共、郡内一統之見込違無詮方当春御廻米高存外相嵩」(17)と、前年意外の不作にもかかわらず、この年は豊作という予測で止むを得ず廻米高を増したので、村々には「貯根米は無之」(18)と米が備蓄されていないことが米価高騰に拍車をかけただけでなく、いっそう村民を不安にしたのだった。

この結果まず、「買食之者夫食ニ差支候得共、素より根米は無之事故、売出米一向無之、三度之食事モ欠キ候程ニ御座候間、所々物騒敷騒立候」(19)と、村内の「買食之者」層が不穏な状況をひきおこしはじめた。ここでいう「買食之者」層とは、これまでの村山地方の近世における農民層の分解に関する実証的分析(20)で明らかにされているように、すでに没落をはじめた数多くの貧農・小作層を指していることはいうまでもない。そして、この数もまた実証的分析を通して、村民の約半数以上に達していたことも明らかにされている。その点で、これらの階層の動きは、村方支配層にとって重大な関心事とならざるを得ないことはいうまでもなかろう。

第１図　谷地大町地域の町米価格変動表（『大町念仏講帳』より作成）

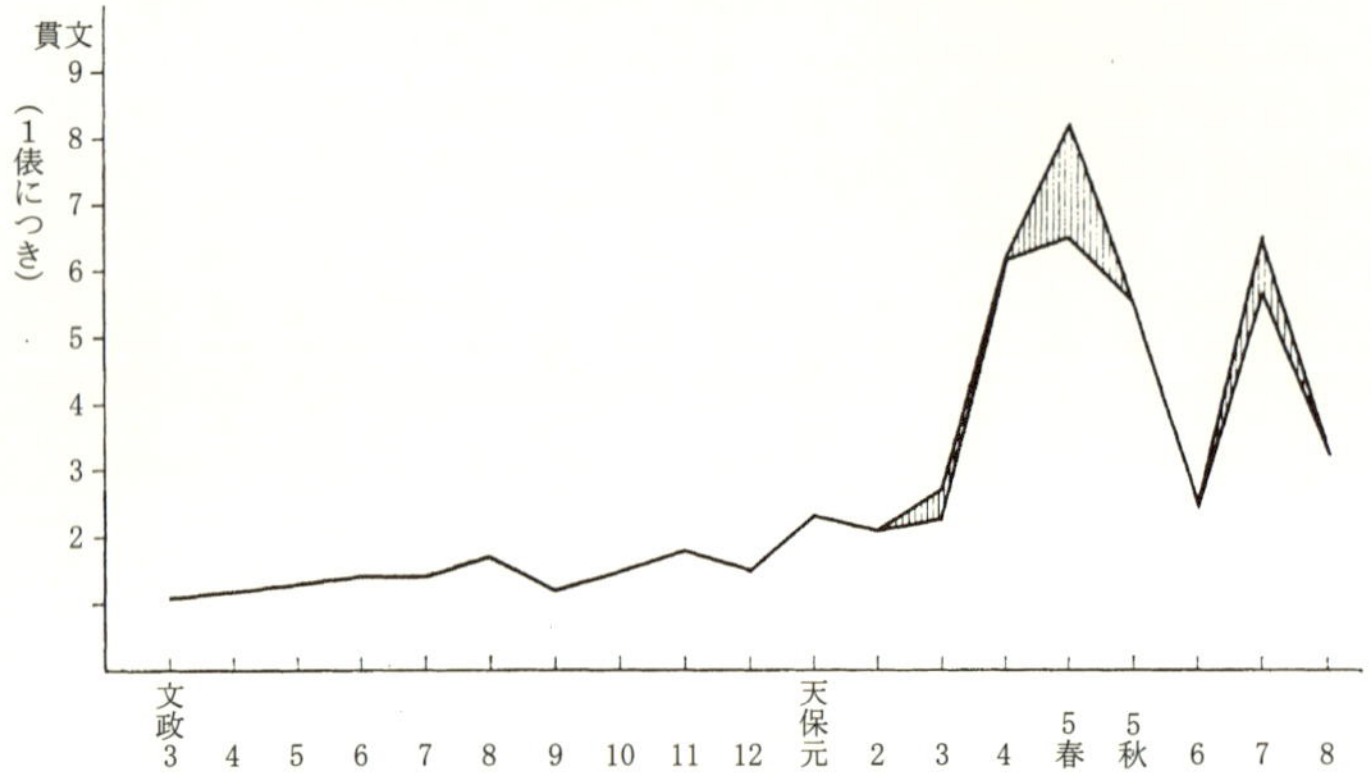

〔註〕天保８年のみ蔵米値段

そこで、以上のような状況のままでは「来卯年に至何様之変事出来可申哉難計(21)」という見通しから、第一に考えられることは、とにかくなんとしても米穀の確保に全力をあげなければならない、ということである。

村伊藤家文書より）

村方への残米		廻米・永納の実量		
合　計	急夫食などの分量	廻　米	江戸買納	
54.500		113.222 (379.406)		
185.462	112.330	6.000 (339.973)		
81.545		68.377	90.000 (94.429)	
182.793 (1.116)	107.400	12.000 (165.030)		
67.314	11.167	0 (154.110)		
112.214	32.940	283.237 (57.080)	27.883 (46.097)	
105.2584		16.469	2.650 (8.692)	13.869
106.154	40.696	17.990	27.597 (56.439)	12.100
129.934	54.500	146.366		9.500

：石)。
米などがあり、その他非常置米、御救夫食拝借米、急夫食拝

この点は、「連年違作凶作」に痛めつけられ、経営危機に瀕している村内年貢負担者層にも、共通した課題であり、それにはまずなによりも負担の軽減が課題となる。そこでこの二つの課題が、農民層の主要な要求となってあらわれる。前節において紹介した史料⑴天保元年一〇月一一日の尾花沢・東根などでの「鯨波声上」は不作に対する「検見先御手張」役人への示威行為であり、その目的はいうまでもなく年貢減免であった。そして事実「御勘定御普請被成驚、少々御勘弁出来申候由」という成果をかち得ている。この点で、史料⑵にみられる同月の、「隣郷私領山内之もの共凡千人程も相集り収納引方願ひ強訴騒立候儀も有之」という動きもまた、まったく同じ目的をもった闘いであった。

またいっぽう、酒田はおろか、江戸・大

第２表　天保初年の山口村の年貢上納の内訳（明治大学刑事博物館蔵　山口

年　代	本　途 （石）	本途上納の内訳			合　計 米納分 永納分
		定石代	A願石B不熟石 C御救石代	米納分	
文政12年	478.380	101.380 (78.3402)	A 241.200 (181.384)	152.565	188.1255 (379.406)
文政13年	459.416	101.380 (77.8134)	A 206.139 (158.220)	178.149	191.462 (339.973)
天保2年	459.426	101.380 (100.995)	A 206.139 (205.356)	78.160	239.922 (421.914)
天保3年	259.411		C 79.941 (47.735)	194.293	194.793 (153.459)
天保4年	183.918	80.742 (47.049)	B 46.872 (27.312)	66.814	67.3143 (154.110)
天保5年	307.171				393.447 (57.081)
天保6年	219.658	101.380 (63.702)	B 104.443 (65.627)	26.387	121.727 (179.155)
天保7年	248.922	101.380 (63.702)	A 46.630 (29.300)	115.136	163.724 (191.153)
天保8年	410.734	101.380 (91.492)	A 162.163 (146.355)	170.662	285.800 (310.843)

〔註〕（　）内は、永納をしめす（単位：貫）、それ以外は米納をしめす（単位
村方の残米には通常囲置籾、二十分御下穀、川下賃米渡、荏代米渡、置
借米、江戸買納延米分などがある。

訳							
村内夫食等払米	山形城下へ払米	上ノ山城下へ払米	領内他村へ夫食払米	村　内拝借米	他　村拝借米	融通米(山形・上山藩)	その他
72.900							37.902
233.310							132.185
489.800			22.500				20.802
56.400							6.602
281.600		90.000	42.000				5.723
116.700	3.900	92.100	115.200	73.600	41.100		14.302
	9.900	4.785	54.000	192.952	35.700	177.000	20.852
183.000	157.200	201.000	156.600	15.000			15.001
152.745	21.000	159.000	122.100	110.000	10.159		1.922
143.200	45.000	78.000	221.685	7.000	117.000		30.017

坂でも「買納」[22]でもしなければ年貢の完納（皆済）ができない多くの村々は、石代納要求、それもできるだけ安石代要求が前面に押し出されてくる。前節の史料(2)天保元年十一月の寒河江・柴橋両代官所付の郡中惣代名主層による代官池田仙九郎への歎願書は、「隣郷私領山内」の強訴という事態と、紹介した文中にはないが、「国産第一之紅花その他夏作之分皆損同様」、さらには違作による石代値段の高騰という条件を背景に、「下米平均直段」による石代納要求の実現をせまるために、出府の願いを聞届けて欲しいと申し出た内容である。そして、このような運動が実際に一程度効を奏したとみてよいことは第2表でしめしたごとく、幕領東根代官所管轄下の山口村の年貢皆済の内訳をみれば明らかであろう。

　しかも、この危機感は、天明飢饉の際に結成された村山郡幕領・私領の総代名主層の救済組織である「郡中惣代」の議決による「郡中議定」[23]の制定を余儀なくさせた。この秋、「村山郡御料御私領向々重立候名主庄屋共一統参会」し「村山郡一統申合議定」[24]を決議した。そして、代官へその承認を求め、決議内容の履行をせまる。その内容は、第一に米穀等（樽酒・紅花もふくめ）他郡移出の差留（穀留）、第二に寒造酒の前年の三分の二減産のための封印強行、第三に神事仏事等

第３表　佐倉藩柏倉領村木沢村年貢上納の内訳（文政９年～天保９年）

年　代	納合計(石)	内				
		船町河岸納(廻米)	陣　屋	石代納	用捨米	村内酒造米払
文政９年	1336.802	765.000	156.000	45.000	189.000	71.100
10	1336.802	567.000		74.100	249.000	81.007
11	1336.802	400.200		49.500	298.800	55.200
12	1336.802	678.300	276.000	49.500	198.000	72.000
天保２	1336.802	412.500		118.080	307.249	79.650
3	1336.802		270.000	146.190	441.210	22.500
4	827.497		52.200	181.408	98.700	
6	1388.567		62.400	43.366	495.000	60.000
7	771.126		98.700	16.500	58.000	21.000
9	1336.802		86.700	16.500	590.700	3.000

（山形大学郷土博物館蔵　村木沢文書より）

の簡素化、第四に夫食の内一食を粥、その他は雑穀を増量、以上四ヵ条からなっている。これはまもなく幕領代官より承認され、「今般御料私領村々評議之上願出候趣」として、ほぼ同趣旨の内容の触書となり強制的な効力をもって民衆の前にあらわれる。そして、それだけでなく、郡内に領地をもつ山形藩をはじめとする大名層に対しても一定の拘束力をもつことになる。つまり「私之不致囲米等、御料私領一郡村々融通致し夫食差支無之様」という触書の穀留規定にみられる「私」は、単に領民に対してだけでない強制力をもっている。この点は、第３表にしめした下総佐倉藩羽州領村木沢村の年貢皆済の内訳を検討すれば明らかになるであろうし、もっともきびしい米穀不足に見舞われた天保七年の「郡中議定」である「議定書之事」(25)に「御私領御収納米御趣意有之、他国出可相成義も可有之歟、……御収納米他国出可相成節者其役場ゟ越口御掛り御役所江俵数并送越日限とも兼日御掛合被下」という一項が設けられていることからも、窺い知ることができるだろう。しかし、逆に郡内限りにおいては「御料私領一郡村に融通致し、相互ニ夫食差支無之様」に取計い、「都而一村ハ一家と同様ニ而何事も助合、有徳ニ暮し候もの、近村迄も可成丈救助致遣」と相互扶助が呼びかけられることになる。

しかし、予測通り天保二年（一八三二）に至っても米不足は解消せず、米価の高騰が続いた。そのため、農民は前節で紹介の史料(3)にみられるごとく、「東山内春中騒立候」と前述の廻米分に対する「御救穀代（石）」などを要求して闘いを続けた。この結果、廻米の減量をかちとり、残りを東根代官所管内では「欠米」多量を理由に「江戸買納」によって郡内の米穀確保を実現し、「米納ハ松前渡ニ斗リニ御座候[26]」と海防強化以来の蝦夷地向け廻米のみにくい止めさせることができたのである。

2　天保四年

翌天保三年、またも村山地方は不順な天候に見舞われ、不作が続いた。『大町念仏講帳』は、この年の模様を次のように記している。

　　順気
一、春より不順気ニ而、苗草不足ニ而様々（漸々）植付申候、麦作不作ニ御座候、紅花之儀ハ四十五文より百三拾五文迄仕候、八月中旬よリ米引上ケ、金弐分弐百文位迄仕候、田作ハ虫附ニ而、夏中より油三四度うち候得共凶作相成候

この結果「天明卯三年以来聞伝へも無之米穀高価ニ有之」という状況となり、すでに「去卯（天保二）出来秋」以来「粟・稗等は勿論干葉大根・木葉・草根等糧ニ相用へ不測ニ身命相保候得共、田宅ヲ離れ路頭ニ迷候躰之もの多く、衣類雑具も質入又は売払」ってきた農民は、「来巳春（天保四）至リ候ハヽ一統可及飢餓」は歴然という、もっとも

深刻な事態になった。これに対して、前述した「郡中惣代」層は、前年までの「郡中議定」の延長のみならず、各領主別に具体的な対応策をせまった。たとえば、東根代官所管内の幕領村々では、代官に対して、（一）本年貢内の非常囲米を例年通りの置米以外にも設け、それを村内人数に応じ拝借させ、またこれまでの拝借米の延納願いをあわせて求め、（二）さらにその残りの本年貢米を「去卯迄拾ヶ年の定石代平均直段ニ三斗高」の不熟御救石代納にし、（三）その他の「夫米口米・伝馬宿入用・六尺給・小物成之分」も同様の御救値段にし、（四）また大豆石代納、（五）置米分の石代化、（六）拝借夫食米延納、（七）そして「松前志摩守様江御渡米」の一ヵ年免除を求めて、「郡中村々三判」が代官大貫次右衛門へ願い出ている(27)。

これに対して東根代官所は、酒の寒造の禁止はもとより、米穀については郡内生産の農民米に関してのみ「一郡之売買は格別、他国他郡江売渡儀は、追而沙汰ニおよひ候迄売買不相成事(28)」と流通を統制する触書を出すいっぽう、政策の重点を郡内の取締りにおいた。そして、関東における八州取締出役が「廻村之上教諭」によって「不人気之国柄も追々立直り悪党共も立退」せたという成果に学んで、村役人層へ「関東御取締教諭之書面一冊」を与え、「小前之もの江度々申聞」かせるとともに、「不時ニ手代共廻村いたさせ」、取締りの強化をはかった(29)。

このような代官の姿勢には、周知のようにこの年暮以来、幕府が方針を転換して、江戸廻米の増大、とりわけ問屋商人にかぎらず自由な米穀移入を促進する政策を強力にとりはじめたことが反映されている。それゆえ、東根代官所などの穀留め指示は、前述したごとく郡内の年貢米以外の流通米に限られたのだ。代官大貫が同じく支配する尾花沢代官所管内では、東根付の村々と同様な要求に対して、以下のように対応している(30)。

当辰不作ニ付、来巳夫食不引足趣を以御物成之内、村々拝借願出候間、当時伺中ニ有之、然ル処多分之引方も相

立、其上拝借致し候儀不容易旨、其外江戸御廻米一切無之候而者御差支ニモ相成候間、品々吟味有之間、此上如何可被仰付哉難斗旨、江戸表より申来候ニ付、当辰御取箇辻之分者、米拵入念村々共郷蔵江急度取立置候様可致候……

と、農民側の年貢をめぐる要求のいくつかが「不容易旨」と却下されただけでなく、逆に幕府勘定所より、江戸廻米が督促されており、代官はその指示の下に廻米の準備を命じている。この結果幕領では、東根付村々が松前渡米を、「二月下旬当村名主弥之助酒田へ罷下り、五斗入ニ而金拾両ニ付廿壱俵之直段ニ而三斗九升ニ直し千俵買入、松前へ相渡申候(31)」と酒田での「買納」によって年貢米（廻米）確保した他は、「柴橋・寒河江・漆山・尾花沢四郡ハ下し被成候(32)」と廻米を強行させられ、私領でも新庄藩領村々が「下谷地ニ而弐千五百俵御下し被成候(33)」と廻米が行なわれた。

しかし、翌天保四年（一八三三）も春から不順であった。代官所は、前年より菜種や紅花など商品作物の植付を禁止し、「麦作仕付」を領民に奨励していたが、「密に蒔付候もの有之(34)」と、そのくらいでは夫食を確保する上で効果はなかった。そのため、すでに史料(4)にみられるように、五月ごろから、最上川西岸の大町村で不穏な動きがみられ、出来秋を待たず、七月に入ると闘いが激発した。

とくに、史料(5)の①②③④⑤に紹介したように、この闘いは、天保元・二年の場合とは、運動のもっとも基本的な面で、大きく様相を異にしているといってよい。要約すれば次のようになるであろう。

この動きは、山形城下東方に点在する幕領の山寺・清池・高擶などの村々から、天童藩領の蔵増門伝や高擶村の地主（打ちこわされた門伝の市蔵については不明だが、高擶村弥平治は明治八年（一八七五）の立附調べによれば、立附米一、三九九俵余をもつ大地主に成長している）に対して、不当な米穀の隠匿により米価をつり上げている元凶として打ちこわしが行なわれた。これらの動きを具体的にしめしている②③の史料は、いずれも領主側のものであるため若干の史料操作が必要であるが、いずれにしてもこれまでの対領主との闘いから、商品流通にも手を出し小作料などを収入源とする地主層が直接的な攻撃対象とされるにいたった点に大きな相違がある。参加層は、村内での具体的な職業や持高などがいまのところ不明であるが、主導層に「村方帳外」の無宿人が加わっていることや、闘いが数村にまたがりつつ、きわめて組織的でしかも迅速であったこと、さらに頭取層は欠落し結局捕らなかった計画性などから判断して、やはり、この時期に至り、米価高騰でもっとも深刻な生活危機に陥り、もはや領主や村方での救済ではどうにもならなくなった階層（＝「買喰い」層）によるものであろうと考えられる。都市打ちこわし的要素が感じとられよう。

この打ちこわしは、天童藩主織田氏が早速「鉄砲ニ而打払品ニ寄玉込相用候而も苦カル間敷哉」と幕府に許可を求め、翌月には領内近辺で一揆の動きに危機感をもった佐倉藩羽州領の場合も同様な願書を提出して許可を得ている（史料(7)）ことからも窺えるように、この段階の政治状勢に大きな影響力を持つことになった。また史料(6)に紹介したように、「何歟怱々敷」「愛宕山辺にてかゝり火焚申候様ニ相見」と、同時におこった山形城下の不穏な動きや全国的な動向が、領主層に対しいっそう危機意識をつのらせることになったといってよいであろう。

その結果、夏から秋にかけて、「御料私領共ニ酒田湊ニ而買請、七月末より九月中迄追々為積登相成申候」[35]と、郡外から米穀の移入をせまられることになった。この事情を『大町念仏講帳』[36]の記録からみれば、

仙台・酒田より春中より之入米凡壱万五千俵位、只今追々入米と相聞申候、酒田湊ハ八月下旬より湊留ニ而買入可申様無御座候間、尾花沢・東根両郡中ニ而酒井様より千五百俵借用いたし候、尤御代官様より添状有之、請取

ニハ大石田御役所詰手附手代大木心兵衛様、柴橋より御手代相沢大助様、酒田湊ニ而五千俵御買入ニ而、最上川積登セ半分、六拾里越半分と相聞申候、東根・尾花沢両郡中兼御手代伊東庄十郎様、野川村名主友吉越後水原江来午夫食買入ニ御出役被遊候

と、酒田湊よりの米と庄内藩酒井氏からの借入米の移入が川陸両路によって行なわれ、さらに越後水原（幕領代官所）にまで買米に出張せねばならぬ事態となっていたことがわかる。

　このような他地方からの買米による対応策は、郡内他藩の場合も同様であった。なかでも郡内の中心である山形城下では、「農工商三民之内極貧弐千余人」[37]といわれ、まったくの「買喰い層」を多数かかえていたから深刻であった。八月には「壱升ニ付白米ニ而百九十文ニ相成申候、おそろし〳〵」[38]と専称寺の僧侶を驚かせ、さらに新米のあまりの高値に対して「天之災難ニ候、悪心不可持者也」と戒めるほどで、「市中夫食必至」「備方無覚束」という状態に立ちいたった。そのため佐倉藩柏倉領米[39]の買入れだけでは不十分で、積極的に酒田買米を行なわれなければならなかった[40]。それが一時でも滞れば前述したような不穏な動きがすぐあらわれるため、「役人中も心配罷有候」という状況にたちいたった。藩買米の一部をわけてもらい寺領百姓へ安売りせねばならない専称寺の場合などはなおさらであった[41]。

　凶作が決定的となったため、出来秋以後も、不安は解消しなかったのみならず、かえって深刻になった。そこで代官所は、その元凶をとり除くため、村内の「他所他村之もの共入込之者借屋いたし居」る者を、「夫食米も他国より引取」るような状況である、という理由で、一村限り追放を強行した[42]。またこの年一一月の「郡中議定」[43]は、米の過不足にかかわらず郡内産の米価を「平均直段」＝公定化することによって、「来午年買食之者為取続候様仕度」と、「買喰い層」対策をとることをつけ加えねばならなかった。しかしこれには、いずれにせよある程度の米穀が確保さ

れていることが前提である。
そこで、第一には、山形城詰米の放出が、幕領村落に対し行なわれた。尾花沢代官所は、次のような通達を管内村々へ出している。(44)

当四月迄之夫食者、山形城詰米拝借相伺候処、凡半減ニて御下知有之候ニ付、男女平均一日ニ壱合ツヽ之積り可相渡旨申渡置候へ共、右様ニ而も四月中迄之夫食ニ不足可致者眼前ニ有之、五月より八月中迄之分ハ越後国御廻米之内拝借被仰付度段、今以伺中ニ而、是迚も半減ニも可相済哉難斗、右様之御下知手間取候上ハ、五月中迄ニ村方江引取可相成哉、是以無覚束、然ル時ハ農業第一之四五月弐ヶ月之夫食一切無之、田方仕付差支候間、此節よりハ一日壱人五勺ツヽニ致候共……

と、四月までを山形城詰米、以後五月より八月までを「越後国御廻米」の拝借によってきりぬけようとし、それも覚束ない四、五月については必要最低限の制限夫食量を村々へ申渡している。
そこで次に一〜三月にかけて、酒田湊をはじめ越後への積極的な買入米政策が展開される。この動きを記録した『大町念仏講帳』を、長文ではあるがふたたび紹介しておこう。(45)

一、二月廿一日当村《(大町)》弥之助郡中より被頼候而酒田湊へ諸国之相場為聞合ニ罷下リ申候、同月廿五日ニハ東根附より天童青柳吉左衛門、尾花沢附よりハ柴橋弥左衛門・鈴木五郎兵衛酒田湊へ肥前肥後入津米買入ニ罷下リ申候、御役所より御添翰持参いたし買入ニ相成候

一、三月十一日出立ニ而、東根・尾花沢両郡兼御手代伊東庄十郎様、名主ハ当村弥之助、供ニハ当村之利七、尾花沢より名主午房野林弥左衛門、尾花沢新町松屋茂兵衛上下六人ニ而水原江十五日着いたし、十七日弥之助新潟へ様子聞ニ罷出候処、諸大名より去暮より詰会夫食買入ニ罷出候ハ、秋田様・南部様・松前様・津軽様・秋元様・戸沢様・六郷様・酒井様其外下筋諸家様方去暮買入米積出候段、新潟町奉行所へ御懸合被成候処、湊留メ、殊ニ当国とても去巳ハ不作ニ付、既ニ村上辺ニ而騒動ニ及候儀故、津出相成申間敷由返答ニ付、諸家様御役人方ニ而ハ、国元ニ而餓死人多分有之上ハ是非積出度段御懸合、其内秋田様より百五十余人新潟へ詰合、鑓先にても可請取なと申候由ニ付、御双方より江戸御伺ニ相成候上、問屋共取扱ニ而金百両之内より三俵宛新潟救粥ニ御手伝、又長岡様ニハ御役銭不被取筈ニ而、近頃より積出ニ相成候、御料所御買入米ニ而も三俵置米被成候哉、又ハ江戸より御下知ニ而も無之候而ハ六ヶ敷段申ニ付、津出相成候様御下知、早速ニ御願被下度段、早を以江戸表ニ願上候処、然処廿六日江戸表より御達し有之候を内見仕候

このように、実際の米買入れには「郡中惣代」層が、代官所の「御添翰持参」をバックアップに、酒田はおろか新潟にまで出張し、主に幕領水原代官所などとの買入れ交渉を行なっている。しかし、同じような米不足に悩む村山郡内の天童や新庄藩などをふくむ東北諸大名も買入れに殺到し、また越後地方自身が「村上辺ニ而騒動ニ及」と米の販売に積極的でないのにもかかわらず、秋田藩などでは「鑓先にても請取」と殺気だつほどであり、ついに百両につき三俵を「新潟救粥」という名目で差引いてでなければ買入れられないという状況であったことがわかる。結局、村山の「郡中惣代」層は、江戸勘定所の許可を得て、四月代官所から「夫食買代金」として貸し渡された米買入代金の到着を待って、蔵米などをふくめ、まず「都合水原ニ而三千九百拾弐俵、右四月十二日新潟へ川下ケ相始候」、その後

六月にかけてさらに二、五八七俵買入れ、「合六千四百九十九俵七月十二日迄出帆為致、新潟引払ハ七月十五日、同廿日酒田着、右買米四千三百俵位ハ無事大石田着仕候得共、最上川濁水ニ而残リハ酒田ニ而相払可申旨ニ付」という経過をたどって、郡内へ大量の米が移入され、十月に入って「村々江小割付」けられた。

これまでみてきたような買入米政策が、四年七月打ちこわし以来急遽とられ、飯米の確保がはかられたことは、全国的な米穀市場の動きのなかで、いかなる意味をもっているのだろうか。

3　天保七・八年

以上みてきたような天保四年（一八三三）までの状況が、長期にわたって民衆を苦しめた。『河北町の歴史』（上）の柴橋代官所内「疫癘其外ニ而死失並他国稼出人退転潰百姓外当時明家」(46)の明細によれば、天保四年にはすでに管内六九ヵ村で、死失人一、四〇五人、欠落・他国出稼人四二四人、退転潰れ百姓九六軒、空家二〇五軒に達していた。その結果、『大町念仏講帳』天保五年の項で、

悪喰之上、着物薄ク寒気引込候故哉、去暮より疫癘流行、当村ニ而も四拾人余相果、病人ハ家並ニ而、田方手入専一之節不行届、其上こやし物ハ一切無之年柄故、格別束□《ムシ》苅落申候得共

と、病気→死亡→労働人口減少→生産意欲の減退という悪循環を招き、「手入行届キこやし入候田ハ豊作ニ候得共、夫ハ拾ヶ一も無之程之儀、実ニ残念之事ニ候」と、天保五年は、「当春順気能」、「極々照強キ年柄故」と好天に恵まれたにもかかわらず、今度は気候そのものではなく、労働力の減少と生産手段の欠如という人的要因が、減収の原因

になって農民をさらに苦しめることになったため、その後も依然回復をみせなかった。

このため、村山郡幕領の農民は、天保五年（一八三四）から七年にかけて前年にもまして飯米の確保のための努力を続けなければならなかった。そこで年貢の減免や石代納、さらに拝借米金の延納願などが続けられたが、[47]前節史料(9)にみられるように、七年には「四月中白岩山内騒動有之由風聞ニ付」、また山形城下では、「風来・無宿共弥増、進退差迫候上者、種々悪業も可相募」[48]と、再び状況は深刻な局面を迎えた。

しかもこの年は、五月から九月にかけて全国で激発した打ちこわしを背景に、七月に幕領代官所は、「米穀他出之儀者去ル巳年より差留」[49]という「御料私領共申合」の順守を求める触書を出した。それは、そのころ仙台領が極端な違作のために、郡内より「自国之差支も不顧聊之利欲ニ泥ミ」密売する者や、「他国より村々手寄を以米穀買入人入込」と、村山郡周辺諸藩領などへの米穀の流出が増大していたためであった。そこで、一〇月には、「郡中惣代」による九条におよぶ「郡中議定」[50]が議決され、米穀の移出禁止のみならず、郡内の相互融通、私領廻米の制限、酒造量制限、半田銀山御用酒の密売禁止、燈油・紅花種の他郡移出禁止、悪党等取締りなどにきびしい申合せがなされ、とくに、他郡との境界には、以前にもまして口留番所が各所に設けられ、取締りが強化されることになった。[51]また、天保四年の時、「他国米買入取続方」などとして貸渡された七千両余を「御備金」としてその利益を「窮民為御手当」として使う仕法を願い出るなど、[52]さまざまな対策が打ち出されたのである。

しかし、全国で激発した大規模な打ちこわしや一揆は、幕府をして江戸・大坂への米穀移入を促進させ、幕領に対して廻米強化策を余儀なくさせたことは周知の事実であろう。[53]この点は村山郡内幕領においても例外ではない。そこで幕領代官は、「郡中議定」の規定にもかかわらず、各村に廻米量の確保を申渡し、一一月にはそのため郡内に流通する農民米をも「御買上米」として廻米を行なうことを次のような触書を出して強要した。[54]

当申年諸国作方不宜候ニ付、御買上米被仰付候而者、一時ニ買上候而者米価ニ響ニ相成、末々之者可成難儀可致候間、作徳米之内売払候分も有之儀ニ付、右之分多少によらす御買上ニいたし御年貢一同御廻米ニ取斗、直段之儀、所相場金壱両ニ付米弐升高位之割合を以、御物成永之御代金相渡候積被相心得……

この結果、実際に廻米が強化されようとしたことはいうまでもない。だが、代官が求める廻米量を郡内では確保できず、結局は、江戸「買納」によって補わなければならなかった。これは前述したごとく「米直段江戸ニ而去年より追々引上候ニ付(55)」と、きわめて大きな負担になり、農民の経営を一層苦しめたため、幕領柴橋代官所管轄の村々では「凡四千両不納致候(56)」という状態におちいった。

これに対して農民側は、翌八年二月に入って、もともと米穀生産量が少なく飯米獲得すら十分でなかった西部山間の白岩地方の村々を中心に、「廻米七分通置米」や「安石代」等を強力に求める強訴があいついで組織され、代官に対し圧力をかけることになった。前節史料(10)・(11)がそれである。この結果、どのような対応策がとられたかは不明であるが、江戸への米穀移入を促進しようとして強行した代官領での廻米量増大政策が、スムーズにはいかず、凶作下で暮らしを維持しようとする生産農民たちのはげしい抵抗にあった事だけは事実であろう。

むすび

以上みてきたように、天保元年より八年の間に羽州村山地方で発生した一一件の一揆・打ちこわしを、それぞれ領主の動向と関連させつつ分析し、その歴史的位置づけを試みてきたが、それらが、個別分散的な形をとっているようにみえながら、実は一連の共通した動きの中に位置づけることができることがわかるであろう。

そして、これらの一揆は、単に凶作・飢饉によって生活に窮乏した結果、突発的に発生したものではなく、ひとえに領主の廻米確保政策とのかかわりで発生することが理解しえたであろう。さらに一揆側の求める飯米確保の要求が、ある程度受容され、それに応じた領主的対応がなされようとすれば、それは、直接的に江戸・大坂などへの米穀移出量に響き、幕府が全国支配を貫徹するために構築されている再生産構造を、大きくゆさぶることになった。つまり天保初年より四年の生活と生命を守る闘いは、諸藩はもとより遠隔地幕領内での支配体制維持のために飯米確保という対応を余儀なくさせた。それゆえ以後産米移出地方から江戸・大坂などへの米穀移入が大幅に制限されることになったのである。

幕府は、このような「銘々領分知行限、他国之売買差留候向」という状況に対して、「御料私領之無差別、米穀融通無差支」(57)と米穀の流通を促進させようとし、しかも江戸・大坂への移入には「素人迄も勝手次第」と、異常なほどの関心をはらい対応しようとした。しかしそれでも社会的動揺を押さえることはできず、大塩平八郎の乱を引き起す要因をつくらざるをえなかった。こうした大都市への米穀移入の減少が、飢饉前からすでに進行していた商品生産の発展にともない、必然的に生じてくる農村での「買喰い」層の増加による村内における米穀消費量の増大という新しい事態や、かれらを主体とした闘いに対処した政策の結果であったという事実を考慮に入れると、これは、はじめに紹介した山田三川の指摘のように、幕藩制の土台における決定的な変化が民衆の闘いによってなされたという点で、事態は幕藩領主にとってよりいっそう深刻なものであったといってよいであろう。事実、甲斐一国騒動・三河加茂一揆、そして大塩平八郎の乱という天保七・八年の巨大な社会的政治的動揺は、いずれもこの間の米穀流通の変動がもたらした結果であり、それをそうさせたのは生命を自ら守ろうとする民衆の闘いそのものであったことは、これまでみてきた通りである。

村山郡内の問題に戻せば、天保五年（一八三四）飢饉時の一揆や打ちこわしの主要な要求は、いうまでもなく米価の値下げである。だからこうした求めに応じない商人たちへの打ちこわしの正当性は、「米穀高直ニ売捌穀屋共利潤を貪候を心憎存」という点に集約できる。しかしかれらは決して単純素朴な正義心だけでは行動をおこさない。村落では村役人が米穀の確保に奔走し、領主層もまた農民たちの要求に妥協して米穀確保に努める。しかしそれは一村落や一藩だけでは困難である。そこで「郡中議定」が、危機を事前に回避しようとしていち早く活動を開始し、さまざまな米穀確保策を打ち出す。こうした米穀流通の一郡管理と相互融通奨励を主とする危機管理策が、郡内に行き渡っているにもかかわらず、「利潤を貪候」米穀商たちが存在し人々を苦しめる。だから許せないという認識をベースにおこったのが山寺東山地域の打ちこわしであった。その点で非領国ならではの正当性がかれらの行動の背景にあったからであろうか。「大貫次郎右衛門様・池田岩之丞様、上杉弾正大弼様御預所御役人中、阿部能登守様・織田若狭守様御家来中、御右之趣、大貫次右衛門様御陣屋ニおゐて」と、関係する全領主役人立会いのもとで渡された指導層への判決分もまた意外に軽い処分であった点を見逃してはならないだろう。領主層においてさえ、米の買占め売り惜しみによる「利潤を貪る」行為は許容できない。その情報を事前に得ていたにもかかわらず取締れなかったという弱みを自覚していたからにほかならない。そしてかれらをして米価暴騰の要因である米穀の確保にさらに駆り立てることになったのである。その行為が、人々には「県令にて深く患、且あわれみ給ひ」と映ったのであった。

村山郡内には、この飢饉の最中に善政を領民にほどこしたとして、幕領代官大貫次右衛門と池田仙九郎の記念碑が建立されているが、(58) その意味をどうとらえたらよいであろうか。幕府勘定方の政策をまげてまで民衆の要求を受け入れざるを得なかった両代官の苦悩を、謙虚な民衆は「善政」と受け取ったのであろう。このことは、もはや地域の実情を無視した民政を展開できなくなったことを物語ってもいるだろう。

〔註〕

（1）『三川雑記』（吉川弘文館、一九七二年）。

（2）このような観点から、政治史として民衆の闘いを、人民側の階級的結集性から論じたものに林基「宝暦・天明期の社会情勢」（岩波講座『日本歴史』近世四〈岩波書店、一九六三年〉のちに『続百姓一揆の伝統』〈新評論、一九七一年〉収録）があるが、天保七～八年の政治的動揺を鋭く指摘した論稿に斎藤純「幕藩制解体過程における階級闘争と領主権力」（『人民の歴史学』三九号、一九七四年）がある。

（3）天保元年より八年にかけて百姓一揆・打ちこわし等の発生件数については、これまでの史料紹介や研究論文等に依拠して作成した。横山昭男氏の「山形県百姓一揆年表」（『山形市史編集資料』第六号巻末所収〈一九六七年〉）がもっとも豊富で十四件を数えるが、本稿ではそれを参照しつつ、再照合した結果件数を確定したもので、横山年表とは若干の違いがある。

（4）『大町念仏講帳』（『河北町誌編纂史料』一九九一年、以下「講帳」と略す）。

（5）本書第二編、「史料　出羽国村山郡『郡中議定』集成」（以下「議定」と略す）五一（本書三二六頁）。

（6）本史料でいう「既に当秋隣郷私領山内之もの共凡千人程も相集り収納方引願ひ強訴騒立候儀も有之」とは、村山郡内の何処を指すかはっきりしない。ただ柴橋・寒河江代官所つきの村々から判断すれば、ここでいう「私領山内」とは、酒井氏左沢領を指していると考えられる。そして「収納方引方願ひ」に関連する動きについては、『編年西村山郡史』巻七、天保元年八月「左沢領民、検田減租ヲ請願ス」にみられる行動があった事実を明らかにできる。実際、この史料の内容から、これまでの多くの一揆年表類は、この動きを「愁訴」として採録している。しかしこの内容だけからは、農民の闘いの方法や形態を想像することは不可能である。

（7）本史料は、岡山大学図書館蔵。

（8）本史料は、明治大学刑事博物館蔵山口村伊藤家文書（目録二四号）。

（9）「議定」五一（二）（本書三二六頁）。なお、天保の飢饉の初発を文政七年におく点については、宮崎裕希「羽州村山郡における天保の飢饉の再検討―羽州村山郡山口村を題材に―」（『専修史学』三四号、二〇〇三年）同「羽州村山郡における『天保飢饉』」（青木美智男編『日本近世社会の形成と変容の諸相』ゆまに書房、二〇〇七年）を参照。宮崎さんによれば、文政七年、村山地方を襲った大洪水の被害から回復できないまま天保の大凶作をむかえたため、大飢饉を招かざるをえなかったのだという。

（10）-（12）『講帳』三二一～三二三頁。

（13）-（16）「御吟味ニ付御請書」（『中山町史』資料編一　一九七〇年）所収一一四頁。

（17）-（19）「議定」五一（本書三二六～三二八頁）。

（20）たとえば、拙稿「『世直し状況』の経済構造と階級闘争の特質―出羽国村山地方の分析を中心に」（『歴史学研究』三二六号、一九六七年）を参照。

（21）前掲「議定」五一。

（22）他国米での買納めは、すでに天明の飢餓期にも行われている。この年、村山郡内の幕領代官所下に設けられている村役人の代表機関である郡中会所が、この買納を代行している。たとえば、「土生田村御用留」（『村山市史編集資料』一、一九七四年）文政一三年の項には、「去丑春江戸大坂御廻米、市三郎・治郎吉納候御廻米納不足買納代、丑十一月中御役所江上納仕、江戸表江為差登候金子諸勘定仕候処……」とあり、前年郡内全体で買納が行なわれていることがわかる。これは、文政一二年の凶作による減収と、廻米に耐えられない米の品質にかかわる問題でもあるが、以後毎年恒常的に行なわれていることからみると、村山郡内の米穀消費量の増大と不可分に関係していることが主要な理由であろう。さらに、同御用留、天保二年の項には、「去寅江戸表におゐて買納致し候物成、買納代金上納之儀難渋申立、物納いたし候村方も有之」という事態を招くに至っていたことが記されている。

(23) この「郡中議定」制定に関する事情および展開については、安孫子麟「幕末の流通統制と領国体制─羽州村山郡における『郡中議定』─」(小樽商大『商学討究』第一七巻四号、一九六七年)、梅津保一「羽州村山郡における『郡中議定』について」(『山形近代史研究』第一号、一九六七年)、同「幕末期の羽州村山郡『郡中議定』と郡中惣代名主」(同、第三号、一九六九年)に詳しい。
(24) 「議定」五一(本書三二六頁)。
(25) 同右「議定」六九(本書三四四~三四九頁)。
(26) 「講帳」天保二年の項(三二五頁)に、「東根付ハ五分米納之内、六分ハ石代に相成、四分ハ江戸買納ニ相成申候、米納ハ松前渡ニ斗りニ御座候」とある。
(27) 「議定」五七(一)(本書三三三~三三八頁)。
(28) 同右五七(二)(本書三三八頁)。
(29) 同右五七(三)(本書三三八~三三九頁)。
(30) 「土生田村御用留」天保三年の項(『村山市史編集資料』第一号)二八頁。
(31)-(33) 「講帳」三三〇頁。
(34) 山口村伊藤家文書、天保四年「御用万留帳」。

(35)(36)「講帳」三三〇～三三三頁。
(37)「事林日記」下(『山形市史』史料編3、一九七一年)二四〇頁。
(38)同右、二三一頁。
(39)同右、天保四年七月一六日の項に、「米穀不融通ニ付、柏倉御領分村々より壱俵たり共外々江者不差遣、当御城下江持出し売払候筈ニ申合候」(二二五頁)とある。
(40)(41)この点についても、同右、天保四年の項に、その実情が詳しく記録されている。
(42)前掲山口村「御用万留帳」。
(43)「議定」六一(本書三四〇～三四一頁)。
(44)「土生田村御用留」(『村山市史編集資料』第一号)二一頁。
(45)「講帳」三三四～三三五頁。
(46)『河北町の歴史』上巻、六四〇頁、「講帳」三三四頁。
(47)たとえば『中山町史』資料編1所収の「柴橋会所諸留集」に収められている天保六・七年の諸願書類、なかでも、天保七年の「廻米を夫食に当てられたき旨の願書留」には、「困窮之もの共、此節より可及飢死、当秋新穀取入迄迚も取続も難相成、殊ニ心得違之もの出来騒立候様之儀有之候而者恐入候儀ニ付」と最寄の村役人層が酒田まで米買入れにいったけれど、「他郡出差留」になっているため、すでに酒田まで川下げしている廻米を、「海船御発向」の見通しがたたず積みおかれているのだから再度村山郡へ戻し夫食にあてて欲しい、と願い出ているほどである。
(48)「事林日記」下　天保七年九月二八日の項、二七二頁。
(49)「議定」六八(本書三四四頁)。

(50) 同右、六九（一）（二）（三）（本書三四四〜三四九頁）。

(51) 具体的な番所配置については、拙稿「佐倉藩羽州領の成立とその構造」（木村礎・杉本敏夫編『譜代藩政の展開と明治維新—下総佐倉藩—』〈文雅堂銀行研究社、一九六三年〉所収、一四八頁）第五図「村山郡番所配置図」を参照しつつ、「議定」七〇の「口留諸入用議定之事」（三四九〜三五二頁）にみられる地名をみていただければ明確である。

(52) 『中山町史』資料編一所収「御備金仕法ニ付奉願上候一件」（一一六頁）。

(53) 幕府は、天保四年八月以来一貫して、江戸・大坂への米穀移入を積極的に推し進めるための法令を出している。『御触書天保集成』下　米穀の部（岩波書店）に収録されている触書六〇六三〜六〇七四を見れば明らかである。

(54) 前掲、山口村天保七年「御用万留帳」より。

(55)(56) 本文史料(10)より。

(57) 『御触書天保集成』下　米穀之部　六〇六九（岩波書店、一九四一年）六三二頁。

(58) 『河北町の歴史』上巻によれば、池田仙九郎については、天保六年秋、日和田村南新御堂原に「池田君府居仁政之碑」、続いて左沢小見村に「池田仁君碑」が立てられた。大貫次右衛門については、天保七年十月新町村に「求苦大貫県令生祠」が建立されている。

第三章　天保一三年、羽州村山郡幕領における「私領渡し」反対運動

はじめに

弘化二年（一八四五）、山形藩主秋元氏が、「国富民豊」策を推進するために、分散錯綜した出羽国村山郡の幕藩所領の割り替えを建議したことは、第一章で紹介した。いわゆる「村山郡封土転換建議」(1)（「書取」）と呼ばれるものである。その全文は第一章の「むすび」で紹介したが、本章の関係で、とくに幕府代官支配における村役人の代表である「郡中惣代」制についての部分のみを再録する。

本文陣屋之儀無益之雑費相掛ケ、纔之場所ニ弐ヶ所立置一纒ニ不相成訳は、郡中村々名主之内より郡中惣代与号、陣屋許江郡中入用を以役所ニ准し候会所と申場所を立置、定詰いたし村々より訴出候公事出入其外都而何事ニ不限、一通惣代共取調之上ならてハ御役所江不差出仕癖ニ付、自然権威を震ひ、支配は替り候而も其もの共は不相替事故、地役人同様之権式ニ相成居、陣屋詰役人ニより候而は、却而惣代共江諭候様成行、自ら上下心之儘ニ取斗候間、郡中一同畏恐れ権門ニ市を成為躰故、陣屋ニ離れ候而は惣代共勝手不宜候間、郡中は迷惑ニ候得共、惣代共不伏故決而一纒ニ相成不申、一躰郡中惣代立置候儀は不宜間、不相成段先年被仰出も有之、国柄ニ寄候而は

今以被仰出候御趣意相守、惣代不立置、陣屋用達与申もの立置、一切御用向ニは携り不申候間、郡中之害ニ不相成、至而弁利宜由、惣代ニ付而は実ニ煩敷儀共数々有之候得共、従来之流弊ニ付、御威光ニ無御座候而は迚も相止間敷哉ニ奉存候

右の部分は、幕府代官所が、寒河江と柴橋と、せいぜい「二十町程」（二・二キロメートル）しか隔っていないところに、二ヵ所もあるのは不都合であり、一ヵ所にまとめた方が「御代官并村々之益筋」になるはずだが、なぜそれが不可能か、ということについて述べた部分である。その理由が幕領には村々の名主から選ばれた「郡中惣代」がいて、彼らが代官所の下で郡中入用やその他の村落支配の業務の一部を、「役所ニ准」じた会所を設けて行なっており、いまでは村々の「公事出入」はおろか、何事も惣代の取調べの上でなくては役所へ提出されなくなっている。しかも代官がたびたび交替しても、惣代はかわらないため、いつしか「地役人同様之権式」をもつようになり、代官所の下役人に意見さえするようになって「上下心之儘」のふるまいをしており、郡内一統が大変困っているので、今後は郡中惣代制を廃止して「一切御用向ニは携り不申」様に幕府の「御威光」によって断行してほしい、という主張である。

以上のように、山形藩主秋元氏が、「国富民豊」を目的とした封土転換案で、あえて幕領「郡中惣代」制の廃止をせまった背景には、幕領代官所統一による領民の利益を考えての提案もさることながら、幕藩所領が分散錯綜している非領国の状況で、郡内の市場支配をふくむ経済的・社会的統制に実質的な権限をもっていた幕領の「郡中惣代」(2)の廃止なくしては、山形藩をはじめ郡内諸藩が独自の「国富民豊」策を実現できない、という判断からであった。しかも、「郡中惣代」層の多くは、その権限を利用して有数の豪農に成長しており、村外へかなりの地主的土地集積を行っ(3)ていた。その自村外の村には、当然、山形藩をふくむ諸藩の村落も数多くふくまれており、年貢収奪の面でも、大き

な障害になっていたことも事実である。

この結果、山形藩主をして「自ら上下心之儘ニ取斗候間、郡中一同畏恐れ権門ニ市を成為躰」という屈辱感を味わうにいたったが、じつはこうした「郡中惣代」観を、身をもって経験する歴史的事件が、この「封土転換建議」の三年前におきていたのである。

それは、天保一一年（一八四〇）一一月、幕府が、いわゆる世に「三方領知替」[4]といわれる譜代大名領の交替を断行したことに始まる。いうまでもなく武蔵川越藩→出羽庄内藩、庄内藩→越後長岡藩、長岡藩→川越藩、というものであった。だが幕府のこの転封指令に対して、庄内藩領農民を中心にはげしい反対一揆がおこり、藩主酒井氏も有力大名に阻止の歎願運動をした結果、転封直前にいたった翌一二年七月、政策を中止せざるを得なくなったことは、あまりにも有名である。[5]

結局、川越藩松平氏一五万石には二万石を加増することで面子をたて、一応の落着をみた。しかしこの、川越藩の加増分二万石の領地とは、山形藩（秋元氏）の武蔵領の一部を割替えて与えられることになり、ここに山形藩は、この「三方領知替」中止のとばっちりをうけて、江戸近郊の「富有」な所領をすべて召上げられることになった。

しかも山形藩が、その見返りとして与えられることになったのは山形城下周辺の幕領の一部であった。ここで山形藩主秋元氏は、深い屈辱を味わうことになったのである。なぜなら簡単に幕府の命令通りに事は運ばなかったからである。じつは、前述した「郡中惣代」が居住する村が、「私領渡し」のなかにふくまれていたために、彼らを中心とする幕領への残留運動が半年にわたって展開され、「自ら上下心之儘ニ取斗」う実力を、藩主自身が体験することになったからである。

以下、その幕領「郡中惣代」層を中心とする幕領残留運動の過程と結果を具体的に問題にしつつ、そこで山形藩がいかなる処置をうけ、逆に、幕府天保改革における上知令発令前において行われたテストケースとしても考察してみたいと思う。

これまで上知令反対に関する問題関心は、「上知」の対象となった江戸・大坂の周辺諸地域における運動に焦点が絞られていた。(6)しかしこの政策には、見返りとして、幕府の遠隔地所領との割替が前提となっていた。その際に当然「私領渡し」となる遠隔地幕領内部からも「残留」を求める反対運動がおきることは予測されたはずである。このような問題関心から、「上知」の際、「私領渡し」を断行される遠隔地の幕領の実情にも目配りが必要である。その点で、本章で取り上げる羽州におけるこの一件は、きわめて興味深い事件である。また、現実に幕末にかけて遠隔地幕領が減少していく過程(7)においてもおこりうる問題でもあり、その点で意味のある事例である。以下その具体的な分析に入ろう。

一 「私領渡し」撤回運動の展開

前述のような経過で、「三方領知替」は一応の落着をみた。こうして転封を阻止された川越藩は、武蔵国四郡に四三ヵ村・二万石を加増されることになった。この領知替一件をめぐる「川越藩日記」(8)によれば、事件後約一年「私領渡し」撤回の運動を経て、それらの村々が引渡されている。具体的には天保一三年一一月一〇日の次のような記事にしめされている。紹介しておこう。

比企郡

中山村、一本木村、谷中村、大塚村、加胡村、松永村、虫塚村、鳥羽井村、鳥羽井新田、吉原村、表村、山ヶ

谷村、牛ヶ谷戸村、三保谷村、畑中村、下八ッ林村、上八ッ林村、志賀村、水房村、野田村
入間郡
霞間村、針ヶ谷村、水子村、宗岡村
高麗郡
五味ヶ谷村、下広瀬村、上広瀬村、笠幡村、野田村、戸宮村、天沼新田、篠井村
埼玉郡
騎西町揚、下崎村下分、同村上分、目出安村、正能村、外川村、根古屋村、西ノ谷村、鳴茎村、芋茎村、牛島村
〆四拾三ヶ村

右の村々は、『新編武蔵国風土記稿』によって、いずれも、当時、出羽国山形藩秋元氏の武州領の一部であったことが確認できる。この点は、秋元氏の「水野越前守殿御口達之趣書取之写」(9)にみえる次の記事と合致する。

一前書被仰出たる御触の事に就而も、御家は無間に稀成御領分計頂戴之事故、何れも怖々致居候処、天保十三寅年八月中武州御領分三万六千石余、不残羽州御城附に替地被仰付奉恐入、川越御引渡済之上、御陣屋詰郡奉行高畑氏は定府勤に転役、高野等五郎始利根川繁右衛門・関保磯兵衛附ぞく之者、各山形へ下り何れも素と通り民政被勤候、然処同年六月中河州御領分も上地被仰付驚入途方に暮当惑無此上、目と目を見合居候処、其情態自然公辺ニ而も御分り被遊候事哉、同年十月河州之儀は其儘御据置被仰出、一同恐悦には奉存候得共（以下略）

この記事によって、秋元氏武州領三万六千石が、天保一三年八月に上知され、その一部が川越藩に引渡されたことがわかる。しかし、河州分については、すぐ撤回されたが、秋元氏にとっては、河州・武州両国の「飛地」は「無間（限）に稀成御領分」で、この上知は藩にとって大きな痛手だったことがわかる。

ともかく、こうして秋元氏は、六万石のうちの大半をしめた武州領三万六千石を「不残羽州御城附に替地」されることになり、かわって村山郡内の幕府直轄領の一部が与えられることになった。

この結果山形藩領への村替を命ぜられた幕領の村々は、次の通りである。(10)

今般山形様御領分ニ相成候村々左之通り

大貫次右衛門様当分御預之内

荒町村、山寺村、田井村、山家村、山口村、下東山村、上東山村、今町村、高木村、高野村、長町村、青野村、

清池村、溝延村、矢野目村

合高壱万四千三百弐拾九石三斗九升壱勺三才

外ニ田畑三反四畝八歩　見取場

林三千百四拾五町五反拾六歩

九拾弐ヶ所

添田一郎次様当分御預所之内

谷柏村、院役村、上桜田村、釈迦堂村、土坂村、行沢村、草矢倉村、妙見寺村、神尾村、内表村、志戸田村、

鮨洗村、黒沢村、椹沢村、前田村

合高壱万弐千四百九石五斗九升弐合
林百三拾八町九畝八歩
九拾九ヶ所
草山谷地
葭山谷地
山野地
弐百七拾六町五反壱畝五歩
三拾六ヶ所
隔間地
往還並木長五百六拾八間
壱ヶ所

上杉弾正大弼様御預所
漆山村、貫津村、高楯村、前小路村
高合九千弐百七拾石五斗六升三合九勺
外ニ畑弐町四反九歩
林四百町五反八畝廿三歩
拾八ヶ所

惣〆高三万六千九石五斗四升六合三才

右の村々は当時の羽州村山郡内の幕領寒河江・東根・尾花沢・柴橋代官所管轄のうち、寒河江・東根代官所管轄（大貫次右衛門）と柴橋代官所管轄（添田一郎次）の一部と、米沢藩上杉氏の預地であった。これらの村々は、かならずしも、山形城下周辺一円とはかぎらなかった。

ところが、八月一八日代官所より「今般秋元但馬守領分代地渡被仰付候間、其旨相心得可申候」[11]と申渡しをうけたさきの幕領村落のうち、東根付や柴橋付の村々が黙って従ったわけではなかった。東根付一五ヵ村では早速代官大貫次右衛門へ、幕領復帰をめざす「私領渡し」取消しの運動を開始することになり、翌九月二四日、次のような願書[12]を代官所へ提出した。

乍恐以書付奉願上候

一当御支配所私共村々秋元但馬守様御領分渡被仰付候趣、先般被仰渡承知奉畏候、然ニ山形表江出張御用相勤候様ニ而者、遠方之村々不安難渋雑費茂相掛り、小前一統相歎罷在候間、右難渋凌方可奉願上候様評議中ニ御座致処、漆山御預所村々も山形御領分渡被仰付、同所御陣屋之義者、松平下総守様より御上知後弐百年来引続候御陣屋ニ御座候間、今般休御陣屋ニ相成山形表江出勤仕様ニ而者、旧格相捨郡中一同歎敷、旧来之通矢張漆山御陣屋江御出張被下置（中略）村役人共山形表江出勤仕候様ニ而者、小前之もの共迄御城下之風法自然と押移在方仕儀いつとなく相替、自然農業稼方も手緩罷成候而者奉恐入候間、是迄之通山寄在方之風法亡却不致候様仕度奉存候間、漆山御陣屋ニ而御用相勤候様罷成下置度、御引渡以前右躰之儀申上候茂恐入候得共、村々難渋之処、御厚察被成下、右之段御掛合被下度、幾重ニも奉願上候右願之通被仰付被下置候ハヽ、難有仕合奉存候、以上

東根附拾五ヶ村

天保十三寅年九月

三半

廿四日上ル

大貫次右衛門様御役所

前書奉願上候処、願之筋者尤ニ被思召候得共、郷村御引渡後山形御役場へ相願候様被仰聞、願書御下之上種々御利解之趣逐一承知仕候、乍去諸拝借米金も不少候間、百姓共山形御城下之風儀ニ押移候而者、自然と返納方ニ差支候様成行可申者歴然之儀ニ付、私共深勘弁仕奉申上信義御座候、何卒郷村御引渡以前漆山御役所ニ而私共村々一同御取扱之儀共、村々一同難渋之処、幾重ニも御厚察被下置、右之段御掛合被下置度一同挙而奉願上候、以上

右村々　名主連印

以上の内容を要約すれば、二〇〇年間も幕領として誇りを持ってきた村々が、山形藩領となることは、「旧格」を捨てることである。しかも多くが山間の村々で、これまでたびたび困窮してきたが、「上様之御救助」によってようやく最近は立直りはじめた矢先に、山形藩へ引渡されては、「城下之風法」になじみ、「農業稼方も手緩」になってしまう、しかも山形城下は遠く出張のたびに雑費もかさむので、なんとか幕領にとどまれるよう再考願いたい、というものである。その上「後書」にみられるように、山形藩に組み入れられては、代官所からの「拝借米金も不少候間」と、多額の借入金の支払いもおぼつかなくなるから、一度話し合いを持って欲しいと述べている。柴橋陣屋付の村々も、同様な要求を[13]、代官添田一郎次へ提出している。しかし、この程度の内容の歎願で幕府が方針を撤回するはずもなく、先の村々は、一応、山形藩へ引渡されるかにみえた。

だが、じつは、この八月一八日から、九月二四日にいたる約一ヵ月の間に、東根付村落の内で全く別の行動をとっ

て、代官大貫次右衛門を動かした村々があった。(14)とくに、ひそかに出府して代官に接触し、代官大貫は、それらの村々の意を受けて、幕府勘定所へ「羽州村山郡山口村外三ヶ村畑田成其外之儀ニ付、御内慮伺書」(15)と「羽州山口村私領渡之儀ニ付伺書」(16)という二通の上書を提出し、山口村・山家村・矢野目村・原町村四ヵ村はどうしても幕領へ残留させねばならない理由を上申した。きわめて長文であるが、重要なので全文を紹介しておこう。

① 羽州村山郡山口村外三ヶ村畑田成其外之儀ニ付、御内慮伺書

覚

羽州村山郡
山　口　村

村高弐千七拾六石六斗三升壱合弐勺
一畑田成高九拾五石四斗
此反別拾五町歩
此取米六拾八石七斗　皆増　但　平均壱反ニ付 米四斗五升八合
外畑米三拾五石四斗四升　畑米元相減
差引
米三拾三石四斗六升　畑田成ニ付増

右畑田成之儀者、村方ニ而も年来心掛罷在候得共、用水路切広并溜井築立等ニ多分入用相掛ニ付、追々延引罷在、私儀も検見席折々見分仕候処、用水之用意出来候得者、何程ニ而も畑田成ニ相成可申場所ニ付、村役人共江工夫勘弁之儀申諭し、村方ニ而も種々丹精仕、積金等心掛漸荒々用意も出来ニ付、当秋より普請ニ相

掛り候ハヽ、来卯年ニ至り書面之反別丈ハ、畑田成相成可申間場所見分之儀、当六月中願出候間、見分之もの差遣当時調中ニ御座候、用水路等十分ニ仕候得者、当年之反別壱弐町歩位ハ畑田成可相成、其余右畑続ニ草生空地も有之、畑方ニ切開候而者作人も無之候得共、田方ニ相成候得者、村方之もの共追々出精開発之上御高入出来可申奉存候

村高　同国同郡
山家村

一畑田成高拾壱石四斗五升
此反別三町歩
此取米拾三石七斗四升
外畑米四石四斗六升三合　右同断
差引
米九石弐斗七升七合　右同断

右畑田成場之儀ハ、前書山口村畑田成場之続ニ有之、山家村之方江十分用水引取候得者、山口村ニ而難渋仕自然と同村之畑田成ニ相障候間、山口村之障ニ不相成様取斗ニ付、差急多分畑田成者難出来候得共、追々ハ致方も有之、書面反別丈ハ来卯辰両年出来可申見込ニ御座候

一草生空地畑反別弐町歩程　同村
是者山添草地等之場所、追々畑方ニ切開、少々ハ試作仕候処、ケ成ニ出来候間、来卯検地御高入相願候ニ付、見分之もの差遣当時取調中ニ御座候

村高九百八拾九石六斗壱升三合三勺　同国同郡
矢野目村
一見取田三反八畝
是者去子年伺之上、見取田仕置候処、追々出来形相応ニ相成、殊ニ水難之憂も無之場所ニ而前書草生地同様来卯年御高入願出ニ付、当時取調中ニ御座候
同村
一草生空地田反別壱町歩程
是者一躰秣場ニ有之処、地窪ニ付田方ニ開発仕、前書見取田一同来卯御高入相願ニ付、見分之もの差遣、当時取調中ニ御座候
同国同郡
原町村
一草生空地弐町歩程
是者山添ニ有之候処、少々畑方に切開試作いたし候分も有之候間、当壱ヶ年見取被仰付、来卯御高入願出候間、見分之もの差遣当時取調中に御座候
右者私御代官所羽州村山郡書面四ヶ村之儀、畑田成又ハ見取場其外草生空地之場所新開御高入之儀、追々願出候間、手附之もの差遣見分為仕候処、当時取調中ニ御座候処、今般右村々ハ秋元但馬守江代地渡被仰付候間、外村々一同引渡可申処、右之内山口村畑田成之儀者、前々私儀も見込罷在至極宜敷場所ニ而、右畑続ニ者草生空地も有之、追々右之場所迄切開候儀相成候得者、格別之御益ニも御座候間、是迄手附手代共廻村席ニ者世話為仕、村役人共も厚心得五六年已前より別而工夫勘弁之上漸当秋より用水路・溜井共普請取掛候様罷成候処、右代地渡之儀申渡候ニ付、悉御益筋之勢力を失ひ、右畑田成之儀ハ止候外無之旨申立、一躰右四ヶ村名主共儀者、辺鄙ニ珍敷御益筋心掛貞実ニ而差働御座候もの共ニ而、村内治り方宜、殊ニ御用ニも相立候間、追々被仰

出候御厳正之趣者、手附手代共時々廻村之上小前之もの共江逐一申渡候得共、土地言葉之違等ニ而通し兼候儀も間々有之候ニ付、右四ヵ村名主共之内、時々召れ歩行愚昧之もの共江教諭等仕、支配所内一躰ニ厚世話いたし罷在候間、於村々も追々御益筋心掛候様いたし度、就而者銘々之村方より御益筋不申立候而者、郡中江諭し方も難出来趣を以、乍聊も前条之通願出候儀ニ而、右様之心掛御座候ものハ辺鄙ニ者稀之儀、殊ニ者歴然御益筋ニも罷成候儀ニ付、右村々之分ハ御料所ニ差置可然、此度代地渡し罷成候ハヽ、平日勤方出精いたし御益等心掛候もの此上相止可申哉ニ奉存候間、可被成儀ニ御座候ハヽ、私支配所溝延村并藤助新田等江尚又村替被仰付、前書四ヶ村者御料所ニ差置候ハヽ、尚々御益筋心掛可申奉存候、尤右畑田成其外共手入方者当時差留置申候、此上如何可被仰付候哉、御内慮之儀奉伺候、以上

大貫次右衛門

②　羽州山口村私領渡之儀ニ付伺書

私御代官所羽州村山郡山口村・田麦野村・道満村之儀者、地元山口村持山江入会薪秣刈取、山口・田麦野両村者炭焼渡世之もの有之、相互ニ定て入会竈相仕立年中相稼、右之潤を以取続候もの多分御座候間、折々持場争ひ等仕候得共、いつれも同支配之儀ニ付、村役人共も睦合罷在候間、平和ニ取斗も出来地所争論之訴も無御座候得共、今般地元山口村ハ秋元但馬守江引渡候上者、入会山之儀迚も是迄之通睦合相稼候様ニも難相成、左候迚稼来候炭焼銘々止候儀も出来不申ニ付、時々持場争ひ等より事起所境地論仕候様成行候儀者歴然ニ而、出入中江戸詰等仕候而者、当時ケ成立直候村々衰微御退転等候もの出来可申、殊ニ田麦野・道満両村者小村之儀ニ付、尚更御痛相互手余荒地も出来取続方目当も無之由ニ而一同相歎、依之山口村之儀是迄之通御料所江被差置候様仕度旨、三ヶ村之もの共連印を以願出候間、得と様子承糺候処、山口村持山江入会薪秣刈取其外炭焼致渡

世来候処、今般山口村引分れ候而者実ニ地論出来可申ニ付、三ヶ村共相歎候段相違も無之候得共、思召を以但馬守江代地渡被仰付候上者容易願取上可申筋も無之ニ付、其段及利解候処、去ル辰巳両年凶作其後引続之違作ニ而極々難渋仕詰候処、御救を以取続漸当時ケ成ニ立直候折柄、山論等ニ而長々江戸詰等仕候而者又々極窮ニ落入退転百姓等出来仕候而者必然之儀ニ付、三ヶ村一同御救と被思召、山口村之儀是迄之通御料所ニ被成下置度旨強而相歎、此上右願不取用差戻候ハヽ、直ニ出府も可仕様子ニ而中々承伏不仕、依之得と勘弁仕候処、山口村者山元之儀ニ付、私領渡ニ相成候而者如以前睦合も出来申間敷、是迄平日少々宛場争ひもいたし候程之義ニ付、以後者猶更聊之事も申争候様相成居候得者、三ヶ村共困窮ニ落入候基ニ而追々離散之程も難斗、不容易願ニ者御座候得共、山口村之儀御料所江被差置候ハヽ、外弐ヶ村共無難ニ相続出来可申、無拠筋ニも奉存候間、格別之御評議を以村々願之通被仰付候様仕度奉存候、依之此段奉伺候、以上

大貫次右衛門

以上、①②の大貫次右衛門の上書は、さきにみた東根付一五ヵ村連書の願書に比較してきわめて具体的な幕領残留の理由がしめされていた。つまり、第一に山口村外三ヵ村は、いずれも、大規模な新田の開発かまたは「畑田成」可能な耕地をもち、しかも自力で灌漑用水工事を行いつつあり、近々「検地御高入」にしたく調査中であったのに、いまここで山形藩へ引渡すとはきわめて残念であるということ。第二に、これらの村々の村役人共は、自力で開発できるだけの財力をもつのみならず、代官の「手附手代」などの下級役人では「土地言葉之違等ニ而通し兼候儀」もあるのに対し、彼らは「愚昧之もの共江教諭等仕、支配所内一躰ニ厚世話いたし」郡中支配にとって「御益筋」になる者たちであり、もし山形藩領へ引渡せば、「郡中江諭し方も難出来」くなり、代官支配に困難をきたすであろうと訴え

ている。そして第三に、事実残された幕領村落とこれらの村々は、入会関係をもっており、もし山形藩領へ引渡されれば、山の利用をめぐる争論がおこることは必定で、そのため、炭焼・薪取などで生計をたてている村々は、入会争論で長々と出府し、再び困窮に落入ってしまうであろう。以上のような理由から、山口村などでは、幕領残留運動のために「直ニ出府も可仕様子」であるから、なんとか再考できないものであろうか、という内容であった。代官大貫の論理でいえば、なんでむざむざ良村を他領へ渡してしまうのか、ということになろう。

この代官大貫の上書が功を奏したのか、一二月に至って、さきの四ヵ村と溝延村の一部が、「水（野）越前守御下知(17)ニ」＝老中水野忠邦の下知によって、再び幕領へ割替になった。そしてかわりに、山形藩へ引渡しになった村々は次の通りである(18)。

大急飛脚ヲ以申進候、今夕御用状至来候処、山形へ御渡東根附山口村外四ヶ村割替ニ相成候義、明日者御書付出候得共、仰天致候段東根申達候、今晩中村役人衆御評議重立衆江も御風聴可被成候、尤ケ様被仰渡候上者迚も是非なき次第ニ存候得共、誠ニ歎敷事ニ候、御渡之村々左之通

覚

中郷村、平塩村、杉下村、達摩寺村、三河尻村

右村々丸ニ渡し

一高千四百八拾五石弐斗八升三合六勺四才

長崎村

一高弐百五拾八石六斗三升五合九才

という書状が、柴橋代官所付の惣代から長崎村へ出されているように、今度は、柴橋付の四ヵ村と二ヵ村の一部が、山形藩へ引渡されることになった。このことは、柴橋付の村々にとっては、まさに「仰天致」ほど寝耳に水の出来ごとであった。

こうして、「三方領知替」中絶の結果、川越藩加増のために、武州領を上知された山形藩の新領は、羽州村山郡幕領の一部に割替されたが、そのうちから起った幕領復帰運動によって、最終的な決定をみるのに、半年近くかかった。しかし、あらためて山形藩領へ割替された柴橋代官所付の村々においても、なんらの抵抗もなく黙って山形藩へ組入れられたのではなかった。結果として最終的には変らなかったが、天保一三年（一八四二）一二月から翌年にかけて、今度は、さきの村々のうち、長崎村を中心にして、以下のような幕領残留運動が開始される。

二　入交り分郷による幕領残留運動

まさに「仰天致」という表現の通り、新たに山形藩へ割替されることになった柴橋代官所付の村々では、「村役人衆御評議、重立衆江も御風聴可被成候」というように、早速幕領残留運動が開始された。なかでも、分郷されることになった長崎村の豪農で、[19]当時名主格であった柏倉文蔵の態度は強硬だった。自ら出府して老中水野忠邦へ「駕籠訴」する計画を実行しようと動き出した。そして、当面弟文六をまず出府させ、ついで、自分も、「私義出府之上、御代官様迄御歎奉申上度筋御座候」と代官所へ出府の許可願いを出したが、結局それはおもいとどまるよう命ぜられ、江戸での工作は弟にまかせることになった。そして、同時に幕府勘定所への裏工作を依頼することになった。一二月二三日付の長崎村名主勘兵衛と文蔵連署による前柴橋代官池田仙九郎の手付宮部潤八郎（当時、代官池田岩之丞の手付で駿府詰）宛の書状の下書きが残されているが[20]、その内容を紹介しておこう。

別紙奉申上候、当八月中当郡御料所之内米沢料御預所漆山御陣屋附村々四ヶ村、高合九千弐百七拾石余、大貫様御支配所尾花沢・東根両御陣屋附村々拾七ヶ村、高合壱万九千三百弐拾九石余、当御支配所柴橋附村々拾壱ヶ村、高合七千百拾六石六斗余、寒河江附村々五ヶ村、高合四千三百六拾七石余、五ヶ都合高三万五千石余秋元但馬守様御領分ニ御高替地被仰渡候処、東根附御渡村々之内山口村・矢ノ目村・山家村・原町村・溝延村之内分郷〆五ヶ村今度御割直、柴橋附村々之内平塩村・中郷村・杉下村・三河尻村・達摩寺村・長崎村分郷・中野村分郷〆七ヶ村高合五千三百石程東根附引戻之代地として山形江御引渡被仰付、村々仰天仕、天命と者奉存候得共、先達而外用向ニ付一同出府仕候東根附郡中惣代山家村名主三右衛門在府中、同宿諸事相談ニ及、其節私領渡御引戻いたし度手段種々手入仕候義者、兼而承知罷在候得共、柴橋附江御振替可相成義兼々不存寄、薄々も承り候ハヽ乍不及仕様可有之と、当村迄分郷等被仰付候義誠ニ残念至極、勿論山家村外四ヶ村共如何様之御益筋申立、不残同人勝手之村々斗り御割戻ニ相成、天晴之働手之望候事天運ニ叶候と者奉存候得共、何共口惜次第、其上十二月九日被仰渡、俄ニ郷村可引渡被仰付と候得共、分郷不行届趣を以正月廿日迄之御猶予ニ相成候ニ付、柏倉文蔵と両人出府之上、貴公様江取縋り御慈悲を以御手入御願申度、当月廿日発足仕候処、御差留ニ相成差控罷在候得共、実ニ残念奉存候（中略）誠ニ御苦労奉掛候も恐入候得共、御手入被成下代地渡之村々七ヶ村共御引戻相成候様御取斗被成下置度御憐愍之程奉願上候、尤七ヶ村引戻叶不申候ハヽ、長崎村分郷ニ相成候分斗りも御引戻仕可相成ハ、

東根附村々ニ而振替ニ相成候ハヽ、念茂相晴大悦仕候、左も難相成候ハヽ、山形近在柴橋附村々弐ヶ村御座候纔之分御迷惑ニ付、一村不残山形御領ニ相成度旨、同所御家中迄申入候由ニ御座候間、右村と振替相成候得者、山形ハ勿論双方之村方も宜敷と奉存候、御執斗ニ而行届候ハヽ、莫大之御慈悲難有奉存候様相成候ハヽ、入用等者聊厭不申候ニ付、可相成者御方便を以御救被下度挙而奉願上候、併御歎一通りニ而者相成間敷と奉存候間、御益筋申立候義者、当村荒地多ニ付、追々多分之起返申請、殊ニ文政之寅年、天保四巳年之洪水ニ而最上川通り当村地内変化いたし、多分畑地川欠新川筋出来、古川敷者近々田畑ニ起返候ハヽ、格別多分之御益筋ニも相成可申候様ニ御申立被成下候ハヽ、御調直しニも可相成と乍愚案奉存候、併当村之儀、水旱出損之村方ニ御座候間、洪水之度々川欠又者御普請等之悪度御座候間、御不益之村方ニ付、此度之御振替ニ相成候哉、何分歎敷、洪水等之節（ヘ併弐千石御料所ニ御座候ヘ者容易申立憂而已相残、願之筋叶不申候而者、村方之難儀ニ相成可申哉、此段御賢察被成下候而、御申立被下候様被成下度候、扨亦最上川之儀ハ名におふ大川ニ而、当村之義年々之様洪水有之―以上カッコ内朱筆）御公儀様御威光無御座候而者防方も不行届、村方之救も分郷ニ而者隔心ニ相成人命ニ拘り候程之義も出来可申と歎敷奉存、是等之義も御申立ニ相成候ハヽ御勘考被成下、御執斗之程偏ニ奉願上候、尤御引渡日限者来ル正月廿日ニ御座候而、延引相成不申候ニ付、御手入被成下候様宜御座候ハヽ、来春早々出府之上奉願上候様仕度奉存候間、御引渡以前ニ御勘定所迄一応被仰上被下置度、諸雑費等之義ハ村方ニ不拘私共両人ニ而差上候間、無遠慮御執斗被下候様御承引被成下候ハヽ難有奉存候

以上の文面の内容がしめすように、東根代官所付の村々の幕領残留運動に、たまたま出府していて力を貸した柏倉文蔵が、その結果、自分の村が逆に分郷されて山形藩へ引渡されることになったという皮肉な結果を歎きながら、ど

うしても幕領へ残留できない場合は、長崎・中野二村を分郷して山形領とすることだけでも止めにし、山形城下に近い幕領二ヵ村を山形藩へ割替えてほしいこと。しかしともかく、来年の正月二〇日まで引渡しの引延しに成功したので、この間、「入用等者聊厭」わないから、是非勘定所へ掛合って、なんとか全村復帰を努力してほしい。全村がだめなら長崎村一ヵ村だけでもよく、もし可能ならばそのかわりに東根付の村を引渡してくれれば、「念茂相晴大悦」である。しかし、おそらく、幕府は長崎村が最上川の沿岸にあって、水旱損の多い村であり、莫大な費用がかかり、「御不益之村方」であると判断して山形藩へ渡したのであろうが、じっさいは、度々の洪水にもかかわらず、自力で徐々にではあるが荒地を起返し、「多分畑地川欠新川筋出来、古川敷者近々田畑ニ起返候ハヽ、格別多分之御益筋」の村方だから是非とも残留運動に協力してほしい、というものであった。

そこで、出府中の文六はその書状を受取り、画策を宮部潤八郎に依頼した。しかし宮部からは、「誠ニ多分之相掛り候様子ニ付、迚茂右等之処迄者行届兼候」(21)とその困難さを指摘され、当面の目的を大幅に変更した。止むなく文六は次のような上書をもって、正月七日に老中水野忠邦へ「駕籠訴」(22)した。その上書の内容を紹介しておこう。

乍恐以書付御歎願奉申上候

添田一郎次御代官所羽州村山郡長崎村百姓柏倉文蔵願ニ付、代同人弟文六、同人親類惣代百姓市左衛門奉申上候、去ル寅八月中米沢様御預り所、大貫次右衛門様御代官所并当御代官所之内合高三万五千石余、秋元但馬守様御領分御替地被仰出候処、大貫次右衛門様御代官所東根附村々之内山口村外四ヶ村今般割戻ニ相成、当平塩村外四ヶ村代地并私共村方、中野村者御分郷被仰渡、当村高三千六百七拾石余之内四分弐厘七毛右秋元様御分渡ニ相成候由承知奉驚入候、然ル処当村之儀者前々より御料所ニ而百姓永続仕冥加至極難有出精罷在候、且又文蔵身分之儀奉中上候茂恐入候得共、文政八酉年水難之砌窮民救籾差出御申立ニ相成、其後亥年中御勘定御奉行様より厚御誉被置候旨奉蒙仰、猶又天保三辰年中文蔵儀寄特之取斗有之由ニ而御申立相成、乍恐御上様より為御褒美銀十枚頂戴被仰付候旨、設楽飛騨守様被仰渡、御代官其節池田仙九郎様御印書頂戴仕候、同五午年中文蔵儀其身一代帯刀御免苗字者子孫迄相名乗可申旨、是又御上様より被仰渡之趣、御勘定御奉行土方出雲守様御申渡、池田仙九郎様御印書頂戴仕候、猶又文政十亥年御勘定所江御申立之上御銅御用達被仰付、是迄拾五ヶ年相勤罷在候、右躰追々厚奉蒙仰を御国恩之程難忘難有相続仕候、然ル処当月廿日迄御私領渡御分郷ニ相成候由、若文蔵身分御私領渡ニ相成候而者難儀旨心配仕悲歎ニ沈、此節病気ニ付歎ケ敷奉存候、依之不顧恐ヲも御歎願達申上候、何卒格別之御慈悲御憐愍を以、文蔵身分御私領渡御免除被成下置候様偏ニ奉願上候、以上

もはや、ここでは当初の全村復帰という目的も、長崎村分郷回避という目的も放棄してしまい、どうしても文蔵家が、分郷の際に幕領側に残りたい、という個人的な歎願に変っている。その訴願にあたって、もっとも重要な武器は、「上様」といかに深いかかわりあいをもっているか、という由緒そのものであり、そのため代官に協力し「上様」からいただいた「褒美銀」や「苗字帯刀」を持出す必要があったのである。

この結果は、文六からの書状によれば、「同日七ツ時御勘定奉行岡本近江守へ御引渡ニ相成、夫より御用宿元飯田町美能屋五郎右衛門方へ御預ケニ相成、明日朝明後日両日中ニ者御代官様へ御引渡しニ相成可申哉、其上者何れ之御沙汰ニ相成候哉、是迄ニ仕候而行立兼候ハヽ、天命とあきらめ候より外有之間敷」(23)とあり、実際一一日の同人からの書状には、「九日四ツ時御呼出ニ相成添田様へ御引渡被仰付、右者御白砂ニ而殿様御直ニ被仰付、直様於訴所公用人様御利解被仰聞、誠ニ御仁心之程難有両人共落涙仕候、夫より直様添田様御屋敷江罷出候処、同日御調ニ相成、身分

丈者分郷相除候様御用状差立候ニ付、先々案心可仕旨被仰聞、則十日未明ニ御用状相達候筈ニ御座候」[24]とあり、この「駕籠訴」は一応の成功をみて、長崎村の分郷によっても柏倉文蔵家の幕領残留を取りつけたのである。

こうして、一四日、柴橋宿孫七から「当所分郷之義貴公様之分ハ大丈夫之儀、大川様より極御内々ニ而被仰聞先々御安心可被遊[25]」という知らせが入る。「大川様」とは柴橋詰の手付大川禧七郎のことであろう。そして、さらに柴橋代官所付の浅倉勘兵衛から急便[26]が届き

幸便御座候ニ付、啓上いたし候、然者分郷ニ付、兼而去暮より相互ニ心配罷在候、是迄之通居り処、当日御用状江戸表より御達御座候

一　名主　勘兵衛

惣代相勤候ニ付、御料江相残ス

一　柏倉文蔵

御料ニ而寄特之取斗いたし候ものニ付、御料へ相残ス

とあり、柴橋付村々の「惣代相勤」めている名主勘兵衛と、「御料ニ而寄特之取斗」をした文蔵は、幕領へ残されることになった。

だが、依然として、村内をいかにして幕領と山形藩領に分郷するか、という問題が残されている。この場合も、とくに藩領へ組み入れられる村民が不利益になっては困るのであり、そのためにこれまで維持されてきた村落の慣行や諸関係を、できるかぎり存続させる方法をとらねばならない。もはや、分郷がさけられないとみた長崎村の村民代表

は、次のような願書(27)を代官添田一郎次宛に提出している。

乍恐以書付奉願上候

長崎村之内、今般分郷被仰付、高三千四百七拾七石三斗六升壱合五勺之内、高千四百八拾五石弐斗九升三合六勺四才、家数六百拾五軒之内弐百六拾三軒今般秋元但馬守様江分郷被仰付御引渡ニ相成候儀、一同承知奉畏候、然ル処当村本郷町数十壱ヶ所、端郷三ヶ所御座候処、五人組合之儀素より家並無御座、一体散乱ニ入交り候得共、町字限り契約と唱ひ壱ヶ年壱度ツヽ、不残寄合、年中之諸事取極相談ニおよひ、相互ニ睦敷相交り来り、殊ニ当村者最上川縁ニ而東ニ須川有り、双方より出水いたし□(候カ)者洪水相成、急水押出候節者田畑者勿論家居江押入人命ニ拘り候程之儀度々御座候而、左様之節高場之者より助ケ船差出し相救候義ニ而、御領御私領と一方ニ片付候而者末々ニ至り救方差支ニ可相成茂難斗、歎敷義小前一同熟談仕候者、入交り分郷ニ相成候得者、左様之節救合ニ相成可申旨一統治定仕候間、何卒格別之御沙汰を以本郷者勿論端郷迄入交り分郷ニ被仰付被下置度、此段奉願上候、右願之通御聞済被成下度村役人一同連印を以奉願上候、以上

第1表　長崎村分郷の状況

部　落　名	紫橋代官所付	山形藩秋元氏付
新　田　町	1　宿	
西　　　町	1　宿	
西　小　路	1　宿	
下　　　川	1　宿	
南　小　路	18　軒	13　軒
元　　　町	28　軒	24　軒
上　川　端	29　軒	19　軒
北　小　路		1　宿
上　　　町		
中　　　町	63　軒	4　軒
柳　　　町		8　軒
三　軒　家		1　村
落　　　合		1　村
満願寺・柳沢寺		
円同寺・正法寺	○	
長大寺		
天性寺・願円寺		○
諸　役　人	不　残	

(注) ○印は領地内に組入れられた寺院をしめす。

つまり、村民側は、分郷の条件として、村を「御料御私領と一方ニ片付」る分断的分郷方法に反対し、最上川・須川洪水の節「御領御私領と一方ニ片付候而者末々ニ至り救済方差支可相成茂難斗」という理由から、旧来の共同体慣行を維持し、形式的な分郷としての「入交り分郷」方法を要求したといってよい。この結果、長崎村の農民は前頁の表のように幕領と山形付にわけられたのをみると、ほぼ農民側の要求が通ったものと考えてよいようである。

三　文久二年の「私領渡し」事前阻止運動

以上、これまで述べてきた事実経過をふりかえりつつ、基本的にいかなる論理が貫徹してきたかを整理してみよう。いったん幕府によって決定された幕領村落の山形藩領への割替が、わずか二、三ヵ月のうちに取消され、再割替になってはいるが、残留に成功した要因は、いったいどこにあったのであろうか。山形藩に引渡されることになった東根付大貫次右衛門支配下の山口村外四ヵ村が、運動に成功した最大の条件は、山口村の名主伊藤義左衛門と山家村名主山口三右衛門らが、ともに大貫氏支配下村落において「郡中江諭し方」の出来る「郡中惣代」層であったことである。それを大貫自らが擁護しなければならぬほど、彼らの政治力が大きかったことを物語っている。たとえば、大貫は、はっきりと農民支配において「土地言葉之違」のため通じかねる問題は、彼らによってしか、もはや「愚民共」を教諭しえないことを強調しているが、これは、いうまでもなく彼ら「郡中惣代」層が、実質的にも「愚民共」＝一般農民に対し「一躰に厚世話いたし罷在候間」と社会的経済的諸関係を日常的にもっていることを意味している。たとえば、山口村伊藤家について難波信雄さん(28)が明らかにされているように、伊藤家は質地小作関係を村内・村外へ広範に展開していた。そしてまた、彼らの経済力をもってはじめて、自力で灌漑用水の設備を行い、大規模な新田の開発や畑の田地化（＝「畑田成」）が可能となる。それは、これまで幕藩権力本来の任務であった「御普請」が財政的に事実上不可能となり、もはや彼らのような村落の有力支配者層に依存（＝自普請）しなければならなくなっている事実を物語っている。代官が考える幕府にとっての「御益筋」の村落とは、以上のような有力農民＝豪農層＝「郡中物代」層の存在している村を指していることは、ここに明らかであろう。だから、さきの四ヵ村の幕領への引戻しは、在方の実情に精通している幕府代官が、勘定所の村落事情を無視した形式的な割替に抵抗し、代官らの意志を貫徹させようとした示威行動でもあった。

そして、同様の問題が、この四ヵ村割替の結果、あらためて引渡しの対象となった柴橋代官所＝添田一郎次付の村落においても発生したことも偶然ではなかった。長崎村の豪農柏倉文蔵が「駕籠訴」した上書などにも明らかなように、そこにははっきりと幕領にとっての「御益筋」と「不益筋」の村落の条件がしめされている。つまり、洪水等によって多額の費用がかかるような不安定な村落は「不益筋」の村落であるが、柏倉家自身は、井上準之助さんや今田信一さんの分析(29)にみるごとく、そのような中にあっても経済的に成長し、ともかく本来幕府が行わなければならない「御救」を肩がわりし、幸生銅山御用達商人(30)として、多額の金融関係をもつ「御益筋」の百姓であるという点がとくに強調されているのもこのためである。ここでも、以上のような理由から代官を通して、少なくとも分郷の際幕領側に残留することの内意を取つけることに成功している。まさに「御料ニ而寄特之取斗いたし候ものニ付、御料へ相残ス」というメリット（＝「御益筋」）をもつ者であったのである。

しかし、重要な問題は、いみじくも、山形藩主が、「はじめに」で紹介した「封土転換案(31)」の中で指摘しているように、彼らは「陣屋ニ離れ候而は惣代共勝手不宜候」という限界を一方でもっていた。つまり、「郡中惣代」として、幕領内に存在してはじめて、彼らの優位性が保障されているのだという事実を見逃してはならない。この事実は、幕領内の有力豪農と代官の間に、以上のような相互依存関係が、すでに確立されていたことを物語っている。なぜ代官大貫の勘定所への上書が山口村伊藤家文書に残されているのか。伊藤義左衛門が下書きしたのかも知れない。それゆえ、山形藩が新たに村山郡内に割替えられた領地とは、いうまでもなく「不益筋」の村々であるといってよい。そして、しかも、経済的には、多くの場合、すでに幕領内の有力豪農層によって地主的進出が行われている村々であったのである。こうして、山形藩にとっては、「其支配領主ニ而村方取締被致候而も、隣村者他領故取締筋区々ニ相成、都而風儀一般ニ不相成故、当時は天下第一之人気悪敷場所之由」(32)と、ますます領域支配の困難さを歎息しなければならぬ結果をもたらしていたのである。まさに屈辱的な割替事件だったといってよいだろう。

そしてこの屈辱は、長崎村の分郷方式（＝「入交り分郷」）に如実にしめされる。山形付になった村民の一部は、完全な二分割の支配方式では生活しえず、従来の村落支配方式の上に、形式的に年貢収奪のみを山形藩が依存するという方法を要求した。これは実質的な農民生活が、幕領側に組入れられた有力豪農層によってすでに掌握されている関係に依拠せざるを得ないことを物語っているからである。

こうして、すでに明らかにされているように、幕末にかけて村山郡内幕領は大幅に激減する(33)のにもかかわらず、郡内全般の農民支配は、天童藩大庄屋がわずかに抵抗の姿勢をみせつつも(34)、現実には、幕領代官と「郡中惣代」制を中心に推進されていく。そこには、ここまで明らかにしたような、「御益筋」村落を、とくに幕領へ残留せしむるような指向性が露骨にしめされているといってよい。それをもっとも如実にしめした事件が文久二年（一八六二）にまた発生する。それを具体的に問題にしながら指向性の連続性を確認しておこう。

つまり、文久元年（一八六一）末ごろから、さきに第二節で問題にした、山形藩領へ一時割替られ、運動の結果、再び幕領への引戻しに成功した山口村・山家村・原町村・矢野目村という「御益筋」の村と新たに久野本村が、こんどは、隣接する天童藩領へ割替られるという噂が立った。天童藩は、さきの山形藩主の「封土転換建議」の中で、「織田侯在所天童は、一郡之中央殊ニ同所辺は土地柄も宜、御料所ニ被仰付東根陣屋を引移候得は、郡内之取締も格別宜御座候処」[35]といわれているように、二万三千石余のうち一万八千石余二五ヵ村が天童城下周辺に点在し、比較的に一円的形態をとっており、山形藩主が指摘するように、「土地柄も宜」地帯であったが、残りの四千石余は同国置賜郡高畑にあった。もし隣接する幕領東根村の村々を加えれば、さらに「国富民豊」になると指摘した藩である。このころ、藩主織田氏には、幕府勘定所御取箇組頭小高登一郎が後に語ったところによれば、次のような動きがあったといわれている。[36]つまり、

右天童ニ而内願之発り候者、去々申年同所五日町仏向寺境内より白雉出生いたし、旧例ニ事寄江戸表江献上いたし、右御恐悦、其外此度京都より和姫宮様江戸御城江御入輿御婚礼御恐悦等ニ便り申立候由風聞ニ而、宇都宮戸田山城守様内間瀬和三郎を以、老中久世大和守様江手入内願いたし候由、宇都宮より天童ハ御縁辺、同所江戸家老津田勘解由と右和三郎御縁辺、久世様と宇都宮者又御縁辺之御間柄故発り候事ニ而（以下略）

という奇瑞[37]と縁故をたより、「第一上州小幡旧地戻、第二越後国江村替、第三者前書五ヶ村（山口・山家・原町・矢野目・久野本）取寄替之儀」を幕府へ内願したといわれている。

この噂が現実になったのは、「当節同家（織田）家老罷下内々地理之次第等取調候由」[38]と織田家の家老が五ヵ村を事前調査をしたという事実が、村民側にキャッチされたからである。しかも、安政三年（一八五六）、近村東根村を中心に凡そ三万石余が松前領に引渡されていた矢先であったから現実味をおびた。そこで前記五ヵ村は、さっそく幕

領残留運動を開始し、代官へ訴え出た。(39) そしてかわったばかりの代官林伊太郎もまた、翌年二月、次のような「覚」(40)を幕府勘定所へ提出し、山口村などの運動を支持した。

右村之義者寒河江御陣屋附村ニ而、私支配所之内ても、上郷と唱へ水旱損之憂も薄く候故、極窮之小前も尠、其上前々より村役人共之心得方宜、常々御益筋心掛、荒地起返、又者畑田成等を始メ、都而勧農之世話行届候故、郡中之内自然親郷之様ニ相成、諸般之申諭等取斗居候もの共、右之処今般織田兵部少輔方江村替被仰付候由之風聞有之、村々及混雑之趣を以、永ク御料所江御居置候義、挙而願書候間承糺候処、当節同家家老罷下内々地理之次第等取調候由、右陣屋許天童町と者前書之村々耕地入会合壁同様之義故、右町方之もの共申唱候を承、一統恐歎候由ニ而、不取留儀と者乍申、例年外村ニ先立御年貢米金皆済仕候土地、右一条而已ニ屈繞諸般不進ニ而開作手配之気配も無之趣ニ相聞、郡中一躰之取締ニ拘取扱方致当惑候旨、陣屋詰之ものより申越、一躰右村ニ者先年大貫次右衛門支配之砌、一旦私領渡被仰出候処、前々より御益筋厚心掛、小前一同風儀宜、郡中教諭之手本ニも相成趣を以、御料所御居置候義、同人より申上候処、厚御聞届御居置相成候場所之趣相聞候義ニ付、自然下方風聞之通私領渡之御調も御座候儀ニハ、何卒御居被置候様仕度、且元来羽州之義人気根強く、一旦願出候義者容易ニ難差止、既ニ先年酒井左衛門尉領分替被仰出候節、同領百姓共惑乱およひ候由ニ而、一旦被仰出候所替之義も、猶御差止被仰出候趣ニ付、今般之願意押而理解申聞候ハヽ、恐歎之余り、多人数出府、御役人方江御駕籠訴其外何様之歎願等仕間敷共難申、右ニ而如何ニ付、前書之趣不被仰出以前、土地風俗并先年之事柄等をも御賢考被下度、併不取留風聞を以、右躰之義申上候段如何ニ御座候得共、何分人気落着兼取扱方当惑仕候ニ付、不得止事此段申上候間、厚御聞届被成下候様仕度、依之奉内願候、以上

130

戌二月　　　　　　　　　　林　伊太郎

もはや、その内容を説明する必要もなかろう。さきの村々が幕府にとってこの段階でも「御益筋」の村落であり、その「御益筋」の内容は、天保期と全く同じである。その点は、さきの代官大貫のいう通りである。しかし、この上書の中で、新たに重要な記述が加えられている。つまり、「羽州之義人気根強く、一旦願出候義者容易ニ難差止」と恐れ、代官自身がその前例として本稿のきっかけをなしている、いわゆる庄内藩の「三方領知替」反対の領民の闘いの成果の事例をあげ、もし、天童藩への割替が行われれば、おそらくそれと同様な運動が展開されて、かならずや、割替を阻止されるであろうと警告している点である。

この結果は、さきの天童藩の内願が、「何れも難被為及御沙汰候趣を以御沙汰止ニ相成旨」が、村々役人へ申渡され、結局農民側の阻止運動が成功した。

以上、くどくどと述べてきたが、幕末にいたっても、天保期にしめされた方向性は貫徹していたことは明らかであり、ここに分散錯綜する遠隔地非領国地域における幕領支配の一つのあり方をみることができるといえよう。そして、幕領下であることが、自己の経済的・政治的発展にとって一つの有力な条件であるかぎり、村役人＝豪農層はあくまでもその基盤を維持することにつとめたといえよう。しかし彼らが、いかに有力な豪農層であろうとも、決して下層農民を「教諭」し、「風儀宜」支配をなしえたわけではない。とりわけ開港の影響は大きく、広範な没落下層農民が析出され、郡内にあっても「不穏」の状況が醸成されるにいたったが、じつは、以上のような条件の上に蓄積してきた経済力と政治的力によって「世直し層」と対決しえたといえるだろう。この事実は、第四章でくわしく検討することとしよう。

むすび

天保一四年の「上知令」は、周知のように中絶された。しかし、その際、江戸・大坂周辺上知の代知として「私領渡し」となるべき幕領でも、当然反対の運動が発生するであろうことは予測されていたであろう。この点は実施される以前に計画が中止されたことによって歴史的な問題にはならなかったが、幕府が計画したように、はたして諸藩の「飛地」をひとまとめにして、城付領の充実（一円化）をはかることが意図されていたのであろうか。

これまで述べてきたように「上知令」前夜に羽州村山郡幕領におこった「私領渡し」をめぐる一事件の過程は、このような問題に一つのヒントを与えてくれる。「上知令」による代知として与えられる諸藩城付周辺に入組んでいる藩領は、前述してきたような指向性をもって割替られようとしたのではないだろうか。つまり、幕府はこの事件を通して「御益筋」の村落を残していくことによって、反対運動をくいとめることができ、しかも、そのことによって従来からの幕領優位の諸関係を維持しうるという両面を同時に解決しうる対応策が意図されていたのではないだろうか。事実、現実に減少化傾向をたどる山形周辺の幕領は以上のような指向性をもって残されていった。

それゆえ、最初に述べたように山形藩の「封土転換建議」が、なによりも幕領の「郡中惣代」（有力豪農）制を廃止することを強調しているのもそこにあったのである。しかし、もはや実現をみる可能性は在地においてもほとんどなかったのである。

ただ問題は、これまでみてきたように、自村の幕領残留運動が他の幕領を不利に追い込んでまで強行されたという点にある。それは、これまで一枚岩であった「郡中議定」に結集した「郡中惣代」層の結束に亀裂を生んだことを意味する。天保一三年（一八四二）をもって「郡中議定」は休会する。その背景には、この一件がからんでいたことはまちがいなかろう。

〔註〕

（1）『山形市史編集資料』第二二号所収「書取」の解説を参照。

（2）具体的には、天明年間から村山郡幕藩所領全域を対象とした米穀流出に対する市場統制が、幕府の郡中惣代を中心に行われたのをきっかけに、以後、「郡中議定」という、幕藩有力村役人層による機構が成立する。詳しくは本書第六章参照。

（3）たとえば、典型的事例として、嘉永二年の山形藩領（水野氏）「片谷地村質地一件」をあげることができる。当時片谷地村高九八二石は、隣村の黒沢村（上野国館林藩領、秋元氏）久右衛門に二一七石のほか津金沢・松原（いずれも他領）村の地主に二三八石が所持されていて、現実にそれらの他領地主は年貢高を若干（三六五石に対し八二石分だけ）しか負担しない、「高抜」が行なわれていた。この結果、小作人は二重の負担を強制されるにもかかわらず、他領地主へは貢納の強制はできないため、山形藩がそれらの他領地主所持の土地を、片谷地村に千五百両貸付けて買戻す事件があった。このような有力地主層による他領村への土地集積は一般的に郡内各地で進行し、しばしばトラブルがおきていた（詳しくは『山形市史』「第四章幕藩体制の解体、第一節幕末期の山形藩」を参照）。

（4）『続徳川実紀』第二編「慎徳院殿御実紀」巻四、天保一一年一一月朔日の項に、「松平大和守は出羽国庄内へ。酒井左衛門尉は越後国長岡へ場所替あり。牧野備前守は武蔵国川越へ場所替す」とあり、一般に「三方領知替」と呼ばれている。その具体的な政治過程については、北島正元『水野忠邦』（吉川弘文館、一九六九年）「第八章　天保改革の開幕、六『三方領知替え』の中止」に詳しい。なお各藩の動向については、『鶴岡市史』上巻（一九六二年）、『長岡市史』（一九三一年）、大館

右喜「川越藩」（児玉幸多・北島正元編『第二期物語藩史』「関東の諸藩」所収）を参照。
（5）具体的分析としては『鶴岡市史』上巻、「第五章　鶴ヶ岡の発展、第三節幕末期の荘内藩、（二）長岡転封阻止一件」と「大山騒立一件」に詳しい。なお幕府内部については前掲北島『水野忠邦』、拙稿「旗本新見家に残された天保一二年『三方領知替』中止をめぐる史料」（『神奈川県史研究』一八号）を参照。
（6）たとえば、朝尾直弘「幕末における領主と農民」（『日本史研究』二九号）、小林茂「天保の上知令について」（『日本史研究』三〇号）などや、津田秀夫さんが批判されている上知令に関する各説（「天保改革の経済史的意義」『封建社会解体過程研究序説』〈塙書房、一九七〇年〉所収）を参照されれば明らかになる。
（7）この点については、本書第一章を参照。天保一三年当時は、羽州村山郡全体三六万石余のうち、柴橋・寒河江・尾花沢・東根の幕府代官所の支配地が一四万三千八〇〇石余（一八九ヵ村）で、全体の四〇パーセントをしめていたが、以後しだいに減少する。なかでも安政三年、松前藩へ東根代官所を中心に三万石余、同預所として一万四千石余を引渡している。
（8）前橋市立図書館蔵、松平藩史料。
（9）「山形雑誌」下（山形商工会議所編『山形経済志料』所収）、「水野越前守殿御口達之趣書取之写」。
（10）明治大学刑事博物館所蔵、出羽国村山郡長崎村柏倉家文書（以下柏倉家文書と省略）「山形様御領分ニ相成村々書上」。
（11）明治大学刑事博物館所蔵、出羽国村山郡山口村伊藤家文書（以下伊藤家文書と省略）。天保一三年「御用状留帳」八月一八日の項。
（12）伊藤家文書「書面留」所収。なお、国立史料館蔵、旧出羽国村山郡山家村山口家文書（以下山口家文書と省略）にも同文のものがある。
（13）伊藤家文書に、柴橋付代官（添田一郎次）の村々の歎願書が収録されているが、その中で（一）田畑五ヵ年と十ヵ年定免、

（二）田畑共皆石代上納、（三）五ヵ所平均直段三斗高石代納、（四）年貢根取米斗立幕領並、（五）拝借米返納二十五ヵ年賦上納、（六）江戸廻米中止につき諸負担引方、（七）六尺給米・御伝馬宿入用停止、（八）夫米・目払米二重支払中止、（九）畑米石代酒田上米平均値段にて支払、（十）隔間山、御林下草払代金年季支払、などを行うことを要望している。

(14) 柏倉家文書、天保一三年「私領渡一件御取斗願」に、長崎村柏倉文蔵が出府中に「東根附郡中惣代山家村名主三右衛門在府中、同宿諸事相談ニ及其節私領渡御引戻いたし度手段種々手入仕候」とあり、当時山家村名主山口三右衛門が出府し画策していることがわかる。なお、その幕府役人には「郡代屋敷御鷹野役所出役御代官付」富永惣五郎とか、「八州取締、本郷本妙寺下」吉田源助などの名が具体的にあげられている。

(15)(16) ともに伊藤家文書、前掲「書面留」所収。これらの代官の上書が、当該村役人に書留められていることから、幕府代官と村役人の癒着を推測できる証左となろう。

(17) 山口家文書にも注(15)と同文の上書があり、とくにその(15)の最後に、本文のような注記がなされている。

(18) 柏倉家文書、天保一三年「東根附山口村外四ヵ村代地分郷私領渡ニ付報」。

(19) 柏倉家の経営内容については、井上準之助「近世後期の紅花生産について」(『国際商科大学論叢』第一巻一号)、今田信一『最上紅花史の研究』「第三章　紅花商人の成立と展開、柏倉家の特殊な取引機構」(二八五～二九二頁)に詳しい。当時に近い文政一三年の同家の所持高は、三四二石余で、内居村内に一六七石余、他一三ヵ村に一七五石余を所持していたし、紅花の在方商人としても大きな経営をしていた。なお幕末期の状況については、本書第四章参照されたい。

(20) 柏倉家文書、天保一三年「私領渡一件御取斗願」(『中山町史』資料編四)。

(21) 同右、天保一四年一月七日「水野越前守様へ駕籠訴ニ付書状」(同右)。

(22) 同右、天保一四年一月、「文蔵身分私領渡免除願」(同右)。

(23) 同右、天保一四年一月九日「添幹無之付、駕籠訴実施」書状（同右）。
(24) 同右、天保一四年一月一一日「駕籠訴後、分郷の際相除候様吉報」書状（同右）。
(25) 同右、天保一四年一月一四日、柴橋孫七より書状（同右）。
(26) 同右、天保一四年一月一四日、柴橋より浅倉勘兵衛書状（同右）。
(27) 同右、天保一四年一月一四日、「長崎村村役人より添田一郎次への歎願書」（同右）。
(28) 難波信雄氏「近世後期村落構造の展開と地主制の生成」（東北大学『文化』第二七巻三号）に詳細に分析されている。なお天保一三年には九二石余の土地を集積している。
(29) 井上前掲書ほか今田前掲書を参照。
(30) この点については、柏倉家文書、文政九年「銅山方御用諸書留」から天保九年「御用銅積立取調帳」に詳しく記されている。
(31)(32)〔註〕(1)を参照。
(33) 具体的には、本書第一章参照。
(34) この点については本書、第一章を参照。
(35)〔註〕(1)に同じ。
(36) 伊藤家文書、「書面留」所収。
(37) ここで記録されている「奇瑞」については、『大町念仏講帳』安政七年の項に、「天童佛向寺山にて白雉生れ候ニ付、領主にて捕ひ候由、右は誠に珍敷事、白雉元年より当年迄凡千弐百拾壱年に成る。右雉江戸江差上候由」と記録されていることから郡内で評判になっていた。

（38）（39）伊藤家文書、万延元年七月、久野本村ほか四ヵ村惣代山口村義左衛門らの代官石井勝之進への歎願書。

（40）伊藤家文書、「書面留」。

第四章　幕末の政情不安と農兵制の展開

はじめに

幕藩制国家の解体と、それにかわる近代国家の成立という大きな歴史的変動に、民衆はただ傍観していたわけではない。民衆にとっても封建的な束縛から解放される大きな機会であった。そのさい、どういうかたちで歴史の変革にかかわるかはさまざまである。

とりわけ幕藩領主と村人たちとのはざまにあった村役人や豪農層のかかわり方は、複雑であった。日常的には、村政運営をめぐって村方騒動を起こされ、地主としては小作騒動で揺さぶられながら、その一方で「郡中惣代」として幕藩領主の代替的役割を期待される。それゆえ「郡中議定」の内容は、年を追うごとに果すべき課題が大きくなっていく。とくに万延元年（一八六〇）一〇月の「郡中議定」は、冒頭に、

当郡之儀、異国御交易以来諸色直段追々引上、殊ニ近来違作之上、去未前代未聞大嵐洪水引続、当申年之儀者春中より不順気ニ而存外之違作ニ相成、夏分ニ至米価引上貧民共暮シ方差支及騒立候程之儀ニ付、今般一統相談之上、別紙連印書五ケ状之趣意を以、天保度及休会候当郡大会合再興いたし、尚来酉壱ケ年限村々相続方申合議定

（本書、「史料　出羽国村山郡『郡中議定』集成」〈以下「議定」と略す〉八五、三七五～七九頁）

とあるように、間違いなく開港以後の物価上昇と自然災害による米価暴騰が原因でおこった、世に「万延の騒動」と呼ばれる貧民の蜂起を直接的動機に再興された。内容は、これまでなら統制の主眼は穀止めにあるのが通例だが、万延の再興「郡中議定」は、質素倹約、国産物出荷の統制、酒造量の減石、備蓄米の増強、穀止め実施、水油・紅花種の他郡出し差し止め、諸商品値段引上げ禁止などに加えて、悪徒・盗賊取締り強化、新規勧化の取締りと天保飢餓以上に郡内の治安維持策が盛り込まれている点が注目されよう。「郡中議定」が警察的権限にさらに一歩踏み込んだ統制力をもつにいたったことを意味している。

たしかに万延元年の「郡中議定」再興の背景には、

当春中相応の順気にて田植等相仕舞候処、段々冷気に相成、如何なる作合に相成可申哉と安き心無之、夫ニ付米価追々引上、六月に至り壱俵弐分弐朱余、右にても売人無之に付、川東村々若原江寄合、其上東根村へ十八日夜大勢来り候ニ付、松前様御陣屋より役人方町口迄出張いたし、関山のもの御召捕ニ相成候程の義ニ付、同十九日谷地郷村々名主集会の上、安米売出其外種々手当いたし候処（以下略）

（『大町念仏講帳』万延元年）

と、設置されたばかりの松前藩領東根陣屋を襲った騒動に、即座に対応した郷村名主の集会がベースにあった。しか

しじつはそれだけではなかった。六月には、

今般、浪士悪党共、長刀帯ビ押歩行、不持（時）百姓家江押入リ、金銭等ねだり、其上、衣類等迄も持行キ、又者党銭結弌々色々勧メ候ものも徘徊致し、押止宿をも、百姓共難渋之趣被及御聞（以下略）

（万延元年「熊野村御用書留帳」『西川町史編集資料』七号）

と、治安悪化がもたらす社会不安が高まっていた。同年の『大町念仏講帳』には、

一、去年より異国と交易に付、諸品案外の引上、前代未聞の義に御座候

一、当三月三日、大老井伊掃部頭殿御登城の節、水戸浪人佐野竹之助始十七人ニ而切害ニ及候

（中略）

一、九月廿二日、御代官様御出立の処、廿一日夜支配所村々百姓共数百人、願筋有之趣にて寒河江より長崎道へ相詰、其外寺々鐘を突、殊の外物騒敷、右堀米四郎兵衛社司両人、夜中御役所より御呼出しにて、右取鎮め可申様被仰聞候ニ付、詰合名主衆へ申聞、一同罷越夫々為引取申候、此上は只々御仁恵を奉願上候而已

と記録されているように、開港による前代未聞の物価上昇、大老殺害（桜田門外の変）という政治不安、そして、おそらく「夫食払底之土地柄御憐察被成下、当申御年貢米之儀、御払米被仰付被成下度」（万延元年「熊野村御用書留帳」『西川町史編集資料』七号）と、代官に飯米確保のための直訴が頻発したことなどが、治安重視の「郡中議定」

再興となったのであろう。

しかし今回は「郡中議定」が再興され村々への統制が強まっても、聞え来る江戸や京都での政情不安にあわせて、郡内でも社会不安をかき立てるさまざまな事件が続発して止むことがなかった。ついに子どもの悪戯にさえ脅えるにいたる。文久元年（一八六一）六月二二日、高擶村の両組名主荻生田助左衛門は、代官所へ呼び出された。そこで

昨六頃願行寺早鐘搗候もの有之趣寺社方へ届出候、依之小前騒立候儀有之哉、其外忠太郎方へ大勢参り候風聞も有之、如何之儀ニ有之候哉御尋御座候ニ付、聊早鐘搗候儀ハ子供等徒ニ遠方より縄を以搗候由、寺より被追寺津の方へ逃参候趣、今晩より与頭共為見廻不締之儀無之様可仕旨申上候、且忠太郎方へ買食之もの共罷越候儀ハ、此節村内ニ而米売候もの無之差支、忠太郎儀ハ米商ひ手広ニ致候間、時相場を以夫食米売貰度旨相頼候迄ニ而、外ニ迷惑筋等申聞候儀ニハ無御座候、尤村方より夫食差支候儀村役人江も願出候間、昨夜高持百姓相談之上追々摺立売渡し積取究候間、右ニ付騒立候儀ハ有之間敷段申立罷帰候、外酒田へ下し米等御咄有之候間、谷地久右衛門より承候次第、貫津六右衛門供ニ嶋崎様へ罷出是又申上即日帰村致し候

（南高擶村名主佐藤兵三右衛門、文久元年「御用書留帳」『天童市史編集資料』七号）

と、突然寺院の早鐘が鳴れば、すわ打ちこわしだ、米屋にたくさん一揆勢が集まりだしているようだ、と不安がかき立てられる。それが子どもの悪戯と分かっても真相を知るため取り調べを行う。そして社会秩序の混乱を象徴するかのように、

①異風之頭巾一切冠り申す間敷旨先年より度々相達候処、近頃兎角異風之頭巾をかむり面体を隠し候者有之、以之外之事ニ而、右風儀武家江も押移り如何之事ニ候（以下略）

酉四月二日　（同）

②異風之筒袖、異様之冠物は着用不相成趣兼而相触置候処、近頃密ニ着用いたし候も有之哉之由如何之事ニ候、以後心得違無之用可致候、尤御軍艦方其外大船乗組之者、且武芸修行之筒袖ニ無之而差支候分、船中又は稽古場を限り外国人之服ニ紛敷無之様仕立相用候儀は不苦候、且又皮履之義も御軍艦方等船中を限り相用候義は不苦、百姓・町人共之義も職業筋商買体ニ寄、筒袖着用雪中皮履相用候義、是迄有来之品は苦しからすといへとも、外国之製ニ紛敷仕立候義は不相成条、心得違ひ無之様其筋々より堅可申付候

右之通可被相触

六月　（同）

と異風体の頭巾をかぶって歩いたり、早くも外人かぶれの身形をした者たちが横行し出した。さらに九月には、集団的な圧力をともなう強力な小作騒動が高揃村でおこった。

近年打続違作勝ニ付小作之ものとも難渋相増、年毎御高持より格別之御仁恵を以作付並安穀之御救米ニ而御百姓永続罷在忝仕合奉存候、然ル処当季田方之分夏中植仕付旱損ニ而、一同昼夜心魂を尽し情々水引仕ケ成之作合ニ

取極度相斗ひ候得とも、御見分之通ニ而殆と歎敷奉存候間、御用捨被下度趣今般一同集会仕御役元江御歎申上候処、壱坪限り地主立会篤と見分用捨切申受候様小作証文差入、委細相弁江乍罷有大勢之権勢を以地主江一応之断も無之、ならし杯と申聞強威之押願等いたし、村役人共軽〆実意之取斗ニ相当不申趣、逸々御利解被仰諭御尤至極重々奉恐入候、乍去御高持江御評議之上御執成を以御手当米として田立付米壱俵場ニ付弐升、外ニ壱升格別之為御手当米御勘考之上当年限り御決評御用捨被成下、御百姓相続仕候様被仰聞難有奉存候、以来之義如何体之年柄ニ而村方一同ならし杯願は勿論何様之事御座候とも、小作大勢寄合等は兼而被仰出候通御法度之義ニ而、一切仕間敷様厳敷御断被仰聞一同承知仕、若心得違之もの御座候ハ、私共引受御役元之御厄介ニ相成不申様一統相心得、此上田畑とも願ケ間敷義毛頭仕不申、依之差出一札、仍而如件

文久元酉年九月十二日

小前惣代　四郎兵衛

（以下二十一名略）

南組

御三人役人衆中様

（同）

この運動は別々の地主たちの小作人が寄合った点が重要である。そして小作料減免が語られ、かれらは個別地主の坪刈り減免に従わず、「大勢之権勢を以地主江一応之断も無之」、勝手に「ならし抔と申聞強威之押願」を実行に移し、

第１図　出羽国村山郡百姓一揆・村方騒動などの推移

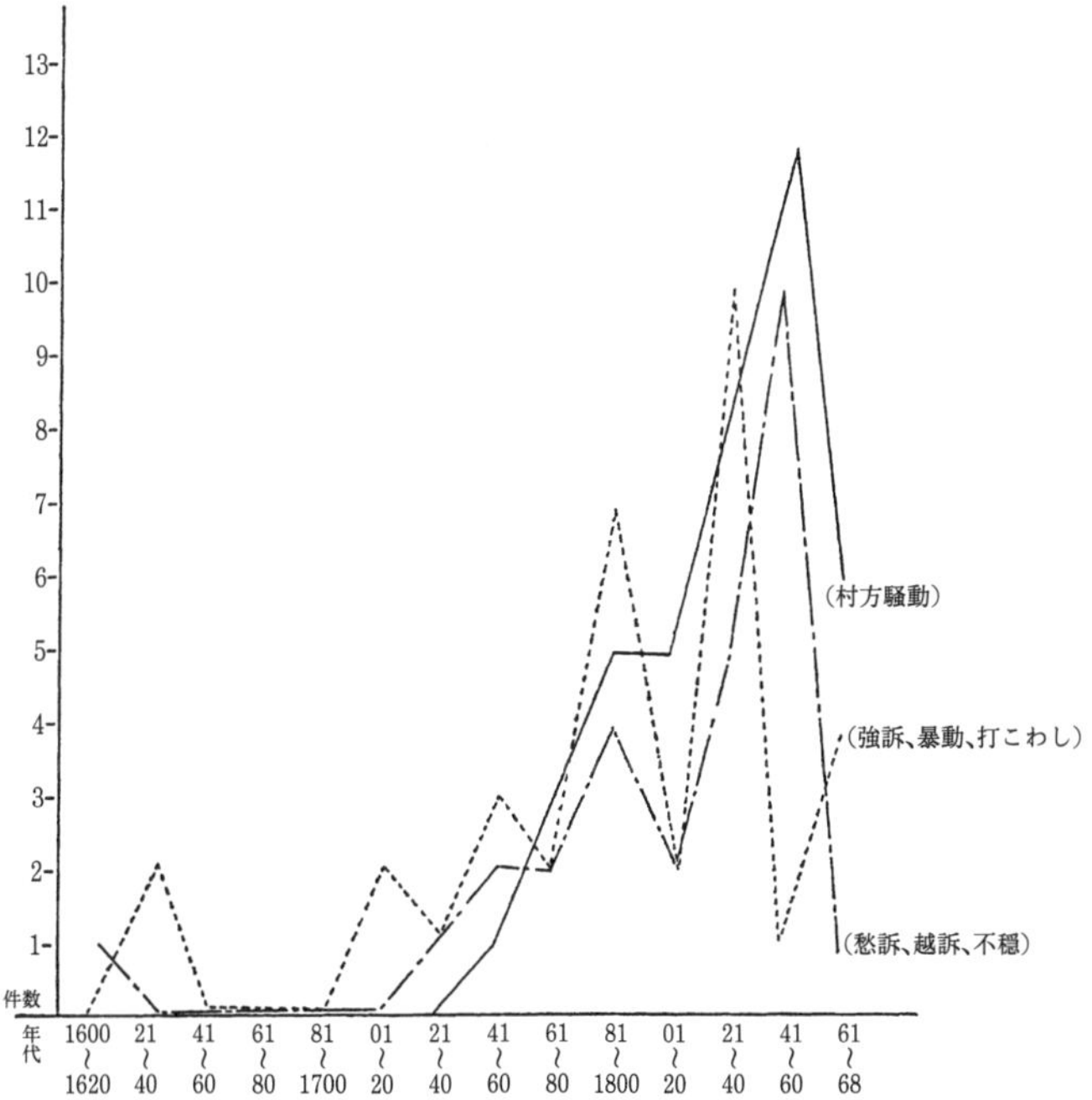

（『山形市史編集資料』第七集「村山一揆」解説「山形県百姓一揆年表」より作成）

減免率を平等にすることを地主層に集団の威力で強制させた事件だった。それに対して小前百姓＝高持百姓はこうした集団的示威には加わらないという誓約書を出させられた。そこから小前層と小作層との対立が生じかねない状況に立ちいたっていることを読み取ることができるだろう。

こうした状況のなかで北口村の細谷与左衛門や山口村の伊藤義左衛門など郡内の地主層の一部から、小作層の脅威に対して村山郡全体の地主を結集する共同防衛組織をつくる動きがあらわれる。しかし郡全体の組織結成には成功しなかった。やむなく万延元年、谷地の地主は一七名だけで「泰平講」を結成し、「作柄不相当の小作毛見を手強わに地主地主へ願い込み候上、徒党がましき儀有之候哉」という小作人らの動きに集団で対抗しだしたのだった。(1)

第1図は、横山昭男さんの労作「山形県百姓一揆年表」を利用して作成したグラフである。安政・万延・文久期、つまり一八六〇年代はじめに村方騒動がピークをむかえることを知るだろう。それは、国内での政治不安と開港による物価上昇が本格化する時期と合致する。村山郡に生きる人々は、そんな政治と経済の情報を敏感に感じとった。こうなると、もはや「郡中議定」の再興や泰平講の威力だけで郡内秩序を維持できず、地域自衛の新たな組織化が模索される。

郡内最大の地主堀米四郎兵衛は、こうした集団的自衛組織もさることながら、自らの家産を守るためだろうか、安政年間から着々と鉄砲や弓矢などの武器を購入し、蓄蔵しはじめていた(2)。そんなところへ寒河江・柴橋への新代官新見蠖蔵が赴任する。そして即座に実行に移したのが、代官所防衛のための農民の動員であった。それが村山農兵である。文久三年（一八六三）九月のことである。

村山農兵の研究には、渡辺信夫さんの「幕末の農兵と農民一揆(3)」というすぐれたお仕事がある。その渡辺さんの仕事に学びながら自説を展開してみたい。

一　文久農兵の組織化

文久三年九月、幕府寒河江・柴橋両代官所在任の代官として赴任してまもない新見蠖蔵が取立を命じた農兵は、次のようなものであった。

農兵人数配并装束軍器都而相定候義、左之通(4)

一、壱段備より弐拾段備迄合人数弐千五百人
　農兵頭　弐拾騎
　同弐拾五人頭　百人　但、農兵弐千五百人之外ニ候事
　同　弓　　　三百人
　同　鉄炮　　五百人
　同　鎗　　　千弐百人
　同　合図并諸使役　五百人
　　小以　弐千五百人
　　　壱段備　誰
　農兵頭　壱騎　并自分下人拾人迄召連不苦候事
　同弐拾五人頭　五人　并自分下人三人迄召連不苦候事
　農兵　　　百弐拾五人　但、村々より撰人数拾五才以上六拾才以下之者江鑑札相渡候事
　　　　（以下略）

と、羽州幕領約七万石に、農兵頭、弐拾五人頭その他下人等を合せ約三千人に及ぶ大規模なものであった。第1表は各農兵頭を筆頭とする二十組の支配村落と取立人数及び農兵頭の身分・小作地高等を示したものである。これによっても明らかなようにそれぞれの農兵頭は、各代官所支配村落の豪農層が任命され、必ずしも村役人層とはかぎらない。その組々の支配村落は、豪農にとって多くの小作地を所持し、多数の小作人を支配している村落と考えてよいであろ

第1表　文久農兵頭とその支配村落取立人数

	農兵頭	身分	小作高（俵）	農兵頭支配村落と取立人数	計	地主組合泰平講参加者
柴橋付	堀米四郎兵衛	松橋村上組名主	2,245	松橋村、西里村（根際分）	125	○
	柏倉文蔵	長崎村百姓	2,225	長崎村、向新田	125	
	八之助	米沢村百姓	1,211	米沢・八鍬村（50）白岩村（50）日和田・箕輪村（25）	125	
	嘉兵衛	谷沢村名主	415	谷沢村（50）清助新田（25）白岩村（50）	125	
	伝四郎	柴橋村名主	1,474	金谷原組・小塩村（50）小見村（25）下高屋村（25）中野村（25）	125	
	七兵衛	柴橋村組頭	376	柴橋村・落裳組（75）上高屋村（25）中野門伝村（25）	125	
	庄左衛門	西里村組頭	687	西里村4ヵ組（根際を除く）	125	
	長左衛門	吉川村組頭	604	吉川村・寒河江本道村（50）海味村・間沢村（75）	125	
	孫助	湯沢村組頭	985	湯沢村（25）楯山村（25）六田村（25）下長崎村（25）林崎村（25）	125	
	惣内	延沢村百姓	109	延沢村（50）畑沢・畑野村（50）鶴ノ子村（25）	125	
寒河江付	又三郎	楯西村百姓	624	楯西村（六供町ほか）	125	
	久右衛門	楯南村百姓	1,284	楯南村各組	125	
	青柳安助	久野村名主	2,020	久野村（50）関山村（50）神町村（25）	125	
	伊藤義左衛門	山口村名主	803	山口村（75）道満村（25）田麦野村（25）	125	
	山口三右衛門	山家村名主	602	山家村（50）矢野目村（50）原町村（25）	125	
	庄六	小泉村百姓	493	下小泉内石川組　君田町組　溝延村両組　溝延村下北組		
	与右衛門	小泉村百姓	1,053	小泉村両組　溝延村東組	125	
	槇　久右衛門	新町村百姓	1,870	新町村　高関村　藤助新田　大町村南組	125	○
	宇井竹司	工藤小路村名主	1,237	工藤小路村　野田村　島大掘村	125	○
	阿部権内	工藤小路村要害組百姓	2,386	工藤小路村要害組　大町村　東大町村	125	○

う。だから、これら農兵頭・弐十五人頭の権威は大幅に認められ、農兵支配の権限をほぼまかされていたと言っても過言ではなかった。新見はだれにも諮問せず、こんな計画を立案できるはずがない。おそらく、代官所詰の「郡中惣代」らに諮って具体化したにちがいない。それはだれか。おそらく計画を積極的に推進した惣代たちであろう。

しかし、以上のような大規模な組織化にともなう諸設備は、おもに豪農層の負担に負うところが大であり、とくに農兵用装束類は、「頭役より相渡支度いたし寸延脇差を帯し」(5)とあり、莫大な出費を覚悟しなければならなかった。だが、いまだ多くの場合、農兵用武器調達でさえ、その主力となるべき鉄砲において(6)

今般農兵御取立被仰出候ニ付、鉄炮御下之儀申立置候得共、右御下迄之処差支候条、其村々猟師筒不残取集附属之品々共早々当陣屋江可差出、勿論御筒御下ケ有之次第、右借上之筒者下ケ戻候儀ニ付、持主共心得違無之様、能々申諭無残取集メ可差出候

と、とりあえず村々の「猟師筒」で間にあわせねばならなかったのが現状であった。

次に第1表に示した農兵割当村落において、当面明らかにしえる数ヵ村で、現実にリスト・アップされた農兵と彼らの所持石高との関連を示したのが第2表である。ここに示されるように、一村落二五人より一二五人におよぶ割当については、当時農兵頭のひとりであり、この取立に最も強烈な批判者であった山口村（現天童市）伊藤義左衛門によれば、「御支配所凡高七万石江割高千石ニ付四拾四人五歩七厘余、右之次第ニ付村々江割当候得者高持百姓而已ニ而間ニ合不申、無高水呑之もの共江も割当候様罷成候」(7)と指摘している事実と明らかに合致する。このように村落内における下層農民層をも包含する全農民的組織を豪農支配のもとに作りあげようと意図したものであった。

第2表　文久三年の農兵予定者と所持石高との関係

所持石数	山口村		山家村		長崎村		鳥大堀村		久野本村	
	戸数	農兵	戸数	農兵	戸数	農兵	戸数	農兵	戸数	農兵
0	144	47	61	22	105	43	31	1	10	9
0.1～1	5	3	18	9	131	64	20	14	34	2
1～5	20	6	6	4	78	54	9	8	29	7
5～10	18	13	11	10	15	13	5	3	6	1
10～15	17	4	12	12	7	6	2	0	10	2
15～20	14	6	6	6	5	3				
20～25	7	2	4	3	2	2	1	0	2	0
25～30	6	6	2	2	1	1				
30～35	5	3	0	0	2	2			1	1
35～40	1	1	0	0	1	1				
40～45	3	3	0	0	1	1				
45～50	1	0	0	0	1	1				
50～60	1	1	0	0	3	3				
100～	2	1	1	1	1	1				
	244	(96)	121	(69)	353	(195)	68	(26)	92	(22)

（注）　各村落の各階層は、山口村は文久3年五人組帳、山家村は文久3年宗門御改帳、長崎村は明治3年宗門改帳。鳥大堀村（慶応2）、久野本村（明治6）は、渡辺信夫氏論文より。

さらに、以上の意図は第1表にみられる農兵取立村落以外の村々へ対しても貫徹した。

一、右農兵撰立相成候ものハ相除キ、其余并農兵不差出村々ニおゐてハ
　　壱軒ニ付
一、わらじ　七足
　　（以下略）

この他に馬沓、わら縄、わら苫、松明等を、いわゆる「壱軒ニ付」「右之通軒別ニ申付」[8]と、「来子二月晦日迄不残取集」差し出すことを強制した。つまり農兵組織に必要な軍備品を不参加村に割当て、全郡あげての組織化を貫徹しようとしたのである。

しかし、以上のような大規模な内容を持つ農兵組織の具体化の際、同時に領内支配において解決されておかねばならぬ大きな問題が残っていた。それは、まさに新見氏が出羽代官として着陣した際に痛感し

たであろう非領国的支配への矛盾であった。すなわち、統一された農兵組織の支配を全領域に貫徹させようと意図するものであれば、幕領七万石に二つの陣屋があり、それぞれの支配下におかれた村落が無秩序に入りみだれていることは、全く不都合なことであった。そこで新見氏は農兵取立と同時に、「農兵御取立方被仰出候ニ付、寒河江柴橋弐ケ所江御陣屋相分候而者御不便利之上郡中入用も一倍相嵩候」(9)という理由をもって、両陣屋の統一を勧告し、その際、新陣屋は「敵兵引請武を用ひ候場所」「当今者武器も往古と一変いたし候間、大炮防衛之要地別段御見立城郭同様之御陣屋御取立」と、旧来の幕領代官所支配のあり方を大きく転換させようとする意図さえ示した。

しかも、右のような農兵取立・両陣屋統一の背景には、さしせまる内乱的危機の状況が逐次醸成されつつあるという認識があった。とりわけ同年八月の大和天誅組の乱、同一〇月の但馬生野の変の発生は、それらの状況が身近なものとなり、いっそう深刻さを増すであろうことを予測させた。当時出府中の山口村名主への「来状綴込」、文久三年一一月の書状には、出羽代官所の様子について次のような報告がある。

一、去月廿八日出し之御用状当月八日頃柴橋江着、其内大和国十津川奥ニ長州公浪人楯籠所々乱妨いたし早速之治り見当無之、其外所々騒々敷丹州《(ママ)》生野之御陣屋一旦浪人共ニ被奪候を農兵取戻候事共、其外品々之騒き被仰越候趣ニ而、柴橋ニおゐて者地元より拾五人農兵頭より拾五人都合三拾人ニ而御陣屋守護罷在候儀ニ付、寒河江も地元并農兵頭より組子差出守護可致段過ル十三日被仰渡、一同相談之上地元より拾壱人夜中ニ而御陣屋江詰合、農兵頭役地元を除八人より四人ツヽ差出四晩泊五日目交代之積ニ而御本陣御台所ニおゐて郡中賄を以……

(以下略)……

と、「大和国十津川」、但馬「生野」の影響が、いまだ準備段階の農兵を、とくに「生野之御陣屋一旦浪人共ニ被奪候を農兵取戻候事」ということを理由に、性急に代官所守衛に取立てている状況を如実に知ることが出来るのである。

このような幕領農兵組織の整備に、ここに農兵頭を命ぜられた豪農層はいかなる対応を示したのであろうか。文久期は、「はじめに」において述べたように村方騒動や物価高、政情不安の高まりが、各村落の村役人層や豪農層に大きな動揺を与え、そのうえ質地請戻し、借財棄捐、小作料減免等、いわゆる「世直し」的性格を濃厚に内包した小作騒動等の担い手たちが、万延元年の東根を中心とした、打ちこわしの参加者であることなどが、豪農層に自らの立場を明確に意識させる段階に到達していた。村方騒動の決着のため出府している伊藤義左衛門に対し、「近来《ツカコロ》村方之流弊をも御立直悪意ものをいましめ不置候得者、自然善きもの励を失ひ候義ニ付、早々御帰之上、夫々御仕法御立置平穏ニ相続出来候様被成下度」[10]と家族が一日も早い帰村を望まねばならぬほどに治安は悪化の一途をたどっていた。そんな時、豪農層を中核とし、大幅な権限を付与されたこの農兵取立計画は、自家の立場を維持する上でも、また村落支配の貫徹のためにも、合法的に恰好の武力装置を備え得るものと豪農らの眼に影じたにちがいない。

しかし、この全郡的規模の農兵取立計画に対する幕領農村内の豪農層は二つの異なった対応を示した。その一つは、第1表にみられる柴橋付の十組の豪農層で、積極的にこの取立計画に参加し、計画の発足と同時に急速な組織化と、実質的な準備を開始したグループである。それに対して、寒河江付十組の豪農グループは、この計画を現状にあわぬものとして、当初から消極的姿勢を示し、代官の罷免運動・農兵取立計画の瓦解工作を展開する。ただ後者の場合でさえ、この取立計画に便乗して、かれらもまた豪農の実力に応じた、豪農独自の防衛組織化を目指し、「世直し状況」の深化に対応しなければならなかった。

それゆえ、幕府代官による農兵取立と陣屋統合策は、その後、順調な展開をとげるには至らなかった。そこで次に、二つに分裂した農兵取立に対する豪農の姿勢を、グループごとに具体的に考察することにしよう。

二　農兵取立計画の挫折

まず、農兵取立計画に積極的に参加した豪農層の意識から明らかにしてゆこう。とくにこの計画に最も積極的役割を担った松橋村の堀米四郎兵衛は、当時柴橋付最大の豪農[11]であったが、彼の農兵頭就任以降の行動に関する二、三の逸話を紹介することにする。例えば、先にあげた山口村伊藤義左衛門の「来状綴込」、「出府中報告」、および彼による「願書」の中から、堀米氏の農兵組織化についての記述を抜粋すると次のようである。

※文久三年一二月一四日、「来状綴込」

一、此節沢畑四郎兵衛殿者柴橋御陣屋江罷出候節者、具足着用馬上ニ而供廻り者先方之鉄炮三挺跡江弐挺、其外鎗刀為口附等彼是都合拾人余之見立ニ而出勤、村山郡一統の笑草扨々おかしき事ニ有之、御一笑可被下候

※文久三年一二月一七日「出府中報告」

一、堀米大夫一条笑止千万、誰それとなく当地におゐては気違農兵と一般唱ひ申候、余り心慮なき事ニ御座候

※文久四年二月「郡中一統願書」

一、右四郎兵衛義、去冬山形大筒弐挺試として七拾両ニ而注文いたし候ニ付、鍛冶共より同所町役所江相届候処、百姓躰ニ而大筒等之注文難心得候旨柴橋御役所江掛合ニ相成候処、柴田喜一郎殿より此節国々諸浪人蜂起いたし不穏ニ付、陣屋警衛之ためた注文為致候旨被及挨拶候へ共、色々六ケ敷相成未事済ニ不相成趣ニ御座候

右の様子から、積極的に農兵組織の充実につとめる一豪農の姿を読み取ることができるだろう。たしかに堀米四郎兵衛の行動は異様だった。第2図は一二五人一組の農兵調練図の一部である。いちばん右端には馬上で指揮している農兵頭の出立が描かれているが、まさに四郎兵衛の姿そのものであろう。

どうしてこんな大規模な陣立を可能にしたのか。それは、村内の青年や壮年をかき集めなければ不可能である。こうして第3・第4表や第2図に見られるように、農兵頭の堀米・柏倉・山口家の場合などは、いずれも自村の貧農や自家の小作人まで組み込んだ全村的規模の農兵組織が誕生したことは間違いない。

しかし四郎兵衛は、すでに紹介したようにペリー来航以来高まる政情不安からか、文久三年以前から自前で鉄砲や弓矢などを購入し自己防衛に備えていた。その点からみると代官新見蠖蔵が示した農兵取立計画は、この間描いてきた思いを全郡的規模で具体化できるチャンスが到来したと判断した。そこでさっそく大筒を注文し、農兵たちの装束を自費で購入

第２図　文久三年農兵陣立図（『中山町史』資料４より引用）

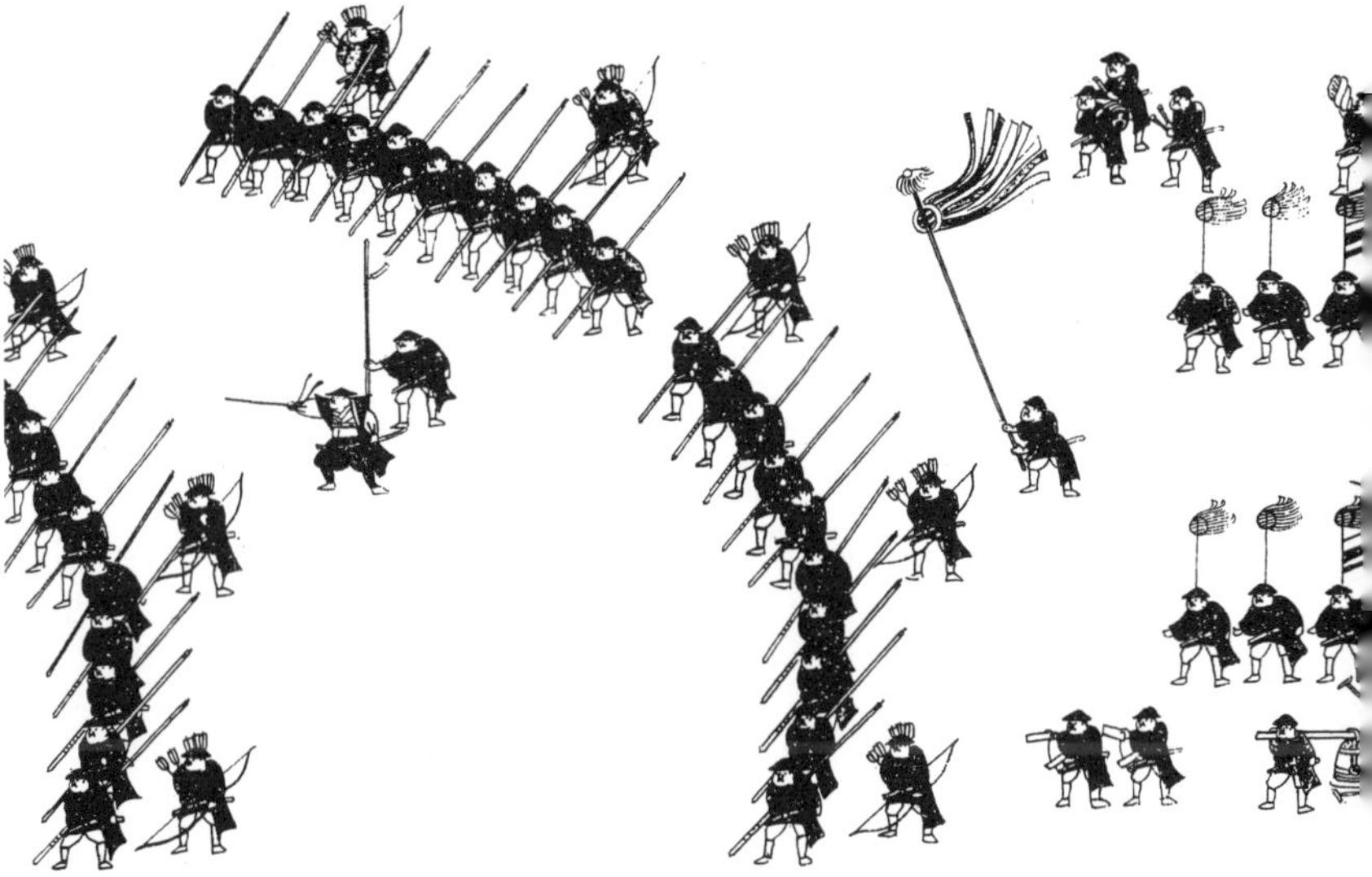

し、そして調練を開始した。多数の農兵を従え旗本もどきの出立で馬上から武威を示すことで、村民たちを抑えこめるとみたに違いない。普通の感覚の人々からみれば、「気違農兵」などと嘲笑されても仕方がない光景が、のどかな村落に現出したのである。

　幕府代官新見蠖蔵による農兵取立て計画は、右に示したように村落における階層分化を全く考慮せず壮大な計画を性急に実現させようとした点に問題がある。そして一部の豪農層が便乗し自己防衛力を強めようとした点にも問題があった。当然郡内には、村落に対する状況判断の違いから、批判的に受け止める豪農も存在した。その一人が寒河江付の山口村名主伊藤義左衛門であった。かれは次のような批判を堀米氏になげかける[12]。

一、農兵（御組立者）之義、土地柄ニ不応大造之御組立ニ而百姓共農事を廃し終者国（乱）害を生し候様成行可申者眼前之義、右者四郎兵衛を御相手（被致深御思慮被成候事ニ者無之）被成候而已、郡中江御相談等有

第３表　松橋村堀米家の小作人と農兵の関係

農兵取立村	幕領						私領			計
	松橋村上組	同村下組	西里村中島組	同村白小堂組	工藤小路村	大町村上組	吉田村	笹川村	岩根村	
農兵	41	40	43	4						128
小作人	40	28	41	3	37	21	16	3	4	193
小作人で農兵	20	16	25	3						64
夫役	6	10	1							17
手人	11	10	1							22
人夫					1		7	9	2	18

（渡辺信夫「幕末の農兵と農民一揆」より）

第４表　長崎村柏倉家の小作人と農兵の関係

小作高	小作人総数	文久農兵	慶応強壮人	慶応強壮人頭人夫	明治３、宗門帳にみられる職業（文久農兵のみ）
１石以下	50	18	2	1	農業（９）手間（４）日雇（５）ほか
１石～２	14	5	2	1	農業（４）茶屋（１）
２　～３	8	3	0	0	農業（３）
３　～４	7	5	0	0	農業（５）
４　～５	4	2	0	0	農業（２）
５　～６	3	1	0	0	農業（１）
６　～７	0	0	0	0	
７　～８	5	2	0	1	農業（２）
８　～９	2	1	1	0	農業（１）
計	98	37	5	3	

第３図　伊藤家の小作人と文久農兵の相関図

↑小作関係を結んでいる農兵の所有規模 ／ 伊藤家との小作規模→	0.1～1	1～2	2～3	3～4	4～5	5～6	6～7	7～8	8～9	9～10	10～	計
計	15	3	6	5	2	1		1				33
10～	2			2								4
9～10												
8～9												
7～8	2											2
6～7												
5～6		1										1
4～5			2									2
3～4												
2～3												
1～2												
0.1～1												
0	10	2	4	3	2	1		1				23
右	0.1～1	1～2	2～3	3～4	4～5	5～6	6～7	7～8	8～9	9～10	10～	

之候義ニ者無御座、同人者柴橋附第一之ものニ而侠客躰之気質有之（御書面之節差働候へ者）農兵仕立候得者御旗本ニも御取立相成候様心得、村々之難儀（且者兵規之虚実）且者人夫之虚実ニも頓着不致、戯同様之組立いたし御意ニ入候ものニ而、去秋農兵頭役被申付候以来……

（以下略）

註（　）内は抹消されている部分、以下も同じ

この趣旨は明らかに「百姓共農事を廃し終者国（乱）」を生み出すような農兵取立の方法に旗本気取りで「人夫之虚実ニも頓着不致」積極的に参加する姿勢を徹底的に批判している。しかし堀米氏にとっては、

馬上ニ而帯刀いたし前後鉄炮五挺十手等為持歩行、当正月柴橋江年頭之道中支度者

（雪中故馬上ニ者無之候へ共）柴邑役所之背割小鈍子裏付之小袴革沓ニ而、太刀拵え大刀を帯十手為持候手人召連候由、同人義□武（芸共実ニ弁ひ候ものニ無之）芸等覚有之候ものニ無之、唯虚名を浮しりきみ歩行候故迄之もの故（村々ニ而）諸人右往来を見物いたし、一般之笑話ニ相成候義ニ自然御威光ニも拘候義と奉存候(13)

と村々から「一般之笑話ニ相成候」とも、旗本に取立てられたような気分とその模倣、権力への憧憬こそが、とりもなおさず、自己の村落、およびその周辺の小作農民層等に対して、最も強力な支配力を示すものとして意識していたからにほかならない。

以上のような堀米氏を頂点とする農兵取立賛成派に対して、堀米氏と同様に、幕末期においてすでに二百石を越す豪農に成長していた山口村伊藤義左衛門を筆頭とする、いわゆる農兵取立に正面から反対した寒河江付の豪農層の場合はどうであったのであろうか。文久三年九月に計画が発表され、実施されてまもなく代官所は、寒河江付農兵頭に対し、

農兵人数相撰早々頭役江可引渡旨申渡置候処、今以不申出、右者越後奥州江も浪人共入込候由相聞候間、早々頭役之ものと談合、来ル廿五日迄無相違取極可申出候(14)

と、農兵人数のリスト・アップの催促を命じなければならない差し迫った状況が、すでに存在したにもかかわらず、彼らは名簿の提出を渋った。そして同時に寒河江付の豪農層は取立反対を代官に訴える準備を開始し、さらに彼の罷免運動を江戸に出て展開しようと企てるのである。

そこでまず、寒河江付豪農層の反対理由を分析しよう。その筆頭であった山口村伊藤義左衛門の「農兵取立反対趣意書」を次に掲げよう。

一、今般農兵御仕立方被仰付頭役之者共弐拾人を弐拾段ニ御組立、壱段農兵百弐拾五人小頭五人外手入者頭役壱人ニ付拾人宛小頭者三人宛、惣人数三千百弐拾人別紙之通御仕立之積ニ付、村々高持百姓共而已ニ而者引足不申無高困窮之者共（迄差加り）よりも撰出候様罷成候間、一般農業差支候間相歎、扨亦頭役之内身元之ものも有之候へ共手薄之もの共者組子の支度ニ差支、右入費者村々より御取立御下金之御含ニ而来春御渡可有之旨被仰聞候へ共、三千人余之（支度金当座）もの共（差向衣服等之）調練支度金（斗りも）壱万両余ニ有之、其外調練器物等広大之義ニ而、民力落余財無之場所柄ニ而迚も行届候事ニ無之、却而農兵御仕立之ため一統衰微困窮仕候ハヽ、違作凶年等之備も不相立、窮民共露命繋留候様成行、結局国乱を生し可申歟……（以下略）……

と述べている。これによると、農兵取立が大規模で、一般高持農民だけでは不足し、無高困窮人も加えねばならぬこと。このため農業に差支えること。次に農兵頭も上下いろいろとある。いまだ「手薄」な豪農では組子の支度金及び調練資金をそろえることさえ不可能であること。以上のような計画では、かえって民力を落とし、国乱を生じせしむるような結果となるであろうというものである。現実に第5表のごとく文久三年の「窮民調べ」に登場する農民層が数多く農兵に登用されようとしている。

文面には、反対派豪農層の意識下には、幕府代官が現実の農村内部における世直し的な諸状況に対する客観的な民情把握を欠如して強行した計画として、強い疑惑がにじみ出ていよう。そして、その結果ひきおこされようとする新

第５表　山口村文久三年の農兵取立と窮民調との比較表

石高	戸数	農兵	窮民	窮民で農兵に指名されたもの
0	144	47	89	33
0.1～1	5	3	3	2
1～5	20	6	9	2
5～10	18	13	1	1
10～15	17	4	5	1
15～20	14	6		
20～25	7	2		
25～30	6	6		
30～35	5	3		
35～40	1	1		
40～45	3	3		
45～50	1			
50～60	1	1		
100～	2	1		
計	244	96	107	39

（窮民調は文久三年「窮民調書上帳」より作成）

たな「国乱」的状況への不安がありありとみられる。このような幕府代官に対する不信は、出府中の伊藤義左衛門の言動にもうかがうことができる。例えば、陣屋統合反対のために出府していた文久三年一二月二八日「出府中報告」には、西国郡代の交替について、次のような批判をあびせている。

一、西国郡代屋代増之助様御内願ニ付、元御席ニ而関東江御転、木村敬蔵様跡ノ御支配之積、西国江者窪田治部右衛門と申武人之御方御交代、此方者殺伐之御方ニ而治り方如何有之哉と案思候方多分有之、右之外先以場所替等も上旬分相見不申、左候得者出羽奥州弐ヶ所共新規御代官ニ可有之、就而者県令者勿論御引請之方是非能方引取候様不仕候而者、世間之笑種而已ならず郡中之一大事ニ付、右ニ恵心を尽し居候覚悟ニ候

と、新たに西国郡代に任命された窪田氏を「武人之御方」「殺伐之御方」と批判し、「治り方如何」と注目する。そして出羽代官が新規に来る場合は、（民政）に通じた「是非能方」でなければ「世間之笑種」になるであろうと述べている。

右のような幕府代官への要望は、農兵取立が寒河江付豪農層の意図に反して一方的に進行する状況をみて、急激な批判となって義左衛門を刺激し、ついに同年一二月に至り、代官罷免運動へ発展する。この結果、出府中の義左衛門はいっそう多忙となるが、彼の幕府要職への歎願は成功し、代官新見氏の交替は時間の問題となる。この過程の詳細な紹介は省略するが、文久三年一二月末には、「過ル廿三日新見様御役替相成申候、先々一安心いたし候(15)」と書き送り、しかも、その成功の背景を次のように述べている。

一、先般新見君一件天佑《テンユウ》有之ニ付、大丈夫心得候儀申上候儀有之筈、是者出羽藩中之人ニ而態々周施家《シュウセンカ》壱人出府為致大儒先生方江全君御所置逐一申述、大儒家より閣老方江直談被及候故、搦手より者実地之書取証拠を以申立候機と思府入いたし候間、人民為取扱候ものニ無之と之御決断ニ而御役替相成、……（中略）……右之通一ト方ならざる方々之御手を軽出来候者偏ニ天之佑けニ有之、是も全君所置民の牧《ボク》ニ当らざる故、天民を御隣れみ彼を捨是を御佑《タスケ》け被下候事ニ而、人民《クニタミ》者別而此度天道を恐れ相慎方ニ有之、是式之事者誰ニも出来候事杯と心得違、御時節をも不弁放逸無稽之徒ニ陥候而者、天亦是ニ（下民ニ）災害を御下し御示し可有之、爰元能々発明地元其外郡中村々ニ而も心得違之もの無之様御心掛御諭し可被成候（以下略(16)）

ここに明らかなように、代官罷免要求は、まさに「天佑」によって成功し、それは「人民為取扱候ものニ無之と之御決断」によってなされたものだと言う。そしてそれは、「民の牧《ボク》ニ当らざる故」だと批判する。また、この運動の成功を「大儒家より閣老方」と多くの方々の手助けがあったのも、まさに、「天佑」であることを主張する。しかしその一方で、この運動を支えた村民に対しては、「人民《クニタミ》者別而此度天道を恐れ相慎方ニ有之、是式之事者誰ニも出来候事杯と心得違」なきようにと、運動の成功にともなう新たな展開を危惧せずにはおれなかったのである。この点はこの成功を、「附而者地元衆転身之沙汰聞込候ハヽ手を打喜び一ケ愁眉を開らき大意等吐出し候儀ニ者以之外……(中略)……百姓共思う儀之振舞為致候ハ却而災害を醸候」(17)という言葉からもうかがうことができる。

この代官罷免運動の成功の結果、農兵取立計画も急速にその進行が遅くなった。この点については「御代官替りニ付農兵一ト先勢を休ミ、右ニ付武具之直段腰かけ候趣商人共申事ニ御座候」とか、農兵取立に奔走していた堀米氏に対しては、「堀米大夫も新見様御転役ニ付而者、大ニ弱り勢ひ更ニ無之様子ニ候由、専ら之風説ニ御座候、過ル七日寒河江御役所其外御年頭ニ被参候節も農兵之噂者一切不致趣ニ而、寒河江衆大笑ニ御座候」(18)と述べられている。

以上のような経過をたどり、幕府はついに、元治元年一一月、農兵取立計画を中止せざるを得なくなり、次のような理由をもとに中絶を余儀なくさせる。

御料所村々農兵取立方之義、去亥年中松平豊前守殿御勤役中伺之上、各存寄相尋追々被申聞候趣も候得共、一般農兵取立武芸為致候而者百姓気加さニ相成、自然農業を怠り後害不少、畢竟右故前々御制禁ニも有之候儀、然ル所近年追々相弛専分武芸流行一途ニ難禁、且者各陣警衛も無之候而者難相成、……(中略)……矢張一概ニ御料所警衛之ため農兵取立方申渡、又者武芸差免成者小頭等申付候故、右之もの共之内ニ者割羽織小袴等着用内々帯刀いたし候もの共も有之哉ニ相聞以之外之事共ニ付(以下略)(19)

と、武芸習得による弊害を理由に、「先ツ見合置候様可致」として、「陣屋警衛」を除き中止されるに至ったのである。

しかし、こうした農兵取立計画の反対運動の裏面にあって、運動を積極的に指導した豪農層は、すでに前節で明らかにしておいたように、この取立計画に便乗し、彼等独自の武力装置を着々と貯えようと試みている点は注目に値しよう。その具体例を伊藤家にみれば、文久三年一一月一五日には、江戸より、

一、谷地田み屋勝蔵農兵道具拾五駄程相調一両日之内出立ニ相成候間、しなへ廿本程宅之分も心掛参り呉候様頼置候間、入用ニ候ハヽ、御取寄、尤代料其方ニ而御勘定可被致候、武芸尤相励候様可被致候(20)

また一二月一七日には、

農兵道具西郷頭役之もの共沢山相求、先月廿三日田美屋持参いたし候筈、此節道中人馬厳敷相成御代官者今度罷下り候寒・柴才料江も賃馬不差出、正月餝ハ勿論注文物も下し兼手振ニ而下り候仕合ニ候得共、農兵仕立武器之類者何駄ニ而も馬差出候間、宅ニ而入用又者村方ニ而望候品々無遠慮可被申越候、拙老共江武器書差出候得者何疋も出来候間、銘々好候品可被申越候、農兵者御支配相替り候共皆差止ニ者相成間敷（以下略）(21)

と、農兵道具の運送は他の荷物と異なり何駄でも許されることから、すでに代官交替、農兵取立中止の様子が明らかになりつつあっても、「武器書差出候得者何疋も出来候」と積極的な武器購入を推めている。

また、同時に、

倅共も用隙之間者手習学文武芸も相励候儀御取計可被成候、乍去家者大事ニ付家事之気力ニ執行可被致候[22]、乍去農兵皆式御差止ニ者相成不申間、此段御心掛武芸も嗜候様可被成、前々用事精出し相勤、余力を以相励候様可被致候[23]

と、日常の訓練を「家事之気力」に合わせ、「余力を以相励」という一定の枠内での励行を推し進めようとしている。そして、右のような状況判断は、「京地之様子江幡より親問承知、何としても世の中者末ニ相成申候、太平ニ復し候様ニ者如何有之哉……（中略）……若松本寿院杯も少々武備心掛候様いたし度ものニ御座候」という文久四年二月の「出府中報告」に書かれているように、いつ太平の世に戻るかわからない状況なので、独自の武力貯蔵を、かつて享和の村山一揆の時にともに打ちこわされた近郷の地主若松本寿院[24]に勧めている点からも明らかであろう。

以上、文久三年、幕府羽州領農兵取立の計画は、現実の村落の状況を適確に把握していた豪農層の抵抗によって瓦解した。あわせて寒河江・柴橋両陣屋統合問題も、最終的に挫折の方向へ向った[25]。しかしだからといって村山郡内の政情が安定したわけではない。不安な状況をさらに不安にするような動きを食い止めたにすぎなかったのである。

三　慶応の世直し騒動と強壮人取立

慶応二年（一八六六）七月二七日夜、村山郡内で六月以来の奥州信達地方における世直し騒動の影響をうけ、くすぶり続けていた不穏の形勢が、天童の東方、仙台へ通ずる関山峠下の山間村落を中心に爆発した。これらの村落は安政期以降松前藩領に村替えされた村々と土浦藩領の一部の村々で、その点他の周辺村落よりは権力の介入度がきわめて手薄な地域でもあった。この騒動は世に「兵蔵騒動」と呼ばれ博徒兵蔵の指導によるものだったと言われるが、彼らは「天下儀士」の名のもとに、山間地→平場農村→在郷町へ進出し、主に酒食と金銭の強要等を主要な目標にした闘いを組織した。この騒動の詳細な検討は第五章に譲るが、天保期以降の村方騒動において醸成されて来た「世直し」的要求が、長州戦争等による内乱的危機状況下で爆発したものと考えられる。この点を少々紹介しておくならば、山口村伊藤義左衛門の義弟儀十郎からの義左衛門宛の「書簡」に、明解に指摘されている。紹介しよう。

極内密ニ而徳三郎清八呼寄賊党一件近日中御調相始可申、右ニ付内願筋も受候、最早此節ニ付様子承り候様内々賢兄より被申含候趣申談候処、与左衛門（打ちこわしを受けた沢渡村名主）儀者何をとわして宜候哉、何分愚昧ニ而細分不申候間、何事も可然様御内願被成下度趣ニ有之、久右衛門（打ちこわしを受けた観音寺村名主）儀者、此節松前領山内七ケ村者重立御名主も無之故歟、甚不取締勝ニ而昨年違作ニ付而者、山内村々相続方其外取締向等夫々申合小前末々迄申達置候儀ニ候得共、申渡候箇条等者一円不相守、勝手儘之儀申募当惑之次第、右を厳重取締候得者火を附候様子柄、領主御役場より時々見廻候得共小警告而已か一切取締等不相成歎敷次第、先達而野川村善兵衛外観音寺権蔵分家権八物置小屋、其外同所卯之助物置小屋等出火之節多分之品もの紛失いたし、右者出火手伝ニ参候もの夫々盗取候よし、此節屋敷家共質物等に差入候程之もの共而已自由勝手我儘之事共申募少も身元有之もの共者、只々恐縮銘々身構ひ罷在候次第、追々衰微往々者亡村可致哉杯内々歎息罷在候儀ニ付、此上御料所之御取締無難相続仕候外いたし方無御座……（中略）……右躰山内村々不取締ニ付而者、自然と最寄村々江も流弊押移不宜儀ニ付、久右衛門申聞之趣得と御賢慮之上内願被成下度何分ニも奉願上候、尤此節山内之もの賊党一件御取締者夫より御流し之様差心得安配いたし居候儀ニ者候得共、当時流し木伐泊り山稼之もの共多有之候

趣ニ相聞御召捕も（以下略）

この文面で明らかなことは、世直し騒動の発生地は、最も権力不在の状況を露呈していた松前藩領内であること。しかもすでに以前より日常的に不穏の状況が持続されていること。そしてそのような状況を作り出している主な階層は、まさに「屋敷家共質物等に差入候程之もの共而已自由勝手我儘之事共申募」と指摘されているごとく、生産手段より遊離した階層であり、以上のような状況が世直し騒動の基礎的条件であることが述べられている。しかも、騒動参加者の多くに「泊り山稼之もの」と呼ばれる臨時の出稼層が加わり、探索のむずかしさを明らかにしている。

だからこそ、この騒動の影響力は、「自然と最寄村々江も流弊押移不宜儀」と述べられているように村山郡全域にも波及すると考えられたから、危機感は幕府代官および豪農層それぞれに多大なものであった。それゆえここで、一たび表面的には瓦解した文久農兵が、再度登場する機会を与えられたのである。世直し騒動の余煙くすぶる翌八月八日、代官山田佐金次は呼称を農兵より、明確にその性格を表現する「強壮人」と呼び名をかえて、いわゆる「文久農兵」の再取立をはかろうとしたのである。その主な理由は「強壮人被仰付御請書」[26]前文に次のように述べられている。

此程無宿共企を以一揆を起不容易及所業ニ付、夫々御手配有之及鎮静候得共、当時進発中ニも候得者別而之儀、自然右躰之儀有之候節者迅速御出張可被為在、仍人数差出方之儀先年農兵御取立被仰出候砌り、新見蠖蔵様御役所ニおゐて夫々被仰渡候義も有之候得共、今般改而左之通被仰渡候

とあるように、この強壮人取立は、村山地方に爆発した世直し騒動に対し「当時進発中ニも候得者」と幕府および近

隣諸藩の長州出兵による軍事力不在の状況を補足するために、豪農層からの農兵取立によって補おうとしたものであった。それこそ「強壮人」取立は、当初よりまさに「世直し層」弾圧の武力装置として明確な目的をもっていた。

それゆえ「強壮人」とは、「村々より差出候分、強壮人と唱可成丈力量有之壮年之者相撰、兼而名前書書上置可申事(27)」とあり、文久期農兵取立当時の各組より「壱組五拾人之積」で選び、また「強壮人頭」は文久の農兵頭を再び取立てた点は全く同様であったのだが、「右拾人者（柴橋）強壮頭取被仰付壱人ニ付人数五拾人宛進発と可相心得事」と、強壮頭支配の取立を命じているように、明らかに文久期農兵の取立方法より大きな転進をとげている。つまり文久期農兵取立の最大の誤算であった全農民よりの取立方法を大幅に転換させ、各組五十人、加えて強壮頭より五十人とし、表面上一組には五十人で、実質計百人とする方法がとられ、しかもその半数を強壮頭自身の支配下のものを自らの判断で選抜する点が、とくに大きく異なる点であった。また、村落各組よりの強壮人取立の場合も、先に示したように明確な撰択規準が定められている。事実第6表に示した長崎村の例をみても明らかなごとく、「力量有之壮年之者」とは、まさにほとんどが経済的有位に立つ上層の階層を指すのであり、それらから組織されている事実を知るのである。以上のように、慶応二年の強壮人取立は、文久段階とは質的にも大きな差が認められる。それゆえ、強壮頭＝豪農には、文久期にまして多大な権限が付与されたことはいうまでもない。

また、文久農兵の際の農兵頭→二十五人頭→農兵という編成は慶応に至って、強壮頭→拾人頭→五人頭→強壮人（農兵）という命令系統に編成替され、「拾人頭衆心得方之儀者、自分々々組下五人頭江相達候ハヽ、五人頭者組合江早速刻限無遅滞召連申置候通、銘々用意いたし頭取江馳参可申事(28)」とその責任体系を明確にしている。

その他、慶応強壮人の武力もまた、文久期の「猟師筒」とは異なる。それは、世直し騒動のさいに、「長谷川様大石田御出役之望ニ而柴橋より御入来四郎兵衛（堀米）宅御打寄、囚人御連立土屋様外鎗組三十人、鉄炮十五挺ニ而柴

第6表　長崎村の文久・慶応農兵取立人

石　高	戸　数	文　久 農　兵	慶　応 強壮人	明治3年宗門改帳にみられる職業 （兼業も数える）
0	105	43	0 （8）	日雇取（27）手間取（20）農業（18）魚業（4）小商人（10）渡船守（3）屋根師（4）木挽（3）小鵜飼（3）芦簾編，車屋，植木屋，按磨，左官，髪結，馬士，袖乞，大工，鍛冶，綿打，乾塩魚卸，塩煎餅，肴商，水油屋，畳屋　各（1）
0.1～1	131	64	4 （5）	農業（67）日雇取（15）手間取（13）小商（11）商業（5）綿打（3）屋根師（3）菓物商（3）穀屋（2）渡船守（2）柴屋（2）大工（2）湯屋（2）桶屋（2）水油屋（2）そば屋，荒物，豆腐屋，曲師，鍛冶，猟師，油絞商，堤灯張，小鵜飼船，茶店，馬士，佃煮，車屋，引酒屋，郷蔵守，医者，八百屋
1～5	78	54	9 （5）	農業（51）手間取（5）魚屋（4）小商（3）商業（3）水油売（2）小鵜飼（2）渡船守（2）飴屋（2）日雇取（2）茶屋，油屋，船大工，茶店，大工，屋根師，医生，菓子屋，豆腐屋，そば屋，木挽，車屋
5～10	15	13	9	農業（12）酒造，質屋，呉服太物，商業
10～15	7	6	6	農業（5）酒造（2）医者，太物
15～20	5	3	4	農業（4）酒造，穀屋
20～25	2	2	2	農業（2）乾塩魚，質屋，醤油
25～30	1	1	1	農業，質屋
30～35	2	2	2	農業（2）商業
35～40	1	1	1	農業，醤油，運送者
40～45	1	1	1	農業
45～50	1	1	1	農業，質屋
50～100	3	3	3	農業（3）質屋
100～	1	1	1	農業，酒造
計	353	195	44	

（注）（1）若干の不明者がある。
（2）慶応強壮人（　）数は強壮人頭の人夫数を示す。

第７表　強壮人の代官所警衛順番

組番	御本陣詰		御牢屋詰	
	強壮人頭取	身分	強壮人頭取	身分
1 番	柏倉文蔵	長崎村百姓	堀米四郎兵衛	松橋村山組名主
2 番	弥右衛門	西里白山堂組名主	庄六	小泉村組頭
3 〃	義左衛門	山口村名主	阿部権内	工藤小路百姓
4 〃	槇　久右衛門	新町村百姓	晋次郎	野田村名主見習
5 〃	又三郎	楯西村百姓	嘉兵衛	谷沢村名主
6 〃	工藤　八之助	米沢村百姓	与右衛門	小泉村百姓
7 〃	久右衛門	楯岡村百姓	長左衛門	吉川村組頭

橋御帰陣之事」(29)と述べられているように、早速強力な武力を囚人（世直し騒動の召捕人）護送用として配置されていることがわかるのである。

このような幕府代官の豪農層に対する働きかけと、豪農層の対応は、世直し騒動に対する防衛の点で合致し、文久農兵の中絶と運命をともにした、寒河江・柴橋両代官所統一の方向が、この騒動の影響から急速に具体化するに至り、まさしく「大炮防衛之要地別段御見立城郭同様之御陣屋取立……（中略）……早々要害之地見立」と、旧来の民政中心的な配慮からの代官所の位置を、大きく転換させるにいたった。こうして「長岡仮役所」の設置がその翌三年はじめて具体化するのである。

だが、右のような文久期農兵組織よりましな慶応強壮人制の発足に際しても、豪農の一部は、当初積極的な参加を好まなかった。慶応二年八月一八日、前節において紹介した山口村伊藤義左衛門の同年「寅日記」の記録には、「役人衆呼寄強壮人撰之事、誠之御用向者沢渡村困民夫食米差出方与左衛門差支候ニ付夫食米融通之義申聞」とあり、いわゆる強壮人選びにかこつけ、「誠之御用向」として実際豪農間で議論されたことは、世直し騒動発生地の困民層への夫食米確保の問題であった。実は騒動以後の記録類に数多くの困民への夫食貸付関係の記録がみられる。そして、八月、九月と強壮人名簿の提出をしぶったが、その理由は、この辺に存在したのであろうと考えられる。

つまり、一揆後もなお続く危機的状況の回復には、いかに郡内における米雑穀類を確保するかにあったのであり、それが騒動再発を防ぐために在村豪農がとる基本的な方策であると考えたからにほかならない。

山口村名主伊藤義左衛門を中心とする強壮人取立と組織化が具体化し、実質的に活動を開始するのは、翌三年正月からである。このことは、世直し騒動→内乱的政情不安という本格的な危機状況の展開に対応するものであった。すでに述べてきたようにこの間、豪農層独自の武力装置（私兵化）は、文久期以来着々と蓄積されていた。そのためだろうか、一揆勢通行路にあたっていても私兵を組織化した豪農の居村は、打ちこわしの対象からはずされた。世直し層は直接対決を避けて横目でこれらの村落を通過して行ったのである。

それ故、慶応三年に入っての強壮頭を中心とする強壮人層の調練は連日きびしいものとなった。伊藤家の「卯日記」には、その模様が克明に記録されている。そして、強壮人の実質的活動は前年の世直し騒動の際に逮捕された指導層に対する守衛であり、それは第7表にみるように各組輪番制でほぼ処刑前夜まで続けられた。

こうして、慶応強壮人制は、世直し騒動の結果顕在化した敵対勢力を抑える組織として実際に機能しだした。しかもかれらは、その一方で夫食米貸与等によって世直し層を懐柔し、その運動のホコ先をかえようとするような豪農的論理を同時に展開した。いずれにしても、内乱的危機状況の中で豪農が独自に持つ武力装置が、実質的役割をはたすに至ったことは事実である。

むすび

最後に戊辰の内乱期から維新期における豪農層の動向に簡単に触れておこう。慶応四年（一八六八）の段階に至っても豪農組織下の強壮人制は依然として持続される。しかも内乱期における権力不在状況の急激な深化は、これらの組織の必要性を一層増大させずにはおかなかった。そのため、幕領農村のみならず、慶応三年には、下総佐倉藩領の柏倉陣屋[30]でも、「郷兵制」の組織化を豪農層に命ずる。山形藩でも農兵取立が行われた[31]。戊辰戦争の波及は、内乱期における経済混乱とくに物価上昇、さらには貢租・夫役収奪等の増大によって、急速に農民層の不満を高めた。このことから生じる危機状況は慶応二年の段階に「内乱」という新たな要素を加えた。こうして豪農層による強壮人組織は、慶応四年まで持続せしめられねばならなかった。なぜなら、豪農層の危機感が、さらに深刻なものとなっていったからである。

このことは、同年農兵強化のため出された「農兵御取立并御取締被仰付候御請証文[32]」の前文にも、

御料所農兵御取立之儀、今般猶又被仰出候ニ付御取調之上、追而可沙汰品も可有御座候得共、方今之事変ニ付而者虚ニ乗し浮浪之輩成者無宿無類之もの共党を結び、何時可及横行哉も難斗ニ付、去々寅八月中非常之節人数差出方之儀ニ付被仰渡候趣厚相心得、其段銘々組々強壮人共江も申聞、兼而手筈等取極置、万一異変之節者迅速ニ操出し御用弁相成候様……（以下略）……

とのべられているように、「去々寅八月中非常之節」、いわゆる慶応二年の世直し騒動以来の危機的状況が、戊辰戦争段階においてさらに深刻化していることは、「虚ニ乗し浮浪之輩成者無宿無類之もの共党を結び」といわれていることからも明らかであろう。

しかも、彼ら豪農は、ここに至り自ら「此節柄探索方等之義者専務ニ付、銘々持場之外たり共聊無油断心付、浮浪

之輩、又者無宿之類連立立廻り候歟、其外些細之義ニ而も如何之筋等」と、村落内の危機状況を事前に把握するために、各強壮頭取が持場の村落のみならず、その周辺を廻村することを積極的に行なっている。そしてこうした役割は、さらに強化される。長岡仮役所は、二月に入ると強壮人頭から堀米四郎兵衛、我孫子伝四郎、伊藤義左衛門、柏倉文蔵など九名を選び、「村々取締役」に命じ村々の治安維持に専念させることとした。

だからこそ、現実に戊辰戦争が奥羽へ波及し戦場と化した時、強壮人は殆んど動きを示さなかった。唯一の例外は、戊辰戦争史上有名な閏四月四日の庄内藩による天童城下焼き討ち事件に、「農兵其外転入人共等、右人数江加り罷越」(慶応四年、「島村御用留」『寒河江市史編纂叢書』第六五、二〇〇一年)と庄内藩勢に加わった強壮人の存在と、原口清さんがその著『戊辰戦争』(33)において紹介された、堀米四郎兵衛が積極的に庄内藩側に協力したという事実ぐらいであろう。(34)強壮人はあくまでも地域の治安維持が目的の組織だったからである。

だから、やむなく戦場へ駆りだされた農兵たちは

百姓はいらざる武士の真似をして　かかる縄目も天童（天道）の罰

農兵等

（「慶応動揺見聞日記」『天童市史編集資料』第一一号、一九七九年）

と皮肉られたのである。

戊辰戦争の現場となった村山郡内は、新政府軍と奥羽越列藩同盟諸藩との間で戦闘が続いた。そのため治安の乱れは極限に達した。事実、

天下弐百余年の泰平　民業を安んし　万民鼓腹して楽しミしも　先年黒船渡来してより　追イ上ミ事繁く　下々へ課役用金等被申付　百姓町人難儀の処　猶又此の度は鎮撫使副総督様御下着已来　奥羽騒動訳而村山郡は諸所合戦に死亡手負少からす　百姓町人ハ夫役に当られ放火乱妨に居宅を焼かれ　老少を誘ひ山野に逃隠れ　町人も商ひする事能ハす　見世を閉チ　百姓は農業も手後れ夫喰に困り　塗炭の苦を救ハせらるとの御趣意のミ有難けれと　却て塗炭の苦みに相成リ　誠に浅猿敷世の中とハなりぬ　（同）

と戯れ歌で皮肉られても仕方がない状況に陥っていた。それゆえ村々取締の役割は依然重大だった。この事情は戦争が次第に収まってきた八月に入っても変わらなかった。そこで新政府軍は、九月に入って郡内治安のためと補助兵として「郷兵」制の設置に踏み切った。

尾花沢村の豪農鈴木氏の『宗尹日記』慶応四年九月四日の頃に

伊東様より郷兵一条御内談御座候
三井様より御召罷出候処、御酒被下候
郷兵一条惣代方江内談之上、伊東様江申上候
（『宗尹日記』下巻）

と初めて「郷兵」に関する記事が登場する。伊東様・三井様とは誰か。おそらく、ようやく新政府直轄領となり尾花沢にできた民政局の官吏たちであろう。一五日ごろになると、

十五日
御役所江罷出、戸谷様より於湯呑場所被仰聞候者、兼而先達内々談置候所々関門勤番ニ付、郷兵廿人程仕立候積りニ而惣代方江相談候、就而者右頭ニ相立取締候もの共、当村身元之者共之倅御借上被成候積り、尤御扶持方も被下候間、右人数之親々呼出可申聞之処ニ候得共、殊ニ寄無余儀差合等有之哉難斗ニ付、其元より内談ニおよひ否乎申立呉候様被仰付人数左ニ

兎毛次郎　八右衛門倅　孫左衛門倅　名水沢　経衛太弟
小三郎倅　久左衛門倅　市兵衛倅　弥兵衛倅

右人数親々相招示談ニおよび候処、八右衛門義は名主其外問屋相勤、何分壱人ニ而者難勤ニ付御断申上呉候様、尤之義ニ付其段奉申上、跡人数者一同承服之旨、夜ニ入リ御湯呑所申立候

（「島村御用留」『寒河江市史編纂叢書』第六五　二〇〇一年）

と「郷兵」取立てが本格化したが、この動きは、翌一六日、「関門取締等之義当分不用」ということで「差止」となった。

まもなく一〇月三日、新政府の民政局が寒河江・紫橋の二ヵ所となった。その後の「郷兵」取立ての動きはよく分らないが、民政局は、慶応の強壮人頭を「郷兵取締」として再任し、その下に新たな「郷兵」制を組織した。そのことは、明治二年三月二三日の村々への通達で明らかになる。

覚

一、永壱貫三百八拾文三分　　嶋村

右者今般郷兵人数江壱人ニ付金五両ツヽ、郡中高割を以相渡候様、御役所におゐて御取極相成候間、書面之通り割賦いたし、来月五日会所江御出合可被成候、此廻状早々順達、留村より御返し可被成候、以上

巳三月廿三日　　寒河江会所

右村々　御役人衆中

（同）

という記事がそれである。これによれば、「郷兵」給金は「郡中高割」によって賄われたことがわかるだろう。郷兵一人に五両という給金は、全体でどのくらいの金額になるだろうか。膨大な金額であることは間違いない。この費用負担を高割で課せられれば村にとってはかなりの負担になったことだろう。いずれにせよ、かつて「強壮人頭」の私兵的存在だった「強壮人」とは違い、公的性格が明確である。尾花沢村の例でその点を確認すれば、

六月朔日　曇る、天気

喜一病死ニ付、伺之上お礼不罷出

戸谷様江罷出、同人死去ニ付、葬式之義相伺、三組江内届いたす、人足者郷兵相用候様被仰聞候得共、雲州様被仰ニ者、天朝御召抱之郷兵、人足江相用候義恐有候事ニ付、村役人江談人夫借呉候様被仰候ニ付（以下略）

（『宗尹日記』下巻）

とはっきり、「天朝御召抱之郷兵」と認識されていた。だから私的な葬儀などの人足に使ってはならないという認識が示されている。そして寒河江宿陣に常駐し、訓練と巡回に明け暮れた。

しかしここで新たな問題が起った。その第一は逃亡である。明治二年六月七日の『宗尹日記』には、こんな記事がある。

七日　東風　曇る

渋谷様・野路様、大道寺調練場江御芸古被出候ニ付、金次郎殿も御供いたし参、然ル処右金次郎殿、七ツ時ニも候哉、右場所休所江自分之刀差置、小用いたし度趣ニ而候由、旦那方其外共一向不心付罷在、芸古御仕舞被成候而も帰り不申ニ付、郷兵衆共御尋被成候得共、見当不申ニ付、無余儀私宅江御帰被成候、然ニ金次郎殿私宅江竊ニ罷帰候哉、股引等も抜捨、着類小道具等も其侭捨置、幾重ニも相見得不申ニ付、郷兵衆も諸々手訳いたし、相尋候得共見得不申ニ付、戸谷様江も内々和作を以御届申上、年番江も相届（以下略）

「渋江様・野路様」とは雲州藩＝松江藩の役人である。その稽古中の突然の逃亡であるが、きわめて計画的である。一人くらい逃亡してもどうでもよいようだが、そうではない。彼らは「天朝御召之郷兵」である。翌八日も村方から人足を出し、郷兵らを各方面に出動させ逃亡者を探索しなければならなかった。

そして規律を逸脱した郷兵たちの無軌道な振舞が目立ちだした。そのためこんな触書を郷兵取締が村々へ出さなければならなくなった。

①以回章得其意候、然者其御村々より被差出候郷兵、遠方江出陣可致様申立、装束又者金子等銘々之御役元江頼入候哉之趣相聞、甚タ不埒之至りに有之、已来右様之義申出候ハヽ、其もの名前者拙者共迄御届可被成候、廻状早々御順達、止り御村より拙者罒共宿陣江御返し可被給候、以上

巳五月廿六日

郷兵取締
伊藤　四　郎
堀米四郎兵衛

（慶応四年、「島村御用留」『寒河江市史編纂叢書』第六五）

②其村々御取締として時々廻村可致之処、近頃取締ヲ衒、横行之廻村いたし候もの有之、村々迷惑ニおよび候趣相聞、以之外之儀、尤拙者共廻村之節者頭取之者壱人江兵隊五六人ツヽ召連候積相成居、已来者印鑑為持可致廻村間、其旨相心得、紛敷もの等相廻候ハヽ、無遠慮差押寒河江宿陣江可申出、此廻状刻付を以早々順達、留村より可相返もの他

巳十月六日

郷兵取締
斎藤栄之進
堀米　友蔵
伊藤　四郎

（同）

というものだが、①は遠方へ出陣すると称して装束や金銭を強要する郷兵の存在であり、②は勝手な廻村による村々への金銭の強要を想像させる。なぜこんな事態となったのだろうか。おそらく常駐による経済的困窮によるものだろう。当然、郷兵に対する評判が落ちる。「天朝御召之郷兵」にあってはならない行為である。こうしてまもなく郷兵制は廃止される。民政局は次のようにいう。

此度郷兵被廃候ニ付、一同帰農申付候、附而者此上右等之者之内、若心得違いたし、是迄之如く郷兵亦者取締之名目を唱へ、徘徊いたし候もの有之ハ、差押可訴出、尤当分右辺取締并悪党もの召補方等者、郷兵元取締役之もの、是迄之通取計候間、右手先者見廻りニ差出候節は

巳十二月　　民政局

（同）

最後の文章が切れているが、郷兵たちは帰農を命ぜられる。そして治安維持は、郷兵元取締役らに委託されることになったのである。

幕末から近代国家が産声を上げる過程で、民衆はさまざまな形で政治参加をすると、「はじめに」で述べた。その一事例を村山郡の動きの中から取り上げてみた。幕府代官が意図した大規模な農兵取立てには反対し、慶応の世直し状況では、進んで武力装置を持つ強壮人制を立ち上げる。近代に入れば、郷兵制に組入れられ地域の安定に奔走する。そんな姿が浮かびあがる。これもまた時代の変革期に生きる豪農の政治参加の一つの形だったのだろう。

〔註〕

（1）『河北町の歴史』上巻、第七章「農民の生活」第七節「地主組合の発生」（一九六三年）参照。

（2）『河北町史資料』第四号「堀米四郎兵衛家文書」によれば、安政元年から山形や仙台商人を通して、古筒、玉筒、鉄砲、弓矢などを大量に購入している。

（3）『歴史』一八号、一九五九年。（のちに『渡辺信夫歴史論集1　近世東北地域史の研究』清文堂、二〇〇二年に収録）

（4）明治大学刑事博物館所蔵、出羽国村山郡長崎村柏倉家文書、なおことわりのないかぎり、以下すべて明治大学刑事博物館所蔵である。

（5）同右。

（6）明治大学刑事博物館所蔵、出羽国村山郡山口村伊藤家文書、文久三年「御用万留帳」より。

（7）同右、「農兵御仕立御請証文其外組立用意留書」より。

（8）柏倉家文書、文久三年一二月一日の「廻状」より。

（9）伊藤家文書「農兵及び陣屋移転についての関係書類」より。

（10）伊藤家文書「来状綴込」文久四年一月二日・三番より。

（11）堀米氏の幕末期における所持石高は八九三石余で、そのうち居村に五六五石余、他村一三ケ村に三二八石余の地主として成長している。詳細は『河北町の歴史』上巻、参照。また岩田浩太郎さんは「豪農経営と地域編成―全国市場との関係をふまえて―」（『歴史学研究』七五五号、増刊号二〇〇一年一〇月）において、堀米家の経済的・政治的成長過程をあますところなく追究している。

（12）伊藤家文書「新見蠖蔵役替ニ付郡中一統願書」より。

(13) 同右。
(14) 伊藤家文書、文久三年、山口村「御用万留帳」一一月一六日の項。
(15) 同右、「出府中報告」。
(16) 同右。
(17) 同右。
(18) 同右、「来状綴込」。
(19) 同右、山口村「御用万留帳」元治元年一一月二〇日の項。
(20) 同右、「出府中報告」。
(21) 同右。
(22) 同右。
(23) 同右。
(24) 享和の村山一揆において打ちこわされた寺院の一つで、明治八年には二六八三俵余の大地主に成長している。享和期以降も近村農民への質地金融を活発に行っている。
(25) 寒河江・柴橋陣屋統合の反対運動と結末については、戸森麻衣子「幕末期、出羽国村山郡における幕領陣屋統合反対運動」(『地方史研究』三〇五号、二〇〇三年)を参照。
(26) 柏倉家文書。
(27) 同右。
(28) 同右。

(29) 伊藤家文書、「寅日記」、慶応二年八月より。

(30) 下総佐倉藩羽州陣屋では、慶応三年一〇月「羽州御陣屋郷兵制御発手続」を出し、「当今之形勢ニ而者御武備弥以厳重ニ御整破成度、従思召郷兵制御改革を相立、且農民撰用なされ御城内ニ若干之歩兵備ニ相成、尚又御領分村々江郷兵御取建なされ候（以下略）」とある。これは、佐倉藩城付領での「郷兵」取立に呼応したものである。（木村礎・杉本敏夫編『譜代藩政の展開と明治維新―佐倉藩―』六「幕末兵制改革」文雅堂銀行研究社、一九六三年）を参照。

(31) 『山形市史』第四章「幕藩体制の解体」第二節、「強壮人組織と一揆の取調べ」参照。

(32) 柏倉家文書

(33) 『戊辰戦争』（塙書房、一九六三年）第五章、「東北戦争」参照。

(34) 堀米家の動向については『河北町の歴史』中巻（一九六六年）に詳しく述べられている。

第五章　幕末・維新期、羽州村山地方の世直し騒動

はじめに

慶応二年（一八六六）七月末、出羽村山地方で起こった騒動は、幕末・維新期においてこの地方でもっとも大きな民衆運動だった。世に兵蔵騒動とか村山騒動と呼ばれている。安丸良夫さんは、「民衆運動の思想」（岩波日本思想大系五八『民衆運動の思想』解説、その後『日本の近代化と民衆思想』青木書店、一九七四年に収録）のなかで、「慶応二年の羽前国村山地方の世直し一揆では、『博徒』横尾兵蔵が指導者であった。明治初期の一揆では、こうした事例はいっそう多いように思われる」と、この騒動の指導者の一人兵蔵に注目されている。

そして重要な点は、まちがいなく慶応二年の第二次長州戦争の背後でおこった武州一揆や、それと連動する陸奥信夫・伊達郡の世直し騒動の連続線上に兵蔵騒動があるという点であろう。

たしかに、村山地方に隣国陸奥信達地方の騒動の情報は、即座に入って来た。たとえば尾花沢の豪農鈴木宗尹の日記（『宗尹日記』下巻、一九九五年）の六月二〇日の項には

廿日　天気

仁平三兵衛殿並ニ下田佐太郎殿下り来る、伊達郡拾八万石、百姓一騎《ママ》起り立、福島其外所々ニ而物持打潰シ候旨、大騒動之趣、人数大凡六万人程有之由、乍去板倉様より御人数御繰出、一先取静り候趣、御咄御座候、

と、第一報がもたらされたことが記されている。そしてまもなく「板倉様」（福島藩主）の出動で六万の一揆勢は「一先取静」まったとの話だったが、じっさいには二三日になっても「今静り不申由」（同）の状況が続き、おさまったのは五日後の二七日になってからだとも記されている。第一節で詳しく紹介するが、「郡中惣代」を兼ねる山口村（現在の天童市内）名主伊藤義左衛門の「寅日記」もまた、六月二二日の項に、「奥州福しま・桑折ノ間、百姓騒立有之」と記し、翌々二四日には、打ちこわされた家名と「居宅土蔵不残打毀」と損害を記録して、深い関心を示している。そしてまもなく、「当春より追々米価引上候処、何となく世上不穏」（『大町念仏講帳』慶応二年）だった村山地方でもその動きが一挙に高まっていったのだった。

こうして起った兵蔵騒動を、幕府が長州戦争に敗れ、政局が大きく転換する状況のなかで、武州一揆→信達世直し騒動→兵蔵騒動と連続する民衆運動の高揚の一環として位置づけたとき、その騒動の内容に関心が向いて行くのは当然だろう。

しかしその一翼を担った兵蔵騒動そのものについての歴史的分析は、意外に少ない。管見した限りでは、『東根市史編集資料』第一〇号「村山騒動史料」（一九八一年）の「解説」を担当された梅津保一さんが書かれた「慶応二年　村山騒動」が、その全過程を追い、要因から結末までを具体的に分析したもっとも詳細な論稿であろう。

本章では、梅津さんの成果を吸収しつつ、私なりの関心から兵蔵騒動を中心に、村山地方における幕末維新期の民衆運動の歴史的性格を位置づけてみたいと思う。おもに使う史料は、明治大学刑事博物館蔵の山口村（現在の天童市

内）名主であり「郡中惣代」を兼務していた伊藤義左衛門家文書と同博物館蔵の観音寺村名主岡田久右衛門家文書（東根市内）、さらに前出の『東根市史編集資料』第一〇号「村山騒動史料」に紹介されている関連文書である。出典で断りのないものは、明治大学刑事博物館蔵の二家の文書である。

なお、兵蔵騒動関係の史料のほとんどは、梅津さんの手で『日本庶民生活史料集成』一三「騒擾」（三一書房、一九七九年）に「慶応二年村山騒動」と題して紹介されているので参照して欲しい。

一　世直し騒動の経過

まず本稿の意図にそって、慶応二年七月二五日におきた兵蔵騒動の経過をたどることからはじめよう。

最上川の東岸で、山形盆地の中央部、羽州街道が南北にはしるちょうど山形と尾花沢の中間に、近世後期に城下町（文政一三年）となった天童宿がある（第1図参照）。その天童から東の仙台へ通ずる街道が奥羽山脈を越える関山峠の山間地帯は、安政三年（一八五六）から「村替え」になった蝦夷地松前藩領を中心にした幕領・藩領の入組支配地であった。

その近くの幕領山口村役元の「寅日記」には、慶応二年六月一五日以降、連日次のような記事でいっぱいである。それはどんな記事なのか紹介することにしよう。

1　慶応二年六月一五日

米価高値ニ付、羽入原辺ニ而篝火焼、人集明立候由、併至而少人数之趣ニ相聞候事

第１図　東根村周辺略図

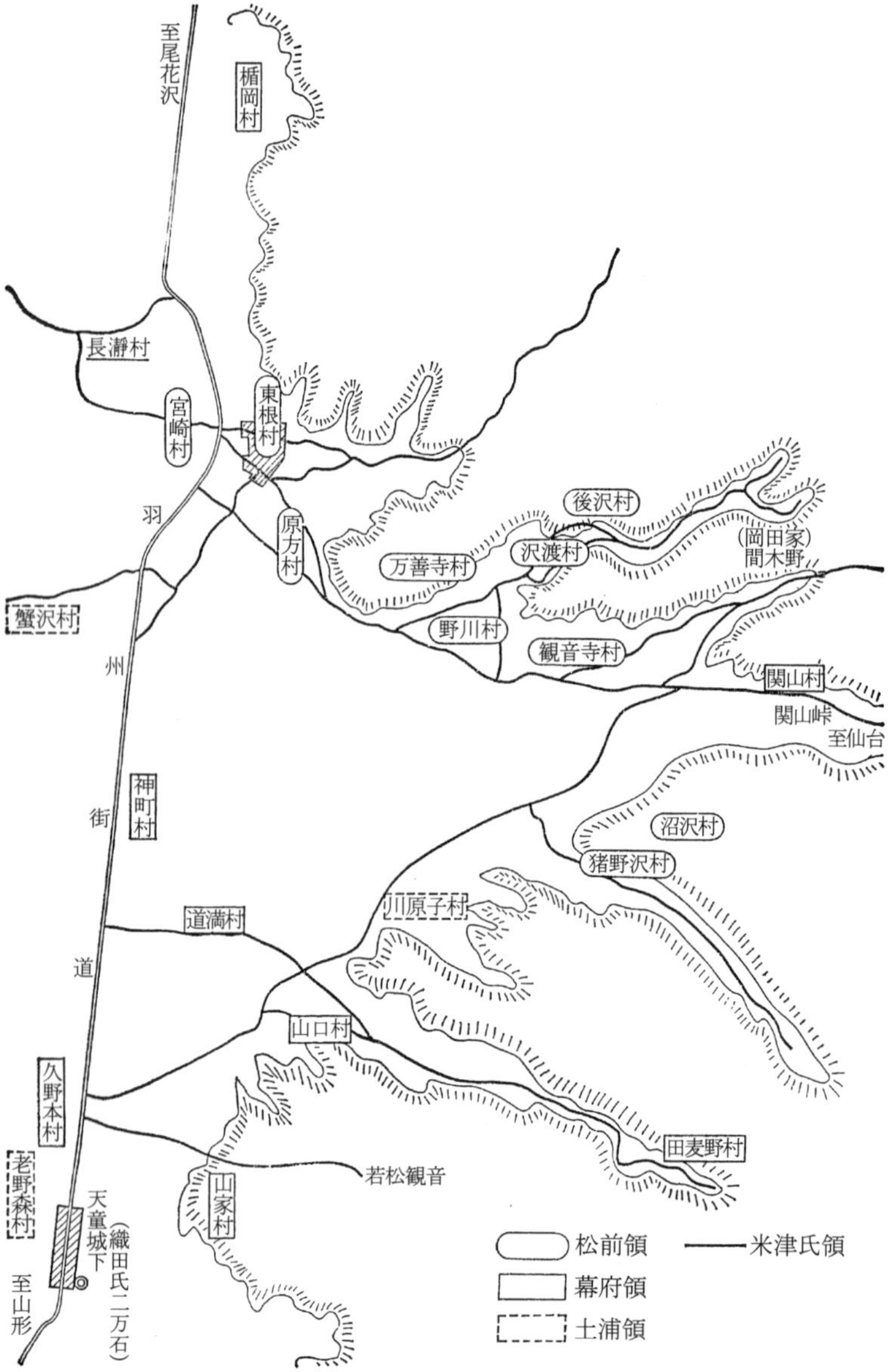
至尾花沢
楯岡村
長瀞村
宮崎村
東根村
羽
原方村
後沢村
沢渡村
(岡田家)
間木野
万善寺村
蟹沢村
野川村
観音寺村
州
関山村
関山峠
至仙台
神町村
街
沼沢村
猪野沢村
川原子村
道満村
道
山口村
久野本村
田麦野村
若松観音
老野森村
山家村
天童城下
(織田氏二万石)
至山形
松前領
米津氏領
幕府領
土浦領

2　同年六月一六日
天童家中軽輩之もの共押入強盗ニ加り候もの共、原町ニ而壱人被取押糺中之趣ニ候事
3　同年六月二二日
奥州福しま・桑折ノ間、百姓騒立有之、往来留之様子ニ付、秋田御母公出府、金山宿ニ而御滞留ノ旨申越候事、
組下村々江廻状差出ス
4　同年六月二四日
桑折領百姓騒立、過ル十五日より十八日迄打毀候人別、左之通
一、人数凡壱万人程
同　村　阿部文右衛門
居宅土蔵不残打毀
同　断
同　村　阿部忠右衛門
居宅其外不残焼立
中瀬村　完戸儀左衛門
居宅土蔵不残打毀
中瀬村　彦兵衛
不残打毀
栗坂村　長　三

居宅其外不残打毀
栗坂村　宮原平次郎
居宅土蔵不残打毀
桑　折　平喜屋
不残打毀
板谷村　文　七
居宅其外不残打毀
半　田　早田伝之助
同断
右者御代官様十八日夜桑折陣屋江御泊ニ而、廿一日寒河江御入陣ニ相成候ニ付、右之趣具ニ承リ候事

5　同年六月二七日
過ル廿四日夜、長崎ニ而穀屋共弐軒コハサレ候趣、自承院ヨリ承リ

6　同年七月三日
天童愛宕山江篝火焼呼立候事、妙見山辺江怪敷もの五六人集候趣ニ付、取締ノモノ差出見届候処、何方江迯散候哉不相分事

7　同年七月四日
天童愛宕山江人数五十人も集リ候由ニ而篝火明立候事

8　同年七月七日

愛宕山江人集リ、天童改より取締差出候事

9　同年七月九日

天童小路長五郎小屋并長町油屋小屋焼失、外文右衛門新田出火有之、沼沢口ニ而人集リ呼立火を掲ケ候事

10　同年七月一〇日

長崎村之方出火有之候事、川東村々取締被仰付候事

11　同年七月一二日

村役人共打寄取締申渡之事、夜分川原子地蔵堂西手欠ノ上ニ而篝を焼明上候事、但、小人数ノ由久兵衛ヨリ届出ル

12　同年七月二〇日

極困窮もの共安米割渡、其取代金三分也

また同じ時期の東根町名主横尾正作の「日記」(『日本庶民生活史料集成』第一三巻、所収)にも、東根村周辺の状況がつぎのように記録されている。

1　慶応二年七月七日

一、東根村龍興寺境内時鐘夜九ツ半時頃、早鐘撞鳴、依之早速右場所へ駈行見請候処、何方へ歟逃失、何者ノ仕業トモ不知

2　同年七月八日

一、昨夜早鐘ノ次第御届申上ル

乍恐以書付御届奉申上候

当村龍興寺境内ニ有之候時ノ鐘昨夜九ツ（ママ）半時頃モ候哉、早鐘撞鳴候間、出火ト改火元相尋候得共何方ニテモ火ノ手一向相見不申候ニ付、鐘撞候モノ取押候積リニテ右場所へ駈行候処、何方へ歟逃失セ候間、直様手訳（分）イタシ只今ニ至迄所々相尋候得共、早鐘撞候モノ取押不申、何等ノ義ニテ打鳴候哉様子柄一向相訳（分）不申候間、此段乍恐以書付御届奉申上候、以上

東根村名主　四人

寅七月八日

東根御役所

3

同年七月九日

一、夜四ツ時頃ヨリ何者ノ所為ニ候哉、西辺所々へ多人数寄集リ篝火ヲ焚発声イタシ候ニ付、御代官様・稲作様・西村様・奥山様外御足軽中御取締トシテ御出役、尤名主始村役人中罷出ル、夜明ケ至リ御引取ニ成ル、横尾弥作方へ五拾人分焚出被仰付候、

一、宮崎村組頭庄左衛門物置小屋夜九ツ半時頃焼失ニ付、御取締人数ノ内御手分ケニテ同所迄御越ニ成ル

4

同年七月一〇日

一、騒立ニ付人足拾人ツヽ暮方ヨリ為詰置、尤焚出可被下ノ処、御世話行届兼候間、追而御手当可被下、腰弁当ニ而相詰候様被仰渡候

内

弐人　　北方
弐人　　西方
三人　　南町
三人　　三組
〆拾人

一、騒立ニ付御取締トシテ左ノ通被仰達候

触　書

近頃何者ノ所為ニ候哉、毎夜所々ニ多人数屯集イタシ、篝ヲ焚発声イタシ人心ヲ動揺為致候条、御当節柄ヲ不顧、上ヲ蔑ニイタシ、甚以不届ノ至リニ候、依之召捕次第可処厳科候、尚申達候条左ニ

一、筋立候願ノ趣意有之候ハヽ、取上可遣間、其節(筋カ)へ可申出候事

一、心得違ヲ以徒党ヶ間敷多人数屯集致間敷事

一、無余義徒党ニ同意イタシ候共、顧御為筋、右企候モノ何村ノ誰ト申義訴出候ハヽ、依其働徒党ノ罪御免ノ上御褒美可被成下候事

一、御為筋厚差心得、態ト徒党ニ加リ、其重立候モノ探索ノ上訴出候ハヽ、是又御褒美可被成下候事

一、兼而被仰出候博徒浮浪ノモノ、自分居宅へ隠置候モノ可有之哉、及右見聞候モノハ其段早速可訴出、品ニ寄是又御褒美可被成下候事

右ノ条々申渡候間、小前末々迄可触知モノ也

寅(ママ)十月十日

東根御役所

右ノ趣村々へ会所ヨリ可触達旨被仰渡候間、刻付ヲ以相達

右被仰渡ノ趣三組組頭并組合頭共郷蔵呼寄申渡、尤組合頭共ヨリ其組合限リ申聞候積リ

5 同年七月一二日

一、観音寺村字新田百姓重右衛門義居屋敷面裏関山村ヨリ神町村ヘノ通行道筋際野間ニ積置候松枝、昨夜八ツ時頃何者ノ仕業ニ候哉、焼失相成候由、名主久右衛門内届ニ出ル

6 同年七月一三日

一、東根村へ今十三日夜、来ル十五日夜、廿二日夜押寄ル抔トノメクラ廻状トヤラ相廻リ候風聞有之候間、密々決紀申立候様可致段、湯呑場ニオヰテ西村重吉様ヨリ御談示ニ付、内々探索オヨヒ候処、全付モノノ風説ニ候間、此段夜入御同人様へ申上ル

7 同年七月一五日

一、野川村地内向原へ多人数屯集イタシ不容易篝ヲ焚発声イタシ候趣、夜四ツ時頃万善寺村役人ヨリ注進ニ付、稲川辨次郎様・奥山権三郎様外足軽中共早速御出役ニ付、当村名主一同罷出ル

西道与左衛門へ焚出し被仰付候

一、右御出役先原方西道野間ニオヰテ、当村下中野目組藤七松木付来候ヲ御見留ニ相成ル、尤野川筋川原へ取捨有之候ヲヒロイ来リ候趣申之ニ付、明日篤ト取調申上候様可仕旨申上ル

8 同年七月一六日

一、野川村運吉・九内・久兵衛・才助・新兵衛右五人ノモノへ早々可罷出段御差紙ニテ御呼出、昨夜向原ニオ

ヰテ相騒候御疑心相掛リ御尋御座候得共、夫々申上相訳(分)リ帰村ニ成ル

以上のような山口村役元「寅日記」や東根村名主「日記」の内容から、隣国陸奥伊達・信夫両郡の世直し騒動がもっとも昂揚していた六月中旬から、最上川東岸の羽州街道周辺で、米価高値を理由にたびたび「不穏」な集会がもたれ、さらに西岸の在町長崎村では小規模な穀屋の打ちこわしがあり、連日の放火・篝火による示威行動にたいする取締りが行われていることがわかるだろう。まさに一触即発の状況に達していた。いったいだれが主導した行動だったのだろうか。

以上のような動向にたいして前述の東根村名主「日記」には松前領の対応が一応記されているが、幕領代官も、七月に入って、つぎのような状況把握の上に夫食米の確保を各村へ命じている。慶応二年山口村「御用状留帳」には、

1　慶応二年七月一日

近年物価高直相成候者、諸国一般と者乍申、当国之儀者元来余国ニ見合格別下直之土地柄ニ而、既ニ近年迄米価金壱両ニ付壱石余いたし候処、当時者弐斗三・四升、外諸品も他に准候由、凡五倍余之高直ニ相聞、余国ニ比へ不相当ニ有之、一体相場者自然ニ付、其土地ニ応し高価相成候者無拠候得共、前顕之通余国に比へ不相当引上候者、畢竟商人共関東筋・上方等之風評を承り、猥に羅上候故、売主共も追々高直可相成と見合候より、如斯沸騰および候事と相聞不束之事ニ有之、当郡中之儀外品者格別米穀之儀者去ル戌年申立之趣を以売米一切差留相成居候儀ニ付、商人共猥ニ不羅上売主共も不囲置売出候得者、自然正路之相場相立下落不致候而者不相叶筈、米価高直者一体之人心ニモ抱リ不容易之義ニ付、今般左之通相触候間、銘々心得違致間敷候

一、近年米価高直諸民及難儀候ニ付、村山郡一統申合買米一切川下ヶ不致筈、去ル戌年申立其以来大石田川船方御役所おゐて厳重相改候事ニ者候得共、心得違之族者大小豆菜種等ニ積紛し、又者川下ケ河岸場ニも無之場所より船積いたし川下いたし候哉ニ相聞以之外ニ有之、近年高価と申中ニも当年者別而沸騰いたし候得者、諸民之難儀申迄も無之、然ルを外品ニ積紛し、又者河岸場ニも無之場所より積下し候段、全一己之利欲ニ抱リ仕成候事ニ付、向後別而厳重相改、若右躰之もの有之候者、当人者不及申其所役人共迄も糺之上急度可及沙汰条心得違無之様穀類渡世之もの江急度申渡請書取立可差出候、

一、町村米穀所持之もの共、銘々当出来秋迄之飯米を除き七月朔日所持高を帳面ニ記し、同五日迄ニ最寄惣代共江取集、早々御役所江可差出、勿論書上候迚売米見合候而者却而何月幾日何程之相場を以何村誰江売払候趣同十五日書出候ハ丶、是又最寄惣代共江取集御役所江差出、来月より月ニ右之通取斗可申候、若一己之利潤ニ迷ひ囲置又者押隠し書上致相減候族於有之者、出役差出相改急度可及沙汰、御条心得違無之様可致候

一、当節柄を弁、相場より下直ニ売米いたし候もの有之候名前并売高早々可申立、其筋江申立御賞誉之御沙汰可有之候

右之通相心得穀類渡世之もの共者勿論、米穀所持之もの共江申渡、一同心得違無之様当村役人共も厚世話可致、此廻状村名下令請印、刻付を以早々順達留村より可相返者也

寅七月朔日

寒河江御役所

嶋村始

(以下略)

2　同年七月五日

　　申渡

其村々取締筋之義者、先達而相触候通相心得、弥以前々被仰出候御法度之趣堅相守可申、将又近年世上不穏ニ付者、無宿無頼之もの或者浮浪之輩所々徘徊いたし、当節物価高直等ニ付込、米金等強奪可及ため、人心を惑し、遂ニ者為騒立候様之及所業候由ニも相聞、自然右次第ニ至候而者無拠罪科ニも被行候次第ニ成行、不容易義ニ付、村役人共厚申合、時ニ見廻リ、右躰之もの相廻リ候ハヽ、差押早々訴出候義者勿論、小前末々之もの共迄も心得違無之様厚申諭、取締向専務ニ相心得取斗可申候

一、米価高直ニ付而者一統及難儀候趣ニ付、今般村々江相触候趣も有之、猶隣領諸家江も掛合之上、下直相成候様厚世話可致間、追々相場引下ケ候様可相成候得共、当秋熟作迄之義者米払底折柄ニ付、困窮之小前等夫食ニ差向も可有之、元来一村住居之もの互ニ可助合者勿論之義、殊盛衰不定候得者誠ニ以相互之事ニ付、村役人者勿論ヶ哉ニも相続罷在候もの共申合何様ニも為取続候様可取斗、勿論熟作迄者纔ニ弐三ヶ月之義、且安米等売出候歟、其外寄場之取斗いたし候もの共者取調之上、其筋江申上急度御賞誉之御沙汰有之様可致間、厚相心得穀類渡世之もの共者不及申、其余何品ニても商ひ等いたし候もの江者別ニ申渡、精々直安ニ為売捌候様可致、万一已之利潤ニ迷ひ如何之及所業候歟、其外心得違之もの有之候ハヽ、不取敢村役人共より申諭、名前早々可申出候、万一等閑置自然人気立候様之義於有之者、村役人共可為越度候

これによれば、慶応二年の米価高騰の異常性は、すでに万延二年以来村山郡一統の「郡中議定」（本書第二編参照）によって、米穀の郡外流出が大幅に統制されているにもかかわらず、「関東筋より上方等之風評を承り、猥に羅上」

第1表　山口村役元日記にみる物価変動

	慶応2年				慶応3年		
	春	夏	秋	暮	1月上旬	1月下旬	2月
米（1俵につき）	両分朱 1.1.3〜1.2.0ト600文	1.2.1	1.3.0〜2.0.2 安米（山口村）0.3.0（8月〜9月）	蔵米2.1.0〜2.1.2 町米2.0.2〜2.0.3	蔵米2.02〜2.1.1 作徳米2.0.0〜2.0.2	2.1.3〜2.2.0	3.0.0
大　豆（1俵につき）	1.1.2〜1.2.0						
小　豆（同）	1.0.2						
煙　草	追々引上						
荏	春中一旦引上尚又値上						
菜　種	同　上						
塩（1駄）	1.2.2						

げ、また「大小豆菜種等ニ積紛し」て最上川より酒田へ川下げする密売等によって、さらに高められており、五日の「廻状」にいたって、そのような状況が、近来郡内に広範に存在した「無宿無頼之もの、或者浮浪之輩所々徘徊」の者が、「米金等強奪」から「騒立」をおこなう正当な理由となっていることを危惧している。これはいうまでもなく関東から陸奥国信達地方の世直し騒動の連鎖的展開からくる幕府代官層の危機認識にほかならない。そのため「熟作」の秋までの夫食米確保の対策を各村村役人へ督促することになったのであろう。

事実この年の諸物価（とくに米価）の高騰は、さきの「寅日記」「卯日記」から作成した表1を参照すれば明らかなように、その高騰は著しい。ただし打ちこわしの時期がもっとも高かったのではなく、翌三年初春には米壱俵につき三両と続騰していく点に注目しておく必要がある。またこの米価を中心とする諸物価の高騰は、東根村名主「日記」によれば、すでに三月末から「此節米売出シ方無之買喰ノモノ難渋オヨビ」と、在町東根村内の「買食いの者」層に大きな打撃を与えており、東根村ではそのためたびたび「組方窮民共へ安米払」をおこなわざるをえない状況であったことがわかる。

以上のように、出羽国村山地方では、とくに六月中旬以降急速に社会不安の状況が深刻化しだしたことを確認することができよう。

こうして、不穏な動きは七月二五日夜にいたって一挙に爆発した。前記山口村役元「寅日記」には、「夜七ツ時北原篝火立焼候趣、荒井原より注進有之候間、早速出崎迄出張見張使処、何等之様子も無之候間引取」とあるが（のちの探索書によれば指導層は、すでに六月一日より川原子村で騒動を計画し前節のような状況をつくり出していた、といわれている）二六日の条にいたって情勢は一変する。つぎのようである。

昨夜無頼之もの共川原子・野川両村出入関戸与左衛門宅打こわし、衣類等奪取、尤右者頭取大将と見へ候も三・四人帯刀いたし、其余十人程者縫詰くさり、其上ニみの着用之ものなり、未明人数集メ後沢江出向候処、同村ニ而者早速人足差出、夫よりまきの久右衛門方江可押寄旨有之、田中権蔵方江参り四人ニ而酒倉奪取休息罷有候処江、東根より取締として陣内より人足共五十人余出張いたし候処、新田出崎山江登り炮発いたし、尤十文目位之筒廿三挺携罷在、夫より関山口江屯いたし、八ツ時頃ニ至り人数凡千五百人ニ相成候事、白旗五・六本相立候事

とある。また一揆発生とともにその動向を逐一探索した山口村名主義左衛門の「慶応二寅年山内村々騒立一件手覚并寒河江柴橋御陣屋一件日記」の二六日の項は

一、同月廿六日四ツ時大町村組頭太吉外用向ニ而寒河江出張并沢渡関戸与左衛門浮浪之もの共江百姓共打交り家寄被打毀候旨申候ニ付驚入始末糺候中、関山村吉五郎并久野本村理右衛門罷越始末及注進候内、道満村保吉来り、尚意助（義左衛門倅）より注進状為指人足差越候ニ付、右逸々御役所江申立諸家御人数繰出し方御出役等御手配申立八ツ時帰村いたし候事

一、同夜川原子村内小原ノ土手猪野沢江徒党之もの屯いたし候近所迄罷越し、夫々見届罷在候中、川原子村之もの共先立、道満・乱川・神町・蟹沢・六田をさして押出し同所払相出候事

と、「浮浪之もの共江百姓共打交り」という打ちこわし勢をもって騒動が開始されたことが判明する。ともかくも、二五日夜から二六日未明にかけて、一旦篝火をもやす示威行動をとり、その後は秘密のうちに行動がとられたことがわかる。最初に打ちこわしの目標となったのは、土浦藩領北目陣屋支配の川原子村の集合場所からさらに北方の沢渡村の組頭与左衛門家である。二八日に書かれた与左衛門の上申書によれば、つぎのような状況であった。

乍恐以書付を以奉申上候

沢渡村組頭兼年寄与左衛門奉申上候、私義当月廿三日家出天童江罷越候、留守中過ル廿六日暁七ツ時覚敷頃居宅江礫打付、直ニ大戸雨戸打破り、無宿躰之者刀抜放し三・四人先立凡拾四五人何れも不見知者立入、廻外庭々不知候者凡弐拾人ツヽ可有之哉、右先立之もの与左衛門ニ罷出旨呼叫候間、留守之趣断候由之処、金子之在所江案内可致旨被申聞、家内之もの不残逃隠候処、家財諸道具立具等打壊し、土蔵取乱し入、箪子四打破り衣類取出し、御見取を被下置候通及乱妨ニ候

とあり、「暁七ツ時」（午前三‐四時）に抜打ち的におこなわれた。当初の騒動参加者は「無宿躰之者」と判断された四・五人を「先立」に三〇～四〇人前後の少数であったことがわかる。この時の状況は、のちの報告書によって明らかであるが、ほとんど全家財が打ちこわされたか、または紛失した。

その後の二六日の動静については、さきの「山内村々騒立一件手覚并寒河江柴橋御陣屋一件日記」によれば、おおよそつぎのような状況であった。

一、廿七日朝メ、寒河江御役所江注進状左之通

私儀昨廿六日八ツ時御地出立久野本村江立寄、夜ニ入帰村仕夫より徒党之もの共屯罷在候場所近辺江罷越探索仕候処、一時廿五日夜沢渡村与左衛門宅打毀家財共取散いたし、廿六日朝同村名主栄蔵方ニ而食事支度等之義申入、東根領山内身元之もの共より出金又者酒食等及強談、後沢村名主義右衛門金弐百両差出毀方相免れ、観音寺村名主久右衛門江金千両之談有之候共、出金不行届分家久七共一同暮時打毀、北目領川原子村地内小原と申所之土手ニ立戻り、同夜押出方専談中ニ有之候間、尚相潜之様子相探候処、弥以東根村江押出候様ニ相成候得共、人足不足ニ付右川原子村并御支配所道満・神町・北目領乱川村江人足催促之、且又差出候ニ付右村々よりも無拠何様宛歟人数差出、其内長立候ものを小頭ニ相立、不逊散様手当いたし、神町村石宝院江踏込金千両并食事等催促故、当座金弐百両之内正金百七拾両外七拾両之証文差出是亦毀方相免れ、夫より同村半十郎方飯為焚出同村内ニ而休息十分支度いたし、今廿七日暁方同所出立東根江差向同所身元之もの者勿論、御陣屋をも破却いたし候抔と申唱村々人数千人余およひ頗極威を振ひ押出候趣ニ御座候

一、徒党頭分三人有之、右之もの共者何れも陣笠縫鎖鉢巻等いたし白たすき小袴等ニ而、是ニ陣頭をうけ居候由、

其内頭取分ものハ身丈五尺三寸程高き躰之ものニ相見、外弐人ハ並方ニ而、鉄炮者村々より持寄候鳥打筒一挺程も有之候歟、粗様子ニ博徒ニ相見種々我意を仕人足共を押威し候由ニ聞候得共、唯三人之もの共故、究意之もの十人も有之候得者取押方出来可申候得共、百姓共之手ニ難及残念至極仕候、右之聞ひニ而東根迄十分相働候ハヽ、人数も相増勢ひ強大ニ可被成候間、今日中諸向御手勢御差向ニ相成候ハヽ必定退散可相成御座候、尤当村者川原子・道満両村ニ構候得共、徒党之もの共人数催促等之廻文ハ勿論何等之義も無御座候、先者不取敢此段御注進申上候、尚委細者倅意助より可申上候間、宜御役所江仰立可被下候、以上

山口村　義左衛門

七月廿七日暁

寒河江御会所

この探索書が、一揆勢の動静をもっともよく把握した記録である。一応この探索書に依拠しながら、さらにくわしい一揆の動向を追ってみることにしよう。それによれば二六日未明の沢渡村与左衛門への打ちこわしのあとは、同村名主栄蔵宅で施米と焚出しの用意を命じ、同時に東根領（松前藩）の村々の「身元」のものに出金と酒食の強談に及んだことになっている。しかし、この段階で、打ちこわし勢は、はじめて周辺各村民へ打ちこわしへの参加の呼びかけと、次のような人足徴発の檄を「廻状」の形式で、沢渡村与左衛門打ちこわしの脅威を背景に通告した。

一、出人足数四拾人

一、同小頭　安庵

儀兵を起し窮民救、依而早速其村方ニ而有丈ヶ之人足差出シヘキ事、若及遅滞候ハヽ、急度罷越焼捨可申者也

天　下　儀　士

七月廿六日六ツ半時

道満村　村役人中

乱川村　同　断

若木村　同　断

蟹沢村　同　断

六浦村　同　断

右披見早々順達刻付ニ而申送候、以上

また、その他の村にたいしては、

口演

一、白米拾俵此書付届次第たき出し可被成候、猶村内家別ニ男十五才以上取集メ早々差出可被成候、右両様相背候ハヽ、直様其村江出張村内焼払ひ可致もの也

天　下　儀　士

七月廿六日

猪野沢村

名主　利兵衛殿

と、二通りの方法で人足の徴発が行われている。この段階にいたって、はじめて「儀兵を起し窮民を救」、「天下儀士」という騒動の目的とその正当性の主張が、周辺の村民へしめされる。この結果、打ちこわし勢はつぎの隣村後沢村名主幾右衛門へ押寄せた段階では、徴発人足を加えて、大幅な参加者の増大をみている（第4表参照）。この時の状況については、同月二八日に提出された後沢村役人の報告書によれば、

乍恐以書付御届奉申上候

一昨廿六日朝、悪党躰之者三人大勢を引立、沢渡村より当村江立入、名主江直々面会いたし度段有之、其節幾右衛門留守中ニ付、外村役人并幾右衛門名代親類之者罷出候処、窮民施金五百両同日八ツ時迄差出可申旨書付を以申入、直様細越山を通り観音寺村之方江相越し、其後幾右衛門帰村いたし候処、昼過ニ及面体不見知者右金催促之書状持参ニ付、屯致し居候場所江村役人五人を以幾右衛門より申聞候者、村内持金丈ケ新穀出秋迄差出可申、左候得者金子差出ニ者不及筈断候処、悪党体之者共右様之儀者承知難致、大勢召連及挨拶候抔申之、夫より久右衛門宅江押寄乱妨いたし、七ツ時頃当村江押出候様子風聞ニ付、御捕押方御出役御願申立御待受罷在候内、徒党之もの大勢途中迄押出、金千両不差出候ハヽ乱妨可致旨ニ付、村役人共ニおゐて村方者勿論隣村迄借集、金百九拾六両無余儀重立候者共より悪党躰之もの江相渡候処引返申候（以下略）

とあり、すでに「悪党躰之者三人大勢を引立」とその数が増加していることが明白であり、それぞれ騒動の指導層が

直接村役人「重立」層に面会し「窮民施金」の要求をおこなっていることがわかる。しかもその要求から実際に受け取るまでにはかなりの時問がある。その間他村でも村内「身元」のものに対して同様な方法での要求が行われている。さらにその交渉過程では封書に「急用書」と認めた「天下儀士」から後沢村幾右衛門宛の書状で、

先刻及対談候施金之義、今八ツ時迄約定之処、只今挨拶茂無之如何之義ニ御座候也、聢と返答可被成候、返事次第早速大勢罷出挨拶可及もの也

天下儀士

七月廿六日

幾右衛門殿

という強要の方法がとられたうえ、直接再度の交渉がおこなわれている。この間村役人側の、出来秋の新穀にて支払うなどという安易な状況判断を打ち破るため、さらに後沢村より山間の隣村観音寺村名主久右衛門家に対する打ちこわしが断行される。この結果を聞いて後沢村の村役人層は二百両余の「窮民施金」の供出にふみきらざるをえなかったのであった。以上のような強要方法の成功がその後の一揆勢の主な戦術になった。その際、要求交渉決裂の際の強行手段としての典型的事例として対村役人側にしめされたのが、観音寺村久右衛門家に対する打ちこわしであった。

つまり、後沢村名主へ多額の要求をつきつけておいて、打ちこわし勢がつぎに目ざしたのは天童より東方でもっとも警備の手薄な山間部の観音寺村である。しかも名主久右衛門家は村内でも一番高地の間木野部落の中心部に位置している。打ちこわし勢はまず山麓の同村田中の豪農大江権蔵家で酒食を強要したうえで、久右衛門宅へ向う。その時

の状況について同村名主見習清八郎（久右衛門倅）の報告書はつぎのように述べている。

乍恐以書付奉申上候

観音寺村名主久右衛門倅名主見習清八郎奉申上候、過ル廿五日夜明方ニ至り大勢集鉄炮打放し、近村々及乱妨、翌廿六日四ツ時頃後沢村より罷越、当村地内字細越江屯致し、私方江掛合之趣者、久右衛門可罷出、若不参ニ候ハヽ乱妨可致旨追々申来り候得共、親久右衛門者病中ニ付、組頭小八郎差出し候処、名代ニ而者用弁不相成、直々可罷出趣を以差戻し候間、無余儀私出向候処、徒党人と覚敷無宿悪党体之者三人進出申談候者、近頃諸民困窮之至極ニ付、此度村々身元之者共より夫々施金為差出、困窮之万民を相救可申、其許者近村ニ而身元之者ニ付、金壱万両可差出旨被申聞、以之外之儀如何様成行候而も、右之大金手配行届不申、併窮民救ニ候ハヽ施米差出、次ニ安米売出可申旨及挨拶候得共、一円聞入無之、金千両今八ツ時迄可差出筈之証書認候様手詰ニ申談、及違背候ハヽ直様押寄乱妨可致趣ニ付、無是非別紙之通差出申候、然処御出役様方追々御出張被遊御防候ニ付、隣村関山村地内江引取候得共、御出役様御引取後、尚又右之者共より別紙之通金子催促申来、右相背候ハヽ直様及乱妨候趣ニ候間、家内之者は不残近隠れ候処、大悪党共先立不見知人数凡弐百五十人程押寄、私宅并分家久七宅江乱ニ入込、御見分被下置候通乱妨致し、七ツ半時一同引取申候、右者当節柄物価沸騰致し、諸民之困窮ニ付込無宿悪党徒党致し押掛ケ強盗之所業と奉存候（以下略）

これによれば、まず久右衛門を「其許者近村ニ而身元之者ニ付」と特定の条件をあげ、さらに「窮民施金」の要求額を一万両と法外なものとしている点に特色がある。つまりはじめから支払不可能な条件が提示されている。しかもの

第2表　観音寺村久右衛門打ちこわしの際、紛失・破損の帳簿類

紛失および破損した帳簿＼作成年代	天保一一	〃一二	〃一三	〃一四	〃一五	弘化二	〃三	〃四	嘉永一	〃七	安政二	〃五	〃六	文久一	〃二	〃三	元治一
御年貢割賦帳	○	○	○	○	○	○	●										
御廻米割賦帳	○	○	○	○	○	○							●	●			
越後国役割賦帳	○	○		○	○	○		●									
夏割小入用帳	○	○	○	○	○	○	●		●							●	
極割小入用帳	○	○		○		○											
郡中会所夏極割賦帳	○	○		○	○	○											
場帳										○	○	○	○		○		○
その他取立帳	○	○	○	○	○	○											

（観音寺村「紛失品并壊物取調帳控」より、●は破損の帳面）

ちの探索書では頭取の太吉（川原子村）が、「廿六日朝、久右衛門方江様子見ニ参候」とも書かれている。これらのことから推測すると、久右衛門家への打ちこわしは計画の当初からの予定の行動であったと考えられる。同家が翌八日に幕府役人へ出した「紛失品并壊物取調控帳」という被害届によれば、打ちこわしはほぼ全家財を潰滅させる勢いであった。この帳面から明らかになるのは、破壊された家財より、盗難にあったものの方が圧倒的に多いことである。しかしそのさいとくに、

一、土蔵二階江差置候村方書類其外帳面入置候古櫃打毀シ紛失之分数相弁不申候、
一、土蔵床脇小襖之内江入置候諸帳面一式、
是者村方百姓壱人別田畑取米調帳、右取調方ニ付相用候地方書類、其外私用之分も入受有候分、一円相見江不申候

と、第2表にみられるような天保一一年（久右衛門の名主就任の年）以降の年貢関係を中心とした諸帳簿類が、「不残引破、又者引解切放池中ニ投込有之候」と意識的に破棄されていることは注目にあたいす

る。

こうして、それ以後は久右衛門家打ちこわしの脅威を背景に打ちこわし勢は周辺の松前領その他の各村から窮民施金・施米を獲得した。二六日の結果は表3にしめすごとく、合計金六三〇両・白米約一五石その他におよぶものであった。その夜は一旦出発点の川原子村地内に立ち戻った。しかし幕府代官手代が「徒党之もの共壱万人ニも至り、全鞁具半鐘等兵器を用ひ押出候趣」と注進したため代官が出馬を見合わせていたころ、じつは打ちこわし勢に大きな変化が起こっていた。つまり各村から徴発された人足は、第4表のしめすごとく、騒動後の調査で明らかになっているが、それによれば合計五五五～五七〇人程度であった。このうちとくに川原子村と野川村の人足勢が勝手に帰村してしまったのである。指導層はこの結果、両村にたいして「急廻状」を出し、つぎのように非難している。つまり、

急廻状

昨夜繰出し候人足之儀、与ニ勝手に逊失候段、如何ニ心得候也、我等一命懸困民之ため相勤メ候義心得之段、右人足拾五才より六十才迄差出、遅参候ハヽ、早速罷向焼立可申もの也

河原子村　弥三郎
天　下　儀　士
野川村　前　栄八
外壱人
天　下　儀　士

七月廿六日

川原子村肝入衆中
野川村肝入衆中
右早速伝達被成候

第3表　世直し勢への金銭・白米焚出その他供出者名

7月26日

領分名	村　名	供出者	持　高 *	供出量 金額	白米焚出	その他
				両	石	
幕　領	神　町	石宝院		130	1.170	
〃	〃	半重郎	231.370		1.170	
松前領	猪野沢	村方			1.850	
〃	沼　沢	千太	118.245		0.740	
〃	後　沢	重立のもの		196		
〃	〃	幾右衛門	547.109	200	0.800	
〃	〃	専八	259.400		0.600	
〃	〃	勘九郎	102.110		0.500	
〃	〃	専右衛門			0.200	
〃	〃	惣作	103.060		0.200	
〃	沢　渡	栄蔵	30石456		0.200	
〃	〃	吉郎右衛門	24石055		0.200	
〃	万善寺	茂兵衛			0.500	
〃	〃	新右衛門	101.282		0.500	
〃	観音寺	栄太郎・栄八		100	0.900	
〃	〃	久右衛門	264.070		0.900	
〃	〃	久七・久五郎・長五郎			0.600	
〃	〃	藤七	21石810		0.900	
〃	〃	市左衛門	22石560		0.800	
〃	〃	栄太郎	23石070		1.300	身欠15本,白木綿1反,手拭5反
〃	〃	権蔵	210石296		0.900	酒9斗

7月27日

領分名	村　名	供出者	持　高	供出量 金額	白米焚出	その他
松前領	東根村	理右衛門			1.100	
〃	〃	源四郎			0.650	
〃	〃	半四郎			0.320	
〃	〃	宇三郎			0.200	
〃	〃	宇内			0.150	
〃	〃	儀右衛門				鯡1束半

				両		
〃	〃	弥　作		100	1.000	他に騒動防方礼30両,味噌1貫500匁,身欠4束
〃	〃	権　蔵			0.800	味噌1貫匁
〃	〃	弥右衛門			0.100	
〃	宮　崎	金次郎	115.180		0.120	
〃	〃	五郎兵衛			0.100	
〃	〃	市郎兵衛	310.385		0.150	
〃	〃	正左衛門			0.150	
〃	〃	善兵衛	243.110		0.370	
〃	〃	清兵衛	309.260		0.500	
〃	六　田	清四郎	240.004		0.370	
〃	〃	吉四郎	119.184		0.200	
館　林	楯　岡	吉右衛門	977.226		1.000	鯡5束
〃	〃	太右衛門			0.300	〃1束
〃	〃	太兵衛	355.197		0.200	
〃	〃	次右衛門	668.410		0.200	
〃	〃	伊右衛門	1,698.411		0.300	鯡2束
〃	〃	仁　八			0.200	
土　浦	蟹　沢	かなりのもの			1.000	

（注）＊持高は石でしめされているのが文久3年宗門帳・明治2年宗門帳、その他は明治8年の立附調より、単位は俵である。

第4表　各村徴発人足数

村名	出仕もの共	その他	小頭
万善寺村	32～34人	18人	角蔵・善兵衛
沢渡村	64	42	新太郎・権内
後沢村	69	56	茂七
野川村	58	27	小市
沼沢村	65	35	宇右衛門
猪野沢村	41	99	彦兵衛
観音寺村	120～130		吉三郎（長右衛門）・六兵衛
乱川村	40		安蔵
川原子村	36		光明寺
蟹沢村	30		

このような人足の強要によってふたたび態勢を整えた一揆勢は、翌二七日羽州街道の宿場であり松前藩領陣屋のある在町東根へ押し寄せた。ことに前節で紹介したごとく三月以来町内に不穏の状況を形成していた東根村内に入れば前掲「探索書」が述べているように「東根迄十分相働候ハヽ、人数も相増勢ひ強大ニ可被成候間、今日中諸向御手勢御差向ニ相成候ハヽ、必定退散」と一揆参加者の増大は火を見るより明らかであると判断している。しかし東根村役人は村内のこの状況を察知して当日打ちこわし勢に呼応した在町惣百姓中の安米要求につぎのような請書を出している。

相渡申書付之事

此節請金格外引上ケ、別而米価者前代未聞之高直ニ相成一統難渋ニおよひ、買食之もの共難暮候場合ニ付、身元之ものより安米差出呉候様一統より今日申入候趣尤之義ニ付承知いたし候、然ル上者早々不取置、壱俵ニ付代金三分宛之安米ニ無相違売出し可申哉、依之書付相渡候処、如件

慶応二寅年七月廿七日

東根村上南組　年　寄　源　四　郎
同　村東方組　御用聞　横尾弥作

物御百姓中

前書之通相違無之ニ付致奥印候、以上

右村名主　横　尾　正　作
同　小　池　郁太郎
同　板　垣　玄　内
同　石塚与惣右衛門

つまり、ここでは村民（在町人）側の安米要求を受け入れ、「買食之もの」層の打ちこわし勢への参加を極力ふせごうとしている。さらに打ちこわし勢にたいしては、ほぼ彼らの条件を受け入れ町内への繰り込みを阻止することに成功している。その状況について同月二九日の東根村名主の報告書はつぎのように述べている。

乍恐以書付御届奉申上候

一昨廿六日暁頃より多人数押寄、山内村々乱妨およひ、昨廿七日神町村より六田・宮崎両村を押通り、当村新田町苅原江屯集発声いたし候ニ付、引取方取斗として当村下南組宇内栄吉其場江差向候処、大勢之中より悪党躰之もの進出申談候者、当村弥作其外もの共より路用金三百両可為差出旨申之候由ニ而、差出方及遅滞候ハヽ、村内何様之乱妨可致之難斗、無是非横尾弥作より金百両差遣申候、右者近年物価高直別而去冬より追々米価沸騰、諸民難渋之場合江附込、悪党共徒党いたし数を集押寄義と奉存候、以上

と、このうちとくに東根村への要求金の名目が、それまでの「窮民施金」から「路用金」とかわったことは注目すべきであろう。これはもし村役人側がその報告書に意識的に使用した用語であったとしても、すでに一揆勢が分裂・逃亡（とくに指導層の）の段階に入っていたと判断してのことであろう。いずれにしても、その後一揆勢は館林領楯岡町へ進み「施米」をかちとり、町内にはいることはなかった。そしてその日のうちに分裂して終わる（一説には指導者兵蔵の逮捕によって）。しかし二七日の強要額は金一〇〇両、白米九石五斗余で前日の半分にも達しないものであった。

この結末については不明である。『東村山郡史』続編所収の「東根郷土史談」によれば、

暴徒等ノ楯岡ニ入ラムトスルヤ、北ヨリハ秋元但馬守ノ勢、西ヨリハ米津伊勢守ノ勢、東南ヨリハ我カ松前志摩守ノ勢四方ヨリ襲ヒシニ、暴徒ハ固ヨリ烏合ノ土民ナレハ皆恐レテ逃レ事平ク

と述べられているが、これは、同書所収の「古老覚書」の「楯岡町之内江ハ踏込不申引退き申候」という記述の方がより正確であろう。いずれにせよ、この段階で打ちこわし勢は急速に弱体化したものと考えられる。このような弱体化の動きは、すでに前夜の人足逃亡にすでにあらわれていた。しかも支配者がもっとも恐れていた在町東根村内への繰込みが阻止された時、騒動はその勢力を激減せしめられていた。東根村の騒動参加者はのちの調査報告等によってもごく少数であり、とくに北組の者は「騒動江相加り間敷哉奉存候」と、博徒吉蔵をのぞいてほとんど参加者がなかったと判断されている。(第10表参照)。

騒動後の探索は翌日より開始されたが、指導者層の逃亡は「当時流し木伐泊り山稼之もの共多有之候趣ニ相聞、御召捕もの等追々御捕被遊候而者重科之もの共、夫々逃去可申哉ニ付、得と探索之上一時ニ御召捕之手筈第一ニ奉存候」といわしむるほど、一揆後山稼のものにまぎれる計算がなされていた。そして逃亡先は「沼沢（猪ノ沢）村重吉者、一旦奥州江立越、夫より直と松前を心ざし下り候」ときわめて計画的なものであった。

ところでこの騒動の指導者はどんな人物だったのだろうか。『大町念仏講帳』慶応二年の項には、

右悪党の頭取姓名、追々相しれ申候処、左の通、

武州栃木浪人　　　北村幸助

越後国　浪人　　　秀　八

東根村無宿　　　　　　　兵　蔵
猪の澤（沼沢）村　　　　重　吉
右等のもの共、去廿二日頃より天童悪党叶屋金蔵と申もの宅にて相談の由、右の内兵蔵ハ花毛村にて召捕に相成、追々白状におよび、藤助新田惣次・東根村嘉七・松沢村惣吉（但、此もの逃去ル）御召捕の上、八月六日沢畑堀米四郎兵衛宅江引取、追々御吟味有之（以下略）

と、浪人と博徒たちだった。かれらがどういう関係でつながっていたのか不明だが、おそらく土地の事情にもっとも明るかったと思われる兵蔵がリーダーになって合議されたにちがいない。

兵蔵とは、

平日農業を嫌ひ甚身持不宜ものニ御座候、出先ニおゐて何様之悪事仕出し、乍恐御上様江御苦労筋奉掛上候様之義仕成哉も難斗、一同心痛不得止候間、除帳被仰付度段願上、御沙汰中同人立戻、村内徘徊罷在候由風御聞上、（以下略）

（『東根市史編集資料』第十号、解説）

と村の厄介者であった。少なくとも元治元年（一八六四）段階では、東根村に帰り村内を徘徊していたことだけは事実である。どれほどの器量の人物かわからないが、まもなく浪人たちと図って騒動を起こした。

それは、計画的で当初から武器を携帯した行動で、もはや百姓一揆や打ちこわしの論理や作法を超えている。そして「天下儀士」を標榜し窮民救済を目指す米穀や金銭強要のあり方には、幕藩権力に代わって仁政を施そうとする世直し的姿勢が、それがいかに幻想であろうと米価高騰で苦しむ「買喰い層」を惹きつける要素を持っていた。だから「除帳被仰付度段願上」を求められるほど村落の嫌われ者であっても、「浮浪之もの共江百姓共打交り」と多数の民衆が自らの意思で参加したのではなかろうか。その点で世直し騒動型の運動だったといってよいだろう。

おそらくこうした戦術をねったのは、指導層の浪人たちであろう。彼らは、米価の低減を求める要求はいっさいなく、もっぱら酒食と金銭の強要を求めた。その強要して得た金銭は実際に窮民救済に使われたのだろうか。多分参加者たちに分配されたのだろうが、最後にそれが「路用金」（逃亡資金）強要に代わったとき、かれらの本質があらわれる。もっとも打ちこわしのさい、本来の打ちこわしでは、きつく禁止されている家財の盗難行為が常態化しているところにも、それはすでにみられていた。

しかし問題はこうした行動からただの暴徒的運動とだけみてはならない点にある。七月初旬から郡内各地で起りだしていた窮民たちの安米要求をかかげた不穏な動きを抑えきれず、誰かがことを起こせば、一挙に多数の参加者が加わるような状況が現出することを知っていながら、それを食い止められなかった点にこそ注目すべきである。飢餓にあえぎだした貧しい農民や「買食い」の者たちにとっては、指導者たちの本質を見極める余裕もなかったというのが正直なところだろう。

しかし参加者の中には、指導層とは異なる論理で打ちこわしに加わった者たちがいた点が注目されよう。それは村政にかかわる諸帳簿を破棄する行為に出た農民たちの存在である。かれらは、きびしい統制と収奪からの解放を求める村民的意思をもって騒動に加わったに違いない。おそらくかれらも騒動に便乗して村内の階層的対立（村方騒動）を解決しようとしたのだろう。

次にこうした点をさらに深く追求し、騒動の本質に迫ってみたいと思う。

二　世直し騒動の構造

まず、第一にこの騒動は、前節の最後で指摘したように天童東方の山間部より平野へ押し寄せた騒動であったが、じつは松前領・土浦領・館林領の飛地支配の村落にかぎられているという特殊性をもっていた。

この理由については、幕領山口村名主伊藤義左衛門の手代儀十郎が騒動探索中に義左衛門に書送った書状にきわめて適切に指摘されている。紹介しよう。

極内密ニ而徳三郎・清八呼寄賊党一件近日中御調始可申、右ニ付内願筋も受候、最早此節ニ付様子承り候様内々賢兄より被申含候処、与左衛門（沢渡村 - 注）儀者何をとわして宜候哉、何分愚昧ニ而相分不申候間、何事も可然様御内願被成下度趣ニ有之、久右衛門儀者此節松前領山内七ヶ村者重立御名主も無之故歟、甚不取締向□勝ニ而、昨年違作ニ付而者山内村々相続方其外取締向等、夫々申合小前末々迄申達置候儀ニ候得共、申渡箇条等者一円不相守、勝手儘之儀申募当惑之次第、右を厳重取締候得者火を附候様子柄、領主御役場より時々見廻候得共、是亦小警告而已か一切取締等不相成歎敷次第、先達而野川村善兵衛外観音寺権蔵分家権八物置小屋、其外卯之助物置小屋等出火之節多分之品物紛失いたし、右者出火手伝ニ参候もの夫々盗取候よし、此節屋敷家共質物等に差入候程之もの共而已自由勝手我儘之事共申募、少も身元有之もの共者只々恐縮、銘々身構ひ罷在候次第、追々衰微往々者亡村可致哉抔内々歎息罷候（以下略）

これは打ちこわしを受けた観音寺村名主久右衛門の松前領にかんする状況報告を代弁している部分である。つまり、これによれば松前領山内七ヵ村（万善寺・野川・猪野沢・沢渡・後沢・観音寺・沼沢村）には「重立御名主も無之故歟、甚不取締」であったと指摘し、その状況を具体的に述べている。ここでいう「重立御名主」は郡内における有力な豪農層を指している。この点を明治八年の「村山郡立附調」（小作俵数調）から検討すれば明らかである。山内七ヵ村には後沢村幾右衛門と打ちこわしをうけた沢渡村与左衛門をのぞいて、立附米五〇〇俵以上の地主は存在しない。そのほとんどが一〇〇―三〇〇俵台の中小地主である。久右衛門ら一〇〇俵台程度の村役人では、とくに領民支配の実権を委任されている飛地領にあって、もはや十分な統制力とはなりえないと指摘している。

事実、天保期以降のこの山内七ヵ村と周辺村落では、村役人をおくことができず、隣村の名主が兼帯する場合が多かった。たとえば、安政三年沢渡村が松前領に編成されたとき、幕領に残った関山村の村民は、沢渡村の年寄与左衛門を、

当村之儀者、奥州境之山中ニ而一躰田方不足之上凡七分通余御料御私領数ヶ村江飛地ニ相成、地主共手作不行届小作江為任置候故、御年貢米永納辻丈ても収納不相成、居村田方者極冷水掛り之薄地ニ付、産米無数年中買夫食を以相続仕候間、村内身元之もの壱人も無之乏村之処、（中略）御支配大貫次右衛門様厚思召を以伝兵衛・長右衛門新田地主沢渡村与右衛門江兼帯被仰付、於同人も差あたり精実世話いたし候得共、長々之凶歳ニ而一同極々労れ果候末之儀故、人心不穏如何共相続手段無之、郡中備金等拝借仕困窮者共借財之分者棄捐同様之済方取斗候上、不容易金子差出夫々貸渡相続方并取締向仕法相立、他国出いたし居候者共江者追々迎を立呼戻勧農教諭者勿論種々異見差加ひ候ニ付、与右衛門之実意一統江梁渡り人道をも相弁ひ、段々銘々之心中を恥候より、人気鎮農

業出精片時も早々村柄立直り旧恩相謝度一同申合（以下略）

と、村政改革に手腕を発揮した与左衛門の功績をたたえ、幕領にとどまることを願い出ている。打ちこわしをうけた久右衛門も与左衛門も、ともに以上のような山内の状況にあって、微力ながら改良派的名主として天保期に村政改革を幕領代官のもとで断行した村役人であった。そして安政以降は松前領山内七ヵ村総代名主として領内に重きをなしていた。

とくに久右衛門は後に述べるが松前藩の廻米強制政策の推進的役割を担っていた。平常でさえ米不足の山内に廻米を強制することは特別な方法によって行わざるをえなかった。それが酒田買米法であった。実際に山内においてそれを断行したのは久右衛門であった。しかし、酒田買米が村山地方より低米価であれば村民に歓迎されるが、そうとは限らない。時には村民の負担増となり重荷となる。また兼帯名主与左衛門が関山村民に「借財之分者棄捐同様之済方」「他国出いたし居候者共江迎を立勧農教諭」と感謝された村政改革は、結局は小作料（年貢をもふくむ）を滞納し地主層には重荷になっていて、すでに没落の危機に瀕していた下層小作農切捨の擬装政策であった。つまり反面では「買喰い」層＝世直しを願望する層を析出し、同時に彼らの労力販売の場を確保し村内に滞留せしめようとした改革であり、その意味では新たな矛盾をつくり出したものであった。彼らが打ちこわしをうける要因をさぐり出そうとすれば、以上のようなものであったと考えられる（拙稿「『世直し状況』の経済構造と階級闘争の特質」）（『歴史学研究』三二六号、一九六七年、参照）。

これに対して、おなじ地域にあって幕末期まで存続した幕領には、きわめて大きな地主層が存在していた。幕領代官所の実際的作業をおこなう郡中会所の総代名主層はその典型である。山口村名主義左衛門（一八〇〇俵）、久野本村青柳安助（二四〇〇俵）、長崎村柏倉文蔵（一二〇〇俵）、岡村柏倉久右衛門（一四〇〇俵）、松橋村堀米四郎兵衛（一二〇〇俵）と、まさにこれこそが久右衛門（観音寺村）がいう「重立御名主」であった。このような有力豪農が幕領にのみ存在する理由は、天保期以降の羽州村山幕領編成政策と深い関連があることは、第三章で詳述したところである。羽州幕領は天保一二年「三方領知替」失敗を契機に、それ以後しだいにその規模を縮小していく。しかしこの縮小は、有力豪農層＝「重立御名主」層の存在する村を幕領に残していく方向ですすめられていった。有力豪農層もまた藩領への切替に猛然と反対し、残留に成功した。こうして「重立御名主」とよばれる有力豪農層は、意識的に幕領に編成されていった。しかも、前章で詳述したところだが、この経済的優位性を基礎に幕領の豪農層は、文久三年の農兵取立によって公然と自衛手段としての武力を保有する努力を開始した。取立はまもなく中絶されるが、その後も豪農層は内々に武器を買い集めていた。これらの点は、幕領名主層が、私領村落との間に、経済的・政治的優位性を歴然と示したことを意味していた。つまり、武器を貯蔵し、私兵を持って防衛していることを誇示していたのである。それこそがさきに指摘したように幕領の村落にたいして「徒党之もの共、人数催促之廻文ハ勿論、何等之義も無御座候」といわしめたもっとも大きな条件であった。

久右衛門が指摘しているように、火事場泥棒を働き、「屋敷家共質物等ニ差入候程之もの共而已自由勝手我儘之事中募」る状況に対しては、この武力装置こそがもっとも有効な対抗手段であった。こうして慶応二年の世直し騒動は、もっとも自衛組織の脆弱な小藩飛地領を中心に展開したのである。

表5・6・7は、観音寺村とその他周辺村落の農民層分解の状況をしめしたものであり、表8・9はそのうち二村（観音寺・山口）の明治六年の土地所持規模と農業外職業従事の関係をしめしたものである。これによれば松前領も幕領もおなじように、多数の「買食い」層が滞留していた。そして彼らの多くは日雇・雑業層であったことがわかる。

慶応二年の物価上昇が彼らの生活に具体的にどう影響したかは明白である。東根村名主「日記」によれば、すでに同年三月二七日の条に

一、当組大工忠五郎・屋根吹《（葺）》三蔵・長七・町松、大工定助、右五人日雇銭六日壱分ノ割合ニテハ難渋ノ趣ニテ、五日壱分ニイタシ度旨ヲ以正作（名主—引用者注）宅へ願出候間、右ハ当郡斗ノ義ニハ（無之—原注）、外郡中ヨリ夫々掛合有之、御役所ヘモ申立触出候義ニ付、難取用旨申聞ル

とあるように、大工・屋根葺などの「日雇銭」の値上願いは、「当郡斗ノ義ニハ（無之）」とおさえられている。これはおそらく、米価を中心とする諸物価の急激な高騰と、このような階層の賃銀上昇とのかかわりあいをしめすものとして注目できよう。このことはおそらく、観音寺村・山口村の農業外労働を主とする多数の階層にとってもまた同様な条件ではなかったかと推測できる。しかも七月段階にはさらに米価は高騰しており、彼らは久右衛門のさきの指摘のように、すでに欠乏と困窮が普通以上に激化し、もはやこれまでどおりに生活することができない段階に追いつめられていたことは事実であろう。

そしてこれらの階層が、不満と激昂を一挙に爆発させ、呼びかけに馳せ参じた。かれらこそが騒動への主要な参加層であり、支持基盤であったことは、騒動後の「騒動一件ニ付廻村尋方手帳」などの探索書から判明した参加者の一覧表である表10をみれば明らかであろう。持高・職業の判明する場合はほとんど無高、日雇・土方・髪結・木挽などの賃稼層である。つまり彼らはこの段階にいたって、「家屋敷共質物等ニ差入」て「自由勝手我儘之事申募」るにいたり、すでにわずかに維持していた農民的な秩序意識を喪失したと考えられよう。

第５表　観音寺村の例

持高＼年代	寛政4	天保11	安政2	明治2	明治6
0	37	48	42	26	44
0.1～2	8	22	26	20	41
2.1～4	19	32	29	35	37
4.1～6	26	26	25	28	31
6.1～8	29	26	20	21	13
8.1～10	20	26	19	18	22
10.1～12	8	17	16	17	6
12.1～14	12	4	9	7	2
14.1～16	3		3	3	2
16.1～18	7	1	2	1	
18.1～20	2	2	2	2	3
20.1～25	3	1	1		3
25.1～30			1	2	
30.1～35		1	1	1	1
35.1～40	1		1	1	
40.1～50	1	1	1	1	1
50.1～60	1	1			
60.1～70					
70.1～80	1				
80.1～90					1
90.1～100					
100.1～200					1
計	178	208	198	183	208

第６表　田沢村の例

持高＼年代	文政13	嘉永5	明治6
0	39	43	46
0.1～2	12	9	25
2.1～4	5	7	9
4.1～6	5	4	6
6.1～8	3	1	10
8.1～10	7	6	4
10.1～12	2	2	2
12.1～14	2	3	2
14.1～16	4	6	3
16.1～18	3	3	1
18.1～20	6	6	3
20.1～25	7	8	3
25.1～30	3		1
30.1～35	2	2	1
35.1～40	1	1	0
40.1～50			1
50.1～60			
60.1～70			
70.1～80			
80.1～90			1
計	101	101	118

第７表　山口村の例

持高＼年代	寛政５	文化10	文政６	天保２	天保10	安政２	慶応２
0	82	111	114	123	128	142	136
1石未満	4	5	3	6	6	5	5
1～5	9	10	9	14	15	19	15
5～10	7	10	11	15	17	16	19
10～20	46	32	40	33	32	33	34
20～30	20	17	12	13	13	11	13
30～40	3	4	5	4	3	7	6
40～50		5	3	3	3	3	4
50～60			1			1	
60～70		1		1	1	1	1
70～80		1	1				
80～90		1	1		1		
90～100				1	1		
100～200	1					2	1
200～							1
計	172	197	200	212	220	240	235

第8表　明治六年観音寺村の農業外従事者（兼業を含む）の土地所有・経営状況

		日雇	背子	煙草刻	山稼	木樵	木挽	大工	左官	屋根	鍛冶	馬喰	煙草小売	酒小売	穀屋	酒屋	木物師	染物屋	商業	雑業	工業	物産商	その他
	計	9	7	2	4	9	2	4	1	1	1	1	12	2	2	1	1	1	2	38	2	8	14
所有規模（石）	20～25												1										
	15～20																						
	10～15																						
	8～10												3							2			
	6～8												2	1	1				1	1			
	4～6					2							2					1	1	8		1	
	2～4		1				1	1				1	2		1					13		3	2
	0.1～2	2	2	1	1			3					2	1		1	1			11	1	3	6
	0	7	4	1	3	7	1		1	1	1									3	1	1	6
	諸職	日雇	背子	煙草刻	山稼	木樵	木挽	大工	左官	屋根	鍛冶	馬喰	煙草小売	酒小売	穀屋	酒屋	木物師	染物屋	商業	雑業	工業	物産商	その他
経営規模（石）	0	3		1	1	1															1		
	0.1～2	5	6	1	3	6	1	2	1	1		1	1	1			1			10	1	2	7
	2～4	1	1					2			1		1		1					14		6	7
	4～6					2							4					1	1	10			
	6～8												2	1	1	1			1	1			
	8～10												1							2			
	10～15												2										
	15～20												1							1			

またこれらの探索書によれば、一揆「頭取」層については、兵蔵をのぞいて具体的な報告がなされている。それによれば、兵蔵のほか、観音寺村源七（安政二年・所持高五石九斗七升一合）、沼沢村十吉、川原子村（小原）太助、東根村北組博徒吉蔵の四人である。兵蔵は別格であり、探索書類にはまったく記されていない。また残りの太助については、

> 貫津村江妹縁付居候ニ付、右のもの江紙漉伝授いたし同所江罷在風聞、仙台にて悪事いたし片鬢落され、夫より剃髪の由風聞有之、拾四五歳の倅を連歩行候由、何れも奥羽境近辺を廻り候もの

とか、

> 一体右太助義ハ平日沼沢村より炭薪其外

第9表　明治六年山口村の農業外従事者（兼業を含む）の土地所有・経営の状況

	諸職	商業一般	穀物駄賃稼	産物駄賃稼	煙草刻	日雇	雑業	出稼	大工	土方	屋根葺	下駄打	綿打	山稼	木挽	医者	馬喰	合計
	計	3	3	1	2	31	7	3	1	3	2	1	1	1	4	1	3	67
所有規模（石）	15～20														1			1
	10～15	1																1
	9～10																	0
	8～9																	0
	7～8				1													1
	6～7																1	1
	5～6																	0
	4～5																	0
	3～4					1												1
	2～3						1											1
	1～2			1		1									1		1	4
	0.1～1		1			1				2	1		1			1		7
	0	2	2		1	28	6	3	1	1	1	1		1	2		1	50
経営規模（石）	15～20						1								1			2
	10～15																	0
	9～10																	0
	8～9				1												1	2
	7～8																	0
	6～7					6												6
	5～6	1				1												2
	4～5																	0
	3～4					2	1											3
	2～3		1			3	1											5
	1～2	1	1	1		9	1			2			1		1		1	18
	0.1～1		1			3	3		1		1	(?)		(?)		1	1	11＋?
	0	1			1	7		3		1	1				2			16

第10表　打ちこわし参加判明者一覧

村名	参加判明（逮捕者名）	字名	持高・職業	参加の内容	逮捕者
観音寺村	兵吉	田中		久右衛門方先立乱妨人	○
	源七	〃	権蔵手元	〈頭取〉悪徒より関山村に手紙持参，人足催促	
	儀蔵	大門		布団皮所持のもの	
	藤三郎				
	丈吉				
	市太郎	入組		吸物碗盗取，久右衛門弟物置へ立入諸道具打毀〈元悪党〉	○
	又七	新田		〈小頭〉（六兵衛養子）久右衛門長屋物置立入乱妨	○
	吉三郎	〃		〈小頭〉（長右衛門ともいう）　〃	
	甚兵衛	〃	権蔵手元		
	忠七			（甚太郎倅忠七）綿入半天の盗取	
	千代治			野川村久四郎聟（当時観音寺住居），与左衛門打毀，衣類盗取，諸道具破り（醤油桶・鍋釜・瀬戸物）先立打毀	
	源治		髪結	与左衛門土蔵へ立入，当時迯出，郡内徘徊のもの	
	儀蔵			久右衛門乱入，書物取探し盗取，其外乱妨	
	利兵衛				
	清蔵				
	市三郎				
	長右衛門				
関山村	長兵衛	下悪戸		斧持，久右衛門方乱妨	○
	惣内	〃	土方	（惣吉次男）久右衛門方打毀，盗取，与左衛門方同様	○
	権内	〃		慶応3年4月29日捕	○
	藤蔵	〃	日雇	（25～6歳）金3分にて雇われる	
	三八	〃		久右衛門方打毀	
	与惣吉	上悪戸		（与四蔵倅）久右衛門宅乱妨，慶応3年4月29日捕	○
	長作	茂木			
	源太郎		無高	（46歳）久右衛門方乱妨へ加わる	
	門次郎			（36歳）（門蔵倅）御召出のもの	
	茂七		〃	（54歳）　〃	
	権六		〃	（32歳）　〃	
	才太郎		〃	（35歳）　〃	
	藤蔵		勘四郎下男	観音寺村庄作倅にて当年は村方へ立戻	
	甚八		無高	（44歳）風聞によれば仙台へ罷越，迎差立帰村	
	専八		14石493	（35歳）金子賊徒へ渡しの者	

万善寺村	惣右衛門			〈小頭〉頭取へ喰付先立歩行，悪事あり，久右衛門方乱妨	○
	新　　吉			久右衛門方より鉄砲筒盗取	
	善兵衛		木　　挽	〈小頭〉村方より頼一札にて小頭，頭取とともに乱妨	
	三五郎			〈小頭〉西ノ原にて小頭に村方より頼まれ（角蔵こと）	
	茂右衛門			（吉次改）久右衛門方先立もの，歩行打毀	
	三　　吉			久右衛門方先立，乱妨	
	万　　蔵				
	平　　蔵			〈小頭〉	
沼沢村	十　　吉			〈頭取〉騒立後仙台へ逃去，それより松前を郷とする（山内之もの下仙台ゟ元切に参り候ものへ脇さし金三両にて質入路用にいたし参り候風聞有り）	
	文　　七			（文治倅）	
	宇右衛門			手引致もの	
	忠　　次		馬　　喰	（老年）久右衛門方より盗取	
	（外）			沼沢，猪野沢両村之もの多人数騒立之内江立交り候由に候得共，名前碇と不明分追ゝ可申上候	
猪野沢村	彦兵衛			〈小頭〉	
	林　　蔵			久右衛門方乱妨風聞，盗取（新四郎倅利蔵事）	
	（外）			（沼沢村の記述参照）	
沢渡村	惣右衛門	上　代		〈筆取〉（庄右衛門事）袴一つ盗取	
	新太郎			〈小頭〉久右衛門方先立，乱妨（沢渡村小頭名前新太郎と申ものは軍師之様子に御座候，乱妨之義者決して不致候由）	○
	藤　　七			久右衛門方打毀	
	庄　　吉			久右衛門方盗取	
	金　　助	入　組		斧持，乱妨人（久右衛門方）	
	五平治	〃		久右衛門方馬具盗取	
	権　　内			〈小頭〉久右衛門方打毀	○
	（外）			斧にて打毀候もの多分，関山・沢渡のものの由	
	幾四郎			（40歳）成三郎倅	
	甚左衛門			（26歳）甚九郎倅	
	与右衛門倅			平日よろしからざるもの	
	（外）			まさきり持人足多分者関山村ゝものニ候由，数不知	
川原子村	太　　三			（藤十郎倅，頭取太助弟），太助宅徒党支度，同人小袴兵蔵着用	○
	八重吉			（太助弟）	○
	利　　八			（源十郎倅），与左衛門庭に上り乱妨，物取逃去	
	林　　蔵			与左衛門弟乱妨，盗物逃去	

川原子村	藤蔵			（頭取太助に等しきものの由）	○
	藤八			（藤蔵倅）利八に同道乱妨	
	文四郎			（文太郎倅）物取，久右衛門宅へ乱妨出入	○
	利吉			（作内分家）頭取太助同意の由，悪者，逃去	
	源吉			（権助倅）与左衛門方，盗取のもの	○
	留吉	下川原		与左衛門方，物取	
	四平				
	四之亟				○
	勇七			（善四郎倅）与左衛門方乱妨	
	(小原)太助			藤十郎倅〈頭取〉	
	長四郎		木挽	善兵衛倅斧を持参，兵蔵と知り合のもの	
後沢村	茂七	入組		〈小頭〉頭取同様，久右衛門方への乱妨，打毀	○
	権七	上代		兵蔵の鉄炮持，度々打放	○
	甚八			六尺棒盗取り持歩く，幾右衛門方へ引上天井突板 （平日よろしからざるものではない）	○
	金助			久右衛門弟乱妨人，斧持歩行の由風聞	
	三吉			（万吉倅）久右衛門弟乱妨人	
	銭蔵			（治助倅）	
野川村	利八	坂ノ下		与左衛門方土蔵へ入，盗取	○
	市太郎			久右衛門方へ盗取	
	源八		髪結	盗取，逃去	
	忠次郎				
	善兵衛			出火	
東根村	与惣吉	東組		与左衛門方へ立入	○
	兵助			（兵蔵兄）与左衛門方立入，逃去	
	利助				
	吉蔵 （外）	北組	博徒	四戸より仮住居いたし，当時逃去候ものの由 北もの騒動江相加り間敷哉奉存候	

天童の方へ附出候節、石炭薪奪取候ものにて、沼沢・関山両村にても、右太助義殺べきなど私致居候様にも有之候由に御座候処、一躰右悪党頭取のものは六月朔日より右太助方にてさわき居候由、右太助義は仙台へ逃去候由

とある。また、博徒吉蔵については、「当時万善寺村々借家致候様子」というように、「買食い」層と同様な条件のもとにあって、ともかく「平日より悪心之ものニ御座候」と支配者側にいわれる者たちであった。また沼沢村十（重）吉のように「騒立後仙台江逃去、夫より松前迄いたし行の由」と、村落外での豊かな生活経験を推測させる階層でもある。その点で前述した頭取兵蔵と同じような生活歴の持主たちであった。つまり安丸良夫さんのいわれるように「その個人的腕力と経験的な知識と弁舌の能力によって、その地域の民衆から信頼されており、争いごとがあるとそれをおさめたりするような地域社会の実力者」とはいえないまでも、「頭取分のものは」「既成の秩序の枠組にはいりきらない」（以上安丸、前掲書より）者たちであったのは事実であろう。しかし彼らが、民衆の要望をどこまでくみとり組織化ができたかと問われれば、それは一時的なものであり、持続性を維持するつもりもなかったといってよいだろう。

ただ、彼らの認識と「弁舌の能力」には、「儀兵を起し窮民救」とか、「我等一命懸困民のため相勤メ」とか、「天下儀士」という大塩平八郎の檄文ばりのスローガンがみとめられる。これらは、おそらく野州栃木の浪人たちが作文したもので、それこそがさきにみた当時の社会的状況のなかで、民衆を即座に結集しうる表現であるとみたにちがいない。しかも、探索書に示されるごとく、六月以来の不穏の状況のなか、「買食い」層らの要求を組み入れることで、騒動の広範な支持基盤が得られると認識していたのであろう。だからこそ観音寺村の年貢諸帳面破棄をのぞく闘いの目的を、酒食と金銭の強要による「救民」に集中したのである。彼らの「経験的な知識」による騒動における現実の

行動は、その戦術においてきわめて大胆であり、郡内の権力状況と村民の要求をふまえた計画的なものであったといえるだろう。

こうして騒動への参加者は、さきの探索書類によっても「沼沢・猪野沢両村之もの多人数騒立之内江立交り候由ニ候得共、名前聢と不相分追々可申上候」「まさかり持人足多分者関山村之ものニ候由、数不知」と判明できないほど広範であり、彼らは村役人への強要で徴発された人足だけとは考えられない自発的な参加層で、予想を越えた数にふくれあがったのである。そこには没落の危機にあった「小農」などの多くの参加も当然みられる。だが、具体的な打ちこわしの過程においては、諸悪の元凶である「身元の者」の生産手段の破壊によって、不当な「富」への憎しみをはらすだけならまだしも、搾取と収奪の社会的・政治的諸機能を麻痺させる打ちこわしの論理に反し、盗賊的行為が常態となったことが、ただちに「小農」＝人足の逃亡＝遊離をもたらしたと考えられる。結局騒動は、「施金・米」の強要に成功しながらも、わずか二日目には解散せざるをえなかったのである。

これに対処した豪農層は、それゆえまず夫食米の確保を全力ではかることにつとめた。山口村「寅日記」にはこのことについて、きわめて端的に「町米売出不申、山附村々夫食差支騒立仕合ニ付、施米・安米など売出し窮民手当ニ而米直段なし」と述べ、酒田からの買米さえ断行しようと試みている。そしてもう一方では、この騒動によって具体的に巨大な政治勢力と映った「買食い」層の参加にたいし、文久三年にその計画を中絶された農兵制を、より階級的性格を明確にし発足させたのであった。事実この「強壮人取立」という再建農兵は、前章で述べたごとく「買食い」層への力による対決をいっそう鮮明にしたもので、世直し騒動参加者の逮捕と監視に積極的に機能しだしたのである。この「強壮人」制は文久農兵解体後も続けられていた私兵的武力蓄積が、基盤となった。

三　世直し騒動と村方騒動

しかるに、この一揆のなかにあってただ一つ農民的要求とみられる観音寺名主久右衛門家打ちこわしの際の、村方諸帳簿、とりわけ年貢関係帳簿の破棄は、どのような意味をもっていたのであろうか。探索書によれば、この帳簿類を破棄したのは、観音寺村の儀蔵である。彼は久右衛門方へ乱入し「書物取探し盗取」りの主役になっている。儀蔵は安政三年に七石八斗二升六合の農民である。彼がどのようなかかわりあいをもって一揆に参加し、なぜ村方諸帳簿の破棄をおこなったのかはわからないが、観音寺村では、おなじく打ちこわし参加者の又七らによって、天保期以降長期にわたる村方騒動が続いていたことが深くかかわっていよう。かれらの多くは「仙台江手間取稼キ罷越」と一時的に離村する流動的な没落過程にある農民層であった。羽州幕領の観音寺村では、天保改革期に「仕法替」がおこなわれ、借財棄捐、耕地再確認、買戻しと、「トクセイ」という名目で実質的な没落小作切捨政策が断行された。騒動はその時名主久右衛門が小前層から「私欲を取斗有之候段疑」として訴えられたことにはじまる。村方騒動の主要な目標は、この没落小作切捨策をいかにくいとめるかにあった。そして彼らは騒動を通して「金主方江損毛相掛候儀手柄之様ニ差心得金銭不融通之基、村内不穏心得違不埒之至」という久右衛門弾劾のみならず、「小前一同相談之上小作米代勿論賃借取引金利足之儀者、年壱割五分迄之差加金を以取引可致候儀定仕候、尤相対熟談利足之儀者格別ニ候」という借財利足を制限させて小作層没落の条件を回避させる成果をかちとるまでにいたった。こうした騒動の過程で提出を求めて拒否された村方帳簿への関心が、打ちこわしのさいに諸帳簿破棄となって具体的にあらわれたものであろう。

しかも、観音寺村の場合、東根村名主「日記」の六月二八日の状によれば、

観音寺村名主久右衛門・早坂善三郎同道相越

一、山内村々去々子御年貢酒田買替代金不足六百両余、同所御蔵元尾関又兵衛方ヨリ借用有之候趣、尚又去丑年分不残買替相済候趣ニテ御申上置候得共、去暮ヨリ同湊米相場追々引上買間無之纔ナラテ買入ニモ不相成、然ニ当節是非買入不申候テハ廻船御積立御差支ニモ相成候儀ニ付、買代金去暮割賦残観音寺村壱ヶ村ニテ、当月中千両モ割賦不致候テハ不相成、就右過日組頭并五人組頭共へ申談示候処、小前共不承知申居候由ニ付、右金割賦イタシ候得ハ村内騒立候ノ義モ可有之哉、右ノ次第前以稲川様へ申上置候様イタシ度段申聞候得共、病気引籠中ニ付、善三郎ヨリ申上候積リニテ引取

また七月一四日の条には、

一、山内酒田買替米代金取立一条ニ付、観音寺村百姓共御役所へ歎願ノ趣ニテ五六人御用宿円蔵方止宿有之候様子ニ相聞ヒ候旨、名主久右衛門内々申出候間、御用宿円蔵呼寄相尋候処、昨十三日同村百姓ノ内ニテ名前不存モノ両人罷越買替様子存居候ハヽ承リ度申聞候得共、委敷義ハ存不申、且買替ハ同村斗ニモ無之義ニ付、先立相騒候ニモ及間敷、外村方へモ面会静ニ申談示候方可然旨申聞相帰シ候趣申之

とあり、松前領の蝦夷地廻米強制の結果、米生産の低い山内地方の場合は、それを酒田にての買米によっておこなわ

なければならなかった。しかし米不足・米価騰貴がそれを不可能にした。しかもこれを強行するためによりいっそう収奪強化がおこなわれようとしたため、村内ではすでに反対の闘いが準備され、だれかが「先立相騒」すれば、いつでも爆発するような段階に到達していた。この問題は、すでに天保期から米不足の山内地方の一般的状況で、農民にとっては実質的に石代納とおなじものであるが、それを酒田や江戸（幕領の場合）でふたたび米に買替え上納するため、結果としては村山地方より高い米を買い納めることになる。その意味ではこの方法は事実上の収奪強化であり、普通の石代納とは同質のものとはいえない。このため農民負担の増大に反対する運動がしばしばおきていた。とくに開港を契機として廻船の状況や諸物価の高騰、そして米不足の松前領にかわったことによる廻米強制の結果、酒田買納制は農民にとって非常な桎梏となっていたことはまちがいない。

以上のような村方騒動と酒田買納制の問題があい重なり、それが浮浪者であろうと「先立相騒」げば、即座に名主久右衛門への打ちこわしに転化し村方帳簿破棄につながる状況が醸成されていたといってよい。

このような没落の危機におかれた農民層の動向は、とくに開港以降周辺村落一般にみられるところであった。これにたいする豪農層の対応が、万延二年の米穀流通の全郡的統制を意図した「郡中物代制」の復活強化であった（詳しくは、本書第二編を参照）し、また同年最上川西岸谷地地方七ヵ村の一六地主によって結成された地主組合「泰平講」に表現される。とくにその明治末年まで存続する地主連合の「議定書」は小作人層の闘いに対する地主の意識を露骨に表現したものであった。そこで全文を紹介しておこう。

議定之事

谷地郷村々之義者、御料御私領寺社領入会候場所柄ニ而人気区々ニ有之候処、近年異国御交易御開港以来、穀類而已ならす諸品直段高直ニ相成、就中米価引上買食之貧民及難渋候、当今時勢ニ相泥暮し方相応之者ニ至迄心得

違いたし、既ニ去申年所々方々江大勢寄集、作柄不相当之小作毛見を手強ニ地主々々江願込候上、徒党ヶ間敷義有之候哉ニ相聞不容易義ニ付、向後為取締谷地郷村々身元之者今般一同相談之上議約左之通、

一、小作人共之儀、暮し方相応之者ハ田畑宜場所柄撰抜手広ニ耕作いたし候故、作毛よく年々之取入も多、穀物積貯牛馬扱ひ安穏ニ家内扶助いたし、衣食住共立派ニ成居、夏分ニいたり相場之高直ニ乗し穀類売払候次第ニ有之、困窮人ハ暮し方宜者之作嫌候不便利之田畑を作居候故、年々之取入薄、殊更手入茂不行届、平年共作毛劣リ纔之違作ニも毛見引願強、暮し方相応者之作毛宜候共其身之利欲ニ走、貧窮人同様毛色之善悪ニ不抱引方願候様、近年仕癖悪罷成遂々騒立候様之基ニ付、以来田畑小作毛見いたし候年柄ハ地主見分之上、作毛之上中下を篤と見定、小作為立会田場ニおゐて夫々引方取極、稲為苅取不承知を申候者ハ、縦令苅分ニ相成候共無拠ニ付、善悪惣躰ならす毛見不致様弘化以前之通復古いたし当酉年より相改候事、

一、近年打続小作引田作之善悪ニ不拘、小作人共願ニまかせならし毛見いたし遣候処、暮方宜者ハ益利潤ニ至リ、貧人者弥以困窮仕詰取続方及難儀候より、自然党を結不容易義を相企、乍恐御上様江御苦労奉掛上候様成行候間、今般ならし毛見差止坪毛見相改、小作人共之悪仕癖立直し、貧窮も心安取続農事相励、貧福平均ニ暮行候様古来ニ復シ坪見いたし候共、蒙昧之小作共恩分を不相弁自己之災ニ陥候義をも不顧彼是差拒、地主之申聞ニ悖り一同馴合、稲苅取候様後無理ニならし毛見相願候節ハ、地主一統会合之上温和ニ遂談判無甲乙様引方取調、一己之貪欲を以毛見引多少不可致事

一、小作人共ならし検見相好候根本ハ、彼より何程、是よりいか程引方貰候抔と、意外之偽を申触シ、地主之心意を誑惑し所々江群集いたし手強ニ願込候ニ付、兎角地主ニおゐても区々申聞候様相成、小作共悪計弥増長いたし歎ヶ敷次第ニ付、地主之存慮一和いたし、以来区々ニ不相成様当酉年より年々地主会合を催し睦及相談、

諸般取極候約定不洩様深相慎何れニも小作人共之風儀立直し方面々心掛可為専要候事

一、近年村々人気不宜、質地流地いたし度旨を申、譲主世話人共取巧、他方之地所を自分物之様ニ仕成、金主を引廻し場所見分等為致、親類組合村役人ヲ謀書判取拵、稀ニハ村役人之心得方ニより組違又ハ無地高而已ニ而甚不正之譲引江見届奥印等居、取引いたし詰り故障出来、御上様之奉願御苦労候様罷成候方粗相見江、以之外御響仕方ニ付、以来田畑引請候節ハ悉遂穿鑿候ハ勿論之義ニ候得共、当最寄地主江問合無障意存申述倶々添心を請、可成丈不正之地所不取入様相互懸念候ハヽ、自然不埒之取斗人出来間敷穏ニ可打過ニ付相心得可罷在事

一、会合場所之儀ハ、御料所村ミ内検見いたし候節、大町村和泉屋ニ定置、泰平講と名附、金弐分ツヽ持寄、初番よりくじ引ニいたし、尤非常之年柄ハ勿論都而小作毛見一条ニ付、何等之評儀筋有之節ハ、其持候処、如件

これによれば、小作人層の対地主との闘いの激化のもっとも主要な原因は、「異国御交易御開港」による諸物価の高騰（とりわけ米価）にあったことは明白である。この段階で、小農的経営を維持しうる一部の小作人＝「暮方宜敷者」の存在を確認し、彼らは「益利潤ニ至」る闘いを展開し、逆に没落の危機にある小作人層は、あらゆる手段で生活レベルの回復をはかろうと闘っている。いずれにせよ小作料減免という点では両者は地主に対する利害が共通していたから共闘しえた。とくに弘化期にかちとった「ならし検見」は、それが「彼より何程、是よりいか程引方貰候」と、散懸り的小作にあって、地主を惑わすもっとも有効な方法であったといえよう。しかもこれらの要求が「党を結不容易儀相企」とか、「所々江群集いたし手強ニ願い込む」という集団的結束で闘われるにいたっている点は重要であろう。

ここに地主層の結集が必要になった。しかもこのような小作人層への対応が、「聊奉報御国恩」という認識によっ

て正当化され結集がはかられていることは、いかなる意味をもっているのであろうか。すくなくとも、この地主連合は小作人集団への対決を新たな結束によってしかなしえないことをはっきりと意識しだしたことを物語る。

ここでもこの闘いの主体が、没落の危機にある小農（小作上層）と小作下層にあることは明白である。そして彼らはさきにみたように圧倒的に農業外の諸職に従事する兼業層である。しかも、後者の方に経営の比重をおく「買食い」階層である。逆に地主層は文久三年の農兵組織の主体になる富裕層で、ほとんどが郡内有数の地主であった。

世直し騒動発生の地川原子村の文久三年にはじまる村方騒動は、その意味で没落小作層たちの意識をきわめて明確に表現している典型的事例である。その主な要因は、観音寺村とおなじである。しかし川原子村の場合は、「田畑畝切無之等ニ而畝狂至ス、残畝御年貢弁納之者極難仕、年毎之様子御年貢不納罷成候ニ付、去巳（明治二）三月中土浦藩五人御役人当村江御出役被成、田畑狂改正可致旨被仰渡」と、世直し騒動以後にまで持ちこされる。さきの伊藤儀十郎報告書は、

一、川原子村清右衛門より治郎右衛門親子并兼帯共江相掛不正筋訴上候一件ヶ条之内、賊党一件江治郎右衛門親子も内々携居候趣等も書載有之由ニ而、此節一件専之噂ニ有之候折柄ニ付（以下略）

と、村方騒動の主役が兵蔵騒動とかかわりあいがあることを指摘している。ただこの間の事情については記録が残されていないので具体的な過程を明らかにできない。しかし明治四年（一八七一）の川原子村「御百姓極々難渋出入」の歎願書に、その後の過程が詳細に説明されている。つまり、没落小作層は、村役人不正にかんする一八ヵ条要求の最初の訴訟で村役人の所払をかちとった。しかし村方騒動は、明治二年（一八六九）に「素々畝切之売買ハ双方不埒

ニ付、空畝御年貢弁納難渋之者無之様御田畑改正可致」という新政策を契機に再発する。すなわちこの「田畑改正」は「今般御一新ニ付右所払相成候当村弥七事治郎七ト申者大赦之御慈悲ニ而帰住」した旧村役人層らを中心とする「畝切ニ取添田畑所持至ス有徳之者」層の結束によって反対される。これにたいして「極々難渋」層＝質地取調賛成派は、有徳層が「近頃畝切ニ至ス聊之御年貢ニ而御田畑多分取置候ニ付、改正ニ相成候而者損毛之義ニ付、右様改正不相成様取巧辺々奸計廻し候」と反対理由を暴露したため、騒ぎが大きくなった。

このさい、村内は、「有徳之者」層がみずから名付けた「鴻之池組」と「貧食組袋組」とに区別され、彼らを「平常乞食同様ニ見掠メ不法乱行而已被取斗候段残念至極奉存候」と差別せしめるほどの対立をみるにいたった。そして問題は年貢諸勘定全般におよぶ不正追及へ発展し、地租改正にいたるまで持続されたのである。

以上のような事例は、この地域の幕末期の村落において容易に確認できる現象である。そこでは、村内の下層の小作貧農層を主体に村方騒動が組織され、日常的な年貢減免の闘いと、それと結びついた所持地（質地）取戻しが主要な目標になって、村役人・豪農を相手に展開された。つまり世直し騒動のさいにみられた村方諸帳簿の破棄を断行した農民の要求が、日常的な闘いのなかで具体的な課題となって常態化していたといえるであろう。

むすび

前出の伊藤義左衛門の「寅日記」は、慶応二年七月二六日の前夜の兵蔵騒動の情報を克明に記したあと、三〇日まで白紙である。それは、メモ魔と思われれほど克明に一日の記録を繰り返してきた義左衛門にとって、この騒動に対する狼狽ぶりとショックの大きさを物語っている。おそらく、従来型の百姓一揆や打ちこわしとはちがい、鉄砲まで用意しての施米と金銭の強要というまったく新たな闘い方に直面したからであろう。それゆえ、義左衛門は、この一件に関してだけは、一揆という言葉をほとんど使っていない。多くの場合「騒動」であり、そして「賊党一件」と総括した。義左衛門の目には、須田努さんが分類する「世直しの悪党」（『「悪党」の一九世紀』青木書店、二〇〇二年）による仕業と映ったにちがいない。

それは義左衛門をはじめ豪農層にとって、村落において再発させてはならない行動と映った。だから参加者に対するきびしい捜索と逮捕に積極的に協力し、自ら組織した強壮人たちによって逃亡を警戒した（第11表参照）。そして蓄積してきた武器をさらに強化した。

こうして再発を防ぐために、もっとも切実な問題である米穀の確保に奔走することになり、穀留めを始めさまざまな手が講じられた。そのうえ慶応二年一〇月の郡中集会において、郡内米穀流通の促進、穀留め強化、酒造三分の一造り、倹約、浮浪人の徘徊取締り、勧化・他国流民など浮浪者取締りなどを取り決めた「郡中議定」を制定した。それをさらに強力に推進するため柴橋・寒河江両代官の山田佐金二が、「穀類融通掛り」を一八名任命した。第12表の通りである。

こうした状況に対応するため、幕府は同年一二月には山田自身が、関東取締役の出羽版である出羽国取締役に任命され、権限の強化がはかられた（『東根市史編集資料』第一〇号「解説」参照）。

しかし周知のように慶応三年に入って政局はさらに混乱し、年末には大政奉還、徳川将軍職辞任、そして一二月九日の王政復古の号令で、一挙に混迷を深めることになった。こうして翌年正月二日始まった鳥羽伏見の戦いを契機に、戊辰戦争への道を歩みだしたが、村山地方もこの動きに直接かかわりをもち戦場となった。それは、一二月二五日に

第11表　強壮人の本陣詰・牢屋詰警衛順番

組番	強壮人頭取	身　分	強壮人頭取	身　分	当　番
1番	柏　倉　文　蔵	長崎村百姓	堀米四郎兵衛	松橋村上組 名主	4/10　4/17 4/24
2〃	弥右衛門	西里白山堂 組名主	庄　六	小泉村組頭	4/11　4/18 4/25
3〃	義左衛門	山口村名主	阿　部　権　内	工藤小路百 姓	4/12　4/19 4/26
4〃	槇　久右衛門	新町村百姓	晋　次　郎	野田村名主 見習	4/23　4/20 4/27
5〃	又　三　郎	楯西村百姓	嘉　兵　衛	谷沢村名主	4/14　4/21 4/28
6〃	工藤　八之助	米沢村百姓	与右衛門	小泉村百姓	4/15　4/22 4/29
7〃	久右衛門	楯南村百姓	長左衛門	吉川村組頭	4/16　4/23 4/30

(『東根市史編集資料』第一〇号「解説」より引用)

第12表　慶応二年、穀類融通掛りとその範囲

楯南村・楯西村・楯北村・君田町村・石川村・嶋村・新田村・仁田村	楯南村百姓　久右衛門 楯西村名主　市右衛門 楯北村百姓　吉　治 仁田村名主　利右衛門
矢野目村・原町村・山家村	矢野目村名主　仁右衛門 山家村名主見習　弁之助
久野本村・山口村・田麦野村・関山村・道満村	道満村名主見習　保　吉 山口村名主　義左衛門 久野本村百姓　青柳安助
小林村・神町村・嶋大堀村・野田村・藤助新田村・東大町村・新田村・大町村・工藤小路村両組	東大町名主　勇右衛門 野田村名主見習　晋次郎 大町村名主　孫之助 工藤小路村百姓　阿部権内 新町村百姓　槇久右衛門
溝延村６ケ組	溝延村名主　久兵衛 〃　東組名主　藤右衛門
小泉村・上小泉村・下小泉村	下小泉村名主　武　助 小泉村百姓　与右衛門

(『東根市史編集資料』第一〇号「解説」より引用)

酒井左右衛門尉様江寒河江・柴橋付御預被仰付候段、御内々被仰聞候、大凡
　高七万四千七百石余
前書一件ニ付、柴橋江罷出、惣代并三組相招示談ニおよひ、郡中村々江廻状差出（以下略）
（『宗尹日記』下巻、慶応四年二月）

と徳川慶喜から庄内藩が村山郡七万四千七〇〇石余の管理と年貢米二万三千石の下げ渡しを受けたことにはじまる。当然徳川旧領地没収で新政府領になるはずだったから朝廷の奥羽鎮撫使との間で争いがおこった。鎮撫使はその米の押収を天童藩に命じたため、四月以降村山郡は、庄内藩と討伐軍との本格的な戦乱に巻き込まれることになった。そして私兵を貯えていた豪農層は、その渦中に巻き込まれる事になった。それを一身に背負ったのが堀米四郎兵衛であろう。

二月から八月にかけ郡内は両軍入り乱れた戦場と化し、当然、郡内の民衆もまた物価の暴騰に悩まされ出した。こうして六月一六日

昨十六日夜、大石田小前百姓打寄、穀屋渡世罷在候新四郎、今五郎与両家江押込乱暴ニおよひ、戸障子等打破り候趣、不存事ニ候、
（同、慶応四年六月）

とまた郡内東北部の地域で打ちこわしが起こった。そしてこの動きは、二〇日、

廿日　天気　少々雨降る
夜前九ツ時、御役所より急御呼出ニ付罷出候処、郡中百姓共徒党相企、丹生村名主仁右衛門宅土蔵等打毀、夫より正厳村江打越名主五郎七宅同断いたし候趣、只今注進有之候ニ付、（中略）二藤村善次郎方江八ツ頃着、同人江申談遠見差出候処、無間も立帰り、北郷道森有之場所辺江屯集罷在候様子ニ相見得候段申聞ニ付、（以下略）　（同）

と各地に波及しだし、二一日には

郡中人数当村江押入候風聞ニ付、権作・重作遠見傍遣候、八ツ半頃帰る、　（同）

と尾花沢に押し寄せるという風聞が伝わって来た。しかしこの動きは「横長根式軒茶屋に徒党之もの屯集有之候風聞」（二四日）などと月内いっぱい続くが、結局は、兵蔵騒動のように発展せず、二八日になってはじめて、「小前願方ニ付、本陣江寄合、村役人之外柴橋私出る、承候処極困窮之由ニ候」（同）と、その要因が小前層の困窮にあることが判明する。ここで注目すべきは、打ちこわし層が、兵蔵騒動の「買食い」層から、「小前百姓打寄り」と村落の中核である小前層へと広がっている点であろう。

こうした状況は、何を意味するのだろうか。慶応四年の戦争状態がもたらす郡内の社会的混乱が、ついに小前層の暮らしにまで深刻な影響を与えだしたことを物語っていよう。

とりわけ、最上川など舟運を兼業とする小前や「買食い」層たちは、「極困窮之百姓共、日々取励買食取続キ罷有候所、今般之戦争ニ付、諸家様御軍用人足等日々相勤、取励様可仕様無御座、極難渋仕、漸取続ニ罷在候得共、只今ニ相成、必至与困窮」（『大石田町史』史料編八「亀井田・横山地区史料Ⅳ」二一九）と、軍用への調達のため本業の稼ぎができないだけでなく、「御戦争ニ付上下通船一切無御座」（同、二二〇）と通常の川舟が運行できず、「御軍用人足雇取仕、漸取続罷在候得共」、とその軍用人足で暮すしかすべがなくなった。しかしそれすら大石田河岸に近い横山村庄屋寺崎二右衛門が次のように訴える。

乍恐以書付奉願上候事

一、人足五拾人　　御軍船水主人足御割付之分

内　三拾人　　横山村

同　拾人　　田沢村

同　拾人　　富並村

右者先達而古口表御軍船水主人足割付被仰付候ニ付、奉畏右三ケ村ニ而夫々申付候処、去ル四月廿四日清川口御争戦聞及、御百姓共之儀、唯々恐怖仕、乍恐御請差渋り何共当惑仕候、去迚火急被仰付、御軍用御差支等ニ相成候而者、却而奉恐入候儀与存、其段不奉御伺、壱人ニ付、日数十日ニ金五両宛勤金取扱候積を以、是非罷出候様厳重ニ申聞、漸々之事ニ而承伏為致、日数三拾日之間、古口表へ為相詰候、然ルに右勤金之内も願いニ付、追々相渡し、残痕之分此度相渡呉候様、度々申出候間、古口表相詰候而、巳御争戦之場所江不参引取候事故、右勤金之内三歩壱ならて難取扱趣申聞候処、何分当惑之趣相歎候得共、三分壱之処ニ而、押而利解可申諭与奉存候得共、人足勤金五拾人三拾四（人）分、三分壱ニ相積候而も、金弐百五拾両高ニ相成、困窮之村々何れ共可仕様無御座、

難渋至極当惑仕候間、右勤金弐百五拾両高之内、半金百弐拾五両頂戴仕度奉願上候、時節柄甚以奉恐入候得共、何卒格別之以御憐愍御救助与為御思召、右願之通、御叶被成下置候様、乍恐此段宜敷被仰上被成下度、奉願上候、以上

辰五月

下谷地郷村々庄屋総代
横山村庄屋
寺崎二右衛門

（『大石田町史』史料編八「亀井田・横山地区史料Ⅳ」一一八）

と、戦争による「軍船水主」の徴発への「勤金」（賃金）不払いによる困窮が深刻化し、絶望的状態に陥っていることを知るだろう。こんな状況なので、大石田をはじめ近辺の村落でいつ打ちこわしが起っても不思議ではなく、村役人たちは騒動の要因を十分承知していた。そのため、参加者に対する探索が、「郡中騒立候一件ニ付御目差のもの御差紙之処不罷出、親類方江尋被仰付候得共、不見当趣ヲ以欠落届奉申上候由、然ル処右之もの共今度潜居候得共、行末之程勘弁いたし候得ハ、誠ニ歎敷ニ付、此上者如何様共御伺申上候間、偏ニ救呉候様一向相歎候」（『宗尹日記』慶応四年六月）とあいまいとなり、村々が非協力的で一向に進まず、もはや欠落してしまったと届け出て一件落着にしようという状況が生れ出した。そしてようやく捕らえても、それを裁くための能力もなく、村役人層が身元を引き受け教諭して解放せざるをえない状態に立ちいたったのである。

村役人や豪農らは、もはや村政どころではなくなった。当然「郡中議定」も麻痺状態に陥った。彼らは、鎮撫軍と

庄内軍との間で翻弄されることになり、村人への対応も困難になった。こうした無政府状態が、治安の乱れだけでなく、打ちこわしをも誘発させたのである。

戊辰戦争下の騒動は、小前層困窮という深刻な状況からの脱却を目指すものであった。そこには当然、さらに切実な「買食い」層も参加していたであろう。その点で、同じ戊辰戦争の中でおこった会津世直し騒動のように、経済活動の自由などを求める騒動へと発展することはなかった。なぜなら非領国ゆえに、強い経済統制が存在せずその必要がなかったからである。

第六章　羽州村山郡「郡中議定」の初発と休会について

はじめに

「郡中議定」は、藪田貫さん（『国訴と百姓一揆の研究』校倉書房、一九九二年）や久留島浩さん（『近世幕領の行政と組合村』東京大学出版会、二〇〇二年）などが注目する「郡中惣代」との関連で関心が高まり、現在の日本近世史研究者なら、その多くの方々が関心を持つようになった歴史的概念である。『角川新版日本史辞典』（一九九六年）には次のように説明されている。

江戸後期、幕領と藩領が入り組む非領国地域で、郡単位で組織された郡中惣代らによる協議体。不穏な状況が生まれると、議定を交わして地域ぐるみで秩序維持をめざし、米穀流通の監視や治安維持などにあたった。

というものである。また、私が執筆した高等学校用の日本史の教科書『詳解日本史B』（三省堂、二〇〇二年）では、第Ⅱ部「近代・現代の日本」第一四章「近世から近代へ」、1、「近代への胎動」の部分で

こうした変化は、村の身分秩序にも影響をあたえた。経済的に成長した農民らは不正を行う村役人の交代を求めて村民を組織し、村民どうしが争う村方騒動がおこるようになった。このため、村役人を選挙したり、信頼のおける農民が一年交代で村役人をつとめるなど、村民の意思を村政に反映させようとする自治的な動きもあらわれた。さらに飢饉から生活をまもるために、村の代表が集まって協議する自治組織（郡中議定）がつくられ、代官にかわって地域内の調停にあたる郡中惣代も生まれた。（前掲書　二〇二頁）

と紹介した。ここでは、近世後期に飢餓から生活を守るために生まれた地域的な自治組織であると説明している。

そして近年の「郡中議定」の研究については、大塚英二さんが「郡中議定になぜ注目するか」（青木美智男・保坂智編『新視点日本の歴史』第五巻、近世編、新人物往来社　一九九三年）で概論されている。大塚さんはそのなかで、藪田さんの領主制原理から完全に自立した地縁的原理に基づくものとする見解と、久留島さんのように近世社会において民衆が領主制原理から完全に自立することはありえず、惣代らはむしろその枠内にあって行政を実質的に代行することを通じて成長し、そこから村落や農民らの利害に基づく地域的公共性形成に注目する見解があることを紹介しつつ、しかし近世後期の地域社会が、郡中もしくは組合村議定組織として成立せしめた自主的・自律的な地域運営体としての「郡中議定」は、近代の地域社会のなかに継承されていくという点で共通するといわれる。

一　羽州村山郡「郡中議定」研究の意義

こうして現在、近世史研究において一つの重要な研究テーマとなっている「郡中議定」の存在と、その歴史的意義について初めて論及したのは、安孫子麟さんの「幕末における地主制形成の前提—市場関係の歴史的吟味—」(歴史学研究会編『明治維新と地主制』、岩波書店、一九五六年)においてである。ついで私が、安孫子さんに刺激されて、一九六三年の歴史学研究会大会の近世部会で報告した「非領国地域における領主権力の存在形態」(『歴史学研究』二八一号)のなかで、非領国という領主支配の特殊性から「郡中議定」に注目し、ようやく学界で俎上にのぼることになった。その二つの論文のフイールドは、ともに出羽国村山郡(現在の山形市を中心とする村山地方)であった。

その後、安孫子さんは、「幕末期の流通統制と領国体制—羽州村山郡における『郡中議定』—」(小樽商科大学『商学討究』一七—四、一九六七年)において、商品流通や市場統制の立場から「郡中議定」そのものの体系的な分析を行ない、近世後期から幕末にかけて、その存在意義を強調された。この論文は、成立から解体まで、議定の内容や背景を直接具体的に論究したもので、村山郡における「郡中議定」を論じたものとしては、現在でもこれを越える分析はない。

あえていえば、「郡中議定」そのものの分析に重心がおかれ、組織者としての「郡中惣代」の性格や役割にまで深く踏み込んでいない点が問題だが、羽州村山地方の商品生産や流通、そして市場論への関心や非領国という領主支配の特殊性から「郡中議定」への研究関心を高めた功績は、無視してはならないと思う。

次いで安孫子さんの体系的な分析のうえに、同年、梅津保一さんの「羽州村山郡における『郡中議定』について」(『山形近代史研究』一、一九六七年)という、その後の羽州村山郡における「郡中議定」研究を飛躍させるお仕事が生まれた。そして村山郡の商品生産の展開による階層構成の変質と米穀生産と消費の観点から「郡中議定」制定の背景を詳細に分析し、その意義を裏付けた点が多くの研究者に刺激を与えたのであろう。

また梅津さんは「幕末期の羽州村山郡『郡中議定』と郡中惣代名主」(『山形近代史研究』三、一九六九年)で、天保末年に休会後、万延元年（一八六〇）に再興された理由と、その組織の母体たる「郡中惣代」名主たちの立場を論証し、羽州村山地方における「郡中議定」の存在意義を明確にしたのである。

では、「郡中議定」とは、そもそもいかなるものなのか。史料上はどのような形で残されており、どんな歴史的経緯をたどって幕末に至るのか。組織はどう運営されていくのか、それを史料的に確定し、研究の発展に寄与しようとして編集されたのが、「出羽国村山郡『郡中議定』」（『山形市史編集資料』四、一九六七年）である。それは天明元年（一七八一）から慶応三年（一八六七）にいたる関連史料を、私が明治大学刑事博物館所蔵の旧山口村（現在の天童市）伊藤家文書の中から抽出し、その他、郡史や市町村史などへも目配りして集大成したものである。一〇二におよぶ関係史料は、羽州村山地方の「郡中議定」を知るうえでは、基本的な文書をほぼ網羅しているといってよいだろう。

その後、渡辺史夫さんの「羽州村山郡の村議定・郷中議定、並びに郡中議定について」（『山形史学研究』一八、一九八二年）や宮崎勝美さんの「天明期羽州村山郡幕領の石代納闘争と惣代名主制」（尾藤正英先生還暦記念会編『日本近世史論叢』下巻、吉川弘文館、一九八四年）、山内励さん「羽州村山郡幕府領における郡中備金について」（『山形史学研究』二七・二八・二九合併号、一九九六年）などすぐれた研究が生まれた。とくに渡辺さんのお仕事は、村落や地域秩序を維持するため策定される村議定・郷中議定、そして「郡中議定」を解明、「郡中議定」は非領国地域特有の治安維持方式として生まれたものであるとして、その内容を村落自治の変化のなかに位置づけた数少ない研究成果であるといってよいだろう。

しかし、全国的に各地の幕領を中心とした非領国地域で関心事になったのは、どちらかといえば、「郡中議定」の組織者である「郡中惣代」であろう。とくに幕領の代官所と村落との中間にあって、代官的業務の代替から地域の市場統制に至るまで、さまざまな役割を果す「郡中惣代」の自治的担い手としての性格と、その遂行にあたって生まれる権力的要素を重視し、幕末における地域の中間支配機構的な存在の活動分析から、そこに近代の国民国家形成の萌芽を確認する研究の潮流は、大きな流れとなって近世史研究に一つのジャンルを形成するほどになった。前出の藪田さんや久留島さんのお仕事は、そうした観点からのすぐれて実証的な分析で、多くの研究者に刺激を与えたことは間違いなく、以後各地で「郡中惣代」に関する研究が蓄積されている。その研究蓄積は、久留島さんの『近世幕領の行政と組合村』の序文の「注」に地域ごとに整理された論文数を見れば一目瞭然である。なかでも村山郡をベースに豪農の地域における経済的・政治的役割を具体的に追究した岩田浩太郎さんの「豪農経営と地域編成―全国市場との関係をふまえて―」(『歴史学研究』増刊号、二〇〇一年)は、「郡中惣代」の内実に経営の観点から迫りつつ、政治的立場を実証的に描きだした論文として注目されてよいだろう。

それらを見ても、どちらかというと「郡中惣代」たちの意思表示の手段としての「郡中議定」そのものに関する分析は、藪田さんの「国訴と郡中議定」(前掲書、前編第四章)などの研究以外、たいへん少ないように思う。藪田さんは、秩序維持の階層性と意外なほどの農本主義的な性格に驚かれ、それこそが近世後期に生まれた代議制の日本的特質を表現しているといわれる。ではそれらの点は村山郡の場合どうだったのだろうか。

以上のような観点から、私も今回もう一度村山郡の「郡中議定」を校訂しつつ読み直してみた。そして「郡中惣代」たちが、議定を制定しそれを遵守させようとする意思の強さに、改めて感銘した次第である。そこで、安孫子さんや梅津さんの論稿を参照させていただきながら、羽州村山郡「郡中議定」を論ずるさいに検討しておかなければならない、二つの問題に迫ってみたいと思う。その一つは、「郡中議定」制定の初発についてであり、もう一つは、「郡中議定」の休会についてである。

二　村山郡「郡中議定」の初発について

梅津さんは、羽州村山郡で「郡中議定」が結ばれる初発は、安永七年（一七七八）の仙台銭の郡内流通差し止めの申し合わせに始まるという。つまり、「村山郡中御料御私領村方役掛惣代之者」＝「郡中惣代之者とも」（［補二］本書第二編、四〇一頁）が「打寄一同熟談之上」で、「仙台鋳銭口留番人可相心得定之事」を取り決め、それを「御料御私領郡中村々大小百姓・町人・商人方」に申し渡したのが、それであるという。

その全文が［補二］であり、それは、おそらく幕領村落へ通達されたものだろう。ではこの集会は、いかなる必要性があって、どこのだれがこんな方法を発案して設定されたのだろうか。この点は、「郡中議定」が、だれがリードして結成されるにいたるのか、ということを知るうえできわめて重要な問題である。そのことを知る記事が、山形城下の専称寺（真宗）の『事林日記』（『山形市史』史料編2）安永七年二月の項に載っているので、その全文を紹介しておこう。

御料・御私領郡中村々大小百姓・町人・商人江申渡定之事

一、仙台鋳出之悪銭、別而近年夥敷最上へ持越商売致候ニ付、銭相場次第ニ引下ケ、且又右悪銭ニ而自然と金子仙台領へ被買上、金子不通用ニ相成、大小之百姓・町人・商人連々及困窮、御収納方差支、此上何程下直ニ相成、如何様ニ成行候哉茂難斗候ニ付、以来仙台鋳銭最上持越不申様、仙台御領より越口最上境村々への口留番人付置、越銭差留め候様ニ仕度旨、御代官所御預り所御五ケ分郡中惣代名主印形書付を以、旧冬御役所々江御願申上、未御下知無之候得共、彼是隙取候内、猶又段々越銭相募リ銭相場悉引下ケ、郡中一統必至と差詰り候ニ付、此度村山郡・最上郡中御料村方役掛惣代之者并御私領町村頭役之者打寄、一同熟談之上、仙台より最上江之越口七ヶ所へ口留番人付置、越銭指止候ニ付、此末決而商ひ銭者勿論、商売売払し代物ニても、仙台より銭ニ而者持参致間敷候、尤道中遣い銭壱〆五百文迄者不苦候得共、壱〆五百文より余慶銭持参候得ハ、口留番人方ニて指押へ申事ニ候間、可得其意候

一、仙台より致持参候商ひ諸荷持、何品ニ不寄番人方ニて怪敷見請候荷持者、相改候筈ニ候間、少も無違背改を請可申候、外荷持紛し商銭作込、致持参候類ひ多分有之趣専風聞有之儀ニ付、如此ニ候

一、越銭致持参候もの番所を忍ひ通候歟、又者隠通等致シ持越候者有之候ハヽ、見当り次第其者取勝ニ追落可申候

一、隠持越候銭忍ひ買取候者有之候ハヽ、売人・買人ともニ同様吟味之上、急度可申渡候事

右之趣最上郡中一統申合之相定ニて候間、当御領分町在小前之者共江、此段不洩様可被申聞候、以上

一、御朱印之寺領村方并門前有之寺社方へも、地先之最寄之町村より可致通達候

小清水庄蔵
北条　嘉介
市村一郎治

二月

町在
検断中
名主

右之趣得御意如此御座候、以上

二月十五日

西川　伝吉

佐久間善兵衛

右御寺院御納所衆中

（前掲書　上巻、四〇二頁）

仙台藩が鋳造した質の悪い鉄銭（世間の評判は古川古松軒『東遊雑記』〈『日本庶民生活史料集』三、三一書房、一九六九年〉に詳しい）が最上地方に大量に流れ込み、代わって通常使われている金銀銭が仙台藩領へ流出したため銭相場が下落するという大混乱が起った。そこで仙台鋳銭の流入を抑えようと、「御代官所御預御五ケ分中惣代名主」＝尾花沢・寒河江・柴橋・長瀞・漆山陣屋の惣代名主たちが、それぞれの代官所へ「越銭差止」を求めて願い出たが、反応がなかった。そのためますます銭相場が下落するのを無視できず、ついに「此度村山郡・最上郡中御料村方役掛惣代之者、并御私領町村頭役」が「一同熟談」し、仙台領の境界七ヵ所に口留番人を置き、仙台銭の流入を食い止める手段に出ることを申し合わせた。そして山形城下へは、小清水庄蔵ら三人の町年寄の名で検断（西川伝吉・佐久間善兵衛）宛に前出のような通達が出され、検断から「御寺院御納所衆中」へ伝達されている。

これによれば、まず幕領代官所には、それぞれ「郡中惣代名主」が置かれていたこと分かる。そしてそのなかから「郡中御料村方役掛惣代」が選ばれ、郡内私領の「町村頭役」と集会を持ち「申渡定」をまとめ、それを幕領では、［補一］のような通達として村々に流した。山形藩では、おそらく「町村頭役」を城下の町年寄が勤め、事情を知る彼らが前出のような通達を認め、それを町検断へ伝達するというルートで町内に流したことが分かるだろう。

ここからいえることは、幕領代官所には、すでに「郡中惣代名主」が存在したこと。『寒河江市史編纂叢書』四八「柴橋村関係資料」解説（寒河江市教育委員会、一九九三年）によれば、柴橋陣屋の場合は、陣屋近くに名主会所が設けられていて、「陣屋御備金三千両を用意して、郡中惣代名主を始め当番名主が実際の行政にあたった」という。次いで、こうした「郡中惣代名主」から「郡中御料村方役掛惣代」が選ばれ、私領の「町村頭役」と談合した。幕領私領双方の代表が、後の「郡中惣代」の前身とみてよいだろう。そしてこうした集会までの手続きをリードしたのが、幕領代官所の「郡中惣代名主」たちであることをみれば、「申渡定」の原案を作成したのも彼らであることが推測される。本書第二編〔補二〕（四〇一頁）は、その際設けられた口留番所番人に向け出された「申渡定」の全文である。

その点で、梅津さんが、この安永七年の集会が、「郡中議定」の初発であると指摘は正しいと思う。山形城下の町年寄小清水庄蔵らが町内向けに出した「申渡定」のなかで、制定事情とその過程を詳細に伝えているのは、これまでに一度もなかった御料・私領惣代らによる郡中集会での取り決めという新事実を紹介しなければ、町民たちに納得してもらえないだろうという配慮が働いてのことであろう。そして文面のどこにも、代官所や山形藩の町奉行所を通した形跡がない。いやそもそも、「未御下知無之候得共」と代官所が、彼らの願書を無視したところから事が始まっている点にこそ、この「申渡定」制定の意味がある。

所領が入り組む非領国的状況が本格的になったのは、延享元年（一七四四）、山形藩主堀田正亮（一〇万石）の大坂城代就任にともなう、その周辺への四万石上知分の幕領への組入れにはじまる。次いで延享三年（一七四六）、正亮の老中就任にともなう下総佐倉藩への転封、同藩主松平乗佑の山形入封のさい、所領六万石のうち山形城付領が二万七千石に減らされた、旧山形藩城付領六万石のうち三万三千石が、幕領・佐倉藩領・陸奥棚倉藩領・下野宇都宮藩領に分散されたことで本格化する。

ただし、村山郡がこの段階で、一郡としてまとまりをもっていると認識されていたかどうかは、疑わしい。なぜなら、「仙台鋳出之悪銭別而近年夥敷最上へ持越」とか「最上郡中一統申合之相定」となっているように、最上郡と村山郡が一体としてとらえられているからである。それは、天明初年の段階でも「村山郡一統凶作ニ付、当丑之夏中ゟ米穀不足ニ而売買差支、最上一同物騒敷」（本書第二編〔二〕、二六五頁）とまだあいまいだった。それが次第に

当郡之儀、御料御私領寺社領共入込候場所ニ而人気区々ニ候得共、一郷之人情可離様無之儀ニ付、（以下略）

（本書第二編〔八七〕、三八〇頁）

とのちに認識されるようになるのは、非領国化し「人気区々」になったがゆえに、逆に村山郡に生きる人々が「一郷之人情可離様無之」と、地域的結びつきを強調せざるを得ないような状況が生まれだすことに起因する点を見逃してはならないだろう。

非領国的状況では、貨幣の流通を各領主が掌握することなど、ほとんど不可能である。藩札など独自の貨幣を発行管理できる領域すら確保できないほどの分散錯綜化がすすんでいた。粗悪な仙台鋳銭の流入問題は、そのような間隙を突いて起った。その事態の深刻さを察知するのに、幕府代官所と郡内の村役人たちのあいだにかなりの差があった。そのため、即座に動いたのは村役人層であり、しかも領域を超えて流入阻止の包囲網を形成しなければ対応できないことも、十分認識できる立場にあった。その点で郡内私領の場合も同じであり、賛同できる状況にあった。こうして制定された「申渡定」は、単なる精神的契約の強要ではない。じっさい「何品ニ不寄番人方ニて怪敷見請候荷持者、

相改候筈ニ候間、少も無違背改を請可申候」とか「番所を忍ひ通候歟、又者隠通等致シ持越候者有之候ハヽ、見当り次第其者取勝ニ追落可申候」と明確に独自の警察的機能を発揮するであろうことが明記されているのである。

残念ながらこのときの「郡中惣代名主」から選ばれた「御料村方役掛惣代」たちと私領の「町村頭役」たちの名前は分らない。またこれによって口留番所の番人が仙台鋳銭の流入阻止に成功したかどうかも分らない。ただ「御料村方役掛惣代」が、それからわずか三年後の天明元年（一七八一）の「村山郡御料所五ケ分議定書」（本書第二編［一］、二六五頁）の署名者である「御料所五ケ分惣代」の

長　瀞　　　権　　蔵
尾花沢　　　利右衛門
柴　橋　　　権右衛門
同　　　　　次郎右衛門
寒河江　　　武右衛門
漆　山　　　善左衛門

と同じである可能性が大である。もしそうだとすれば、彼らこそが天明三年（一七八三）の「郡中議定」の署名人であることからみても、安永七年「申渡定」制定の経験が生かされたとみることができるだろう。

三　「郡中議定」の休会

天明三年の「郡中議定」制定以後の歴史や「郡中惣代」の人選や役割などについては、安孫子さんと梅津さんの前出のお仕事に譲ることとする。繰り返す必要がないほど実証的だからである。

しかしお二人がともに、それほど大きな関心を示されていないのが、天保一三年（一八四二）、の「申合之事」（史料［七三］）をもって休会する背景についてである。休会にあたって当事者たちはなにも書き残していない。そこで、この年以降に休会したという事実が分かるのは、万延元年（一八六〇）八月の再興にあたっての呼びかけの序文に、

当郡之儀者御料御私領寺社領共入込候場所柄ニ而、人気区々ニ候得共、一郷之人情可離様無之儀ニ付、先前向々物代大庄屋割元一同年々集会之上、年柄ニ応し夫々取締向申合来候処、天保度飢饉凶歳打続勝候哉、遂ニ及休会（以下略）

（本書第二編［七三］、三六〇頁）

と、連年続く凶歳に勝てず、やむなく休会となったと記されているのが、唯一の記録である。

しかしそれは本当の理由なのだろうか。もしそうだとしたら「郡中議定」本来の役割を放棄せざるをえないほど深刻な危機状況が生じた天保の飢饉時に休会するのが自然であろう。しかし休会は、間違いなく天保一三年の「郡中議定」（申合書之事）が最後である。その年は、「当年ハ順気宜しく、諸作共十分之作合ニ而、甚目出度年柄也」（『大町念仏講帳』天保一三年）と、大凶歳のため飢饉が起るような異常気象の年ではなかった。だからこの年の「郡中議定」

には、米価抑制の項目はなく、酒田増口銭と諸職人日雇賃銭抑制などが主であった。そうすると、別の理由が考えられる。じつは休会の一つの要因とみられる事情が、万延元年一〇月に策定された「村山郡会合議定書」（本書第二編［八七］）の最後の項目に説明されている。次のようなものである。

一、会合所之儀者、毎年十月中御料所御陣屋許を集会所と定置、其外何連之向々江も無差支打寄、尤非常之年柄者勿論、縦令其向限り之義ニ而も評議筋有之節者御料所最寄会所江申談、同所より廻文差出次第銘々労を不厭幾度も〳〵打寄実意を以遂評議候様可致事
附、会合席上之義者長者を敬ひ、都而非礼之儀無之様、互ニ驕諂且無益之雑談を慎、尤賄者一汁一菜ニ限り、諸雑費多く不掛様可致事
（［八七］、三八一頁）

「郡中議定」にこんな議定策定のための会合のあり方に関する申し合わせが挿入されたのは、これが初めてである。このことは、「議定」策定の議論の過程でさまざまな問題が生じていたことを物語っている。そして重要なことは、この申し合わせが、万延の議定再興に当ってその文案策定に携わった者たちの草稿の最終項目に最初から存在する点である（本書第二編［七三］［七四］、三六〇〜三六四頁）。これは「郡中惣代」のメムバーに再興を呼びかける前に書かれたものであり、万延の議定書策定の集会の過程で不穏な雰囲気となり議定書の最後に挿入されたものではないことがわかる。そうするとこの箇条は、再興に当っての注意事項だったことを意味する。おそらく天保一三年以後のある集会で、休会に至らしめるような口汚いまでの非難合戦が起ったことが想定されるのである。それは問題が解決しなければ、「労を不厭幾度も〳〵打寄実意を以遂評議」することを取り決めなければならないほどの対立的な関係

が生まれ、しかも「会合之席上之義者長者を敬ひ、都而非礼之儀無之様」というほどの無秩序な罵りあいが存在しだしていたことを物語る。そして、「賄者一汁一菜ニ限、無益之雑談いたし間敷」ということから、贅沢な酒食とつまらない雑談が蔓延していたことが想定されるのである。

じつはこれこそが、「郡中議定」を休会にいたらしめた最大の要因であり、そこには、「郡中惣代」層の間に大きな亀裂を生じさせるような、信頼関係を揺るがせるなんらかの問題が生まれていたことが考えられる。いったいそれは何か。

天保一三年八月の山形藩秋元氏の武州領分三万六千石の川越藩への村替えと、その代地を羽州村山郡内幕領をもって当てるという一件は、本書第二章で詳述したところである。このとき山形藩領へ村替えされることになったのは、寒河江・東根代官所大貫次右衛門預かりの一五ヵ村（一万四千三二九石余）と柴橋代官所添田市郎次預かりの一五ヵ村（一万二千四〇九石余）だった。そこで間髪入れず双方の村々から幕領残留運動が起り、代官大貫を動かした寒河江・東根付の山口・山家・矢野目・原町村が幕領に残留することになった。この結果、今度は柴橋付の中郷村など五ヵ村と長崎村と中野目村の一部が山形藩領へ村替えさせられることになった。そしてここでも幕領残留運動が起ったが成就しなかった。

問題はこうした残留運動の裏面で、自らの権益を守るため、村役人や豪農たちが代官たちに露骨に残留運動を展開し、自村を幕領に残留せしめたという事実である。すでに山口村の名主伊藤義左衛門は、豪農として郡内で重要な役割を果すようになっていたし、代官大貫には深く取り入っていた。その点で、分領化された長崎村の柏倉文蔵も同様であり、自らを幕領村民として残留する運動を江戸で展開し成功している。こんな身勝手な行動をとった幕領の一部「郡中惣代」層を幕領内の村役人層や山形藩はどう見ていたのだろうか。

すでに紹介した山形藩主秋元志朝の「書取」（村山郡封土転換建議）において、隣郡米沢藩は「村山郡より地味遥ニ相劣り、運送も又々難儀之場所ニ候得共、三、四代已前より取締行届候故、国富民豊に相成、当時ニ而は出羽第一之国柄」なのに、なぜ山形藩は貧しいのか。それはほかでもなく非領国であることと、

郡中村々名主之内より郡中惣代与号、陣屋許江郡中入用を以役所ニ准し候会所与申場所を立置、定詰いたし村々より訴出候公事出入其外都而何事ニ不限、一通惣代共取調之上ならてハ、御役所江不差出仕癖ニ付、自然権威を震ひ、支配は替り候而も其もの共は不相替事故、地役人同様之権式ニ相成居

（「書取」『山形市史編集資料』第二二、一六頁、一九七〇年）

と「郡中惣代」こそが元凶であることを主張してやまない。しかし、ここまで強い権威を持つにいたった「郡中惣代」層でさえ、自村が私領への村替えなどによって、自家が蓄積してきた権益を一変させられてしまう事態が生ずれば、なりふり構わない露骨な残留運動を展開した。もし村替えのゆり戻しが可能なら、どうか「東根附村々ニ而振替ニ相成候ハヽ、念茂相晴大悦仕候」と残留運動に成功した村落を私領にして欲しいなど露骨に敵意を示す対立を招き、その結果「郡中議定」に亀裂を生じさせたことは容易に想像しえる。このことが彼らをして、「深く一郡之為筋を量り立置候規則失ひ候」（本書第二編［八七］、三八〇頁）といわしめるほど深刻な事態を招くにいたったのである。

こうしてみると天保一三年以後の休会は、長期にわたる凶歳飢餓が要因なのではなく、「郡中惣代」層の分裂とみるのが自然のように思う。だから万延の再興はスムーズにことが運ばなかった。それは再興運動をリードした山口村の伊藤義左衛門の記録（本書第二編［七五〜八六］、三六四〜三七九頁参照）を読めば一目瞭然である。なによりも、

天童藩大庄屋佐藤弥三郎の不参加が、それを証明していよう（詳細は梅津保一「幕末期の羽州村山郡『郡中議定』と郡中惣代」『山形近代史研究』三、一九六九年）。そして集会当日の献立や約束事を見れば

集会献立
着当日晩賄
掛物　蓬莱山
床飾　瓶子　三方　のし　とうふ
膳部　一汁一菜
酒　銘々各盃
但、猪口盃を不用銘々分ニ応し献を重候事
四海浪
謡　高　砂
玉の井
外流行等の雑うたを禁
翌日
朝夕　一汁一菜
昼　茶漬

評議中禁煙
給仕者男の子を用ひ女子者一切用間敷事
評席江無用之もの立入さる様いたし候事
評議相済候ハヽ其段御役所江申立、相伺済之上一同引取候事
賄料二日泊之積を以壱ケ分金弐百疋之積、泊増者右割合ニ准し候積

（本書第二編［八三］、三七三頁）

と、酒の飲み方や「流行等の雑うたを禁」じるなど、些細なことまで成文化しなければならない事態に追い込まれていたことからも証明できよう。そして、ここから天保末年の集会の様子をも想像できるだろう。

むすび

こうしてみると、羽州村山郡において結成された「郡中議定」は、まぎれもなく非領国的状況と不可分に結びついていることが分かるだろう。その初発となった安永七年（一七七八）の仙台鋳銭流入は、非領国地域に生きる人々にもたらされた難題の一つだった。それを村山郡という一つの地域が「一郷として」まとまることによって解決しようとする最初の試みが、この危難を超えるシステムとして機能することを証明した。その経験が、同じ米穀などの確保という危難のさいに生かされた。そして以後危難を救うシステムとして定着する。そんなことを考えると安永七年の「申渡定」制定の持つ意味は大きい。

しかし「郡中議定」は幕末まで順風満帆ではなかった。これまでは天保の大飢饉に耐えられず休会したという、万

延再興の議定書の文面をそのまま受け取ってきた。はたしてそうだろうか。天保改革期以降、開港による歴史の大きなうねりのなかで、村山郡でも幕領、諸藩領の移動が一段と激しくなった。「郡中惣代」にとっては、だれが自村の領主なのか、ということは重大な問題である。領主とのあいだでさまざまな利害関係が存在していたからである。そこで当然、この「村替え」をめぐるトラブルが起る。こうした動きが郡内に対立を生みだし、「郡中惣代」層間に亀裂をもたらす。こんな休会にいたらしめた感情のもつれこそ、再興「郡中議定」が難産のうえに制定された大きな要因だったのである。「郡中議定」は一枚岩のように強固に幕末まで持続したのではなかったのである。

是非、本書第二編、「史料　出羽国村山郡『郡中議定』集成」をひもといて欲しいものである。

第二編　史料　出羽国村山郡「郡中議定」集成

史料凡例

一、本史料は、私が収集し解説した山形市史編集委員会編『山形市史編集資料』第四号「出羽国村山郡『郡中議定』」を転載したものである。一九六七年、いまから三七年前に刊行したもので、もはや入手が困難だという声をしばしば耳にした。地域史研究や「郡中議定」研究の進展を願って本書に再録させていただいた。

一、本史料の大半は、明治大学刑事博物館所蔵の「出羽国村山郡山口村　伊藤家文書」の中から選んだものである。その他山形大学所蔵、同国同郡「村木沢文書」、『東村山郡史』、『編年西村山郡史』、『北村山郡史』、河北町誌編纂委員会編『大町念仏講帳』（河北町誌編纂史料）から関係史料を収録した。なお補遺として、山形大学付属図書館所蔵「三泉村文書」から収録し、今回さらに『山形市史』史料編二「事林日記」、『西川町史編集資料』一二号から補充した。

一、今回の再録にあたって、以前から進めてきていた原本校訂の作業のさい、気がついた誤字や脱字、読み違いの部分を訂正した。

一、基本的には文書を忠実に翻刻した。なお文字を抹消した部分は傍線を引き、補充した部分は〈〉の中に入れ区別した。

目次

一

村山郡御料所五ケ分議定事

一、去子年村山郡一統凶作ニ付、当丑之夏中ゟ米穀不足ニ而売買差支、最上一同物騒敷、当時段々新穀致出来候而も米直段引下不申却而景気強相見得候ニ付、買夫食之者ハ取続兼及飢候躰之者多分有之、且又夫食買上ケ之山内村々之儀ハ勿論里方ニ而も右躰之村々数多有之、右之段追々訴出此儀全躰当丑年田畑共ニ出来方不宜、別而田方立毛段々苅取見候処以之外稲苅劣り、依之小作人共ゟは地主江相願容赦引方等ニ而世間一統心得違之大凶作ニ相成、甚歎敷年柄ニ被存候処、御料所五ケ分共ニこれ迄年々御取下之内六七分通宛者穀（ママ）代上納ノ願相叶、右穀（ママ）代米を以夫食米取続罷在候処、当丑年ゟ已来は定穀（ママ）代之外は石代金納之義決而不相成旨御料所一同厳重被仰渡、無拠村々御請印形奉差上何共歎敷年柄ニ候処、当年は村々百姓商人手元ニも相囲置候古来之根米一切無之候故ニ、当丑年存之外凶作逢、且又御取ケ内石代上納之願相済兼、不残江戸大坂御廻米籾被仰付候はゝ、来寅年之儀は当丑年ゟ尚々夫食不足いたし何様成変事出来可致難計、差当り夫食取続之ゆるみニ相成へき手段無之、此上新酒濁酒共ニかへ入られ候はゝ、弥以米直段引上買（食カ）直之者共取続兼難渋ニ及候儀は歴然之義ニ付、右躰者共救之為此度五ケ分総代寄合相談評議之上、銘々郡中総村々名主中江も申談、来ル十月一ケ月新酒濁酒共ニ酒造相休候はゝ、夫丈ケ之来寅年夫食米之延ニ相成、亦（且カ）又一ケ月ニも酒売買差留候はゝ、小前銘々入用も相省キ、旁以宜敷方にも可有之旨一統相談相決候ニ付、左之通り議定相極申候

一、新酒濁酒共ニ当丑十月一ケ月酒造相休候様ニ、郡中酒や請売茶や等江も其村々名主元ゟ相断一切売買為致間敷候事

一、郡中決断之趣密ニ酒造出し、或は請売等致候者他所ゟ見聞及候はゝ、早速其村名主元江相届ケ可申候、左候はゝ右定メ書之通為出之、断出候者江為取可申

事
一、新酒造候者ゟは、　銭弐拾壱貫文
一、濁酒同断、　同五貫文
一、他所ゟ請売いたし候者ゟ、　同壱貫文
右之類露顕いたし度に為出之可申候
前条之通村山郡五ケ分一同ニ議定決断致候上は、右之趣郡中村々総小前之者へ、逸々為申聞心得違無之様ニ致へキ段、村々名主元ゟ急度相触候様ニ可申達候、尤銘々御支配限リ村々名主元ゟ請印取置可申候、為念総代名主議定連判書付如件
天明元年丑ノ九月
長瀞　権　蔵
尾花沢　利右衛門
柴橋　権右衛門
同　次郎右衛門
寒河江　武右衛門
漆山　善左衛門
以廻状得御意候、追日冷気御座候得共、各様弥御堅勝ニ被成御凌珍重奉存候、然者御料所五ケ分総代中連名ニ而、此方私方江被申越候者、去子之年凶作ニ付、当夏ニ至米穀不足ニ付、其上米直段高直ニ而夫食米買入取続候、御百姓手元ニても段々後ニ相成、甚致難儀罷在候処、当作相之儀も田畑共ニ出来方不宜、別而田作立毛苅取ニ相成、稲苅落百姓手取ニも、今更心違候凶作ニ相成候ニ付、段々評議之上御料所五ケ分総郡中一統、当十月一ケ月新酒濁酒共為相休候様ニ決談相究之趣ニ而、当御領内之儀も右同様ニ被致度趣被申越、猶又議定書之写上被差越候間、右朱書之趣を以当役所江相窺候処、当御料内之義も当十月一ケ月は、新酒濁酒共ニ酒や并御百姓小前ニ至迄、御料所より申来候議定書之通、一統ニ相休候様ニ被仰付候間、此旨御承知之上御扱下ニ御触渡可成候、右之趣私方ゟ相達候様ニ被仰付候ニ付、以廻状如此得御意候、尤御名下江御承知印被成、此廻状并議定書之写行留ゟ私方江御返可被下候、以上
（天明元）
九月廿六日　大塚又右衛門
町里両五百川

大庄屋中

〈『東村山郡史』巻之三　二三五頁〉

二

先年菜種不蒔付所、近年ニ至格別菜種作出候由粗相聞候、右は臨時之銭を取当然之他足ニ成懸、宜敷事ニ相心得候義ニ而可有之候得共、畢竟菜種売払代銭は、多分不益之事ニ而已遣捨候様成行、麦雑穀等夫食可相成物を不仕付故、例年夏ニ至夫食及不足、自然と米直段高直ニ相成、一躰村々困窮之基、貧窮之者共別而難義之趣ニ候、此等之義は村役人共心付可申所、無其義不相斗至ニ候、将又紅花は旧年ゟ作来候儀ニ而格別之事ニ候、菜種作付之儀は以来相止、麦其外雑穀之類夫食ニ可相成品を作可申候、然共菜種不仕付至而差閊有之者共は、無訳村役人方江申出相糺、当御役所江村役人被申出、吟味之上可及沙汰候、若等閑ニ相心得少分たり共、無沙汰ニ菜種仕付候はゝ、遂吟味候條其旨相心得右之趣惣百姓江不洩様ニ申聞、連印之請書来月十五日迄ニ可差出候、以上

寅(天明二)六月廿六日

柴橋御役所

〈『東村山郡史』巻之三　二四〇頁〉

三

当寅御納米之儀、御四分御料所一統江戸大坂江皆御廻米可仕旨被仰渡、左様ニ相成候而ハ村山郡一同、夫食不足ニ相成候儀ニ付、兼而御承知之通当寅御物成米之内、去丑年之定御廻米被仰付、相残候分石代金納ニ被成下度段、達而奉願上候得共、当年儀通例之年柄と違い、御四分御代官様方ニ而も御勘定所ゟ別段之被仰渡を被為遂候御儀ニ付、石代願之儀ハ御伺難被遊旨、訳而厳重ニ被仰渡致当惑、右躰ニ相成候而ハ歴然夫食不足ニ相成、村山郡一統物騒敷致儀出来可致も難斗、村々一同安心不仕義ニ付、先達而郡中寄合之節皆様評義之上酒造休之義此度四分惣代名主寄合及評義候所、外御分にても同様候義ニ付、当寅冬中酒造相仕(休カ)候積り、御四分一同致決議候間、右之積りニ御承知成、村々ニ而

酒屋共へ右之趣得と御申聞、当寅十月ゟ冬中酒造相休候様可被仰聞候、右之通り取極候ハヽ、専一来卯春中夫食候(之カ)足りニも相成、且亦惣百姓小前費用省、旁以宜敷義可在之候ニ付、御四分一同へ致決議、議定書之表左之通ニ御座候

一、右之決議を相背密々酒造仕候者ゟハ、銭弐拾貫文宛為出之、名主元江申出候者江為取之申事

一、濁酒造出候ものゟハ、銭五〆文為出之、右同断之事

一、他所ゟ請売致候ものゟハ、銭壱〆文為出之、右同断之事

一、酒買候者よりは、銭五百文ツヽ為出之、右同断之事

但、右四ケ条は露顕致候度毎為出之可申候事

一、売残候古酒之分は、其村名主元ニ而石数相改、其上新酒等造出相交候而、売出不申様急度相断、猥成義無之様相断置可申候事

前条之通村山郡御四分一統致儀定候ニ付、村々惣百姓は勿論借地店借等江も速ニ為御読聞、心得違い無之様、請書印形御取置可被成候、此廻状村下ニ名主方之印形被成、早々順達来晦日迄留村ゟ御返被成候　以上

寅(天明二)九月廿六日　柴橋御用達

右之通委細被仰渡遂一承知奉畏候、於然は私共五人組仲真吟味仕、右被仰渡候趣急度相守被申候、万一心得違少分たり共菜種蒔付、并酒造仕酒売買致もの有之候はゝ、五人組仲真ニ而御定之過料為差出可申候、為其連印之請書差出申候、以上

寅(天明二)九月　惣百姓

村御役人中

〈『東村山郡史』巻之三　一四二頁〉

四

(一)　差上申御請書之事

当田方損毛申立候ニ付、検見取は不及申、定免破免願之村々一同、為御検見御廻村被遊候所、村々一統不作致、且夫食差支之趣申上候ニ付、左之通被仰渡候

一、当国之儀雑穀類無之、先年凶作之節夫食差支、及飢候もの出来候由御聞被及、畢竟此等之儀は、前広ゟ其心掛薄候故之義ニも被思召候、然所ニ当年之義御支配所は不及申、外御料御私領其外近国関東ニ至迄不作致、追々米穀売買口留津留等之風聞有之、来春中ゟ夏秋ニ至、弥々夫食差支候義も可有之哉ニ被思召候、然共前広ゟ心掛候はゝ、縦何様貧窮軽き者ニ候共、ケ成ニ不相凌義御座候間、此節ゟ大小之百姓一同申合朝夕之夫食ハ粥、又ハ野菜を足ニ入食事ニ仕、勿論小高或ハ水呑躰之者共ハ、別而此節山野之野菜ハ不及申、夫食ニも可相成草木葉実等取貯置、来春より夏秋中迄飢渇を凌、御勘弁専一ニ心掛、且藁餅之儀者此度惣代名主共ニ申付主製致させ、自分其外手代共風味試ミ致候所、随分程能夫食ニ可相成事ニ候條、皆様村其外村々食夫食差支候者共ハ、別紙仕法之通、当時生藁沢山有之砌、雪中ニ不及以前情(精カ)々致用立、追々夫食足ニ可仕候、猶拵験方之義ハ、惣代名主共ゟ委細承届候而、村々名主ともより惣百姓江是(具カ)ニ可申教候

一、右之通夫食等ニも差支候程之年柄ニ候得は、都而祝義仏事等も難相成義ニハ可有之候得共、万一聟取嫁取等ハ無拠、内祝并法事等不致候而難叶者ハ、身近き親類共計相招き、勿論酒肴等決而停止いたし、誠ニ手軽ク茶・たはこのミ差出、聊も料理之馳走ケ間敷事可為無用候、畢竟高持百姓又ハ農家ニ而商重といたし、当時金銭取廻し分限宜敷者ニ候迚、ケ様之年柄ニ小百姓困窮之者共之難儀不顧、平日之食事并祝義仏事ニ付、平年之通相心得候而は、自然と困窮之者も夫ニ随ひ末々之勘弁を打忘、麁食ハ外聞悪き抔と、心得違致候義も可有之哉ニ付、此節より大小之百姓一統申合、来辰年作毛取附候迄、夫食之勘弁無油断心掛可申候事

一、酒肴売買一村限り相糺、禁之可申候事

右之通被仰渡遂一承知仕候、被仰渡之趣小百姓江も申聞、急度為相守可申候、依之御請印形差上申候

以上

卯（天明三）九月
土橋村　名　主　彦右衛門
組　頭　勘　三　郎
百姓代　吉右衛門
野田松三郎様
御役所

（二）

近年打続凶作ニ付、貯之根米無之米不足ニ相成、其上当卯田方御料御私領山里共ニ郡中一統大凶作ニ付、来辰之夏は弥以米不足ニ相成、夫食米取続急（兼）候義は歴然之義ニ付、甚不致安心候間、此度御料所御四分御役所附物代名主打寄、相談之上困窮之百姓夫食米為取続、新酒造之儀濁り酒ニ至迄、当卯年之儀ハ此節ゟ来辰之秋中迄、必至と新酒造差留、且又米穀并大麦・粟・蕎麦・稗等之義ハ、一切酒田湊江差下シ不申様川留致度、此度郡中一統惣百姓願之筋申立、御四分御役所附物代印形書付を以、御四分御役所江願書差上候所、御取廻し被下置、御私領寺社領御役所江も郡中願之趣御掛合被下置候積りニ候間、当年ハ新酒造必至と差留并米穀・雑穀川留之義、心得違無之様急度御申渡可成候、尤大豆・小豆・小麦等之義も、夫食之足ニも相成候ニ付、差留置申度候得共、左候而ハ上納金相償可申様無之差支之義ニ付、無拠此三品は他所江売払候積りニ致候、右之趣は御役所々々ゟ最寄ニ御私領御役所江御掛合被遊候儀ニ候間、万一酒造屋并商人等之内心得違猥ケ間敷義有之候はゝ、早速可被申出候

右之通被仰渡委細承知仕候、依之村中御請印形差出申候、以上

卯（天明三）九月　　土橋村　百　姓

〈『東村山郡史』巻之三　一二四九頁〉

五

当卯凶作ニ付、来秋作出来候迄者酒造仕入可相止旨、先達而廻状を以相触候処、此度村山郡御料私領寺社領共一同弥酒造相止候積り候、依之村々酒造人共儀者不及申、右之外所々濁酒等少分ニ而茂決而酒造不相成候

ニ付、一村限り村役人并五人組親類隣家ゟ相互ひ遂吟味、来秋作出来候迄者急度酒造可相止、万一心得違ヲ以縦濁酒ニ而も酒造人有之、外ゟ相顕候ハヽ、村役人不及申親類五人組隣家迄厳重ニ可申付候、其外御代官所御預所私領寺社領ニ而酒造仕入いたし候もの有之趣及承候ハヽ、不捨置趣と承糺無相違儀ニ候ハヽ、其村役人江相断早々其御役所可訴出候

一、都而穀物類他国他郡江一切差出間敷旨、先達而相触置候通弥以可相守候、尤村山郡之内御料私領寺社領百姓町人売穀之分、村山郡内ニ而通用いたし候義者格別之儀、他国他郡へ売払積送り候ハヽ、其通筋ニ而差留置御役所江可訴出候、且御料所御廻米其外私領物成米他国他郡迄相廻候義も有之者、其支配手代并領主役人ゟ手形を以口々相通候積ニ候間可得其意、縦私領物成米之由申聞候共、無判之米穀一切相通間敷候、尤私領役人通切手を以相送り候分も俵数相改日数十日限り、柴橋・寒河江・尾花沢三役所之内最寄之方へ可相届候

一、米穀類・大豆・小豆等之他ニ取紛、他国他郡江積送りも可有之哉ニ付、都而之諸荷物共穀物ニ紛敷儀も有之者、其荷物其前へ差留置御役所可申出候

右之通此度村山郡御料私領寺社領一同申合候條、村々得其意小前惣百姓名子水呑ニ至迄不洩様ニ申渡堅可相守候、其段小前請証文取之、来ル十五日迄ニ御役所可差出候、此廻状村下名主令請印早々相廻し留村ゟ可相返者也

(天明三)十一月八日　　長瀞御役所

〈山口村、天明三年「御用万留帳」より〉

六

(一) 議定書之事

一、村山郡御料所私領共近年不作ニ付、連々米不足ニ相成、夫食指支候もの共、数多有之及困窮候処、当卯年田作之儀、当国は勿論近国共ニ何年ニも覚無之大凶作ニ付、最早此節より可及飢躰之もの数多有之、左候得者来辰年ニ到候ハヽ一統飢饉可致儀歴然之儀

ニ候間、此度御料御私領一同会合、及相談ニ致議定
候趣、左之通
一、当卯十一月ゟ、来辰年新穀出来候迄、酒造必止と
相休、請売等ニ至迄、決而為致申間鋪候
一、酒造株有之候もの新酒造入候はゝ、酒造道具不残
取上、其外ニ銭拾貫文為指出可申候
但、
酒造仕候ものゝ五人組ゟも銭拾貫文為差出可申事
一、酒造株無之もの、并自用ニ清酒・濁酒・甘酒共ニ
造入候ものゟ道具不残取上、銭五貫文為指出可申事
但、其五人組ゟも、五貫文為指出可申事
一、酒買取候ものゟ壱貫文為差出、并五人組ゟ同断之
事
一、酒請売仕候ものゟ銭五貫文為指出、并其五人組ゟ
同断之事
一、酒造糀入候ものゟ銭拾貫文為指出、并其五人組ゟ
も同断之事

右之通酒造致候者并大小之百姓へ具ニ申聞、請書印
形取上置、万一右之定相破候もの有之候はゝ、急度
無用捨定之銭取上、且又酒売買致候を見迯候歟、又
は隠置候もの有之、後日ニ致露顕候はゝ右同様之銭
為指出可申候
右之品々見出候もの有之候はゝ其所之名主元へ相断
可申候、其節名主元ニ而定之通無相違取之、見付候
ものへ為褒美為取可申候、尤吟味之儀御料御私料(ママ)自
他之無差別入違ニ相糺し可申候
右之通此度村山郡御料御私領一同申合相堅メ候処、
如件

穀物其外食物ニ相成品々口留番所
一、楯下口　但、番人給金三両可相渡事
〆
一、関根口　但、壱ケ所ニ給金三両宛、并雑用金壱両
宛
一、山寺口　外ニ油・らうそく代金弐歩宛、都合金四

両弐歩宛相渡可申事

一、高野口
一、関山口
〆　四ケ所
一、上畑口　但、壱ケ所給金三両宛、并油・らうそく代金弐歩宛、都合三両弐歩ツヽ、相渡可申事
一、関谷口
一、名木沢口
〆　三ケ所

右八ケ所之越口相通候大豆・小豆之儀者、買請取村方之名主元ゟ、其越口宛所之切手書付取上、越口番所へ指出改を請相通可申候、尤其外之諸穀物共、悉ク相改通候様、其越口掛りの村々名主具ニ可申聞置候、尤米穀は勿論粟・稗・蕎麦・大麦・小麦・麩穀・飴・おこし・温飩・素麵・菓子之類迄食物ニ可相成品々一切相通申間鋪候、若相背猥ニ破通り候もの有之候はヽ捕ひ置、其掛り之御役所へ品々可訴出候事

一、最上川通り下り通船、諸荷物改番所尾花沢附毒沢村へ相建、御料所御四ケ分村々名主壱人宛、船見役壱人召連十五日代りニ致出勤、急度相糺し可申候事

但、

右諸入用金大積り、金弐拾五両之積、過不足は追而勘定可致事

一、酒田湊江差下候諸荷物之儀は、其川岸附村々名主立会ニ而船々江為積請壱艘限り、積荷之品逸々切手書付相認〆船頭江相渡、毒沢村改番所江指出、改を請差下可申候、若相背候もの有之候はヽ捕ひ置其掛り之御役江早々可訴出事

但、

川岸附村々名主印鑑毒沢村名主方へ差出可申候事

右之通議定之趣、兼而銘々御役所へも申上、此度御料御私領ゟ拙者共一同会合相談致一決候上は、右之趣御料御私領惣村々百姓、并借地店借等ニ到迄不洩様ニ急度申渡請書印形取之、村々互ニ穿鑿致、村山郡一統区々不相成様取計ひ可致候、尤近村々寺社領

江者、此度申合候通夫々最寄ゟ申通、同様取計ひ可
申様ニ相達可申候、且又前書諸入用之儀は、村山郡
御料御私領高割を以、出金可致筈致決談候処、為御
証議定証文如件

野田松三郎支配所　柴橋附
天明三年卯十一月　総代名主　五右衛門
理右衛門
力石荻之進支配所　寒河江附
総代名主　武右衛門
次郎右衛門
養助
早川伊兵衛支配所　尾花沢附
総代名主　善助
右同断　長瀞附
総代名主　権蔵
上杉弾正大弼御預所漆山附
総代名主　善左衛門

酒井石見守領分　左沢
大庄屋　大塚又右衛門
堀田相模守領分　柏倉村
大庄屋　中村五兵衛
秋元但馬守領分　山形町
町年寄　五十嵐五郎
戸田（ママ）主計頭領分　北口
大庄屋　細谷与左衛門
右同断　横山村
大庄屋　寺崎仁右衛門
松平山城守領分　上ノ山町
大庄屋　高橋弥平治
右同断　溝延村
大庄屋　村岡嘉蔵
織田左近将監領分　天童町
大庄屋　沖忠七
高力大学知行所　深堀村
大庄屋　飛塚与市良

〈『東村山郡史』巻之三　二五三頁〉

(二)

（表紙）

天明三癸年
最上郡中定書之事
卯十一月十五日
中村木沢村
庄屋　渡辺甚平

（本文(一)にほぼ同じにつき省略）

一、高三万石　上ノ山
一、高三万石　山形
一、高三万弐千石　天童
一、高四万石　柏倉
一、高八千弐百八拾三石　横山
一、高壱万石　谷地
一、高壱万弐千石　左沢
一、高三千石　高力
一、高七万弐千石　柴橋
一、高五万九千五拾四石　寒河江
一、高五万弐百石　尾花沢
一、高壱万七千八百石　漆山
高合三拾三万六千弐百三拾七石

書面之通当十三日柴橋割元江御公料御四ケ分并左沢・柏倉・上ノ山・新庄・天童・山野辺右七ケ所之御役大庄屋寄合定書、御領分村々承知之上印形仕候被仰聞奉承知候、以上

卯（天明三）十一月十七日　柏倉村　百姓代　誰　印
組頭　同　印
庄屋　同　印
御領分中
中村五兵衛

柏倉御役所様

外ニ別書立紙ニ而左之通

差上申御請一札之事

一、最上領村々近年打続悪作之所別して当年之義ハ大凶作ニ付、来春夫食不足可仕候ニ付、当卯年酒造相休并米穀・麦・粟・稗・蕎麦等之類ニ至迄酒田湊江積下他国出シ、御料私領寺社領共ニ御一統御津留被仰付候由、尾花沢・寒河江之御役所ニ而御料村々江被仰渡候上御勘定所江御届御座候由、依之当御領分村々今日被召呼右両様御指留之義委細被仰渡承知奉畏候、右御請印形差上申処、依而如件

天明三癸卯年十一月　村々百姓代　誰　印

組　頭　誰　印

庄　屋　印

柏倉御役所

〈山形大学蔵「村木沢文書」より〉

七

米穀并諸雑穀口留之義猥りニ相成候由粗風聞在之候ニ付、御四分物代寄合再応評議之上議定書之事

一、口留番所村方并奥州境山根村々為飯米猥りニ買入、仙台領江隠持越候由専風聞在之候ニ付、此度四分評議いたし、以来者口留所村方并山根之村々ハ家数相改壱軒江壱枚宛通ひ相渡、尤右通ひ御料者支配之惣代御私領ハ大庄屋之印形付候而相渡、右通い持参不致候ハヽ売渡申間敷段、近辺村町小前并穀屋共へ申渡、右通りニ売渡候米員数并同日穀屋名前書記印形いたし可遣、尤途中ニ而相改通い江引合余計之米致持参候歟、又者日限等相違いたし候ハヽ、其村名主方江相断改ヲ請追落候様可致事

一、右之通一ケ月壱度宛、御料ハ郡中会所御私領者大庄屋元江引上、其家内人別引合余計之米買入候ハヽ、致吟味候間心得違無之様可致事

右之通拙者共立合評議之上相極候処相違無御座候、尤右之趣早速村町名主庄屋へ申触、来ル五月三日ゟ議定之通取計之様致決談候、以上

（天明四）
辰四月　柴　橋

寒河江
尾花沢
漆山

〈山口村、天明四年「御用万留帳」より〉

八

米穀悉引上買夫食之もの共甚及難儀候ニ付、此度最上一統御料御私領惣代中漆山へ寄合評議之上、往還ゟ東郷村々へ申談義御座候間、明十三日長瀞へ無間違御越可被成候、此廻状早々順達留ゟ御返可被成候、以上

尾花沢惣代
辰（天明四）五月十二日　長瀞惣代兼帯　善助

〈山口村、天明四年「御用万留帳」より〉

九

覚

一、口留所村方并奥州境山根村々飯料米として買入仙台領江隠持越候様専風聞有之、尤村山郡夫食払底ニ而買食之者共及飢渇候義歴然候処、自己之利欲而已ニ相拘り他国他郡江持越候儀甚不埒至極之儀、縦令洩米無之候而茂村山郡夫食米引足不申成行之程難斗処、其上抜米等有之候而茂何程飢民可在之哉ニ候、此度御料御私領寄合評議之上、左之通致議定候

一、往還筋東通村々銘々家別ニ有米相改実々飯料米無之候ものニ者壱軒江壱枚宛通い相渡可申候、尤有米改之義別紙之通他料之村役人立合ニ而吟味可致事

一、通い之儀御料者支配惣代御私領者大庄屋之印形付候而相渡し、右通い持参不致候而者売渡申間敷段郡中村町小前并穀屋共江不洩様申渡、右通い江売渡候米穀雑穀受数并月日売主名前書記し大帳江書面判いたし可遣、尤途中ニ而相改通い江引合余計之米所持致候歟、又者日付等致相違候ハヽ、売主買主之名主庄屋江相断改請追落候積り可致候

一、右通い一ケ月壱度宛晦日限立会相改、若其家内人別ニ引合余計之米買入候ハヽ、致吟味候間心得違無之

様、兼而心懸余計之夫食米買入申間敷旨村中惣小前江急度申触心得違無之様可致候、尤通い相改候節者新通い相渡申候而古通いハ惣支配惣代大庄屋へ取上立会を請候而相改可申候事

一、夫食米等之義老若男女壱日壱人ニ米四合宛之積り売買可致事

但、右勘定を以五日分迄ハ売買可致候、其外ハ決而売買致間敷事

一、村々小前有穀改、右之義者別紙之通近村立会相改候上、一村限取調其立会村名主連印ニ而帳面惣代大庄屋元江差出可申事

一、往還之筋西郷村々ゟ往還ヲ越東通江持越候米者多分ニよらず追落候積り相定之義、無拠わけ合ニ而持越候義有之候ハヽ、御料物代御私領者大庄屋ゟ通り筋之名主方へ兼而掛合切手差出相返可申事

一、右之定を相守通い引合候米穀雑穀所持いたし候而も、悪党共途中或者人家ヲ離候所ニおゐて相改、相違無之候而も理不尽ニ追落及狼籍候ものも可在之間、其節者御料御私領自他之無差別最寄之名主方江相断吟味相願可申候、右之断有之候節者自他共ニ無等閑急度致詮議可取計候、且又右躰悪党いたし候もの押候歟、又者住所名前等相知候ハヽ、御料者物代御私領者大庄屋方江早速申出御役所之御吟味請、急度御咎可被仰付候様可致事

右之通御料所御私領惣代人庄屋寄合評議いたし候間、明後十四日ゟ右議定之通取極申候処相違無御座候、以上

（天明四）
辰五月十二日　柴橋附惣代　利右衛門
寒河江附惣代　武右衛門
尾花沢附惣代　善　助
漆山附惣代　善右衛門
左沢町大庄屋　鈴木　庄兵衛
柏倉割元　中村　五兵衛
山形七日町検断　平田　金七
上ノ山町検断　渡辺与左衛門
稲毛　新八

天童町大庄屋　仲　忠七
北口町大庄屋　細谷与左衛門
深堀庄屋　飛塚与市

往還筋ゟ東通江米穀諸雑穀買入通い差出候ニ付村方有米相改可申、尤左之通つりかけ候村々名主一同立会廻村いたし、帳面ニ仕立印形いたし、其支配惣代大庄屋元江差出改請通い請取可申候

金谷
半郷
上野
山神
成沢
高湯

本木
上桜田
中桜田
下桜田
飯田

山田
青田
平清水
小立
前田

岩波
八森
土坂
草矢倉
神尾

妙見寺
釈迦堂
宝沢
行沢
関根

風間
十文字
上下東山
切畑
高野

土生田
五十沢
今宿
朧気
尾花沢

小白川
双家
山家
印役

大森
山寺
荒谷
荻野戸

畑沢
延沢
細野
鹿沢
靏ノ子

大野目
植木
青野
落合
両青柳

北目
上下貫津
上下原町
山家

柳渡戸
銀山
上野畑
原田
母袋

山口
田麦野
道満
川原子
湯野沢
櫤山
林崎
下長崎
本飯田
押切
南沢
名木沢
毒沢
芦沢

猪野沢
沼沢
関山
観音寺
沢渡
靏巻田
北郷
坂本
行沢
中ノ嶋
野黒沢
荻ノ袋
鷹巣
岩ノ袋
海谷

後沢
野川
萬善寺
原方
市野野
岩井(谷)沢
関谷
矢越
高橋
駒込
川前
大浦
深堀
(次)二年子

〆百十四ケ村

〈山口村文書より〉

一〇

去卯年凶作ニ付村山郡御料御私領寄合之上一村限之穀留者相止、村山郡之内ニ而融通いたし他国他郡江者諸穀類決而差越申間敷筈ニ致決談置、右之趣村々小前江も兼而申触置候処、此節別而米穀払底ニ相成候故、願所ニゟ一村限穀留等いたし候村方も有之、右ニ付米売買甚差支村々難儀之趣相聞不宜儀ニ候間、上ノ山より名木沢迄往還筋村々并西郷村々一躰、以来者面々之飯料丈相残其余者諸雑穀共ニ早速相払候様、村方惣小前之もの江御触被成、已来心得違無之様取計可被成候、尤右之趣者御勘定所ゟも度々被仰渡も有之儀ニ付、一同承知之事ニ御座候得共、大勢小前之内ニ者心得違之ものも可有之儀ニ付、此度尚又御料御私領惣代大庄屋一同寄合評議之上右廻状差出候間、右之通御心得被成早々小前江御触可被成候、此廻状早々順達留リ村ゟ御

返し可成候、以上
辰（天明四）六月三日　　長瀞　権　蔵
〈山口村、天明四年「御用万留帳」より〉

一一

覚
一、酒造之事
是ハ去冬中致議定之通新穀出来迄御差留願上候ニ付、追々寄合相談可致事
一、越後国役之事
十二月迄月延願可致事
一、往還東通米買入通ひ之事
是ハ八月十日限り、其後ハ勝手次第
一、毒沢口留
是ハ八月十日限りニ而引払之儀御役所へ可相願事
一、銭相場以之外下直段ニ相成候ニ付、最上一統相談之上口々差留候事
是ハ奥州越口旅人壱貫五百文迄ハ致持参候ハ差構無之、右之外所持致候ものハ多少ニよらず引取、口留名主并当人之名主立会紛敷儀無相違候ハヽ、見咎之ものへ為取可申事
附、酒田湊ゟ為登候銭差留之儀ハ、舟差配人江可相達事、若抜銭等在之候ハヽ見付次第ニ舟着場名主江相断、改を請胡乱ニ候ハヽ、見咎候ものへ為取可申事
一、銭為差登之儀、酒田湊差配人江相通候事
是ハ寒河江ゟ可致事
右者当月三日寒河江表江御料御私領参会之上相定候間、御村方江被仰聞、右之趣無違失様ニ可被成候、此廻状早々御順達可被成候、以上
辰（天明四）八月六日　　長瀞　権　蔵
〈山口村、天明四年「御用万留帳」より〉

一二

差上申御請一札之事
去卯凶作ニ而私共儀村々及飢候もの共ニ、米金其外差

出相救寄特（ママ）之致取計候ニ付、御褒被置候段、水野出羽守様被仰渡候段、此度被仰渡冥加至極難有仕合奉存候、右為御請一札差上申処、依如件

天明四辰年十二月

郡中村々
名　主
組　頭
惣百姓

一三

〈山口村、天明四年「御用万留帳」より〉

「四月朔日御四分郡中柴橋江寄合之上相定候書付写し」

議定書之事

今般村山郡之内盗賊共致増長諸所ニ而及狼籍ニ候段、御役所々々ニ而及御聞、村々へも御廻状を以御触被遊候通、怪敷躰之もの見当候ハヽ、無見遁差押可指出旨被仰渡、且悪党共致徘徊物騒敷候ニ付、在町共一統不致安心、用心方ニ而農業も差障りニ可相成義ニ付、此度御四分御料所惣代名主会合之上右之始末左之通決談いたし、以来厳敷致穿鑿盗賊共徘徊不致様取計可申定ニ候

一、盗賊ニ逢候もの者勿論外々之百姓町人ニ而茂、右悪党もの見当候ハヽ、其所最寄之非人又者其村方ニ而心得有之候ものへ申付、早速搦捕最寄惣代名主方へ申出御役所之差図可申請候事

一、悪党共之義者勿論怪敷躰之もの一夜之宿も堅致間敷旨郡中村へ厳敷申触、小前百姓末々之もの迄不洩様申聞請印取之置、若隣村ニ而及見聞候ハヽ、右宿致候もの密ニ惣代名主方へ為告知可申、其節ハ御役所之御下知を請、密ニ捕手之もの指向召捕候而御役所へ指出可申事

一、盗賊悪党其外怪敷無宿無商売躰之もの及見聞候而も等閑ニ致置、且盗賊ニ逢候ものも其儘ニ致置候義者、畢竟御役所之御沙汰ニいたし、江戸御差出等ニ相成候へ者諸入用も相懸り候ニ付、一村之難儀を厭い御役所ニも御届不申義と相聞候、左候而者詮義未熟ニ相成不得止事悪党共増長いたし、弥以物騒敷事

共相止申間敷義ニ付、以来者右悪党共何方ニ而成とも見付次第搦捕御役所之御沙汰ニ相成、其上江戸御指出ニ相成、或者品ニ〳〵当人共江戸表へ御呼出等ニ相成、諸入用相掛り候ハ丶、右入用何程ニ而も諸遣い方見糺御四分高割ニ致相続可申事

一、盗賊之宿いたし候歟、或者右同類ニ相加り候もの有之候ハ丶、無隠御役所江御訴可申上候、左候ハ丶、縦江戸表へ御呼出等ニ相成御礼諸雑用相掛候共、其村へ入用惣而不相掛御四分高割ニいたし可遣、且又訴出候ものへハ品々〳〵郡中〳〵褒美遣候様可致候間、疑敷もの有之候ハ丶、不隠置、早速訴出御役所之御吟味可申請、若又隠置外村〳〵露顕致候節者何程諸雑用相懸候共、其村方へ引受させ候様可致候事

右之通此度御四分一同相談之上取極決着いたし候ニ付、銘々郡中村江廻文相廻し受印取置可申候、然ル上者以来右盗賊一件ニ付、江戸御指出等ニ相成諸入用相懸候節者、前段ニ申合之通御料所御四分高割ニ而相償可申定ニ御座候、其節違乱申間敷候、已上

（天明五）巳四月　　郡中村々
名主
組頭
百姓代

〈山口村、天明五年「御用万留帳」より〉

一四

其御村々当田方能々御様子御見改置可被仰上候、寒河江柴橋之様及承候処、一同御願申破免之様ニも及聞候、尤来ル十四日御四分物代寄合等も御座候、其節急度可相知候、にこり酒相止候様可相成候

一、御米売買不自由ニ付有之も寄合之程

一、大坂納宿願之義も御座候間、右旁ニ而十四日御四分物代寄合御座候

右ハ同方之義遣度、如此申上候、以上

（天明五）八月十二　　権蔵

〈山口村、天明五年「御用万留帳」より〉

一五

廻状を以得御意候、然ハ最上一同此節夫食米不足ニ付、買食之者共差支難儀之段申出候ニ付、御四分惣代寄合評議いたし候趣心得違之村方も在之、米穀村留等いたし差支候義も在之趣相聞甚不埒至極相聞候、新穀も追付出来之義ニ御座候間、少々之余米貯候ものも此節売払、勿論通用無差支様可致段、御四分并御私領一同申合候間、村々百姓心得違無之様可仰付候

一、当時夫食差支候ニ付、来ル十九日ゟにこり酒差留候段御四分并御私領共申合候、此段能々村方江可仰付候、萬一心得違之もの在之外、御料分又ハ何分之村方ゟなりとも相断申候義等在之候ハヽ、兼而相定之通り御役所江申立急度御吟味請候間、是又村々方へ急度可仰付候、此廻状御順達留り村ゟ御返し可被成候、以上

巳（天明五）八月十六日　　惣代　権　蔵

〈山口村、天明五年「御用万留帳」より〉

一六

廻状を以得御意候、然者廿九日御四分御代官様方当陣屋御寄合在候ニ付、御四分一同願之筋在之候間、御印形入用ニ候間当廿八日迄御届可被成、此廻状早々御順達可被成候、以上

巳（天明五）九月廿六日　　長瀞　権　蔵

〈山口村、天明五年「御用万留帳」より〉

一七

当巳年凶作ニ付、来午春夏ニ至候ハヽ夫食差支可申ニ付、村山郡村々酒造差留其外米穀他国他郡出差留度段願ニ付、今朔日ゟ酒造指留并麦粟稗蕎麦等夫食ニ可相成品々他国他郡出差留候条、右之段堅（カ）可相守候、尤私領共及掛合候得共いまた返書至来無之候間、尚又追而委細之儀者可申渡候、此廻状早々相廻し留り村ゟ可相返候、以上

（天明五）十月朔日　　長瀞御役所

〈山口村、天明五年「御用万留帳」より〉

一八

「酒造并口留定書」

議定書事

一、村山郡御料御私領共近年不作ニ付、連々米穀不足ニ付、夫食差支候もの数多有之及困窮候処、当巳年田作之儀当国者勿論近国共ニ何年ニも覚無之大凶作ニ付、最早此節ゟ可及飢躰之もの数多有之、左候得者来午年ニ至り候ハヽ一統飢饉可致儀歴然之儀ニ付、等閑ニ致置候而ハ諸人之死命ニも相拘一大事之儀ニ候間、此度御料御私領一同会合相談致議定候趣、左之通

一、当巳十一月ゟ来午年新穀出来候迄、酒造必至と為相休、請売等ニ至迄決而為致申間敷候

一、酒造株有之候者新酒造入候ハヽ、酒造道具不残取上、其外銭拾貫文為出可申事

但、酒造仕候者之五人組ゟ銭拾貫文為差出可申事

一、酒造株無之もの并自用ニ請（ママ）酒濁甘酒共ニ造入候者道具不残銭五貫文為差出可申事

附、其五人組ゟ五貫文為差出可申事

一、酒買取候ものゟ銭壱貫文為差出并五人組ゟ同断之事

一、酒請売仕候ものゟ銭五貫文為差出并五人組ゟも同断之事

一、酒造糀入候ものゟ銭拾貫文為出并五人組ゟも同断之事

右之通酒造致候もの并大小百姓江具ニ申聞、請書印形取之置、万一右之定相破候もの有之候ハヽ、急度無用捨定之銭取上、且又酒売買致候を見迯候歟、又ハ隠置候もの有之、後日ニ致而露顕候ハヽ、右同様之銭為差出可申事、右之品々見出候もの有之候ハヽ、其所之名主元江相断可申事、其節ハ名主元ニ而定之通無相違取之、見付候もの江為褒美為取可申事、尤吟味

之儀御料御私領自他之無差別入違ニ相糺可申候、右之通此度村山郡一同申合相堅候処、如件

穀物其外食物ニ可相成品々口留番所

一、楯　下口
一、関　根口
一、山　寺口
一、高　野口
一、関　山口
〆　五ケ所

一、上ノ畑口
一、関　谷口
一、名木沢口
〆　三ケ所

右八ケ所之越口相通候大豆小豆之儀者、買請取村方之名主元ゟ其越口宛名之切手書付取之、越口番所江差出改を請相通可申候、尤其外之諸穀物共悉相改相通候様、其趣口掛之村々名主江具ニ申聞置へく候、尤米穀ハ勿論粟・稗・蕎麦・大豆・小豆・麩殻・飴・おこし・温飩ニ素麺・菓子之類迄、食物ニ可相成品一切相通申間敷候、若相背猥ニ破通り候もの有之候ハヽ捕置其掛之御役所江可訴出候事

一、最上川通下り通船諸荷相改番所尾花沢附毒沢村江相達、御料所御四分村々名主壱人宛船見改壱人召連、十五日代り致出勤之通相糺申候事

但、右諸入用金大積り金弐拾五両積過不足之儀ハ追而勘定可致事

一、酒田湊江差下候諸荷物之儀者、其河岸附村々名主立会ニ而船々江為積請、壱艘限り積荷之品逸々切手書付相認船頭江相渡、毒沢村改番所江差出改受可差下、若相背候もの有之候ハヽ、捕置其掛之御役所江訴出可申事

但、河岸附村々名主印鑑毒沢村名主へ差出置可申候事

右議定之趣兼而銘々御役所江申上、此度御料御私領より拙者共一同会合致相談一決候上ハ、右之趣御料御私領惣村々百姓并借地店借等に至迄不残様急度申渡請書印形取之、村々互ニ穿鑿令いたし村山郡一統区ニ不相成様取計可致候、尤近村々寺社領江も此度申合候通夫々最寄ゟ申通同様相達可申候、且又前書諸入用之儀者村山郡御料御私領高割を以出金可致筈致決談候処、為後証議定証文、如件

天明五年巳九月

前書趣御四分御私領共申合其掛り御役所江御願申上、御私領方江御掛合被下候処、願之通御下知在之候ニ付、来ル廿五日ゟ酒売買急度相止万一濁酒等隠売買仕候ものハ本文定之通取計可被成候、若隠置外村々ゟ申出候ハヽ、村役人迄可為越度旨申合ニ候間、其段小前百姓江被申聞無忘却請印形御取置可被成候、此廻状早々順達留り村ゟ御返し可被成候、以上

（天明五）巳十月二三日　　長瀞　惣　代

昨日古酒売買差止之義廻状を以申達候処、急ニ柴橋寒河江ゟ申参候ニ付、追而廻状差出し候迄者御差扣可被成候、当分売買難差留候間、其段御承知可被成候、此廻状順達留村ゟ御返ニ可被成候、以上

（天明五）巳十月廿三日　　長瀞　権　蔵

（後筆）「追而当月晦日ゟ差止度申参候　以上」

〈山口村、天明五年「御用万留帳」より〉

一九

大豆小豆之儀段々高直ニ相成候ニ付、此度外御三分ゟ他国出シ差留願差出候段申参候、然ル処当郡中之儀ハ此筋重々石納金等湊ニ売払候最中ニ而、他国出し差留候而難義仕候而、当分ハ差免し来月下旬ゟ差止候様被成下度旨外御三分へ申出候得共、多分ハ他国出し差留ニ至可相成候間、其御心得可被成候、此之節売取置候分共ニ可在之候之間、早々片付候様御村々江可被仰付候、為御心得如此御座候

(天明五)十月廿四日　長瀞　権　蔵　印

〈山口村、天明五年「御用万留帳」より〉

二〇

追而米・粟・大麦・小麦・稗・大豆・小豆右七品之穀物共他郡出差留之儀、郡中一同申立候ニ付、願之通穀留申渡候通得其意候、尤当郡御料私領一統之儀ニ付私領へ掛合相除候迄、猶又追而得と可触候条、夫迄之内ニも当支配所ゟ他郡江穀物一切差出間敷候、以上

追而新酒にこり酒等一切請売迄差止可被成候、酒改として御他料ゟ相廻り申候間、左様御心得可被成候、以上

(天明五)十一月六日　権　蔵

〈山口村、天明五年「御用万留帳」より〉

二一

一、此度関東筋水損之所々ニ而夫食差支無之ため、水難等無之国々ゟ商人之米麦雑穀其外夫食ニ相成候品勝手次第相廻、尤高直ニ不致相当之直段を以商売いたし候様、領主并地頭ゟ領分知行所之内商人共へ不洩様可被申付候、右之通可被相触候

右之通御書付出候間、其旨可有心得候

但、当郡之儀ハ去巳年大凶作連々飢人出来ニ付、米麦諸雑穀共他国他郡出差留之義、当郡御料私領一統願出候ニ付、御役所一同評議之上尤之筋ニ相聞候ニ付、願之通申付置当時穀留中ニ候へ共、本文之通被仰出候義者一通り触知らせ置候ニ付、可得其意候、以上

一、先達而金銀融通之ため諸国御料私領寺社山伏百姓町人ゟ出金被仰付、従公儀茂御金被差加へ於大坂表ニ諸家へ御貸附候様ニ相達候得共、此度関東筋其外出水ニ而何々難儀之趣ニも相聞候、依之出金之儀一統御指止被仰出候間、其段向々江可被相触候

右之通被仰出候間、可得其意候、以上

(天明六)午九月十七日　長瀞御役所

〈山口村、天明六年「御用万留帳」より〉

二二

「追而造酒差留候上者たとへ濁酒たりとも売買堅可為無用事」

当午凶作ニ付追々夫喰差支可申候間、村山郡村々酒造差留其外大小豆之外ハ米雑穀共ニ他国他郡江出差留度段村々一統願候ニ付、今朔日ゟ来未秋新穀出来迄者酒造差留并ニ米・麦・粟・稗・蕎麦等大小豆之外、都而夫喰ニ可相成品々、他国他郡出差留候条、右之趣堅可相守候、尤右津留之儀当郡御料私領寺社領共ニ一統之儀ニ付、私領方江及掛合置候得共いまた返書至来分茂有之候得共、いつれ同様之儀と相心得急度可相守候、万一少分濁酒等ニ而茂造もの有之歟、大小豆之外穀類他国他郡出したし候もの有之ハ、早速可申出候、若隠置ニおゐてハ当人者不及申ニ組合村役人迄茂急度申付候条、可得其意候

一、御城米勿論私領物成米他国他国(郡カ)江相廻候節者、其筋之役人通切手を以俵数改之口々相通筈ニ候条、其旨可相心得候

但、口留所村々之儀者本文之趣堅相守、其筋之役人切手無之分者決而相通間敷候、若少分たり共私存寄を以相通候ハヽ、厳敷可申付事

右之通申渡シ候条一同堅可相守候、万一心得違之もの有之ニおゐてハ急度可申付条可得其意候、此廻状村下名主令請印、早々相廻留村ゟ可相返候、以上

午(天明六)十月朔日　長瀞御役所

〈山口村、天明五年「御用万留帳」より〉

二三

一、酒造之儀当不作ニ付御料御私領寺社領共ニ申合、御四ケ分惣代中寄合決談之上ニ而、来未新穀出来候迄造之儀厳敷差留ニ相成申候、隠造致候もの有之候ハヽ、何之村ニ而も打寄呑つくし候様ニ御触有之候、又かくし呑致候もの有之候ハヽ、是又吟味之上ニ過

料拾貫文、其村之名主方よりも拾貫文出候様ニ御触有之候

天明六午閏年十月廿七日

〈『大町念仏講帳』二一五〜二一六頁より〉

二四

議定証文之事

村山郡御料御私領共ニ近年不作之上、別而卯年以来凶作打続、猶又当年之儀茂卯年弥増候大凶作ニ而、当国者勿論近国共ニ困窮仕果可及飢躰之もの数多有之、左候得者来未年ニ至り一統飢饉可成義歴然之義ニ付、等閑ニ致置候而者諸人死命ニ茂相拘一大事之儀ニ候間、御料御私領一同会合及相談致議定候趣、左之通

一、当午十月ゟ来未新穀出来迄酒造差留并大小豆之外米穀諸雑穀共都而食物ニ可相成品、他国他郡出急度差留可申事

一、酒造改方之儀、御料御私領立会ニ而初発改ニ相廻り候節、桶之大小其外諸道具共員数悉相改酒造屋ゟ書付為差出、其後何時ともなく追々改ニ相廻り候節、元差出置候書付ニ引合諸道具過不足有之候ハヽ、其趣を以急度穿鑿いたし、胡乱成義於有之者無用捨致吟味、早速御役所江御訴可申上事

一、酒造株有之候もの并自用ニ清酒濁酒共ニ造入候もの有之候ハヽ、及見聞次第其掛之改組合惣代名主或者大庄屋江申出、各村役人差添之上其村々名主組合ニ為致案内、御料御私領寺社領共自他之無差別打寄造入候酒飲可申候

但、飲余有之候ハヽ其度々右改役人致封印、幾度も打寄飲尽可申候、若改所并村役人江無届内々ニ而理不尽ニ打寄飲候儀有之歟、又者酒屋ゟ馴合不埒之筋有之者、其村役人吟味之上、其掛之惣代名主大庄屋江申出、急度吟味請候様可仕候、尤御料御私領左之通組合相立入代り可相改事

柴　橋　　寒河江　　尾花沢
左　沢　　山　形　　新　庄
深　堀　　柏　倉　　天　童
漆　山　　上ノ山　　長　瀞

一、酒請売并他国他郡ゟ買入商売いたし候もの有之候ハヽ、右同断打寄飲尽可申候、若密ニ買取自用ニ給候もの及見聞候ハヽ、無依怙贔屓吟味之上銭拾貫文為差出、訴出候もの江ほうひ遣候筈致決談候、且又酒造并請売等致候もの有之、外ゟ相知候節者、縦其村名主不存事ニ候共、畢竟村役人付方等閑成故之儀ニ付、名主ゟも銭拾貫文為差出、右銭之儀者穀留雑用之足しニ致候筈致決談候
但、当秋新穀を以清酒濁酒等造入候儀も可有之哉、其分者当月廿日迄ニ為売払、来ル閏十一月朔日ゟ前書之通急度相守可申候、若又右日限迄売払兼候ハヽ、其分者無用捨飲尽候様可致事
一、穀留之儀、去巳年致議定候通、越口之村々江其支配ゟ申渡、酒田湊江積下し候諸荷物之義者大石田舟会所ニ而差留候様、御年番御役所ゟ被仰付被下置候様奉願、急度差留候様可取計事、尤仙台領并酒田湊諸相場引合不申所務無之ニ付、猥ニ持越候儀茂有之間敷候得共、此上仙台領酒田湊諸相場引上ケ候節者再応寄合不及評議番人附置可申候、諸給金之儀者左之通遣可申事
一、楯下口　但、番人給金三両可相渡事
一、川　口　右同断
〆弐ケ所
一、関根口　但、壱ケ所給金三両宛、雑用金壱両宛、外油・らうそく代金弐分宛、都合金四両弐分宛相渡可申事
一、山寺口
一、高野口
一、関山口
〆四ケ所
一、上ノ畑口　但、壱ケ所給金三両宛并油・らうそ

く代金弐分宛、都合三両弐分宛相渡
可申候

一、関　谷口
一、名木沢口
〆三ケ所

右九ケ所之越口相通候大小豆之儀者、買請候村方之名主先ゟ其越口宛名之切手書付取之、越口番江差出改を請相通可申候、尤其外之諸穀物共ニ悉ク相改相通候様、其越口掛り之村々名主江具ニ可申聞置候、尤米穀者勿論粟・稗・蕎麦・大豆・小豆・麩殻・飴・おこし・温飩・素麺・菓子類迄、食物ニ可相成品一切相通し申間敷候、若相背猥ニ破通候もの有之候ハ丶、捕置掛り御役所江早々可訴事

一、最上通下り通船諸荷物改番所寒河江附駒込村江相建、御料所御四分村々名主壱人宛船見壱人召連、十五日代りニ致出勤急度相糺可申事

但、諸入用金大積金弐拾五両之積過不足分、追而相糺可申事

一、酒田湊江差下候諸荷物之儀者川岸村々之名主立会ニ而船々江為積請壱艘限積荷之品逸々切手書付相認船頭江相渡、駒込村改番所江差出改を請差下可申候、若相背候もの有之候ハ丶、捕置其掛り之御役所江訴出可申事

但、川岸場所村々名主印鑑駒込村改番所江差出置候事

右議定之趣者兼而銘々御役所江申上、此度御料御私領ゟ拙者共一同会合致相談一決致候上者、右之趣御料御私領惣村々百姓并借地店借等ニ至迄不洩様急度申渡請書印形取之、村々互ニ穿鑿いたし村山郡一統区々ニ不相成様取計可致候、尤近村之寺社領江者此度申合候通、夫々最寄ゟ申通同様取計可申様相達可申候、且又前書諸入用之儀者村山郡御料御私領高割を以出金可致筈決談いたし候処相違無之候、為後証議定証文、如件

野田松三郎御代官所　柴　橋　附

天明六年午十月

御預り所
郡中惣代　利右衛門
同　断　伝四郎

力石荻之進御代官所　寒河江附
郡中惣代　八左衛門
同　断　善六

品川八郎左衛門御代官所尾花沢長瀞附
郡中惣代　善助
同　断　養助
同　断　権蔵

上杉弾正大弼御預り所漆山附
郡中惣代　善左衛門

酒井石見守領分左沢附
大庄屋　大塚又右衛門

秋元但馬守領分山形町
町年寄　平田弥太郎

戸沢城之進領分北口
大庄屋　工藤弥次右衛門

松平大和守領上ノ山
大庄屋　高橋太右衛門

右同断小泉村
大庄屋　日塔金右衛門

織田左近将監領分天童
大庄屋　沖忠七

堀田相模守領分柏倉
大庄屋　中村五兵衛

高力大学知行所深堀
大庄屋　飛塚与市郎

〈山口村「村山郡議定書」より〉

二五

廻状を以得御意候、然ハ此度酒造屋并小売酒屋等為改、御四分為惣代柴橋寒河江ゟ被為廻候当村抔改方為済申候、何時改ニ御越被成候儀難計候間、左様ニ御承知可被成候

一、御私領へも掛合在之、是又改役人可被参、忍ひ

く改候義ニ候間、何時被為廻候も難計御座候、右改人被相越候ハヽ、在躰見分を請候様可被成候、大庄屋年寄ゟ定而添簡をも持参可被致候間、其旨承知可被成候、此廻状早々順達可被成候、以上

(天明六)午十二月七日　権　蔵

〈山口村、天明六年「御用万留帳」より〉

二六

一筆致啓上候、余寒強御座候へ共、各様弥御賢勝可被成御勤珍重に候、然者左沢穀留之義御料所ニ而者都而諸向共穀留之様相響キ、此間者山形町ニ而急ニ米直段壱俵ニ弐百文方引上候由、中村ゟ柏倉ゟ御帰り之途中ニ而及御聞、甚気之毒思召候ニ付、山形御領分へ者無差支米諸穀物共売遣候様ニ、御四分一統村々江急廻状差出候様可致旨、且又山形町年寄へも四分惣代連名之書状ニ申遣候間、可然段被仰聞候間、則山形年寄衆江御四分惣代連名ニ而書状相認、今日此方ゟ差遣候間、左様答可被下候、尤右下書別紙入御覧申候、且此方郡中右之趣相触候間、各様ニも御同様早速御触被成候様致度候

一、左沢江者先達ゟ穀留致候儀ニ候へ共、此度柏倉御馴合、先達而柏倉米御払被成候分、此度御買返左沢江御続ケ被成候由、此間御買立被成左沢ゟも在々所々触買出候故、長崎辺向郷米直段引上ケ申候間、柏倉も左沢同様之儀ニ御座候間、右弐ケ領江ハ決而諸穀物不売様致度御座候

一、山形御領分江者差支売買致候様御触成候義、間違無之相分り候様致度御座候、此段申進無之候得共慮外申上候

右之趣柴橋寒河江ゟ申来候間、写之相返可申候、御披見之上同様御取計可被成候、此廻状刻付以御順達可被成候、以上

(天明六)午十二月廿六日　権　蔵

〈山口村、天明六年「御用万留帳」より〉

二七

覚　書

(一)

一、去ル卯年以前連々違作打続候処、寅年田方之儀、春中ゟ順気悪敷安心不仕罷在候処、夏土用後より急ニ立直り候穂元故歟、秋彼岸過候得者黒穂白穂ニ相成一円熟シ兼候処、八月十三日十四日之朝夥敷大霜降田畑諸作物ニ相当り、殊ニ雪国之儀故熟シ相待候義も不相成、無拠刈取見候処、以之外稲束刈落存之外之凶作ニ而全体米性悪敷、過半ハ青米死米粃勝ニ而、第一取実無数百姓一同困窮仕候

一、去ル卯年田方之儀前段之通、一躰籾性悪敷寅年之籾を以苗代江蒔付候ニ付、苗生立不宜、其上苗不足故至而小苗ニ植付、或者貰い苗等ニ而田面を塞キ候、田方者土地不相応之苗ニ而も無致方漸仮成ニ植付候処、春中ゟ気候不順却而冷気強ク不天気勝ニ而、稲元一躰元殖不仕、一同相歎罷在候処、秋中ゟ天気快晴無之、御検見相済候已後も日々雨降続候故、田面一躰熟シ兼赤らみ不申候得共、雪国之儀故見合候儀も不相成無拠刈入候処、何ケ年ニも覚無之凶作ニ而、郡中一統損毛五六分通ゟ八九分或ハ皆損之村ニも有之候程之儀ニ付、夏中ゟ右作方之様子追々御届申上候、依之御勘定所様ゟ被仰渡飯塚伊兵衛様御手代堀内兵助様、青木楠五郎様御手代富永雄蔵様御両人御差下シ、田方悉御見分被成申ニ付、近年稀成ル大凶作之儀者江戸表江御帰府之節被仰上被下置候御義と奉存候、勿論当郡御代官様方ニ而も御検見村其外破免村々迄巨細御検見被遊相当之御引方被下置候得共、全躰之凶作故作徳米無数、且連々違作ニ而百姓一統労果罷在候上之凶作故、買食之者共ハ出来秋之時分至候而も直段米至而高直ニ付、夫食調方差支少々所持之衣類雑具等迄悉売代成、困窮逼り飢寒難凌平生不給馴葛・蕨・百合・山老・松皮餅・藁・糠等餅ニ仕立、或者草木之根葉等迄食事ニ致シ候故歟、卯年秋中ゟ時疫流行いたし、冬中ゟ翌辰年中死失仕候も

の数多有之、今以所々ニ病人有之、去ル宝暦五亥年大凶作ニ而翌子年大飢饉仕右同様雑食仕疫癘流行仕、村山郡一統大困難之上、死失人多分有之候儀生涯難忘、右之困難ニ懲果甚後悔仕罷在候故、米穀者勿論大小豆其外都而食物ニ可相成品迄、他国他郡出厳重御差留相願、酒造等之儀も必至と御差留奉願、其上夫食種籾等拝借被仰付広大之御手当被成下置候ニ付、漸ク仮成ニ夫食取続御百姓相続仕来申候

一、卯年御物成辰春御廻米之儀者右躰卯年大凶作ニ付、皆御免被成下、村々御物成米之内夫食種籾拝借被仰付、村々江御渡被下置候、残米之分ハ皆不熟石代安御直段ニ被仰付候

一、辰年之儀卯年大凶作ニ付不熟之籾性を以種籾ニ仕苗代江蒔付候処、一円生立不申、弐度三度宛蒔直不足苗壱本弐本ツツ植付候ニ付全躰違作仕、殊ニ夫食ニ相渇ニ罷在候ニ付、実入不申内ゟ青稲ニ而刈取鍋煎等ニ仕夫食夥敷喰込、其上江戸大坂御廻米籾共多分被仰付候ニ付、去巳年春ゟ夏ニ至候而者、又候米穀払底卯辰年両年ゟ却而高直ニ相成候得共、夫食等御拝借奉願候儀者不相成、無拠卯辰年両年ニ払残シ候家財諸品悉皆相払漸く夫食取続候仕合ニ御座候

一、去巳年之儀、卯年以来大難渋而已相続候上、又々去巳年も卯年同様之大凶作第一夫食差支色々雑食ニ而取続罷在、去秋御検見之節御三分御代官様方御下向被遊候ニ付、米穀他国他郡出酒造留奉願夫食漸取続候仕合ニ御座候

一、去巳年之儀、大凶作ニ付御廻米之儀者皆御免不熟安石代ニ奉願上候処、御代官様方御直御吟味ニ而浅草御蔵方御渡米御不足ニ付、皆御廻米可仕旨御厳重ニ被仰付候得共、卯年同様米払底之年柄、殊ニ不熟之米性故可摺立様無御座、御廻米皆御免不被下候而者取続之程無覚束趣ニ奉申上候得共、御聞済無御座無拠御廻米御請仕、先達而御廻米津出仕候

一、当午四月中力石荻之進様御手代中当郡御三分様御兼帯ニ而御下向被成、従御勘定御奉行所様被仰付候由ニ而、先達而寒河江御役所江御四分御手代中御寄

合被成、御立会之上御廻米并安石代年賦返納御年延等者決而御伺不相済候間、早々御請仕、御廻米之儀ハ他国米買納ニ仕候而茂多分相増御廻米可仕、且石代方之義茂定例御直段を以上納仕、返納物之義者米納可仕旨御厳重之御吟味ニ御座候得共、御廻米之儀者是迄御請仕候石数之分も百姓方不得心ニ御座候得共、無拠御理（ママ）害被仰聞候故、村役人引受御請仕候御儀ニ而、此上強而御請難仕訳柄奉申上、扨又他国米買納仕候儀者高直之米買納仕候而者代金調達方必至と困窮仕果候百姓之義ニ御座候得者、調達可仕様無御座、米穀他国他郡出并酒造必至と相留置石代金納ニ奉願、右之米を以百姓夫食ニ為取続候御儀ニ御座候得者、他国米買納之義是又決而御請難仕、且又安石代之義卯年以来大凶作、去巳年迄両年打続百姓困難ニ逼り候上之義、定例御直段を以御取立等ニ相成候而者離散退転百姓何程出来可仕哉難計、且夫食御種籾返納之義ハ去巳冬当夫食拝借奉願候御儀ニ御座候得者、御伺相済候を待兼候躰ニ付、是以卯辰両年分拝借返納物之義も、是悲（ママ）御年延被仰立被下置度旨、郡中惣代之もの共一統強而奉願上候得共、右願之品々御取上ケ決而無御座、何分御請仕候様厳敷御吟味ニ御座候ニ付、無拠当午四月廿日迄御日延奉願、郡中村々百姓江申聞候処、何れニも御請難仕強而奉願上度段申之ニ付、困窮之世柄入用相掛候も甚難儀ニ者奉存候得共、無拠四月十九日江戸御表江御一ケ分ゟ惣代之もの壱人ツヽ為差登、既ニ去ル五月十八日江戸表御下馬前ニおゐて田沼主殿頭様御登城被遊候砌御駕籠訴仕候処、願書御取上ケ被（ママ）、右願人共神田橋御屋敷江被差遣御番人御附置、同日八ツ時御用人様吟味之上、右一件者差越願ニ付、御取上ケ難被遊旨被仰渡願書御返し被遊候処、尚又強而御取上之義奉願上候処、支配ニ而突放シ候ハヽ、外ニ願所も有之筈、其筋々江可相願段被仰聞候ニ付、無拠右願書奉請取同月廿日御月番御奉行所赤井豊前守様江駈込訴仕候処、御用人山本平左衛門様段々御理解被仰聞候処、強而相願候ニ付無拠義被思召、左候ハヽ先取上置評

議可及候間、宿元江差扣可申旨被仰渡候ニ付、任其意宿所江罷帰り御吟味之程相待罷在候由、右惣代之もの共ゟ書状を以申来り候

一、都而安石代奉願上候儀者凶作之年柄故米性不宜、勿論取実無数、縦惣当之御引方被下置候而も夫丈作徳米無之、第一夫食差支其上多分ニ御廻米仕候而者弥以米穀不足ニ相成、且又右躰之悪米江戸大坂御廻米籾仕候而者欠減夥敷相立、其分買納等仕候而者多分代金相償可申様無御座二重之御年貢相納候、同様ニ相当り弥増困窮之基ニ相成候儀ニ付、不得止事と石代金納奉願上候儀ニ御座候、尤右石代相願候儀夫丈之米積貯置候而、外々江売払右代金を以上納仕候儀ニも無御座、全躰米不足ニ而夫食取続方無覚束、殊ニ宝暦六子、天明四辰両年之大飢饉逢、飢寒ニ逼り不給馴雑食等仕疫病流行死失人有之、其上退転之百姓離散人等多分有之候儀ニ懲果、其後悔仕罷在候義故、面々死生存亡之時節と存、可成丈は倹約を重ニいたし農業稼ニ田畑江罷出候ニも、朝夕者粥并色々之雑食仕候程之儀ニ付、米払底ニ罷成候而者、手段尽果身命ニ相拘り候義故、石代金相願候訳ニ御座候、尤石代金上納之義、右石代金米相払上納仕儀ニも無御座、面々之夫食ニ仕、代金之義者別ニ才覚いたし上納仕候仕合故、定例之御直段ニ而者近年格別高直之義故、金高存之外ニ相嵩、左候得者弥以上納差支申儀、殊ニ不熟米之儀ニ付、御廻米ニ者難相成米性ニ御座候得者、彼是之訳を相考石代上納御願申上候儀ニ御座候、尤先年豊作之砌り者米直段定例三斗ニ而金壱両ニ付、弐石五六斗迄も御直段有之候、此儀全ク豊作之証拠御座候、然ル処近年ニ至り候而者銭者先年之倍増下直ニ相成候上、米直段者定例三斗高ニ而、金壱両ニ付九斗三升余迄之御直段ニ御座候、是又凶作之印相違無御座候、尤田畑諸作物出来不出来之儀、百姓面々之家業自分之損益ニ拘り候儀故、無油断我増ニ出情手入仕候儀ニ御座候得共、時候之不順ニ而凶作仕候儀人力之不及所、誠ニ以天情之義致方無之歎敷仕合ニ御座候、右躰之義ニ付石代御直

段之儀、格別之御勘弁を以安直段被仰付、御慈悲之御恵ミを載不申候而者御百姓相続難相成仕合ニ御座候

一、定例石代直段之義、其年之米直段之高下ニも不拘、当国五ケ所平均金壱両之代米之内三斗羅ニ而上納いたし来候儀、先年之通米直段下直之年柄ニ者多分之売損も無之候得とも、近年ニ至り候而者米直段先年ゟ倍増之余高直ニ御座候故、金壱両之高ニ而も夥敷売損相立甚難義至極之義御座候

天明六年午六月

(二)

当国村山郡之儀四方高山を請、例年夏土用ニも湯殿山月山蔵王嶽其外嶽々者雪消払不申、里方之儀も冬十月頃ゟ翌三月迄雪降り積有之、寒気甚々敷暑さ弱キ国柄故、毎年四月ニ至り梅桃桜梨花共ニ一度ニ咲揃ひ農業打立、速々秋気ニ至不時之冷気強ク雑気凝田畑諸作物無理ニ熟シ申候、其段者例年御廻米江戸廻シいたし於浅草御蔵庭ニ内拵之節粉之ことく相成欠減夥敷相立候儀、兼而御賢存之通御座候、都而諸作物之儀、土地之善悪ニ依候事ニ候得とも、陽気順能請百姓之精力手入を以生育いたし実成宜御座候処、近年陽気不順諸作物不出来候故、次第ニ人力も衰微いたし弥増作方不宜儀ニ御座候、当郡之義古来ゟ仕来ニ而麦ハ少々ツヽ作付仕候得共、粟稗等之雑穀極山中ハ格別里方ニ而ハ決而仕付不申、譬蒔附候而も余国と違ひ取実至而無数御座候故、小前百姓共少も余計所務有之候紅花青苧多葉粉之重ニ仕附候義ニ御座候、右躰之作物を以当郡へ金銭取入来候迄ニ而外ニ価ニ可成作物無御座、紅花青苧之類者直段宜敷ものニ候得とも、京都奈良之辺江差遣遠方多分の運賃駄賃失堕相懸、致迷惑候段者是悲(ママ)も無之仕合ニ御座候、何れニも右代金を以当郡ニ而出来不致年中日用之塩肴之類、或ハ衣服木綿古着繰綿其外家財器物等余国より為替ニ取組取寄、又者当国酒田町ゟ買取於郡中交易仕候、右紅花青苧ハ夫食之多足ニ不相成雑穀糧至而不足ニ御座候故、従古来今以自然と八木を

重モニ百姓夫食ニ仕来申候間、田方不出来之年柄ハ余国ゟ米買入候ゟ外ハ無御座候処、右申上之通四方ニ高山を請難所多く、隣国何れ之御城下江も道法三十里隔運送之失堕夥敷相懸り候故、近隣之国々ゟ八木買取候儀も容易仕兼、最上川川路三十里程引船を以当国庄内酒田辺ゟ八木買為登候得共、川丈長く是又運賃余計相懸り、殊ニ雪中寒気甚タ敷時者川通氷張通船自由不相成、夏中渇水出水風並悪敷節者所々滞船いたし日数多相懸、急成事ニ者間ニ合兼候、其砌米穀諸式（ママ）至而高直ニ相成、買食困窮之もの共一入難義仕候、右躰品々差支難義之趣逸々御賢察被成下候様仕度奉存候、扨又去ル卯年之義前寅年陽気不順不熟之籾随分撰立種下シ仕候得とも性合悪敷生立無甲斐苗不足ニ而小苗ニ植附、又貰苗等いたし漸田面を塞キ候処、兎角春中ゟ雨天曇天勝冷気強ク稲株元殖不仕、郡中一統相歎罷在候処、秋気ニ至り数日雨降続適雨晴シ候而も曇り陽気無甲斐御座候故、立毛一向熟シ兼赤らみ不申青立空立穂多実入之程を見合刈揚不申内、雪国之儀刈向後レ候得者立毛雪下ニ相成候故難延置、少も立毛有之分無是悲（ママ）刈揚見候処、山方村々共皆損、又者八九分乃至又六分通損毛いたし貧窮之多人数出来、秋ゟ夫食ニ差詰米直段ハ前代未聞高直ニ相成、買食之者共如何様ニも可取続様無之必死ニ難儀仕候、田方相応之出来方年柄ニ見合郡中一躰押平均六七分通損毛相見へ、右下足之米出方無御座一統当惑仕候、既宝暦五亥年大凶作ニ而従御公儀様夫食米等相応御手当被下候得共不引足、山野草木之根葉迄採糧いたし数日廉食を給候故、既躰疲衰雪中極寒を強ク引請、専流行之疫病を相煩、親妻子死失致し泣悲候段者不申上及（ママ）、田畑養育届兼親類五人組之精力を以露命を繋、艱難を凌年月を纏来者他国江袖乞等ニ罷越空敷相成候族も有之、右等之もの共御年貢諸役五人組親類共打寄り弁納いたし候故、供潰レニ相成候も数多之儀ニ而苦患骨髄ニ徹し、今ニおゐて一統不相忘レ懲果罷仕候故、卯年大凶順之節者当郡御料私領寺社領村々打寄米穀他国江不売出酒造一切差留、互ニ飢を可凌旨堅申合、其段御支配御役所〱御地頭所江願立御聞済之上、米穀他郡出酒造御差留相成候得とも中々以夫食引定不申候故、卯冬中ゟ翌辰五六月迄々夫食種籾米等多分拝借仕、御廻米皆御免格別之安石代金納願之通ニ被仰付、広大之御慈悲を以飢人等無之取続候得共、数月之後田畑質入、所持之衣類家財段々ニ売尽し貧窮之ものとも飢を可凌様無御座、平常不給馴葛・蕨・山老・百合之根・松皮餅・藁餅其外無量之根葉迄食事ニいたし、此外底つき果罷在候上、厳寒を強く請候故歟、卯冬中ゟ翌辰夏頃迄専疫病流行相煩、宝暦五亥年同様病死人多く又者耕作を捨置打刈漸快気を得候而も如何様ニも可凌様無御座、老若妻子足弱之もの共を引連レ袖乞江等ニ罷出候族も有之候得とも、離散逃散欠落百姓無之様心附手当可致遣旨、兼々御役所ゟ重テ被仰渡も御座候故、村役高持百姓共申合夫々手当扶助いたし遣為取続、又者呼返し仮成ニ耕作為致抔仕候得とも、辰年出来秋ニ至り売米無之指支候故、酒田湊ゟ米買入させ売続遣漸為相凌申候、右之仕合ニ御座候故、辰年年立毛ハ青田之内ゟ刈取夫食仕候間、翌巳年耕作夫食多分前年江繰越喰潰ニ相成、郡中一統糧食不足仕、併辰年之儀田方相応之出来方ニ而御検見御春法之上出合有之、殊ニ卯年大凶作ニ而之御公儀様ニ茂夥敷御損毛相立候故、去ル丑寅同様於御取箇附被成下過分之御廻米籾等御割賦厳重ニ被仰付候故、違背可仕様無御座御請仕候得とも、口上申上候通辰年八木之儀過半喰込ニ相成有余無之所、卯年凶作取続兼候節、急借等いたし置候分辰年之作物を以夫々仮成之返済仕、所持之田畑家屋敷を始質入衣類家財を売払妻子眷属を育漸取続御年貢米金上納候仕合故、難立段再三被仰渡候得とも、無拠安石代金納強而奉願上候処、段々御吟味六ケ敷可相成候処、右御直段不相極百姓小前皆済勘定不相立当惑至極仕罷在候、次ニ去巳年之儀春中田方草生相応ニ御座候処、夏土用前ゟ数日照続用水不足田方黒割白割ニ相成、仮成用水有之田面も夜分迄熱返シ候故虫附立毛甚タ相痛ミ之上、秋気ニ至り長時化冷気強ク白穂黒穂空立穂ニ相成、立毛実入兼不熟勝粃打砕米多、卯年不劣大損毛いたし御取箇過半御引方相立、郡中押平均百姓作徳米六七分通内損有之、迚も相続無覚束飢人出来可致躰相見候故、当郡御料私領寺社領共申合米穀他国他郡出シ酒造御差留相願御聞済有之、米穀不引散村山郡一郡ニ而売買いたし百姓達ニ飢を凌候得とも、卯年以来打続大凶作ニ御座候故、質入又者可売払品ニも無御座極々難儀仕、去巳冬已来当春江懸り夫食拝借其外御年貢安石代金納等追々願上たてまつり候得とも、夫食之儀御貸渡不被下、安石代之義も御取上ケ難成旨被仰渡、都而御廻米増方等御手強ク御吟味ニ御座候、右委細申上候通近年違作仕候上、卯巳両ネン大凶作ニ而郡中一同米穀払底百姓夫食不足仕候段ハ、御取箇六分御引方相立候得者百姓手前作徳米も夫丈相減夫食不足仕候義ハ相違も無御座、眼前之事ニ而縦立毛相応之出来方之年柄ニ而も十ニ七八分通ハ貧窮百姓共多五ケ年之暮方有余貯無之ものに候処、右躰大凶作ニ而ハ如何様ニ而も可取続方便無之、百姓第一必死之難義も飢寒之外他年(ママ)無御座、追年労れ果罷在候百姓共一同相願候安石代金納并拝借米年賦返納等之義申立不遣、夫々手当も致不遣手荒成取計而已いたし候而ハ難行立、次第〳〵に離散退転可仕ものも可有之哉、其節ニいたり多人数差押ひ可取留様無御座、弥左様成行候而ハ御田畑耕作荒シ置候ゟ外無之、後難程も恐入たてまつり何卒百姓相続為致度、強而安石代等奉願候、勿論其御物成米者他国他郡江持出売払徳を得候義ニも無之、最初ニ申上候通畑作之もの夫食之多足に可相成品無数、重モニ八木を夫食ニいたし来候故、遡而奉願候義恐多奉存候得とも、石代安御直段御立被下置候様奉願候、右石数之分者銘々の夫食喰潰シ右代金上納ハ全ク弁納仕候様ニ相成、殊ニ更凶作之年柄者別而不熟仕候故、米性至而無甲斐御廻米等不相成、押而江戸廻ニ等被仰付候得者翌年夏土用後江戸着仕欠減夥敷相立納不足ニ相成、其分江戸表高値ニ成米買納仕候而ハ多分ニ入用金相懸り、全躰百姓二重之御蔵納仕候に相当り、相続仕兼候段深ク御勘弁被成下度奉存候、勿論縦願之通石代金納被仰付候而も、凶年之節ハ八木地直段甚タ高直之上格別之御羅増等被仰付候得者、余計之分出方無御座

必至と差詰申候故、不得止事再応安石代御直段御立被下候様、御支配御役所〳〵江奉願上候儀御座候、其他拝借米年賦返納并御廻米増方御免相願候も右ニ准如何様とも上納手段尽果候故、強而相願候義ニ御座候得とも、去秋以来於御勘定所品々重キ被仰渡御座候由、御支配御役所〳〵にて前書願之趣一向御取上無御座、年柄不相応ニ成御廻米高被仰付、此上格別之増方可致旨再三御吟味御手強ク御座候故、其段小前百姓共江得と為申聞候得とも、一向増方之得心不仕村役人共御請答申上方無之当惑至極仕候、当郡田方出来方之儀前々者陽気順よく人力盛ニ御座候故歟、立毛実成方宜米沢山ニ而地直段金壱両ニ付米弐石五六斗ゟ三石位迄売買仕候義も有之処、近年来陽気不順人力衰諸作物出来少ク一統困窮仕候段者、近来当国五ケ所ゟ御書上御座候四季之米相場高直ニ成儀御勘考被成下候得者、逸々相分候儀と乍恐奉存候間、彼是御勘弁被成下、去冬以来追々御支配御役所江奉願候夫食拝借米年賦返納願之通被仰付、御廻米増方御吟味御免被成下候様幾重ニも御慈悲挙而奉願上候、以上

〈山口村「天明三卯同五巳両年凶作ニ付諸願書控」より〉

二八

㈠

廻状ヲ以得御意候、然者酒造之儀此節段々猥りケ間敷儀相聞候、村々百姓疑相発物騒敷義も相聞候、寒河江柴橋ゟ申参候、是迄段々一村限ニ内改も被成候筈ニ御座候節、猥ケ間敷義無之筈ニ御座候得共、尚又為念申懸候、村中御糺被成改役人等相廻り節、不埒等無之様ニ可被成候、此廻状早々御順達いたし留り村ゟ御返し可被成候、以上

（天明七）
正月廿三日　　　　　　　権　蔵

〈山口村、天明七年「御用万留帳」より〉

㈡

一、酒屋酒造有之分、改人者村中ニ而悪もの共ニ被仰

付、酒造改出し候ハヽ、壱軒ニほうひとして壱貫文
宛被下候、尤過料銭之内ニ而被下候八貫文程改出御
座候由
一、右改出候酒、御役所ゟ御封印被成候由、酒屋共手
錠諸道具不残御封印被成候由、江戸御伺ニ可被成旨
一、柴橋酒造改同様御座候由、惣代中ゟ及承候
一、白岩西里一件最中御吟味ニ御座候、夫々御過怠御
座候而手錠人多分御座候由、後手錠ほと足等も御座
候由
右之趣ニ御座候間、兼而覚悟ニ被成候而可然様奉存
候、東根其外ニも酒有之風聞も御座候故、改人可参
候哉、又ハ御役所へ可申参哉も難計奉存候、改出し
等有之候而者以之外ニ御座候間、此段能々御教諭可
被成候、委細ハ帰村之上可申上候、以上
(天明七)正月廿九日夕　寒河江表　理兵衛
権蔵
別紙之趣寒河江表両人方ゟ申参候間、早々相廻し候、
御披見之上御順達可被成候、以上
(天明七)未正月晦日　長瀞　吉左衛門

〈山口村、天明七年「御用万留帳」より〉

二九

廻状を以得御意候、然者上ノ山山形ゟ
左之通
一筆致啓上候、暑気之節ニ御座候得共、各様御堅勝可
被成、御勤珍重奉存候、然者去午年凶作ニ付、村山郡
一統申合米穀他国出ニ差留并酒造等停止、尤酒造之義
者人会(ママ、入念カ)ニ可遂吟味旨議定ニ付、先日各様当所江も御出
役被成候、依之当所ゟ茂其御支配所酒造為吟味、検断
共之内去暮出役被申付候処、其砌領主之収納取立ニ付
延引、其後段々故障之筋等有之是迄延引罷成候処、此
節来ル廿二日検断西川可助・後藤小平次・伊藤太兵衛
右三人出役致候筈ニ候間、改方之儀右之者共ゟ可得御
意候間、兼而左様御心得可被下候、右為可得御意如此
ニ御座候　恐惶謹言

(天明七)五月十八日

平田弥太郎
小清水庄蔵
左(佐)久間善蔵

柴　橋
寒河江
尾花沢
長　瀞
漆　山
　惣御代中

右之通私領ゟ酒造為改来ル廿二日相廻候、酒屋者勿論小売酒屋共江急度御差留ニ可被成候、兼而去年中此方ゟ為致罷越厳敷取計候間、定而厳敷相改可申候少分たり共改出等有之候而者御役所表御吟味茂六ケ敷可有御座儀候間、此段能々御心得可被成、此廻状早々御順達之上、留り村御返シ可被成候、以上

(天明七)未五月廿一日　長瀞　惣　代

〈山口村、天明七年「御用万留帳」より〉

三〇

(一)

一、去ル十八日寒河江表江石代之儀ニ付、御四分惣代寄合御座候ニ付、楯岡町茂右衛門差遣候処、当未年作方宜敷御座候得共、皆御廻米ニ可被仰付、左候而ハ来申年夫食ハ当年ゟハ不足ニ可相成候間、此節ゟ米斗ハ他郡出内々ニ而差留相願可然哉之旨相談相決、大浦江内々ニ而改所相建申積り御座候間、其段御村々江も内々ニ而可被申聞候、右御四分一統申合ニ候間、如此御座候、以上

此廻状早々順達可被成　以上

(天明七)未八月廿一日　権　蔵

〈山口村、天明七年「御用万留帳」より〉

(二)

近年打続米直段高値ニ付大小豆之外米并諸雑穀共ニ他国出し御差留之儀、御四分一同相願申上候間、左様御

心得可被成候、此廻状早々順達留り村ゟ御返し可被成
候、以上
（天明七）十月廿九日　　　　権　蔵
　　　　　　　　　　　　　吉左衛門
〈山口村、天明七年「御用万留帳」より〉

三一

天明七未年行事

一、酒造一件之次第、天明三卯年以来凶作ニ而夫食不足米高直ニ相成候ニ付、酒造相止メ候様ニと最上郷御四ケ分御役所御窺之上、酒造方厳敷相止候様ニ御触有之、若隠シ造致候もの有之候ハヽ、自他料之無差別入込候而幾度も呑尽し可申、猶又村内五人組限り吟味可致儀見逃ニ致候村名主有之ハ過料拾貫文、酒売人買人よりも拾貫文宛為差出可申候様成議定書、上ノ山・山形・天童・漆山・寒河江・柴橋・左沢・長瀞・尾花沢惣代名主庄屋中申合之上、寺社領江も右之段最寄次第通達有之、酒造決而難相成御触ニ而御座候、然る所正月四日頃より白岩山内村々最寄〳〵打寄り、先一番ニ湯殿山別当道者賄ニ酒造致候事を知りつけ、本導寺岩根沢へ押入心能く呑去り、夫より段々里方へ下り候而、正月七日白岩へ押寄候所、数百人と申候へとも、凡六七百人も町屋へ押寄、田中弥右衛門・紋四郎・紋三郎方ニ而酒造相改やかましく相成、七日より八日夜半過迄ゐいや〳〵ともミ合候事ハ、あたかも呉越源平之兵乱もかくやらんと聞く人胆を冷し胸を驚しけり、誠ニ前代未聞之大変近在隠し造り致候酒屋ニ而者其闇キ恐れ如何様成憂目ニ逢ふ事もやとあはてふためく有様也、白岩ニ而ハ七日より八日迄米拾俵拾四五俵宛も飯焚出し、大勢へ相賄候由、酒肴ハ不申及其上過料銭三拾貫文或ハ五拾貫文為差出致用捨引取呉候様ニと取扱之もの有之、相済候哉と諸方より見物ニ参り候者共之風説ニ御座候所、九日ニ至り右人数へ亦々加勢多く成西里村へそ押寄ける、先ツ一番ニ半三郎江取掛り無二無三ニ酒蔵へ押入候而、諸道具を打こはし、夫よ

り紋次郎宅へ押寄、是ハ別而大き堂（おカ）け大まさかりニ而たか竹を切はなし、酒ふね等迄打こわし、其上郷蔵或ハ寺抔へ持はこひ候酒も詮議致候躰ニ而、其威情余りおそろしき事ニ相成候故、柴橋御役所へ早馬ニ而御注進ニ掛込候得者、御役所より武藤紋十郎様大嶋潟六郎様早駕籠ニ而足軽大勢召供し紋次郎宅へ御入、大勢之人数ヲ押わけ／＼床几に御居り、大首声ニ而情々利害ヲ被仰聞引取候様と御志つめ、其上大勢之人数へ飯代として壱人ニ米五合宛之積りヲ以、白岩山内村々重立候者共御呼出し米五俵三俵ツツ御渡被遊候而、御書附へ請取印形御取、おんひんに御志づめ被遊候儀ハ、誠ニ御勘弁之御威徳也と皆人感心引退キ申候、然ル所右村々之内より弐人三人宛撰人ヲ相立、谷地表へハ大勢参ルニハ不及と利解被仰渡候而、大嶋潟六郎様へ拾弐三人附添、酒造屋御吟味御出、御宿ハ六供町曽平宅ニ而当所不残御吟味有之候得共、大造致候所も無之、二三日御滞留ニ而詮議有之候へ共、さのミ差障之事も無之、目出度相済御帰陣被遊候、此節少々も酒造致候所ニ而ハ、夜中あちらこちらへもろ味ニ而はこひけるを、何人之読ける狂歌にや

　そのやうにつよくせめたら平ヲ太郎
　　桶さい粕をたれておいたそ

其外数十首有之候へとも略之

右酒造屋へ押入候白岩山内村々、柴橋御役所へ追々御呼出御吟味ニ而、一村限御厳重ニ御詮議有之候所、頭取ケ間鋪者段々仲間吟味ニ而出来候、就夫三四拾日柴橋表へ滞留ニ而、諸色入用掛り、白岩山内之者壱人ニ付弐三貫文宛割合出申候、最初村々より過料銭取候分ハ不残相返申候、其上酒道具等こはし申候代銭相弁ひ候故、甚タ迷惑ニおよひ申候、勿論酒造人も柴橋詰いたし、迷惑同様と及承申候

一、右躰酒造一件ニ付、混雑之儀所々ニ御座候所、左沢斗酒らんほうニ市日ニも売候儀段々及沙汰候得共、押而酒売ちらし申候ニ付、柴橋御料寒河江御料口留候而、左沢へ米一切持出し不申、猶又大谷村へ新規

ニ二八日十三日と市立申候所、殊之外賑々敷立盛り申候故、左沢町一向立不申候而、村方ニ而殊之外やかましく相成り、其後柴橋表へ内々御詫相立候由ニ而、熟和に相成候と申事風説ニ而及承申候

〈『大町念仏講帳』三一七〜三一八頁より〉

三二

㈠

御料所五ケ分一統申合書

当国之儀、去ル卯年凶作以来不作打続候ニ付、拝借物相嵩村々及難儀ニ候ニ付、格別之以御憐愍返納物一同去酉年者年延被仰付候付誠ニ広大之御手当難有御事ニ付、此上一同申合農業無油断出精相励、殊ニ当国者余国ニ違雪国故、半年程者農業等も不相成事ニ付、以来休日等も相止メ萬事村々費之儀無之様心附、追々村柄立直り候様可仕旨精々被仰渡有之ニ付、此度御料所五ケ分申合左之通

一、年中休日正月外　三日之積り

一、大工木挽日雇、金壱分ニ付　十一日宛之積り

一、屋根葺日雇、金壱分ニ付　十二日宛之積り

一、農業日雇壱人分　かきはなし銭百文

右之通此度御料所五ケ分申合相定候上者、村々小前之もの共へ申渡、聊間違無之様可仕候、為其村々連印仕候、以上

（寛政二）
戌十二月

休日

二月　朔日　二日　十五日　外ひかんの中日　初午
三月　三日　十七日　十八日
四月　八日　外二日
五月　五日　虫送り　外二日
六月　朔日　十七日　十八日
七月　七日　十五日　十六日　十七日　二百十日
　風送り一日
八月　朔日　十五日　二百廿日
九月　九日　十七日　十八日

十月　朔日　二日　外一日
十一月　十五日　十八日
十二月　七日　八日
〆

〈山口村「御料所五ケ分一統申合書」〉

(二)

今般村山郡御料御私領一統触渡之趣

一、大工日傭　　金壱歩ニ十一日

一、屋根葺日傭　　金壱歩ニ十二日

並人足雇かけはなし百文ツヽ

但、作立ゟ秋中迄

一、下人休日　　壱ケ月ニ三日切

但、村山郡一統是迄月々過分之休日有之由於御上ニ被及御聞、都而関東辺其外国々休日と申儀ハ曾而無之処、神事祭礼其外所謂なき申立ニ而、過分之休日致候段不埒ニ被為思召候間、已来休日ハ不相成候、然れ共是迄下人等休日ニ自分耕作致来候由、皆止ニ相成候而ハ給金ニ相拘候ハヽ、其主人江相対之上節句并神事祭礼等ニ不拘、月々三日限暇遣可申上被仰出候

右之通御料私領一統触渡、区々不相成様致度之段、御料所五ケ分ゟ申来候、依之各扱下一統不洩様可被相触候

戌（寛政二）十二月　　次郎兵衛

町里両五百川大庄屋中

〈『東村山郡史』巻之四　一五頁〉

(三)

差出申御請書之事

諸国一統酒造御制禁之儀、兼而厳重被仰渡御座候処、猶又此度酒造株所持仕候ものと造来候三分一之外聊余計之酒造不相成、其外無株之分者酒造者勿論濁酒等ニ而茂猥ニ酒造仕間敷旨、万一隠造り等仕候もの有之候ハヽ、早速闕所被仰付、発（当カ）人者所払村役人共急度可被仰付段被仰渡、村々一同承知奉畏ゟ小前百姓之内酒造之

分ハ勿論其外之もの共江も、右御厳重被仰渡之趣、急度可申候、依之御請連印差上申候所、仍而如件

寛政三年亥十一月　　郡中三判

〈山口村、寛政三年「御用万留帳」より〉

三四

去ル廿八日寒河江表御四分惣代寄合相談御座候処、此節米穀高値ニ相成村山郡一同米不足ニも相見江候、殊ニ酒田表ハ米直段段々引上候様子ニ付、米酒田下り御差留被下候様、向々御役所江御願申上候間、若酒田江商米ニ心当買調候而も御差留ニ可相成候間、右之趣御村方江も御沙汰被成、間違心得違等無之様御取計可被成候、依之廻状を以得御意候、以上

（寛政五）五月三日　　長瀞　惣　代

〈山口村、寛政五年「御用万留帳」より〉

三五

村山郡村々当春以来米穀払底ニ付、追々直段高直ニ相成候趣ニ而自然村々夫喰ニ差支難儀之段一同願出候、依之当秋新穀出候迄者穀留申付候条得其意村山郡外決而他所江不売出、船持有之村々ハ穀物類少分ニ而も不積受様急度申渡置萬一隠置等致持出候もの有之候ハヽ、見付次第其品差押早々御役所江訴出吟味可請候右之趣小前末々迄不洩様申渡急度可守候、此廻状村下請印早々順達留り村ゟ可相返者也

（寛政五）丑五月十三日　　長瀞役所

〈山口村、寛政五年「御用万留帳」より〉

三六

当卯田作之儀出来方不宜、実法無甲斐百姓共内損多、米穀至而高値ニ而取続難相成、来春ニ至り候ハヽ、飢渇およひ候ものも出来可申哉に付、酒造留他国他郡出売米差留候様村々願出候ニ付、左之通心得可申候

一、酒造之儀、去ル申年以来被味読《(ママ)》候へ共、一造り之内新酒造込之分者、酒造人共ゟ改令穀数書出改ヲ請売捌可申、此以後造込并寒造共一切致間敷、若隠造

有之ニおゐて者急度咎候条可得其意候
一、造込候新酒并酒造道具見分之者差出候間有躰見分
可請候、尤不用道具之分者封印附置候間、其旨可相
心得候
一、百姓共手造之濁酒たりとも決而造込申間敷候
一、右之通酒造留申渡上ハ村役人共ハ不及申ニ小前百
姓共ニ至迄、得と申合相互ニ心ヲ用相改、若心得違
隠造等致もの有之おゐてハ早々可申出候事
一、米麦他州郡江売出候儀一切差留候間可得其意候、
勿論米相場追々引上に付、囲米等不致御料私領村々
融通いたし相互ニ夫食差支無之、来秋作迄取継候義
専一心附可申、若心得違銘々利酒造ニ拘り隠売又ハ
囲米等致候もの於有之ハ、急度遂吟味夫々軽重ニ可
沙汰候
右之趣得其意、村役人共ハ勿論小前水呑下人等ニ至
迄不洩様申聞心得違無之様可致、触書村下タ令請印
早々相廻留村ゟ可相返もの他
（寛政七）卯十月三日　　長瀞御役所

〈山口村、寛政七年「御用万留帳」より〉

三七

諸国酒造之儀天明六ケ年以前迄造来候穀高を以勝手次
第酒造可致候、其外隠造者勿論休株之分酒造候儀弥以
堅可相禁旨、御料者其所之奉行御代官并御預所私領者
領主地頭ゟ申渡造高相改取締之儀等之（ママ）是迄之通り相心
得可申候
右之通今般被仰出候間、得其意酒造人共江申渡、請印
取之村役人連印いたし可差出候、此廻状村下タ名主令
請印早々順達留り村ゟ可相返者也
（寛政七）卯十月廿八日　　長瀞御役所
酒造之儀此度別紙写し通り御書付出候間、酒造人共へ
不洩様可申渡候、然ル所村山郡之儀者当田方違作ニ付
酒造留申付候間、当壱ケ年ハ右御書付不拘、先達而相
触候通り心得決而酒造致間敷候、若心得違酒造於致者
急度遂吟味咎申付候条可得其意候、触書村下令請印早々

相廻し留村ゟ可相返者也
(寛政七)卯十月廿八日　長瀞御役所
〈山口村、寛政七年「御用万留帳」より〉

三八

廻状を以得御意候、然者先達而以御廻状被仰渡候御五ケ分一統酒造御差留之儀、此節心得違ニ而新酒等仕入候ものも有之趣風聞御座候ニ付被仰渡候者、右躰心得違無之様御取計可罷成候旨、私方ゟ申遂候様被仰渡候、尤近々為御見分御廻村御座候間、其節ニ至後悔無之様可被成候、此廻状早々御順達可被成候、以上
(寛政七)卯十一月八日　長瀞惣代
〈山口村、寛政七年「御用万留帳」より〉

三九

廻状を以得御意候、然者去卯年違作ニ付村山郡一統米穀払底ニ付、御料所惣代中一同申合之上向々御役所江奉願上置候穀留之儀、外御役所ゟ御懸合有之、此之節口留明キ候趣被仰付候、依之郡中一同右之趣相心得罷在候様私方ゟ無間違可申達旨被仰付候間、此段左様御承知可被成候、此廻状早々御順達可被成候、以上
(寛政八)辰十月廿七日　長瀞惣代
〈山口村、寛政八年「御用万留帳」より〉

四〇

差上申御請書之事

秋元但馬守様御領分口留番所附通候荷物之儀、御同領之もの共当御支配所江立入調候荷物有之、当御支配之もの共ニ申談、御料之荷物否ニ取扱差出候義有之間敷事ニ候得共、万一右躰不埒之荷物附通候節ハ改之上、右口留番所ニおゐて荷物揚口にて通達有之候間、其旨相心得但馬守様御領分之もの共当支配所へ立入調候諸荷物を、買請候もの共名前ニ而為差出可申候、万一右御領分之もの共申談、先方之荷物当御支配所村方之荷物ニ取扱附送り候段相知候ハヽ、急度御吟味可被仰付旨被仰渡奉畏候、右之趣小前百姓共江も申渡心得違無

之様可仕候、依之連印之御請書差上申候、以上
（寛政九）巳五月　　　郡中村々之名主中
長瀞御役所

〈山口村、寛政九年「御用万留帳」より〉

四一

(一)

当田方立毛之儀、取入候而ハ猶以取実無数、村山郡一郡押ならし候ハヽ、多分之損毛等可有之、尚亦去巳田作之儀も、一躰小出来ニ付、根米不足之年柄当午年之違作、旁以来未夏ニ至買食之もの共難渋ニおよび候義ハ歴然之儀ニ候間、此度御料所五ケ分寄会相談之上、新酒造入之儀并米穀他郡出之儀差止候筈致儀定候間、其段村々小前江不洩様御申付急度差止候様御取計可被成候、尤寒造之義も差止度年柄ニハ候得共御役所永ニ相響候儀ニ付、向々御役所江奉願御伺之上ならて難相決議ニ候間、追而願之上触出可申候得共、夫迄遅成り候間新酒之儀清酒・濁酒・自分呑酒ニ至迄急速差出候様相決候間、左様御承知可被成候、且又壱ケ村之内分郷ニ而入会候村方者、外名主中熟談之上取極区々ニ不相成宜敷取締候様可被成候、此廻状村下被成印形早々順達留り村ゟ御返し可成候、以上
（寛政十）午十月五日　　　長瀞惣代

(二)

当午田作之儀出来方不宜実法無甲斐百姓共内損多米穀高ニ付及難儀、来春ニ至候ハヽ必至と差支候もの茂出来可申哉ニ付、酒造寒造留他国他郡出売米差留候儀御料私領申合差留候間、左之通相心得可申候

一、酒造之儀、是迄新酒造込候分者酒造人共ゟ銘々石数書出改を請売捌キ可申、此後寒造一切致間敷候、若隠造いたし候もの於有之者急度相咎候条可得其意候

一、造込候酒并酒造道具見分之もの差出候間、有躰見分可請候、尤不用道具之分者封印附置候間、其旨可相心得候

一、百姓共手作之濁酒たり共決而売込申間敷候
一、右之通酒造寒造留申渡候上者村役人共者不及申、小前百姓共ニ至迄、得と申合相互ニ心を付、若心違隠造等いたし候もの有之者、早々可申出候事
一、米穀他国他郡江売出候儀一切差留候間可得其意候、勿論米相場追々引上候哉も難計ニ付、囲米等不致御料私領村々融通いたし相互夫食差支無之様心懸可申、若心得違銘々之利潤のみに拘り隠売又者囲米等いたし候もの於有之者、急度遂吟味夫々軽重之可及沙汰候
右之趣得其意村役人共者勿論小前水呑下人等ニ至迄、不洩様申聞心得違無之様可致、触書村下ニ令請印早々相廻留村ゟ可相返候、以上

（寛政十）午十一月十七日　長瀞役所

〈山口村、寛政一〇年「御用万留帳」より〉

四二

当田方之儀夏中照続、村方ニ寄無仕付弁ニケ成ニ仕付致候而も白割相成候分者難立直り分も有之趣申出、一躰ニ而者米不足ニ可有之、殊ニ上方関東辺出水之趣ニ候得者――此節商人共入込米買入廻米抔ニ可致哉も難計、米払底ニ相成候節者他国他郡ゟ者入米不自由ニ付、夫喰差支も難計候間、村山郡御料私領申合、此節ゟ他国他郡江出売米差留候間、得其意村々米穀他国他郡江売出候儀決而致間敷候、勿論米相場追々引上候哉も難計ニ付囲米等不致一統融通いたし相互ニ夫食差支無之様ニ心懸可申候、若心違銘々之利潤ニ拘り隠売又者囲米等いたし候もの於有之者、急度被遂吟味夫々軽重之可及沙汰ニ候、右之趣得其意村役人共者勿論小前水呑下人等ニ至迄不洩様申聞心得違無之様可致候、此触書村下ニ令請印早々相廻留村ゟ可相返もの也

（享和二）戌八月十五日　宮崎御役所

〈山口村、享和二年「御用万留帳」より〉

四三

(一)

乍恐以書付奉願上候

一、当酉年之儀、気候不順之年柄ニ付、田方植付後ゟ土用中迄雨天続一日ニ而茂快晴と申程之日和無之、右ニ准し冷気勝ニ御座候間、稲元一向茂り不申其上土用明迄茂はしみ不申候ニ付、何程之凶作ニ茂相成可申哉甚不案心奉存候処、土用後ニ至り繁々之雷雨故歟、少々立直り候様子御座候得共、出穂甚後れ候ニ付、田方一円青立ニ而実入無甲斐、且又近年豊作と申程之義無御座候ニ付、古米不足之処、猶又当酉田方之義前書奉申上候通違作ニ付、米直段俄ニ引上米屋共も米穀求兼売透候ニ付、買食之者共甚難儀既ニ諸所物騒敷義も有之哉之様相聞、将亦新穀出来仕候而茂大違作ニ而者引下可申見詰無御座候、来戌春ゟ夏ニ至り買食之もの必至と差支、何様之難渋ニ可相成哉難計歎敷義ニ奉存候、然ル処此節奥州刈田郡ゟ伊達辺米直段高直ニ而越米有之様相聞候、商人共之義ハ地方之難渋を茂不顧、自分之利潤而已ニ拘、隣国隣郡高直ニ相成引合候得者越米仕候得者暦然之義ニ而、夫食米払底之際ニ至り他国ゟ入米之手当も不行届義御座候間、今般御料御私領名主大庄屋一同寄合熟談之上、御私領御物成米之外、商米之分他国他郡出米之儀差留申度候段一決仕候ニ付御願奉申上候者、御五ケ分御役所様御評義之上願之趣被為聞召訳、村山郡御私領御向々江御懸合被下置候上、早東《(ママ)》米穀出米御差止メ被仰付被下置候ハヽ、難有仕合奉存候

一、此度越後川々御普請入用国役金被為仰付承知奉畏候、尤先年ハ五ケ年或ハ七ケ年稀ニ被仰付候処、其後隔年之様ニ相成、猶又近年毎々様ニ相成難義至極之義ニ奉存候得共、御役金之義ニ付、無拠被為仰付候度々上納仕候得共、当年之義右奉申上候通不軽違作ニ而百姓一統難義之年柄ニ御座候間、御物成米永之内取立方も同様難義可仕哉不案心之義ニ御座候、右国役金之義御年延被仰付被下度、来戌新穀を以上納仕候様被仰付被下度奉願上候

㈡ 申合覚

一、米穀他国他郡出差留、尤村々一村限差留候儀者いたし間敷事
一、当年困窮ニ付、越後国役金御取立之義、来戌十一月迄年延奉願筈之事
一、酒造之義、無株之もの并濁酒必至と差留、酒造株所持之ものハ造高之内三分壱減、三分弐造之積申候事
一、諸勧化之義、他国ゟ入込候者勿論隣村隣郡より罷越候ものも必至と差留候積、其向々ゟ支配所領分村々江具申談、必至と差留并送人足等差出申候儀ハ決而致間敷、且浪士之義苗字帯刀致候もの江者一銭之合力も致間敷旨、先年被仰渡も有之候処、近年忘却いたし申まかせニ相成候ハヽ、猶亦此度御料御私領区々不相成様申合候事
一、壱本刀帯候もの宿一切間敷旨、村々小前へ不洩様可申聞事

留口番所

楢　下口　上の山ニ而引受
笹　谷口　山形ニ而引受
山　寺口　宮崎ニ而引受
関　山口　寒河江ニ而引受
上野畑口　長瀞ニ而引受
大石田口　尾花沢ニ而引受
〆六ケ所
但シ、当分ハ別段番人も不差上、其所之名主方ニ而差留、右謝礼として壱ケ月ニ金百疋ツヽ差出筈、若又越米多分ニも相成防兼候様之程ニも相成候節ハ別段申合立会番差出候積

上の山　稲毛新兵衛
同　渡部忠左衛門
山　形　小清水俊蔵
同　斎藤伝右衛門
柏　倉　中村五兵衛
左　澤　鈴木左太夫
北　目　三瓶武右衛門

天　童　佐藤宗兵衛
谷　地　工藤弥次右衛門
長　瀞　塩野小四郎
寒河江　軽部甚右衛門
柴　橋　草刈武八
尾花沢
宮　崎

（註）年不詳であるが文化一〇年のものと思われる。

〈山口村文書より〉

四四

荷物出口　御料私領ケ所附帳

御料出荷物改ケ所

田口（朱字）様御支配所

一、大石田川船方役所

同

一、名木沢口

右弐ケ所通切手差出改を請役永相納通候事

田口様御支配所　同　同
一、関谷村　一、下柳渡戸村　一、行沢村
同　同　柴橋附
一、山寺村　一、関山村　一、黒沢村
同　同　寒河江附
一、簗沢村　一、志津村　一、高野村
同
一、関根村

右十ケ所通切手差出改を請荷物相通候事
但、役永者荷物出候村方名主方江相納候ニ付、
右役永ニ而者不取立事

合御料所口留所　十二ケ所
此印鑑十弐通夫々江遣し候事

左沢領口留
一、左沢原町口　一、市野沢村　一、送橋村
一、杉山村　一、大船木村　一、月布村
一、栗木沢村　一、船渡村　一、立木村

一、八ツ沼村
合　口留拾ケ所
此印鑑　十通左沢役場へ遣し候事

山形領口

一、松原口　一、新山口　一、長谷堂村
一、下条町口　一、銅町口　一、円応寺町口
一、薬師町口　一、鉄砲町口
合、口留八ケ所
此印鑑一通
是ハ口留所八ケ所ニ者候得共、山形城下通り判掛書改之方江印鑑一通相渡置候得ハ、外口ニ吟味之義も行届候旨申越候ニ付、印鑑一通り役場江差遣し候事

新庄領口留

一、古口村
〆壱ケ所
此印鑑一通新庄役場へ遣し候事

長瀞領口留

一、上野畑村　名主善左衛門
〆壱ケ所
此印鑑一通長瀞役場へ遣し候事

柏倉領

一、口留一ケ所　但、地元狸森
但、上廿日　山形領狸森村　下十日　柏倉領小田府村　ヨリ相勤候
是ハ山形領柏倉領立会口留所ニ而、前条山形城下通り判掛り役之方江遣し置候印鑑ニて此分も行届候由ニ付、都而此分江ハ印鑑不遣事

上ノ山領

一、楢下村　一、川口村
〆弐ケ所
此印鑑二通上ノ山役場江遣し候事

合　口留三拾五ヶ所　但、大石田御役所共
　此印鑑弐拾七通
一、右者御料所陣屋附限り村々名主共印鑑弐拾七通ツヽ前書口々江差出置候事
一、名主引替り候節、又ハ印鑑相改候節ハ弐拾七通取之、兼而遣し置候印鑑と引替候様夫々掛合来候事
〈山口村文書より〉

四五

先達而村々ゟ願書差出候紅花種他国他郡出差留之儀、最寄御料私領申合出産物留方口々江相達候間、得其意心得違之もの無之様、小前末々迄不洩様可申聞候、此廻状早々順達留り村ゟ可相返者也
辰《(文政三)》十二月十六日　　　　御　役　所
〈山口村、文政三年「御用万留帳」より〉

四六

乍恐以書付御願奉申上候

当郡之儀、去申八月中大雨降続前代未聞之大洪水ニ而、御田畑水押川欠石砂入泥押等之水損者不及申、居屋敷家財雑具等迄流失之族多分ニ而及困窮候処、当酉田方近来覚無之候ニ而、秋中雨天勝諸作物取入相後レ多分之内損弥増困窮之処、村山郡一躰之義ニ而元来振米不足之処ニ而売出米無之買食之もの夫食米ニ差支人気不穏所々騒敷相聞候、尤来戌夏ニも相成候ハヽ、可及飢渇ハ歴然之義ニ候間、今般御料御私領会合之上取締方願上度旨、広々左之通ニ御座候
一、他国他郡江出米之義、其筋々江願上穀留被仰付候様可致事
　但、酒田湊下し米之儀ハ、尾花沢御改所ゟ大石田改方御役所へ御掛合被成下、是又御差支被下置候様可願上事
一、伊達郡并仙台表米穀直段之義、格別高値ニ相聞候間、同郡江米穀差送り候族も出来可申候間、留方左之通可願上事
一、楢下口

右壱ケ所者御料所ゟ番人壱人差出之由等閑相改可申、尤当十二月ゟ来戌八月迄番人差出可申上事

一、関根口
一、山寺口
一、関谷口
一、高野口

右四ケ所口々江者其最寄ゟ番人差出置可申候、若最寄ニ而相勤候番人無之候ハヽ其所々ニ而相勤候様可致、勤方右同断之事

一、関　山口
一、上野畑口
一、川口ノ口
一、名木沢口
一、毒　沢口

右五ケ所同所五ケ村之村役人合相勤可申候、尤当時ハ右定ニ候得とも来戌年ニ相成米穀価当時ゟ格別引上候ハヽ、毒沢口江者猶下口同様ニ番人相立可申候、右拾ケ条之口々米穀隠送り候ハヽ取押置、最寄御役所江御届ケ申上御差図を請可取計事

但、本文拾ケ条之外隠荷抔送り候ハヽ是又本文同様可取計事

一、御私領御収納米之義ハ御趣意ニ有之、御出穀ニ相成候ハヽ、右ニ乗し紛敷出穀も有之べく哉難計候間、全之御出穀分ハ其所之役人中ゟ其筋々江申べし、紛敷儀無之様可取計事

一、当酉酒造之義、御一統三分一造り被仰出、酒造有之ものへ先達而御厳重ニ被仰渡之趣、急度相守よふ其村々役人より無弛取計可申候事

但、売捌方他郡出差留申分之事

右之通ニ取締候ハヽ村山郡米穀融通宜敷人気穏ニ相成可申ニ付、今般一同会合之上対談いたし、前ケ条之趣向ニ御役江申上置、御聞済之上ハ村々大小之百姓并小前末々之者共迄不洩様申聞承知印形取之、寺社領江者右之趣旨最寄より申達、同様取計候様決談仕候、依之右之段御届奉申上候間、願之通御聞済被

下置夫々江御掛合被下置、書面之通米穀他国他郡出
御差図被仰付被下置候ハヽ、郡中一統難有仕合ニ奉
存候、以上

文政八酉十二月

東根付郡中惣代　名主　正　作
〃　市郎兵衛
大町村　名主　利兵衛
天の目村　名主　仁右衛門
山口村　名主　吉郎兵衛
万善寺村　名主　新　助
の田村　名主　新　蔵
の川村　名主　善右衛門
〆

東根御役所

〈山口村文書より〉

〔註〕文政八年の議定書の全文は『馬見ケ崎川農業水利史』下巻にある。

四七

当子田畑違作ニ付、来ル春夫食差支歴然之義ニ付、村々
難渋之趣相歎キ可然と、右ニ付御相談申度義有之、当
廿四日午時迄ニ御出勤被下度御呼出申上候此廻状早々
順達追而御返可被成候、以上

（文政十一）子菊月廿二日　東根附会所

右村々御名主衆中

〈山口村、文政一一年「御用万留帳」より〉

四八

㈠

近年違作打続米穀払底之趣相聞候処、就中当子年別而
之凶作米穀直段格外引上、右様ニ而者此上何程之高価
可相成茂難計、然ル時者買夫食之もの共者差支可申、
自然及飢餓候ものも出来候而者不容易義ニ付、今般御
料私領村々評儀之上願出候趣を以左之通申達候

一、酒造之儀、追而及沙汰候迄有株之もの共者定例造米高之内三分一造、無株之もの共者堅差留申付候間、其段酒造人共江厳敷申達、此後造込并寒造共猥ニ致間敷候、若隠造等於有之者酒造人共者不及申村役人迄急度申付候条可得其意候、尤為取締出役差出相改候条弥違失有之間敷候

一、米穀他国他郡江売出候義、来丑八月迄差留候儀申立候上者私ニ不致囲米等、御料私領一郡村々融通いたし相互ニ夫食差支無之様、来秋作迄取続方専一ニ心掛、若心得違一己之利潤ニ拘り隠売り、又者囲米等いたし候族有之おゐて者、遂吟味急度可及沙汰候右之趣得其意小前不洩様申聞心得違不取締無之様可取計候、此廻状村下へ令請印早々順達留り村ゟ可相返者也

（文政十二）
子十月　　　　　東根御役所

〈山口村、文政一一年「御用万留帳」より〉

㈡　覚

村山郡之儀、近年打続違作之上当子年格別之凶作ニ相成、米穀直段新穀出来秋時節柄ニ不似合高直、近来稀成事ニ而候者、畢竟存外虫附大凶作之上根米無之、然上者来丑春ゟ夏ニ至候ハヽ、何程高直ニ相成可申哉難計、買食之小前末々之者迄可及飢渇者歴然ニ付、今般御料御私領一統集会之上評議取締願上度、廉々左之通

一、米穀他国他郡江出穀差留之儀、其段々江御願申上当十月ゟ来丑八月迄差留可申事

但、酒田湊江下し米之儀、御料所向々様ゟ大石田船方御役所江御掛合被下置度御願可申上事

一、御私領御収納米酒田湊江御下し之儀者格別之御趣意有之、御出穀に候ハヽ、右ニ乗し商人とも紛敷出穀も可致ニ付、御出穀員数前広船方御役所江其御役人中ゟ御掛合有之候様致度候事

但、米穀之外大小豆ニ取紛し出穀可致族茂可有之哉、是等之儀厳敷御改方御掛合被成下度趣御願可申上事

一、楯　下口

一、川　口口

一、関　根口
一、高　野口
一、関　山口
一、上ノ畑口
一、名木沢口
一、毒　沢口
右十ケ所口々御私領之分者夫々御取締方も御座候義ニ而有之候得共、尚当穀留之儀無弛御差留被仰付候様向々ゟ御願可申上候、且御料所御支配所之口々是亦其御支配〳〵ゟ御厳重被仰付下置候様御願可申上候事
一、当子年酒造之儀、無株之者皆御差留、有株之者者御一統三分一造被仰渡酒造稼之ものへ被仰付度趣向々ゟ御願ひ可申上候事
附、村役人ニ而も厳重取締猥ケ間敷儀無之様可致候事
右之通ニも取締候ハヽ、村山郡米穀融通宜く人気穏ニ可相成と、今般一統集会之上前条之趣向々様江申上置御聞済ニおゐてハ、村々小前より村役人とも請印取之可申、尤寺社領江者最寄ゟ此写を以申通同様取計候様対談いたし可申候、且別段諸入用相懸り候儀も有之候ハヽ、尚此上対談之上御料御私領物高割を以出金之筈取極候所相違無御座候、依之証印、如件

池田仙九郎代官所
　柴崎附郡中物代　名主　源右衛門
文政十一子年十月　同　長左衛門
　宮内村　名主　兵　蔵
右同断
　寒河江附郡中物代　名主　太右衛門
　楯北村　名主　善　兵　衛
　小泉村　名主　忠左衛門
　松橋村　名主　藤　兵　衛
竹垣庄蔵御代官所
　東根附郡中物代　名主　正　作
　同　市郎兵衛

右同断
大町村　名主　利　兵　衛
尾花沢附
新町村　名主　七郎兵衛
正厳村　名主　半　治　郎
上杉弾正大弼御預所
漆山附
高櫤村　名主　藤右衛門
酒井大学頭領分
左沢大庄屋　斎　藤　逸　作
秋元但馬守領分
山形取締代　浜松伊惣治
同　杉沼太兵衛
松平山城守領分
上山大庄屋　会田太郎左衛門
堀田相模守領分
柏倉大庄屋　中村五兵衛
陣場村名主　斎藤市十郎
織田越前守領分
土屋相模守領分
天童大庄屋　佐藤喜兵衛
北目惣代
武右衛門代　七　左　衛　門
阿部飛騨守領分
山野辺大庄屋　渡辺庄左衛門
戸沢大和守領分
北口庄屋　細矢義七郎
米津伊勢守領分
長瀞附大庄屋　塩野小四郎
〈山口村「天保度村山郡会合規定書写」より〉

四九

㈠

堀田相模守領分畑谷村地内江荷物改所取建之儀、今般其筋ゟ御差図有之、明廿八日ゟ通路不苦趣ニ付、右筋出荷物有之村々者、兼而村役人印鑑当御役所江差出同所へ相廻之外向々改所同様可取計候、此廻状村下請印

早々順達留り村ゟ可相返者也

（文政十一）子十月廿七日　東根御役所

〈山口村、文政一一年「御用万留帳」より〉

(二)

当子稀成違作ニ付、此末夫食指差之程茂難斗候間、来丑八月迄米穀他国他郡留一切差出申間敷候

一、此度堀田相模守様御領分、畑谷村地内ニ往古有之候口留番所跡江改所出来、当月廿八日ゟ中越度道筋通路有之候ニ付、此段相心得出荷有之候ハヽ、通切手裏書可相渡候間可申出候

右之趣不洩様可申達候、廻状順達村下致印形、留村ゟ可相返候、以上

（文政十一）子十月廿九日　山野辺役所　村々

〈『北村山郡史』下巻　四二七頁〉

(三)　覚

当郡産物他郡出改口番所、其村地内越道為御取締、字上郷江口留番所被成、御取立百姓持被仰付候間、人馬役御用捨被成下もの也

石井森之助　酒田出役無加印
田内与七郎

畑谷村　名主
組頭
惣百姓

〈『東村山郡史』巻之四　一三二頁〉

五〇

当郡紅花種猥ニ他国江不差出候様先年茂相触候処、近年猥ニ相成売荷等ニ紛し多分他国江持運売買致候趣相聞以之外之事ニ候、右ハ国産第一之品ニ而、他国ニ作付有之候而ハ、当郡衰微歴然之儀ニ付、御料御私領申合之上、口々改所ニ而厳敷相改、若心得違之者有之候ハヽ、急度御沙汰可被及候間、小前末々迄も心得違無之様急度可申渡候

一、近年違作引続村々根米も無之、新穀出来ゟ夫食ニ

いたし候得ハ、来寅年米穀不融通ハ勿論、米直段引上一統可及難儀ニ付、無株之分酒造決而致間敷候、若心得違有之候得ハ、急度御沙汰可被及候之条、無株酒造人有之村方ハ此旨申渡可置候、右之段申達候、

以上

(文政十二)十一月廿五日　山のへ御役所

〈『北村山郡史』下巻　四二九頁〉

五一

(一)

急廻状を以申述候、然者去丑非常置籾御払願并当田方虫付届其外穀留等願書差上度候由ニ付、穀留等願書差上度候ニ付、明後廿五日三判御持参昼前ニ御出勤可被成候、此廻状早々順達追而御返し可被成候、

以上

(文政十三)七月廿五日　東根会所

(二)　申渡

去ル申年洪水以来違作打続、村々貯根米無之米直段追々高直ニ相成、夫食買入方差支及難儀候所、当年も度々出水其上虫付等ニ而村々損難多、最早新穀出来之時節ニ候得共、米直段追々引上ケ、此通りニ而者来卯夏ニ至り候ハヽ、弥増夫食買入方ニ差支候者歴然ニ付、酒造人共新穀酒造皆差留寒造之義も追々及沙汰迄半石相減候様相心得、尤無株之酒造者寒造之義も皆差留、其外小前之もの濁酒造候義も厳敷差留、素より奢ケ間敷義ハ有之間敷事ニ候得共、引而質素倹約第一いたし来卯新穀出来迄夫食ニ取続候様、村役人共ゟ酒造人者勿論小前末々迄不洩様申渡請書取之可差出候、尤酒造為改近々出役之もの差出候条可得其意候、此廻状村下令請印早々順達従留可相返者也

(文政十三)寅九月　東根御役所

〈山口村、文政一三年「御用万留帳」より〉

(三)　乍恐以書付御願奉申上候

村山郡之儀、連年違作凶年打続候内、偶去丑年豊熟

之様申触候処、以之外見込違之作毛ニ而驚キ入候得共、郡内一統之見込違無詮方当春中御廻米高存外相嵩、夫等ニ付夫食払底ニ相成米穀直段者春中ゟ至而相進日々増高貴ニ相成、買食之者夫食ニ差支候得共、素ゟ根米者無之事故売出米一向無之三度之食事も欠キ候程ニ御座候間、所々物騒敷騒立候体ニ付、村々ニおゐて種々手を尽し米穀諸方ゟ穿鑿買入、漸為取続人気を相宥メ取鎮置候、然ニ当田方雲霞虫付ニ而大違作ニ相成穀取無之上、数日雨天続ニ而干立不相成、長々田面畔上ニ差置蒴腐夥敷所、最早雪降下り候驚生稲之儘ニ而取入米拵致見候処、過半粃勝正米之分も生々敷米性ニ付、摺臼之内ニ而粉ニ成、或者死米多分ニ而引出不足仕候故歟、米価ハ夏中ゟ引下不申、剰只今ニ相成候而者取入後れ之分皆雪下ニ仕十方暮罷在候次第、尚米価之義例年秋先新穀出来候節者至而下落可仕処、左ハ無之天明三卯年飢饉年同直段ニ有之、ヶ様候上ハ来卯年ニ至何様之変事出来可申哉難計と郡内一統非歎ニ沈不捨置、今般村山郡御料御私領向々重立候名主庄屋共一統参会仕左之通取極申候

村山郡一統申合議定

一、米穀他郡出ニ御差留可願上事

但、樽酒紅花種同断之事

是者紅花之義、当郡第一之産物故、先年ゟ紅花種他郡出ニ留奉願上置候得共、猶又今般申合厳敷他郡出御差留可奉願上事

一、酒寒造之儀者三分一造、尤御改之節差支無之惣代之もの罷出村役人為立会取調置、御出役御封印被成下候様仕度事

但、新酒造皆御差留被下、且無株酒造皆御差留被下度事

一、神事仏事婚礼等ニ至迄手軽いたし、其外年賀都而祝ひ事決而致間敷候事

一、夫食之儀者一食者粥、其外雑穀糧沢山ニ取用可申事

右者当寅違作ニ而米穀高直ニ付前書之通向々様江願

上御触達被下置候様申合取極申候事
右之通内議定仕向々様江御願申上候筈熟談仕候間、何卒格別之御慈悲御勘弁を以、第一穀留之義去ル酉年之御仕法通御厳重口々江被仰渡被下置度奉存候、外ケ条之義夫々御取締宜く御厳重之御沙汰被成下置候様幾重々も御願奉申上候
右願之通御聞済被下置候ハ、広大之御慈悲と難有仕合奉存候　以上

（文政十三）寅十月　郡中村々最寄惣代名主
東根附物代名主　正　作
同
宮崎村名主　市郎兵衛
最寄兼帯
大町村下組名主　利　兵　衛
惣　助
同　山口村名主　新　蔵
儀左衛門
同　善萬寺名主　新　助
兵　蔵

〈山口村文書より〉

五二

近年違作打続米穀払底之趣相聞候処、就中当寅年別而之違作米穀直段格外引上、右様ニ而ハ此上何様高価可相成も難計、然ル時者買夫食之もの共者差支可申、自然及飢餓候もの出来候而者不容易義、今般御料私領村々評議之上願出候趣を以左之通申達候

一、米穀他国他郡江売出候義、来卯八月迄差留之義申立候上ハ、私之不致囲米等、御料私領一郡村々融通致し相互ニ夫食差支無之様、来秋迄取続方専一可心掛、若心得違一己之利潤ニ拘り隠売又ハ囲米等致候於有之ハ、遂吟味急度可及沙汰候

一、酒造之義、追而及沙汰ニ候迄有株之もの共ハ定例造米高之三分一造、無株之者并新酒造人共皆差留申付候間、其段酒造人共江厳敷申達、此後造込并寒造共猥ニ致間敷候、若隠造等於有之ハ酒造人共者不及

申村役人迄急度申付条可得其意、尤為取締出役差出
相改三分一造り其条之分封印致候条、其旨可相心得
候

一、前条之通、別而当寅年之義米不足、来春ニも至り
候ハヽ、何様之難渋ニ可及茂難計、銘々倹約第一都而
手軽ニいたし、夫食之義ハ一食ハ粥其外雑穀糧重ニ
相用可申候

附、神事仏事婚礼等至而手軽ニいたし、年賀諸振
舞等致間敷候

此分(この分加筆)御役所江差上候請書ニ者書加へ不申、小前へ
申付候迄会所ニ而相加へ候

右之趣得其意小前不洩様申聞心得違不取締無之様可
取計候、此廻状村下令請印早々順達留り村ゟ可相返
者也

寅(文政十三)十一月朔日　　東根御役所

右御廻状十一月四日会所ニ而拝見写

〈山口村、文政一三年「御用万留帳」より〉

五三

近年違作打続村々貯根米無数、就中当寅年之義者格別不熟虫付雪下等ニ而、米価追々引上夫食買入候もの共及難儀、右等ニ付酒造減造其外米穀他郡出留等之義願出夫々申渡置、村山郡一躰之不作米直段次第ニ引上、既に去ル五十ケ年以前辰年凶作之節米直段往々相当可申哉、同年之違作者奥羽当国ニ不限諸国共同様ニ而、当年者左程違作とも不相聞、併米価之義者一郡一村之事而已無之、斯成行候ハヽ、米穀払底而已ニ者無之、近頃衣食住ニ奢り百姓ニ不似合芸等を習ひ、農を怠商を専ニ致し一己之利欲ニ迷ひ、中にハ御法度筋へ携り居村ィと成兼、終ニハ佚民無頼之徒ニ陥候ものも不少由、自ラ貯穀等を無数、或者ケ成貯有之ものも、相場之利潤ニ拘り不売出、銘々夫食之貯ハ勿論之事ニ候得共、其余売米可致分ケ様之年柄ニ者農商之渡世平穏にいたし候、冥加を弁厚差はたり山方里方共買食之窮民江ハ不及飢程相当之

直段を以売渡置、都而一村ハ一家と同様ニ而何事も助合有徳ニ暮し候もの、近村迄も可成丈救助致遣候積心掛可申候

一、平常食事之儀、慎重ニいたし夫食貯候様可致、明年迚も何様之天災違作有之間敷ものにも無之、難渋之次第ニ寄御救可被下候得共、大造之小前当郡計とも不限事ニ而、銘々心掛第一候条兼々用意ヲいたし候得者、及飢餓候義者無之、山野に生し候品たりとも夫食成へく品者相貯可申、是等之儀者小前江為後不置村役人共実意ニ世話可致遣、其後ニ至り致後悔候ニも無詮事にて、都而質素倹約相用金銭猥ニ遣損申間敷候

一、村々之内ニ者無宿躰之もの差置、或者芸者抔と唱華麗之衣服を着酒之相手ニ差出売女同様之及所業候ものも有之哉ニ相聞、以之外之事ニ候条、右様之躰成者立入候ハヽ、早々追払可申、若等閑ニ相心得差置候者有之候ハヽ、吟味之上厳重申付候間、可得其意候

一、博奕賭之諸勝負等不取締村方有之哉ニ相聞候、以来村役人共津々見廻り等閑無之様小前末々迄厳敷可申聞候、追々見廻出役不時ニ差出候条不取締之儀於有之者、村役人共迄も厳重及吟味候間、其旨可相心得候

右之通取締方申渡候へ者質素倹約第一ニいたし、何様之違作天災有之共、銘々路頭不迷様農業可精出、此上心得違之者無之様小前壱人別不洩様申聞印形取置可申、若等閑之筋於有之者厳敷遂吟味候間可得其意、此触書早々順達従留可相返もの也

寅（文政十三）十一月廿七日

東根御役所

〈山口村、文政一三年「御用万留帳」より〉

五四

当田方之儀、実法方も相応ニ相見候趣ニ而酒造人無株之者迄追々新酒造込候趣ニ相聞、右様心得方相弛候間、たとへ十分之実法ニ而も又々来春米不足ニ相成一統難儀可致ニ付、当十月迄新酒造込之儀者厳敷

不相成候間、右之趣酒造人無株之もの迄申聞、村役人方江請書取之可差出候、寒造之儀者追而可及沙汰候間其旨相心得、廻状刻付を以早々順達留り村ゟ可相返候、以上

卯（天保二）九月二日　　　　東根御役所

〈山口村、天保二年「御用万留帳」より〉

五五

議定書

一、当村山郡之儀者近年違作続之上、去寅年田畑違作、当卯者可成之作ニ候得共頻年之違作、根米一切無之、且秋半ゟ早苅夫食ニ相用候儀不軽儀候ニ付、来辰夏ニ至り候ハヽ、夫食不足ニ可相成者歴然之儀ニ付、先般新酒造皆御差留奉願上候処、尚又今般一統集会相談いたし、当卯年酒造人寒造無株之もの者皆御差留有株之者ハ株高五分減造ニ被仰付厳敷御取締被成下置候様向々様江奉願上候積り申合候事

一、前文之通、連年違作郡内一統夫食乏敷、右ニ付而者麦作重ニ作付候得者、夫食不足之節凌方一助ニ可相成所、近来菜種作留麦作自ら不足ニ候故、夫食払底之節ニ至り候而者、益致難渋いたし候ニ付已来菜種作相止〆麦作重ニ可致趣被仰触候様、是又向々様江奉願上候積り申合候事

一、郡内一統打続之違作村々致困窮候ニ付、御免観化（ママ）之外諸観化（ママ）記帳諸合力とも一銭たり共合力差出不申、且無賃之人足継送り決而不致筈、兼而申合置候得共、尚又今般致相談、已来堅合力等不差出筈申合候事

一、紅花作之儀者当郡第一之産物ニ候処、近々諸国ニ多分之紅花作り出候故、自ラ当郡紅花価下落いたし不軽難儀、右者当郡紅花種諸他国他郡へ洩出候故之儀ニ候間、先年ゟ紅花種他国他郡出差留置候得共、近年自然と相弛ミ候ニ付、猶又今般申合他国他郡出かたく御差留御取締之儀、向々様江奉願上候筈申合候事

前件之趣、今般一統集会対談取極候ニ付、議定連印

いたし候所、如件

池田仙九郎御代官所　柴橋附
郡中惣代　名主　源右衛門
右同断　寒河江附
同断兼小泉村名主　忠左衛門

天保二卯年十月

大貫次右衛門御代官所　東根附
郡中惣代名主　正作
同断　矢野目村名主　仁右衛門
右同断　尾花沢郡中惣代兼
新町村　名主　内蔵之助
上杉弾正大弼御預所　漆山附
高擶村　名主　惣九郎
酒井石見守領分
左沢　大庄屋　斎藤逸作
秋元但馬守領分
山形取締方　三沢清右衛門
同　断　向源兵衛

松平山城守領分
上野山大庄屋　渡部千左衛門
堀田相模守領分
柏倉　大庄屋　中村五兵衛
織田若狭守領分
天童　大庄屋　坂口太兵衛
土屋相模守領分
北目三瓶武右衛門代
渋江村名主　東海林七左衛門
阿部飛騨守領分
蔵増村大庄屋　土屋忠吉
戸沢大和守領分
北口　大庄屋　細矢儀七郎
右同断
横山　大庄屋　寺崎仁右衛門
米津伊勢守領分
長瀞　大庄屋　塩野小四郎

〈山口村「天保度村山郡会合規定書写」より〉

五六

近年違作打続候ハヽ、去寅年之儀者別而凶作故、村々ニ而も貯米等無之、右ニ付当卯年之儀者ケ成之作方ニ候得共、不実入内ゟ刈取夫食ニいたし候分も不少相聞、左候而者十分之作方ニ候共、来辰夏ニいたり候へ者又々夫食ニ差支候儀ニ付、来辰出来秋迄ハ米雑穀共夫食ニ可相成分者村山一郡之売買者格別、他国他郡江差出候儀者決而不相成事ニ候、尤諸向荷物改所へも夫々及掛合置候間、若隠置等いたし候者有之候ハヽ、可訴出事

一、紅花種之儀、他国他郡へ売渡候儀者不相成候趣兼而申渡置候処、今以取締方不行届寄々他国へ売出候もの有之哉ニ相聞不埒之義ニ付、此上他国他郡江差出もの有之候ハヽ、是又可訴出事

一、近来菜種作相増候随ひ自然と麦作相減し候間、凶作之手当薄く、既ニ類年之違作ニ而難儀いたし候ものも不少相聞候間、以来菜種作之分可成丈相止、麦作重々蒔作候様可致候、右之通り申渡候而も菜種作重々蒔付もの有之候ハヽ、可訴出事

一、当卯酒造之儀、寒造之分者追而可及沙汰旨触置候処、右寒造之儀者半石造之積伺書差出置候間、御下知之上可申渡事ニ候得共、右之趣酒造人共へ申聞可置事右ケ条之趣夫々相心得小前末々迄不洩様申聞請書取之可差出候、廻状村下へ請印之上早々順達留り村ゟ可相返候、以上

卯(天保二)十一月十二日　東根御役所

〈山口村、天保二年「御用万留帳」より〉

五七

㈠　乍恐以書付御慈悲奉願上候

羽州村山郡私共郡中村々当辰田方春中ゟ不順気ニ而苗草育方不宜上、悉虫付ニ相成弱葉茎短ニ候故、植付日取差延少茂苗丈相伸候分より撰立漸植付候処、五月中ゟ打続雨天曇勝ニ而冷気強快晴ハ更ニ無之、生育第一之土用中ニ至り日々之曇り、又者雨天冷気

昼強一向元殖無之而已ならす竹色茎立ニ相成候故、如何成凶作ニ可相成哉と一統打驚、神仏江神願を込相歎罷在候処、土用明後七月中旬ニ至り快晴之上残暑強相成田面追々立直り候躰一同悦罷在候内、僅ニ三四日之快晴ニ而同月下旬より猶又雨天続、冷気次第次第ニ強山寄沢間又者冷水掛り之場所ハ、穂相孕候迄ニ而出穂無之、漸彼岸近ニ至り出穂相成候間、悉皆青立粃ニ而実入無之、耕地中央之田方ハ是又不熟青立粃勝ニ而実入少く、去ル文政酉年ニ准し候凶作、百姓一統沈悲嘆ニ定免村々ハ破免御検見入奉願上候処、御慈悲を以先般御検見被成下候間一同難有奉存、追々苅取ニ取掛り候得共、皆青立ニ而刈立難相成候故、当日凌之夫食而已刈取、其餘ハ少茂為実法候上刈取可申と差延置候内、厳霜ニ打れ稲頭打掛り候ニ驚刈取候処、素より虫付弱葉之苗竹植小元植付一向元殖無之ニ付、百姓共見込ゟ格外稲束相減シ、且干立時節猶々雨天勝ニ而数日田場畔上ニ立置候間、濡萌腐夥敷併少モ干立申度日和見合罷在候内、山々嶽々雪降来此上取入延置候得者益々損毛相嵩候故、濡稲之儘銘々屋敷内江持運快晴相待候得共、日和者稀ニ而雨天続可干立都無御座、無拠其儘取入此節追々米拵ニ取掛り候処、粃打砕而已多く正米ハ至而少く、右正米之分ハ悉水気含ミ米性故、御廻米ニ不相成者勿論夫食ニ相用へ候而者搗減炊出減多く、例年之米性と見競候得者過半之違ニ有之、全体当国者雪国ニ而秋取入差急候国柄故、当年ニ不限秋苅取干立節雨天勝ニ候得者濡萌腐、此上取入後雪下ニ相成候而者悉打砕ニ相成候ニ付、干立ニ不拘取入候間、豊凶之年柄ニ而茂打砕多分出来過分之損毛ニ相成候ニ付、秋苅取干立時節之雨晴ニより半作之違と申伝来り候処、当秋打続候雨天不熟之上数日濡腐候儘取入候間、御検見済刈取後之損毛夥敷、此分見積候得者、去ル酉之凶作より者一段難渋相増、其上重ニ夫食ニ相用へ候麦作之儀者、去卯之秋生立不宜候上、当春雪消払相後れ候故歟、多分枯失至而元薄く実入時節雨天勝ニ而、黒穂腐穂多く聊之取入ニ相成、且又御年貢金夫食買代其外年中暮方ニ引当候畑方第一之紅花も生立時節日干続、其後雨天勝故立枯多く而已ならす油子虫と唱へ候虫夥敷相生候間、種々手入相育候得共、萎ミ掛り候節快晴無之故、英至而小く夏土用ニ差掛り候而茂咲揃不申、日後れニ相開候分追々摘取候処、例年之五分通も不摘取、加之近年無之極下直ニ而百姓手取金格外相減、煙草作之儀も植付後、雨天続茎而已伸立極小葉ニ相育候上、追々雨腐朽葉星付葉而已ニ而無難之葉ハ無之、殊ニ干立時節晴天無之葉色青黄相変し、或者嵐等相当り大小豆之分者畑ゟ取揚候迄ニ而、雨天勝故干立相成兼追々萌腐出来、左候迚其儘打立俵入ニ仕候ハヽ、悉蒸腐ニも可相成、旁以不一方難渋至極ニ奉存候、尤当壱ケ年之凶作ニ候ハヽ、凌方手段も可有之候得共、近年違作打続候上、去ル申年稀成洪水ニ而川附山寄之無差別田畑江水押湛川欠石砂入等夥敷、其外度々民家流失、且奥州蔵王山押崩硫黄之毒水田畑江相溢れ、其外山々欠崩作柄泥水冠りニ相成多分之水損仕、右水災相免れ候田畑迚茂不順気ニ而大違作、旁夫食難取続御廻米之内安石代納奉願上漸露命相繋、翌酉年ハ天明三卯年之飢饉ニ准し候凶作一統可及飢ニ処、夫食御拝借御救安石代納品々御仁恵被成下候故、飢寒相凌戌年ハ相応之作柄ニ候得共、其已前申秋洪水之毒水相冠り候田畑等者未タ立直り不申実入無之、其上夫食差迫り青稲之内早刈いたし夫食ニ仕候故、米穀貯置候様ニ者難相成可成ニ難渋相凌候迄ニ御座候処、亥年ニ至り尚又田畑違作仕子夏より夫食差支難渋弥増、殊ニ不熟之悪米故御廻米之分更痛多分出来、納不足之分買納代金上納方ニ茂必至と差支、子年之儀者是又気候不順ニ而田畑共大違仕候間、御廻米之内分通を以御救安石代納被仰付候ニ付、村々ニ而茂夫食等ニ者軽重ニ取交り助命仕、丑年者可成之作柄ニ候得共連々引続候違作故、根米一切無之一同困窮仕詰候間、米穀貯置候儀不相成者勿論却而夫食不足ニ相成、寅夏中より夫食必至と差支、村役人共色々手配仕種々之糧相用へ漸々取続候上、寅年田畑凶作、且五月中両度之洪水飢餓可相免れ手段尽果十方ニ暮罷在候処、御慈悲を以再夫食御拝借其余之御米并夫食口米等迄安石代納被仰付御救被下置候故、粟稗等者勿論干葉大根木葉草根等糧ニ相用へ不測ニ身命相保候得共、田宅ニ離れ路頭に迷ひ候躰之もの多く衣類雑具も質入又者売払、去卯出来秋迄極々乍難渋取続罷在候故、田方早刈いたし青稲之儘こき落し夫食ニ仕候間、同年之儀もケ成之年柄ニ候得共、右之次第故猶又夫食不足ニ相成、去卯御廻米辻之内分通を以江戸御蔵庭出来買納奉願上、右之分夫食ニ足合当秋迄取続候ニ付、秋中ゟ青稲早刈いたし直様こき落し鍋ニ而いり干いたし当日相凌候仕合、右躰数年之違故米穀ハ殊之外高直ニ罷成、其上当畑作柄迚茂多分之損毛ニ而村々一同困窮仕詰、此上銘々親妻子之養ひ方無之ニ付、無拠女子共者身売奉公等ニ他国売渡シ必至と窮貧相迫り候折柄、当辰田畑共前文之凶作ニ而天明卯三年以来聞伝へも無之米穀高価ニ有之、尤当辰田方格外之御慈悲を以夫々御引方被成下置候上者無異儀上納可仕筈ニ候得共、右様之悪米御廻米仕候ハヽ、酒田湊着迄皆腐ニ相成候者必至之義、左候迚買替米可仕代金可差出様も無之、殊前文奉申上候通御検見済後雨濡腐之損毛不軽、御取箇丈之御米撰立方難出来程之儀ニ付、其余作徳之分ハ粃打砕而已相残、且又是迄夫食ニ差迫り青稲早刈いたし夫食ニ仕候分も不少、旁々当年中之凌も無覚束ニ付、未申御囲置穀百姓貯穀去ル酉年御拝借仕、其後追々返納積立候分猶又今般御拝借仕、来巳夏迄も取続申度先般奉願上候儀ニ而、右之分足合候而茂来巳三月より夫食取続方無之、一躰当村山郡者四方嶮岨之山々相纏ひ最上川一方口ニ而他国他郡ゟ運送難相成、全く一郡融通之米穀ニ而取続候土地柄ニ付、前書累年之違作者当郡中ニ不限村山郡一般之儀ニ而郡内融通之米穀一切無之候間、是迄年毎米穀他郡へ差出候儀を相留并酒造減シ造等奉願上候得共、年増米価引揚右直段之儀者御年貢之儀者御年貢石代納ニ被遊御用ひ相場書を以御高覧被成下候様支度、就中当郡中者何れも川附

山寄ニ而産米不足故、豊作ニ年柄ニ而も郡内諸方ゟ夫食買調取続来候村々ニ付、来巳春至り候ハヽ一統可及飢餓者歴然之儀、左候迚皆石代納奉願上候共、畑方前文之違作ニ而御上納金可納手段無御座候間、村役人共数日寄合相談仕候得共、手法尽果迚茂御上様之御救ニ無之候而者窮民飢寒可為相凌様無御座候間、乍恐左ニ奉願上候

一、当辰田畑御取箇辻之内非常御囲米例年之通置米被成下置、残御米村々人数御取調を以、来巳三月朔日ゟ同八月晦日迄取続候様夫食御拝借被仰付飢餓御救被下置、御返納之儀者来巳年ゟ返納可仕筋ニ候得共、去ル酉年夫食御拝借仕候御米去卯迄四ケ年返納仕壱ケ年分相残、此分当辰返納難相成候間、来巳年御返納支度并去ル寅年夫食御拝借仕候、去卯ゟ未迄五ケ年返納之分共、来巳返納之分二口有之穀数も相嵩連年違作困窮仕詰候上ニ而致方無之故、当辰御拝借米之分ハ未巳壱ケ年延翌午ゟ来ル卯迄拾ケ年賦返納仕候様被仰付被下置度奉願上候

一、当辰田畑御取箇之内前書非常御囲穀并夫食御拝借米奉願、其余残米之儀者去ル午ゟ去卯迄拾ケ年定石代平均御直段ニ三斗高御免を以不熟御救石代納被仰付困民御救被成下置度奉願上候

一、当辰年村々夫米口米御伝馬宿入用六尺給小物成米之分、是又前書同様御救直段を以上納仕候様被仰付被下置度奉願上候

一、大豆石代納之儀も去ル午ゟ去卯迄拾ケ年平均直段ニ三斗高御免を以上納被仰付被下置度奉願上候

一、去卯御物成米之内同年ニ置米被仰付置候分、是又前書御救直段を以上納被仰付飢相凌候様御慈悲奉願上候

一、去ル酉年御拝借仕候夫食御返納米并同年御拝借未申御囲穀百姓貯穀御返納共、二廉之分当辰壱ケ年延、来巳年返納仕候様被仰付被下置度奉願上候

一、去ル寅年夫食拝借仕去卯ゟ未迄五ケ年賦返納之内、当辰返納之分同様壱ケ年延被仰付候様奉願上候

一、当辰御物成来巳春松前志摩守様江御渡米之儀、前

件之難渋ニ而可差出様無御座候間、当壱ケ年御免被成下、来巳御物成米ゟ是迄之通御渡被仰付被下置度奉願上候

右奉願上候通御慈悲を以御救被成下置候ハヽ、村々大勢之百姓飢寒相凌安穏相続可仕、左も無御座候而者村々困民可致餓死外無之、然時者餓死人而已ニ不限飢寒ニ迫り候もの共、多分ハ他国他郡江離散仕候様成行、村々御田畑相続ニ相拘可成ニ、相続罷有候もの共も供潰れニ相成候仕合故、恐を茂不奉顧奉願上候間、右難渋之次第乍恐被為聞召訳、何卒格別之御慈悲を以願之通被為仰付、困民御救被下置度御仁恵之程挙而奉願上候、以上

東根附郡中村々

天保三辰年十一月七日

三判

大貫次右衛門様

東根御役所

㈡　御廻状写

当田方違作ニ付酒造寒造之儀者皆差留之積、尤右者伺之上追而沙汰ニ可及候得共、酒造道具類ハ近々出役之上悉封印申付候条取揃可申、萬一不正之儀於有之ハ厳敷遂吟味事

一、米穀之儀、一郡之売買者格別他国他郡江売渡候儀者決而不相成事

但、大小豆之分他国他郡江売渡候儀、追而沙汰ニおよひ候迄売買不相成事

右之趣得其意小前末々迄不洩様申聞請印取之一村限可差出、若シ相背候もの於有之ハ早々名前可申出候、廻状刻付を以早々順達留り村ゟ可相返者也

辰十一月十四日

東根御役所

㈢　申渡

当郡中村々之儀、支配被仰付候節一同取締方申渡、且又年々差出候宗門帳五人組帳前書之趣一同相守村

役人共厚出精いたし村内取〆りも行届居候得共、村方ゟ心得違之ものも有之村役人ニも取締方不行届村々も有之候哉ニも相聞申候、既ニ関八州ハ御取締り出役其外役廻村之上厚教諭有之、不人気之国柄も追々立直り悪党共も立退村々ニ而茂難有心得居候趣故遠国迚も同様之儀、依之関東御取締教諭之書面二冊郡中江相渡候間、得其意村々役人より小前之もの江度々申聞此已後猶更取締り宜決而上江御苦労不掛様可致候、此後不時ニ手代共廻村いたさせ候義も可有之、其節村々此教諭之趣不相守候ハヽ、村役人共者厳敷申付候

辰《(天保三)》十一月

〈山口村、天保三年「御用書上留」より〉

五八

大小豆他国出之儀、当三月迄差留置候処、大石田船方渡世之もの共稼方無之難渋申立候ニ付、諸向々其段懸合相済候而此節ゟ大小豆之分勝手次第他国江売出可申候、廻状早々順達留り村ゟ可相返候　以上

巳《(天保四)》二月十七日　東根御役所

〈山口村、天保四年「御用万留帳」より〉

五九

水油直段引揚ニ付荏種紅花種其外油ニ可相成品他国他郡出留奉願上候ニ付、明後十七日昼迄ニ御印形可被遣候、廻状早々順達留り村ゟ可相返候

巳《(天保四)》八月十五日　東根会所

〈山口村、天保四年「御用万留帳」より〉

六〇

当年格外之凶作ニ而此節ゟ夫食差支候村方も有之ニ付、当年取入候畑作物之内紅花煙草青苧之外、都而作物之分不残他国他郡持出候儀、決而不相成事

一、他国他郡ゟ日々入酒之儀、此節夥敷趣之処、直段も格別高直ニ候得共夫々売捌出来候様事ニ而無益之金銭遣捨候様相成、追々夫食買入金子諸方ニも差支

候ニ付入洩之儀者大石田其外ニ而厳敷差押候間、村々ニ而茂隠買致候もの有之候ハヽ、早々可申立候

一、酒造之儀者新酒濁不限寒造等決而不相成候間、若見聞候もの有之候ハヽ、可訴出事

一、糀拵其外醤油多まり之類、来三月頃迄造方差留候事

右之趣村山郡一統御料私領共同様ニ候条、小前末々迄不洩様申聞請書取之可差出候、尤村々見廻り之もの差出し不埒之もの共者召捕候間其旨相心得可申候、廻状村下江受印之上刻付を以順達留り村ゟ可相返もの也

巳(天保四)十月四日　　東根御役所

〈山口村、天保四年「御用万留帳」より〉

六一

覚

一、当巳年之儀者先前ゟ聞伝茂無之大凶作ニ付、米直段稀成高直ニ而村山郡一統困窮之小前此節ゟ夫食買入方差支難渋仕候ニ付、此節平均直段米壱俵代金三分三朱ニ而村々融通致し、此節之直段ゟ引上不申様御取締方向々様江奉願上、来午年買食之者為取続候様仕度事

但、来午年向々様江夫食引足不申ニ付而者、兼而他国御買入直段之儀者格別之事

一、去辰凶作ニ付酒造皆御差留ニ付而者、当巳春ニ至り御神酒ニ茂差支候由、春中酒造屋共庄内大山ゟ少々入酒致度相願候ニ付、村山郡惣代共申合之上少々入酒差免し候処、其後追々多分之入酒有之趣相聞、当年柄倹約之障ニ茂相成候間、先達而他郡入酒差留願上夫々御打合之上御差留ニ相成候処、今以入酒売買等有之由不埒之事ニ付、御触已前入酒之分御引上急度御取締奉願上度事

右者今般村山郡山形集会ニ付一統評議仕候処、前書之通向々様江御願申上候積り取究申候、以上

池田仙九郎御代官所
柴橋附　惣代　松田市太郎

天保四巳年十一月　寒河江附同断　渡辺忠左衛門
大貫次右衛門御代官所
東根附惣代　横尾正作代
佐藤兵蔵
上杉弾正大弼御預所
漆山附惣代片桐善左衛門代
鈴木惣九郎
堀田相模守領分
割元　中村五兵衛
阿部能登守領分山野辺
大庄屋　渡辺庄右衛門
土屋相模守領分北目
惣代　三瓶武右衛門
戸沢大和守領分谷地北口
割元細矢儀七郎代
細矢治右衛門
同断　久保珉治
松平山城守領分上山
大庄屋　高橋重三郎
織田若狭守領分天童
大庄屋　坂口太兵衛
酒井石見守領分左沢
大庄屋　斎藤逸作
米津伊勢守領分長瀞
割元　塩野権蔵
秋元但馬守領分山形
小清水庄蔵
小林七左衛門
佐藤吉左衛門
青山治左衛門

〈山口村「天保度村山郡会合規定書写」より〉

六二

天保四巳之行事

一、当夏ニ至り米直段引上、売人無之相成候ニ付、御料私領共ニ酒田湊ニ而買請、七月末より九月中迄追々為積登相成申候、仙台・酒田より春中より之入米凡壱萬五千俵位、只今追々入米を相聞申候、酒田湊ハ八月下旬より湊留ニ而、買入可申様無御座候間、尾花沢東根両郡中ニ而酒井様より千五百俵借用いたし候、尤御代官様より添状有之請取ニハ大石田御役所詰手附手代大木心兵衛様、柴橋より御手代大沢大助様、酒田湊ニ而五千俵御買入ニ而最上川積登セ半分、六拾里越半分と相聞申候、東根尾花沢両郡中兼御手代伊東庄十郎様、野川村名主友吉、越後水原江来午夫食買入ニ御出役被遊候

一、酒造之儀ハ新酒濁酒共ニ皆御差留、此節ハ厳敷候間一向無御座候、庄内大山酒ハ少々御座候

〈『大町念仏講帳』三三二～三三四頁〉

六三

紅花種之儀、雨天続ニ而実入方不宜ニ付、来申年蒔種不足可致処、当年余国ニ紅花不足之趣相聞候間、自然商人共直段能買入方ニ罷越可申、小前末々之ものハ利潤ニ迷ひ一郡之不益ニも不心付隠売等可致も難計ニ付、御料私領ニ茂共々掛合之上厳敷他国出差留候條、右之趣不洩様申聞小前連印之請取可差出候、荷物改所ニおゐてハ入念相改、若紅花種持送りもの有之候ハヽ、差留置可訴出候、心得違之儀於有之者厳敷相糺候條其旨相心得可申候、此廻状刻付を以順達留り村ゟ可相返もの也

未(天保六)七月十日　御役所

〈山口村、天保六年「御用万留帳」より〉

六四

水油并荏草、菜種之儀、去午八月中ゟ他国出差留置候処、追々直段も下直ニ相成候間、此節ゟ他国出差免候條勝手次第売買可致候、右之趣小前之もの共江不洩様可申付候、廻状刻付を以順達留り村ゟ可相返もの也

未(天保六)八月二日　東根御役所

〈山口村、天保六年「御用万留帳」より〉

六五

米穀他出之儀者、去ル巳年ゟ差留置候間村々ゟ差出候義者有之間敷候得共、当年仙台辺格別違之趣有之、右ニ付当郡ゟ密々米穀持送り候もの共有之哉ニ相聞、右者自国之差支も不顧、聊之利欲ニ泥ミ候もの之仕業ニ有之候得共、畢竟村役人共心付方等閑故之義ニ付、此度尚又御料私領共申合候而、当出来秋迄尚又聢と取締聊たりとも他国へ差出候義ハ不相成候間、小前之もの共へ急度可申渡候、萬一怪敷品持参いたし候ものハ荷物改所ニおゐて差押訴出候筈ニ候條、其旨相心得可申候

右之趣小前末々迄不洩様申聞請書取立可差出候、廻状刻付を以順達留り村ゟ可相返もの也

（天保七）申七月三日　御役所

〈山口村、天保七年「御用万留帳」より〉

六六

当田方之儀、当時之様子ニ而者違作之趣ニ相聞、殊ニ追々米相場茂引上候処、小前末々ニ至候而者心得違いたし米而已食候哉ニ相聞甚不埒之至ニ候、何品ニ不限かて取交相用、山野ゟ可取入品者此節ゟ心懸取貯平日かて重ニ相交可食候、尤不時ニ出役差出相改候間心得違之もの者召捕急度遂吟味條、其旨相心得小前連印之請書差出可申候、此廻状刻付を以順達留り村ゟ可相返もの也

（天保七）申八月十六日　東根御役所

〈山口村、天保七年「御用万留帳」より〉

六七

当田方違作ニ付、新酒濁酒造共厳敷差留候條、決而相造申間敷候、寒造之義ハ尚又評議之上追而可及候

右之通御料私領共申合候間心得違無之様、小前末々迄不洩様可申渡候、廻状請印之上刻付を以順達留り

村ゟ可相返もの也
申（天保七）九月廿七日
東根御役所
〈山口村、天保七年「御用万留帳」より〉

六八

当年又々違作之処、他国ゟ商人立入米買請候趣ニ相聞、右者去ル辰年以来米穀類他国出差留置候間、銘々売渡候儀者有之間敷候得共、自然心得違之ものも有之哉ニ付、支配所内融通者格別他郡之もの江万一売渡候風聞も有之候ハヽ、直ニ召捕吟味可致候間心得違無之様可致候

一、夫食凌之ため他国他領ゟ支配所村々江手寄を以入込居候ものも有之哉ニ相聞、銘々夫食差支候折柄故たとへ手寄を以他国ゟ罷越夫食凌之ため無賃ニ而被雇度旨申聞候共一切不相雇、都而支配所人別之外他国他領之もの者当分不差置候様可致候

右之趣小前末々迄不洩様村役人共ゟ申聞、尚心付相糺可申候、廻状刻付を以順達留り村ゟ可相返もの也
申（天保七）十月三日
東根御役所
〈山口村、天保七年「御用万留帳」より〉

六九

(一)

米穀類他国出差留之儀者先達而申触候通厳敷差留候條、若密ニ売渡候歟、又者取次口入等いたし候もの見聞およひ候ハヽ、早々可訴出事

一、支配所内米穀類融通者勿論之儀ニ付、都而一村限穀留者不相成、一郡ニ融通し是迄之通無差支可致事

一、酒造寒造之儀、造米高之弐分通差免し候條村々酒造人江其段申聞可置、先達而相触候通新酒濁酒造者堅不相成候間、心得違之もの者急度遂吟味候事

一、他国ゟ入酒又者他国江出酒し候儀、此節ゟ差留候事

一、半田銀山用酒と唱へ庄内辺ゟ積登候分、甚怪敷相聞候間、水陸共見掛候ハヽ、差押可訴出事

一、紅花種他国出之儀者前々之通厳敷不相成事

一、燈油類追々直段引上候間、菜種荏者勿論都而絞種ニ可相成品者他国出不相成事
一、盗賊并悪党共多分入込候趣ニ相聞候間、見掛次第差押召連可罷出、見遁候歟又者隠置後日相顕候ハヽ急度遂吟味事
右之趣相心得小前末々迄申聞請証文取之、来ル廿八日迄可差出候、廻状村下請印之上刻付を以順達留り村ゟ可相返者也
申(天保七)十月廿二日　　御役所
〈山口村、天保七年「御用万留帳」より〉

㈡　議定書之事

当村山郡去ル文政七申以来累年之違作、就中去ル巳希代之凶作、村々餓死離散之者多分出来可申候処、御上様并向々御領主様格別之以御仁恵一郡安穏ニ相続罷在候内、猶亦去未当申凶作、村々困窮之者共可凌飢寒様無之躰、其外難渋之廉々今般一統集会評議之上議定取極候処、左之通

一、当郡者他国他郡ゟ入米無之、殊ニ山寄田方不足之村々多分御座候ニ付、違作之節者前々ゟ米穀他郡出差留一郡米穀融通いたし取続来、且去ル天明三卯年凶作之節諸穀類并都而食物ニ相成候品他国他郡出差留候以来、違作之年者他郡出差留、就中近来連年違作ニ付引続米穀他郡出差留一郡米穀融通致相続候義ニ而、当申凶作に付諸穀類并都而食物ニ相成候品他国他郡出必至と差留厳敷御取締被成下候様、向々様江可奉願上事
但、他国他郡江越口并横道山道等番人差出、右給金諸入用者一郡高割を以致出金候筈取極候事
一、奥州筋当申極凶作ニ付諸穀物類為買入之当郡内江立入候商人夥敷有之、当郡之内不顧自国之難儀一己之利欲ニ拘り密々米穀類売渡候者、且右買集手先或者取次口入等いたし多人之歎ニ不拘自己之利を貪候者共有之ニ付、米穀直段追々引揚当時新穀取入候節ニ而直段引下ケ可申期、却而莫大之高価ニ相成村々買食之者ハ米穀可買調代銭ニ相廻り、此節及飢ニ候

躰之族も有之、一統民心不穏、加之他国商人密々買入候諸穀類種々之巧を以持越候手段いたし候趣ニ相聞、当年柄諸穀類自然他郡江洩出候而者、来酉年ニ至り飢餓死亡之者多分出来可申者必然之義、然ル時者村々御田畑相続ニ拘り身元可成候者共迄供潰ニ相成、将飢餓相迫り候者共騒立候義等有之蒙吟味候時宜ニ至り候而者、為其難渋之中多分之諸雑費相掛候様成行、旁一郡廃退之基ニ付他国之者江諸穀類并都而食物ニ相成候品売渡又者買集手元取次口入等不致、且他国ゟ諸穀類為買入之立入候商人共往来一宿者格別郡内江不為致逗留様、向々様ゟ被仰触厳重御取締被成下、若前条相背候風評有之者ハ御厳重御吟味被成下置候様可奉願上事

一、当郡之義、山寄田不足又者里方田勝之村々打交り有之候処、村方ニ寄其処之夫食余分之米穀有之候而も、困窮之者共他村出相拒候義も御座候ニ付、夫食不足之村方者買調方必至と差支、且余分之米穀貯持候者ハ翌年迄も空積立置受痛夥敷、年柄ニ寄多分損毛ニ相成候義も間々有之、相互難渋いたし候ニ付、以来一村ニ限り、或者最寄村方限等之米穀留者決而不致、都而一郡米穀融通いたし一統穏ニ致相続候様被仰触度段、向々様江可奉願上事

一、御私領御収納米御趣意有之他国出可相成義も可有之歟、其時節を窺諸穀類紛し持越可申巧いたし候者共も有之趣ニ相聞候間、御収納米他国出可相成節者其御役場ゟ越口御掛り御役所江俵数并送越日限とも兼日御掛合被成下、御掛り御役所ゟ御出役御立会之上越米被成下候様可奉願上事

一、諸国違作ニ付酒造高三分一造り被仰出候処、当郡者凶年打続候上、当申凶作ニ相成候義故酒造皆差留ニも奉願上度候得共、左ニ而者薬用酒其外無拠入用之節他郡造出酒高価ニ買求候様成行、郡内金銭他郡江相費候義不軽ニ付酒造高之内弐分通造ニいたし他郡入酒必至と差留度、右聊之造酒他郡江洩出候而者郡内ニ而不引足差支候義も可有之ニ付、郡内造酒他郡江不差出様、且新酒濁酒造厳敷御差留被下度段、

向々様江御取締可奉願上事

但、是迄造置候新酒濁酒有之分者、向々様江御引揚御払被下候上、代金御下ケ被下候様可奉願上候

一、庄内辺ゟ半田銀山御用酒御買揚、当郡持送り候節利欲を貪り候商人共、右ニ紛し郡内江致入酒密々売捌候義有之段相聞候ニ付、銀山御用酒持送り候節者大石田於船方御役所ニ樽数御改之上、員数御書付御添被下最上川筋荷揚ニ至り右御書付江引合致水揚、其向々様江御届奉申上、且黒沢楯下両口留所ニ而も御書付江樽数引合、都而郡内造酒他郡江不相洩他郡入酒無之様御取締奉願上、右之旨兼而当郡両御代官様御役所ゟ銀山御役所江御掛合被下御買揚酒持送り候度大石田御役所江右通御通達被下候様可奉願上事

但、六十里越持送り候御用酒有之節者右口留所御掛り柴橋御役所江兼而銀山御役所ゟ石数御通達被下、柴橋御役所ゟ御出役御改之上御書付御添被下候様可奉願上事

一、燈油之義、追々高価ニ相成、右者貴賤日用之品故高直ニ而者困窮之者共難渋いたし候ニ付、油類者勿論何品ニ而茂油絞取候物者他郡出御差留被下候様可奉願上事

一、紅花種之義、前々ゟ他郡出差留候得共、自然相弛ミ他郡江洩出候相聞候ニ付、以来他郡出厳敷御差留被下置候様可奉願上事

一、当秋以来当郡江悪党共夥敷立入、村々堂社或者山林ニ相潜又者非人乞食之躰ニ仕成、所々徘徊いたし民家農業留主を窺錠を捻切、日暮ゟ者諸方忍歩行戸板を焼切土台下捗穿其外種々手を替忍込ミ衣類雑具等盗取候義、村々夜毎之様ニ而一統難渋相歎候得共当郡者御料御私領拾余ケ処入会ニ付、盗賊取押其向様江差出御支配御領分違者引合多有之候而も、其御手限り御取調不相成義ニ至り、引合一同江戸表江御差出ニ相成候而者農業を捨手間費仕候而已ならず多分之諸雑費相掛り致難渋候ニ付、其儘番非人江相渡番非人共取押候盗賊も盗取候品物、所在相尋候迄ニ而直様追払遣候仕癖ニ相成来候故、盗賊共幾度被取

押候而も身分無恙候間、益悪行相募り少も無懼気致徘徊立去期無之、立入候盗賊者追々相増、此節専戸板焼切候業多く候故出火之程も難斗百姓共終夜不寝心配いたし罷在、此分ニ而打過来春ニ至り候ハヽ働方ニ相障り自農事疎ニ相成違作之基ニ而誠ニ歎敷、殊ニ此節凶作困窮之中聊貯持候品物被盗取候者共も多分有之難渋至極ニ付、御料御私領向々様被為仰合取押候盗賊共諸方引合之内手重之掛り有之候御向様江御渡、御他向引合候御手を切も其手限り御吟味御取調御仕置被成下、除帳之者ニ無之分者其御向様ニ而御受取、他向之引合御除キ御仕置被成下置、村々ニ而取押盗賊并番非人共捕候分共一々其御向様江奉申上、村分限り番非人手限り打ニ而取計候義決而無之様乍恐奉願上度、是又村々番非人共之内盗賊宿いたし盗取候品又者売代金等分チ取加之、多財之家空虚之宅等致差図為盗取候趣ニ候得共、至而身軽之者故村役人厳敷取計候ハヽ如何様之害いたし候哉難計を恐れ、聢と実否相糺兼打過候故、盗賊共者番非人共を同類と差心得番非人共も取押候盗賊之内自分仲間ニ同類有之分者多分見遁し譬取押候共密々相放し遣候ニ付、盗賊共慾ニ横行いたし候趣ニ相聞、左候迚番非人不差置候而者非人無宿躰之者立入候、度々差支無余義捨置候義ニ而前文之通被為仰合御取締被成下置候共、御支配御領分限り之義ニ而者郡内十数ケ所ニ御分相分れ候義故、一村厳敷候得者隣村他之御分江相移り其処御穿鑿ニ候得者、元之場江立戻り候躰ニ付、盗賊共行場多く御召捕方不容易、殊ニ番非人共自分之仲間引合候分者其御手ニ不逢様御支配御領分遠地江為相移可申ニ付、一郡盗賊惣御取締御廻り不被下候而者不得止事に盗賊横行いたし候間、向々様御一統被為仰合当郡両御代官様御手ニ而一郡御取締被成下置盗賊共一々御召捕被下置候様、乍恐御公儀様江被為仰立御取締被成下置候ハヽ、行場無之番非人共不埒之働不相成一郡穏ニ相成、右御召捕之分者前書被仰合候通其御向様ニ而御手限り御吟味御取調御仕置被成下候得者、引合等之諸雑費其外難渋

も相逸れ一郡挙而安心相続可仕ニ付、右之趣被為仰合被下置候様向々様江可奉願上事
前書之通今般私共一統集会、村々難渋凌方評議取極候ニ付、其村役人江申聞向々様江早速奉願上、且寺社領役人江者其最寄会所大庄屋元ゟ通達いたし、都而不取締之儀無之一郡安穏相続出来候様可致候、依之議定連印いたし候処、如件

天保七申十月

村山郡
御料所
御私領
村々名主惣代連印

前文之通今般一統申合候間、以御慈悲御聞済被成下置、村々安穏ニ相続仕候様被成下置度奉願上候以上

（天保七）
申十月

東根附　最寄惣代
郡中惣代

東根御役所

〈山口村「天保度村山郡会合規定書写」より〉

七〇

口留諸入用議定之事

一、関谷　地元壱人
一、行沢　同　壱人
一、上ノ畑　同　壱人
但、尾花沢会所ゟ差図取計可申事
右三ケ所兼帯東根附ゟ立会両人
外
寺　町　地元壱人宛
鶴之子
但し右同断
右弐ケ所前同様両人見廻り可申事
一、関山　地元壱人宛
但、東根会所ゟ差図取計可申事
外
沼　沢
猪野沢
観音寺
田麦野
立会人　尾花沢ゟ壱人
地元壱人宛

但、右同断
右四ケ所尾花沢ゟ立会之もの見廻可申事
一、山寺　地元壱人
一、高野　地元壱人
但、東根会所ゟ差図取計可申事
右弐ケ所兼帯立会寒河江附ゟ壱人
一、関根　地元壱人
但、寒河江会所ゟ差図取計可申事
立会人　東根附壱人
一、高湯　地元壱人
但、柏倉大庄屋元ゟ取計番人時ニ応し差略可致事
一、楯下
一、小穴　地元弐人
一、川口
但、上野山大庄屋元ゟ差図取計可申事
右三ケ所兼帯柏倉ゟ立会人壱人
一、狸森　地元壱人
但、山形取締方差図取計番人時ニ応し差略可致事

一、畑谷
但、柏倉大庄屋元ゟ差図取計番人時ニ応し差略可致事
一、簗沢　地元壱人
但、柴橋会所ゟ差図取計番人時ニ応し差略可致事
一、左沢　地元壱人
但、左沢大庄屋元ゟ差図取計番人時ニ応し差略可致事
立会人　柴橋附ゟ壱人
但、柴橋会所ゟ差図取計番人時ニ応し差略可致事
右給金雑用
一日ニ銀三匁宛地元番人壱人分
同断銀五匁宛立会壱人分
右者当申年凶作ニ付諸穀物類并夫食ニ相成候品者勿論郡内造酒他国他郡出シ差留、取締番人今般一統評議之上前書之通諸雑用之分一郡高割を以差出候筈取究、且右番人之外者其所ニ村役人并小前之もの共出精いたし番可致候、猶又近村最寄之村役人時ニ見廻

り取計不取締之儀無之様可致、萬一前書取極之人数ニ而手廻り兼候節者其掛り之会所大庄屋元ゟ最寄之方江申談一統評議ニ不及早速番人相増、右給金諸入用者前同様一郡高割を以差出可申候

前書之通議定取究候処、如件

　添田一郎治御代官所

天保七申年十月　柴橋附　惣代名主　市太郎

同断

寒河江附　名主　治郎右衛門

大貫治（ママ）右衛門御代官所

尾花沢附　名主　多人太

同断

東根附　名主　正作

同断

名主　新蔵

上杉弾正大弼御預所

漆山附惣代名主　善左衛門

堀田備中守領分

柏倉大庄屋　中村五兵衛

阿部能登守領分

山野辺大庄屋　渡辺庄右衛門

土屋相模守領分

北目惣代　三瓶武右衛門

織田若狭守領分

天童大庄屋　坂口太兵衛

米津伊勢守領分

長瀞割元　塩野権蔵

酒井石見守領分

左沢大庄屋　斎藤一作

松平山城守領分

上野山大庄屋　稲毛長三郎

戸沢大和守領分

谷地北口庄屋　久保珉治

右同断

庄屋　青木虎吉

秋元但馬守領分

山形取締方　小林貞次郎
右同断　豊田伝右衛門

〈山口村「天保度村山郡会合規定書写」より〉

七一

㈠　申合之事

一、酒田湊ゟ為登商荷物之儀、最上川通小川ニ至迄其最寄河岸々江荷揚致来候処、近年船町河岸而已江同所問屋共ゟ差向ニ相成はなはた不弁利ニ付、先年之通其最寄河岸々江荷揚いたし、就中寺津河岸揚無之候而者荷物差向方格別不弁利ニ付、同河岸江も是迄之通荷揚、以来最寄川岸々江荷揚仕候様御料所御役所様ゟ大石田船方御役所江御掛合奉願上候積申合候事　右之通一同参会之上衆評いたし候所、仍如件

大貫次右衛門御代官所
東根惣代名主　三右衛門
同断
天保十二辛丑年二月
仁右衛門

添田市郎治御代官所
柴橋附惣代名主　勘兵衛
同断
寒河江附惣代名主　忠左衛門
上杉弾正大弼御預所
漆山附惣代名主　善左衛門
堀田備中守領分
柏倉附割元　中村友之助
阿部能登守領分
山野辺附大庄屋　渡辺庄右衛門
土屋采女正領分
北目附惣代　三瓶武右衛門
戸沢能登守領分
北口附惣代　安達東吉
同断
横山附惣代　仁藤秀治郎
秋元但馬守領分
山形町取締方　豊田伝五右衛門

松平山城守領分
上ノ山附大庄屋　高橋重三郎
酒井石見守領分
左沢附大庄屋　斎藤左一郎
織田伊勢守領分
天童附大庄屋　坂口太兵衛
米津伊勢守領分
長瀞附名主　吉太郎

右者今般漆山江村山郡惣代共集会仕、酒田ゟ為登売荷物夫食塩始売買近頃高直ニ相成候ニ付、商人共ゟ承取調候処、天保七申年ゟ船町川岸而已江一円荷物差向、夫ゟ諸向江荷物駄送いたし、其向ニ寄二三里程も手戻りニ相成、夫丈ケ余計之駄賃相増、右者船町問屋共ゟ酒田湊江為取締出張問屋相建新法之取計出来候故之儀ニ而村山郡一統不便利ニ付、先年之通本川岸ニ無之候とも、寺津川岸江ハ勿論其最寄之川岸〳〵江荷揚仕候様、乍恐大石田船方御役所江御掛合被成下度奉願上候、依之村山郡集評ニ而申合候前書写しを以此段奉願上候　以上

（天保十二）丑二月　惣代　治右衛門
忠右衛門

添田一郎次様
寒河江御役所

〈山口村「天保度村山郡会合規定書写」より〉

㈡　申合書付之事

酒田湊ゟ夫喰塩始為登荷物江新規諸掛増相除申度廉左之通

一、三問屋五七三掛り
是者船町三問屋ゟ酒田湊江新規問屋相建運賃金高江相掛取候分

一、為登荷物壱箇ニ付銭七文掛り

一、船見料

右之廉之儀者天保七申年ゟ新規諸掛り増、都而売物高直ニ罷成村山郡百姓一統之難儀筋出来、去ル巳年凶災以来諸拝借返納物之分尚拾ケ年延被仰付

候程之時節柄、夫喰塩始酒田ゟ登り売物格別高直ニ相成窮民一統之難儀筋ニ付、今般村山郡集評之上以来商人共ゟ差出候様取極候事

外

一、弐分銀

一、川船合力増

一、番賃銭

右之廉之儀者去ル巳年以来新規ニ相増、前書同様難儀筋ニ付以来商人共ゟ差出不申様取極候事

一、最上下船之儀茂新規之仕法者相除候様可致事

一、商道ニ不限都而村山郡一躰ニ拘候新規之儀者、御料者御用達所江御私領者大庄屋年寄江相届差図を受可申、商人共勝手之筋を以其筋江無届印形等致間敷候事

前書之通今般漆山江私共一同集会評議之上、村山郡一統難儀筋相除候筈ニ取極、船町孫市方ゟ商人共江難破船引受之儀を以廻状差出シ調印為致候得共、商人共之儀ニ付一己之利潤泥ミ郡中一統之難儀筋不相弁調印致候儀ニ付、其向々様江申上支配所限商人共早速呼出申聞請書取置可申候、依之申合連印仍如件

天保十二辛丑年二月

大貫次右衛門御代官所

尾花沢附名主　他　人　太

同断

東根附名主　三右衛門

同断

仁右衛門

添田市郎次御代官所

柴橋附惣代名主　勘　兵　衛

同断

寒河江附惣代名主　忠左衛門

上杉弾正大弼御預所

漆山附惣代　善左衛門

堀田備中守領分

柏倉附割元　中　村　友　之　助

阿部能登守領分

山野辺附大庄屋　渡辺庄左衛門
土屋采女正領分
北目附惣代　三瓶武右衛門
戸沢能登守領分
北口附惣代　安 達 東 吉
同断
横山附惣代　仁藤秀治郎
秋元但馬守領分
山形町取締方　豊田伝五右衛門
松平山城守領分
上野山大庄屋　高橋重三郎
酒井石見守領分
左沢附大庄屋　斎藤左一郎
織田伊勢守領分
天童附大庄屋　坂口太兵衛
米津伊勢守領分
長瀞附名主　吉 太 郎

右者酒田湊ゟ夫喰塩始為登荷物売買、近頃高直ニ相成候ニ付、今般御料御私領惣代共漆山江集会評議之上、商人共酒田仕入買目録調候処、前書之廉々新規之掛増船町問屋とも酒田問屋共無益之掛り取計ニ付、問屋江相止候様断り商人共ゟ不差出様郡中限り商人共江申聞候筈ニ申合候間、乍恐此段写を以奉申上候、以上

(天保十二)丑二月　寒河江附 惣代　治右衛門
同　忠左衛門

添田一郎次様
寒河江御役所

〈山口村「天保度村山郡会合規定書写」より〉

㈢　差上御受書之事

酒田湊ゟ為登荷物運賃之外天保七申年ゟ船町三問屋酒田湊江新規出張問屋相建、商人共ゟ臨時之諸掛り第一五七三并七文銭其外共去子迄五ケ年中取立年限ニ付、当丑春正月中船町孫市方ゟ廻状を以登船難破船荷主江不相掛五七三を以以来引受候ニ付、商人一

同調印いたし候様廻状私共江持廻り印形取之、然処今般漆山御集会ニ而御評議ニ相成候者、五七三其外新規諸掛り増候積り壱ケ年ニ付五百七拾両程ツツ夫喰塩始酒田ゟ登売物江都価相嵩候儀ニ而、右者村山郡百姓一統難儀筋ニ相成候儀を不弁、商人共一己之利潤ニ泥ミ廻状江受印いたし候趣ニ候得共、窮民難儀筋ニ付村山郡商人共一統五七三其外共新規掛り増之分、当丑ゟ已来不差出、都而商物夫丈ケ下直ニ売買致候筈ニ御集会ニ而御取極ニ相成候ニ付、差出ニ不及様御上様迄御伺之上被仰渡之趣一同承知奉畏候

一、五七三其外共去ル申年ゟ去子迄五ケ年取立之分、船町三問屋共ゟ清勘定調書差出候様御料所御同様御掛合被下候ハヽ、難有仕合ニ奉存候、依之連印御受書差上申処、如件

（天保十二）
丑二月　　　　商人印

惣代宛

右者今般漆山江村山郡惣代共集会評議之上申合仕候間、乍恐此段前書之写しを以御伺申上候　以上

（天保十二）
丑二月　　　　惣代　治右衛門
　　　　　　　同　　忠左衛門

添田一郎次様
寒河江御役所

〈山口村「天保度村山郡会合規定書写」より〉

㈣

（本文（二）・（三）と同様につき省略）

御料御役所江御私領ゟ御頼可申上取合

柴橋御役所江　上山
　　　　　　　柏倉
　　　　　　　山野辺
寒河江御役所江　左沢
　　　　　　　山形
　　　　　　　漆山
東根御役所江　北目
　　　　　　　天童
　　　　　　　長瀞

尾花沢御役所江

北口
横山

乍恐以書付奉申上候

当二月中漆山ニおゐて郡中惣代集会御座候ニ付、両御支配惣代として安達東吉・仁藤秀次郎両人差遣候処、酒田湊為登諸荷物運賃其外掛増御座候ニ而一統之不益ニも相成候儀ニ付、別書之通郡中申合ニ相成、尤御私領之分ハ別紙書付之通御料御役所江御頼御座候様申合ニ相成候間、乍恐宜敷奉願上候、則郡中集会申合書付三通差上奉願高覧候、此段宜敷奉願上候、以上

（天保十二）
丑五月　　横山附　大庄屋　寺崎仁右衛門印
　　　　　北口附　大庄屋　細矢義七郎印

松坂倭右衛門様
森　三右衛門様

〈山口村文書より〉

七二

申合書之事

羽州村山郡御料御私領村々願ニ付、今般御料所郡中惣代御私領大庄屋集会評議之上、向々様江奉願上候申合、左之通

一、羽州庄内酒田江最上ゟ下シ荷物并酒田ゟ仕入夫喰塩始諸品為登荷物江増口銭一八七五、文化之度免除願之儀御料所御役所ゟ御添翰頂戴、村々惣代名主并商人願惣代酒田町奉行所江願出候ハ、享保八卯年以前ハ問屋口銭代呂物代金百両江売方ゟ三両買方ゟ金壱両弐分、都合四両弐分宛売方買方ゟ口銭問屋江取立候処、享保八卯年ゟ増口銭として代呂物代金百両江売方ゟ金三分買方ゟ金三分占壱両弐分宛増口銭取立候処、宝暦三酉年ゟ同九卯年まて七ケ年季限り、代呂物代金百両江売方ゟ金壱両弐朱買方ゟ金壱両弐朱口銭相増前増口銭壱両弐分江都合三両三分宛、酉ゟ卯迄七ケ年限酒田問屋共ゟ相願商人共江請札取替

し取立候処、年限之無差別引続取立候ニ付、前文之通文化之度御料所御役所ゟ御添翰頂戴、酒田町奉行御役場江右増口銭免除願出候得共、不相済其段御役所江願上ケ江戸御伺ニ相成候処、酒井様御役人中ゟ申達致齟齬再吟味ニ相成候処、御役所ゟ御伺被成下候通、御料所村々奉願上候趣意相違無御座候、宝暦三酉ゟ同九卯迄七ケ年季増口銭売方買方ゟ三両弐分宛酒田問屋共取立候年限請札商人共江差出置候書付如何之儀ニ而紛失致候哉、追而右書付出来候迄御奉行所江奉願上候儀ハ猶予仕、重而可奉願上旨書付を以申上候処、其段も御役所ゟ御奉行所様江御届ケニ相成候由承り、其後右願方等閑ニ罷過候処先般御公儀様ゟ御一統江御触達御座候御趣意ニ而ハ、前書臨時増口銭年限ニ不拘酒田ニおゐて問屋共取立候儀ハ御趣意ニ相振、村山一郡百姓相歎候ハ、増口銭丈ケ夫喰塩始諸品江直段相高、下シ荷物ハ米穀・大小豆・多葉こ其外諸品村々百姓ゟ商人共買入価右増口銭丈ケ直安ニ買入候様相成、一郡衰微之基ハ勿論御物成御上納辻ニも拘り候様相成候而ハ恐入、依之右増口銭売方買方ゟ問屋共取立候金百両ニ付三両三分宛、当寅ゟ以来酒田ニおゐて取立相止候様向々御役所江奉願上、酒井様庄内御役所江御掛合願上候筈申合候事

一、諸職人日雇農業稼男女雇掛放し賃共御支配所領分去年之通之振合を以御料御私領触相願可申事

一、他国他郡ゟ諸勧化先年も記帳不致人足等も不差出筈ニ度々申合も有之候得共不相止、御免勧化之外記帳ハ勿論継立人足等之世話も一切不致筈ニ申合候事

一、壱朱銀御停止御触御座候処、村山郡之儀ハ金不足之国柄ニ付、町在共ニ困窮者ハ勿論夫喰米炭薪其外諸品買調方差支、一同売方ニ而も買方ニ而も難儀仕候ニ付、御引替所向々御役所ゟ被仰立被下候様願上、最寄御引替所御沙汰御座候迄ハ、村山一郡通用仕候奉願上候積り申合候事

右ハ今般御料物代御私領大庄屋一統集会、村山一郡難儀之筋評議之上酒田増口銭之儀ハ商人共江も評議

致させ候処、前書之通相願其外書面之通向々御役所
江願上候筈申合候処、如件

天保十三寅十月

添田一郎治御代官所
寒河江附郡中惣代　治右衛門　印
忠左衛門　印

同断
柴橋附郡中惣代　嘉兵衛　印
同断　年番年寄　弥十郎　印

大貫次右衛門御代官所
東根附郡中惣代　新蔵　印

同断
尾花沢附郡中惣代　他人太　印

上杉弾正大弼御預所
漆山附郡中惣代　善左衛門代
善之進　印

堀田備中守領分
柏倉附大庄屋　中村友之助　印

秋元但馬守領分
山形町取締方　西谷儀右衛門　印

土屋相模守領分
北目大庄屋　三瓶武右衛門　印
東海林七右衛門　印

阿部伊勢守領分
山野辺大庄屋　渡辺庄右衛門　印

松平山城守領分
上ノ山大庄屋　稲毛長三郎　印

酒井石見守領分
左沢附大庄屋　斎藤左市郎　印

戸沢能登守領分
北口附大庄屋　海老名権左衛門　印

同断
横山附大庄屋　井沢理兵衛　印

織田伊勢守領分
天童大庄屋　坂口太兵衛　印

米津伊勢守領分
長瀞大庄屋　植松伝三郎　印

〈「北村山郡史」下巻四三九頁〉

七三

議定之事（傍線の部分抹消）

当郡之儀者御料御私領寺社領共入込候場所柄ニ而人気区々ニ候得共、一郷之人情可離様無之儀ニ付、先前向々惣代大庄屋割元一同年々集会之上年柄ニ応し夫々取締向申合来候処、天保度飢饉凶歳打続勝候哉遂ニ及休会、右者深く一郡之為筋と量り取計来〈立置〉候規則失ひ候而者古人之情態ニ〈懇篤之情実〉悖候義ニ付、今般一統相談之上再興いたし候議約左之通

一、惣而御法度之趣堅相守、無宿者勿論不良之もの村内ニ住居為致間敷候、若其所御構等ニ相成候もの所縁を以外村江住居いたし度旨申出候義も有之候ハヽ、得と始末相糺先方江掛合之上差支無之分者其もの放心之件之異見差加改心之躰見届候上、其御筋々江申立住居為致候義者格別産業躰無之悪党〈徒〉共〈等〉一切差置申間敷事

一、当郡向々振分り居候共国民甲乙も無之事故〈得共〉旧情ニ復し一郡一躰之国諸民一家同様仁信義を尽し、凶作之村々江者作柄之場所ゟ米穀融通いたし、尤郡中一般違作いたし夫食払底之年柄者他郡国出穀御差留之義、御支配御役所御領主御役場江願立陸川通穀物差留飢民等無之様心附一統無難相続出来候様取計可申事

一、近年相応之作柄ニ而も米価高直諸民及難儀候義間々有之候、右者諸穀物他所相場宜を幸ひ商人共一己之利欲ニ走り自国之痛をも不顧米穀類羅買いたし余国江差送候故、地米払底自然市場売出米乏敷相成日々買食之貧民暮し方差支徒党ケ間敷儀も有之、旁以不容易儀ニ付向後右躰之義者風聞たり共不捨置、互ニ無遠慮〈添心〉其向江掛合取締候様可致事

一、当郡之儀者一躰国産無数〈少く〉金銀不融通〈不宜〉民力薄き国柄ニ御座候処、近来公事出入多く他向引合候分者互ニ趣意而已申張候様成行、終ニ者江

戸表御差出相成御上様江奉掛御苦労候上、多少金銀他方江散財いたし、其村々之痛者勿論一躰之融通ニ拘往々国柄衰微之基ニ付、以来右躰之義〈様之義〉有之節者相互深切ニ骨折無依怙贔屓取扱和談内熟整候様取計可申事

一、会合之儀者年々歟隔年歟十月中御料所御陣屋許を集会所と相定、尤非常之年柄者勿論何れ之向々而も〈定置年ニ寄何れ之向ニ而会席相勤候共無差支打寄、尤非常之年柄者勿論殊ニ其向限之義ニ而も〉評議有之節者御料所最寄会所江申談、廻文差出次第銘々労を不厭幾度も／＼寄合実意を尽し遂評議候様可致事

附、集合席上之義者長者を敬ひ、都而非礼之義無之様銘々矯諂を慎無益雑談いたし間敷、尤賄者一汁一菜之積無益之雑費ニ而相賄都而〈ニ限り諸雑費〉多分不掛様可心掛致事

右者今般一統相談之上向々御支配御役所御領主御役場江申立、御聞届之上古人懇篤之情実ニ基再興いたし候儀ニ付前條之趣永々相守乍聊も〈専〉御国忠相叶候様相励〈を励相勤〉可申候、為後鑑一同連印議定、仍而如件

万延元申年八十月

御料所　惣　代

御私領　大庄屋

割　元

一統連印

右草案者集会大旨之議定ニいたし、其年限之議定者御一同御評議之上時宜ニ応取究候様〈別通ニ相認候様〉仕度奉存候間、此段御郡中御評議思召通り御加除之上被成下来月五日迄否之義寒河江会所江被仰下候様奉希候、以上

（万延元）申八月十八日　義左衛門

北口横山御会所

〈山口村文書より〉

七四

議定之事

当郡之儀者御料御私領寺社領とも入込候場所柄ニ而人気区々ニ候得共、一郷之人情可離様無之儀ニ付、先前向々惣代大庄屋割元共年々集会之上年柄ニ応し夫々取締向申合来候処、天保度飢饉凶歳打続遂ニ及休会候後何となく区々之儀茂有之、右者畢竟深く一郡之為筋を量り取計来候趣意失ひ候而者古人之情態ニ悖り候義ニ付、今般一統相談之上再興いたし候議約、左之通

一、惣而御法度之趣堅相守、無宿者勿論不良之もの村内住居為致間敷候、若其所御構等ニ相成候もの所縁を以外村江住居いたし度旨申出候義茂有之候ハヽ、得と始末相糺し先方江掛合之上差支無之分者篤と異見（ハリガミ白紙）差加改〈放心之條々〉心之躰見届候上、其筋々江申立住居為致候儀者格別、其外業躰無之悪党共一切差置申敷候事

一、当郡向々振分り居候共国民ニ甲乙も無之事故、何れも旧情ニ復し一郡一躰一家同様睦合（「仁義を尽し」とハリガミ）、凶作之村々江者作柄之場所ゟ米穀融通いたし飢民無之様心附（白紙ハリガミ）、尤郡中一般違作いたし夫食払底之年柄者穀物他郡国出御差留之儀（ハリガミ）、御支配御改所御領主役場江願立陸川通共通穀差留、一統利を（ハリガミ）不飢民無之様心附、一統無難相続出来候様取計可申事

一、近年相応之作柄ニ而も米価高直諸民及難儀候義間々有之候（ハリガミ）、右者畢竟商人共一己之利欲ニ走り自国之痛を茂不顧諸穀物他所相場高直之節者〈間々有之候右者存置と唱商人共見込相場を以作人共江前金相渡置出来秋ニ至豊凶之無弁別約定互ニ引取候故、自前金請取候もの共窮迫いたし候間、右様悪敷仕癖無之様心附、或者商人共区々利を奪自国之痛をも不顧畢竟諸穀物他所相場宜を幸ひ商人共一己之利欲ニ走り〉米穀類糴買いたし他郡国江差送候故、地米払底自然市場売出米無之様相成（ハリガミ）〈乏敷相成〉、日々買食之貧民暮し方差支騒立候之儀（ハリガミ）〈徒党ケ間敷儀〉も有之旁

以不容易義ニ付、向後右躰之儀者風聞たり共不捨置相互無遠慮早々（ハリガミ）〈無隔之〉其向江掛合取締候様可致事（ハリガミ）〈可致、若他郡江入込候買人も有之節者、其者之支配領主をも承糺、当人者其所江留置御支配御改所御領主御役場江訴上御差図受取計候様可致事〉

（ハリガミ）〈一、近年札米と唱其年春又者前年暮自他米商人共ゟ見込相場を立作人共江前金相渡置、出来秋ニ至豊凶之無用捨約定米引取他郡江差送候故、前ケ条同様米穀払底相成、其上米売候者前金受取疾ニ遣払候故、無謂米被引取候様相心得及難儀候間、札米等之悪敷仕癖於有之者及探索相改可申事〉

一、当郡之儀者一躰国産無数金銀不融通民力薄き国柄ニ御座候処、追年公事出入多く聊之義も互ニ趣意申張候間、御料御私領引合候分終ニ者江戸表江御差出相成、御上様江奉掛御苦労候上、他方江散財いたし者勿論（ハリガミ）〈其村之存亡者勿論〉一郡之融通ニ拘往々衰微之基ニ付、以来右躰之出入有之節者相互深切ニ（ハリガミ）〈信我を以〉骨折依怙無贔屓取扱可成丈内済相成候様取計〈内熟整候様取計〉可申事

（ハリガミ）〈一、米銭相場之儀、里方山方と差別ハ有之候得共、村山一郡年々豊凶者一体之儀ニ付、互ニ申合不相当之高下無之様可致事〉

（ハリガミ）〈一、当国産物他所江荷出之儀、大石田船方御役所御改方者勿論、外口留三拾四ケ所者共最寄次第改を受荷出致来候処、近年猥ニ相成其村方ゟ之産物他所江差出候節村役人ゟ之通手形も（ハリガミ）無之勝手次第口々無改ニ而荷出之向も《不申請抜道閑道相廻り候ものも》有之趣ニ相聞、（ハリガミ）左候而者柴橋寒河江両御役所ニおゐて御取扱之御役永御取立迚ニ差響、且御私領之御役場江御引渡永も同断ニ而《存候処》御後闇仕方ニ付互ニ申合国産出荷物等之節者、（ハリガミ）得と相改其都度々荷物ニ引合《御国益筋之儀ニ付得と相改》通手形差出候様可致事〉

一、会合之儀者十月中隔年之積、御料所御陣屋許を集会所と相定、尤非常之年柄者勿論何れ之向ニ而も難儀筋有之節者御料所之内最寄会所へ申出、同所ゟ廻文

差出次第銘々労を厭わす幾度も々々寄合実儀を尽し
遂評議候様可致事
〈但、集会《(ハリガミ)》席上之儀者長を敬ひ、都而非礼之儀無
之様銘々矯諂相慎、尤賄者一汁一菜ニ限無益之雑
談いたし間敷事〉
右者今般一統相談之上向々御支配御領主御役所江
申立、御聞届之上再興仕候義ニ付、前ケ条之趣永々
無違失《(ハリガミ)》〈紀し候儀無之様方ニ〉相守、乍聊も御国
忠ニ相叶候様相勤可申候、為後鑑一同連印議定、
仍如件

万延元申年

御料
御私領
大庄屋
惣代
一統連印

〈山口村文書より〉

七五

乍恐以書付奉願上候

当郡之儀者御料御私領寺社領入込候場所柄ニ而人気区々
ニ付、先前向々惣代大庄屋割元共一同年々集会之上《(「打寄し」とハリガミ)》夫々
取締向等申合来候処、天保度飢饉凶歳出来打続遂ニ及
休会、其後郡中一般申合等も行届不申、一統之不為ニ
相成候間、今般別紙議定書《(「五箇条議定書」とハリガミ)》案之姿を以、向々惣代大庄
屋割元江再興仕候積対談相整候ニ付、当十月中当所ニ
おゐて集会相催候様《(「会合之儀」とハリガミ)》支度奉存候間、何卒右之段御聞届
被下置度奉願上候、以上

申《(万延元)》九月

当御代官所

寒河江附最寄惣代
楯南村名主　藤右衛門　印
楯西村名主　善　蔵　印
下小菅村名主　民　助　印
溝延村名主　久兵衛　印
矢野目村名主　仁右衛門　印

山家村名主　三右衛門　印
東大町村名主　勇右衛門　印
山口村名主　義左衛門　印
大町村名主　弥之助　印
郡中惣代名主　善兵衛　印

林伊太郎様
寒河江御役所

〈山口村文書より〉

七六

㈠

一、今般村山郡一般集会之儀、議定書を以御談之趣遂一承知仕、則其段当役場江申立聞届ニ相成候間、宜敷御取計之程相頼申候、以上

(万延元)申九月朔日　東根会所㊞

寒河江御会所

㈡

今般村山郡一般集会之儀、議定書を以御談之趣遂一承知仕、則其段当役場江申立候之処、被聞届候間宜敷御取計可被下候、御頼申候、以上

(万延元)申九月二日　長瀞割元　吉太郎　印㊞

寒河江御会所

㈢　覚

今般村山郡一般集会之儀、議定書を以御取究御談之趣委細承知仕候、尤其段当役場江申立可仕候、依之宜敷御取計之程御頼申上候、以上

(万延元)申九月十五日　山形町取締　加藤太吉
病気ニ付無印
同　後藤小平次㊞
同　小林五兵衛㊞

結城六右衛門殿
伊藤義左衛門殿

㈣　口上書

村山一郡集会懇談無余儀筋ニ而暫及休会居候処、今般尚又再興一郡為筋懇会永続至度、改而起立御内存議定書御心附を以御談之趣、御厚意之程委細承知仕候、其段当役場江急度申立御同意申上候間、宜敷御取計急度奉頼候、尤上山・山野辺ニ者下拙ゟ可然申通候様是又御談之旨具ニ承知仕候、以上

（万延元）
申九月十七日　　柏倉割元　中村五兵衛㊞

寒河江御郡中代

伊藤義左衛門様

㈤　口上書

村山郡類役集会再興之儀、議定書を以御談示之趣御尤至極ニ承知仕、其段当役場江申立候処、存意も無之旨申聞候間、宜御取計被下度奉頼候、以上

（万延元）
申九月十七日　　山野辺大庄屋　渡辺庄右衛門

（マヽ）
伊東儀左衛門殿

㈥

今般当郡取締之ため集会御催之段、御取合領主役場江茂相伺候処、差支無之趣ニ付会合日限御懸合次第出席可仕候ニ付、宜敷御取計頼上申候、以上

（万延元）
申九月

漆山大庄屋　那須弥八他行ニ付
代兼　六右衛門㊞

義左衛門殿

〈山口村文書より〉

七七

㈠

一筆啓上仕候、秋冷之節御座候得共、弥御安全御勤珎重之御儀奉存候、然者昨日御光来之砌被仰聞候当郡集会之儀、議定書ヲ以当役場へ相伺候処、少し差支候儀も有之候ニ付御同意致かね候、就而者其節御受取之議定書返納仕候、此段不悪御承知被下度奉願上候、右御断可得其御意如斯ニ御座候　恐惶謹言

(万延元)九月四日

伊藤儀左衛門様

佐藤弥三郎

〈山口村文書より〉

(二)

佐藤仁右衛門様　　　佐藤弥三郎

益御安康恐縮至極奉存候、然者先日被仰聞候当郡集会之儀ニ付昨日中山口御入来御座候間、議定書ヲ以上向相伺候処、少し御差支之儀有之御同意致しかね候間断遣し申候、何共御手数恐入候得共、右書状伊藤氏江御達被下度奉願上候、御取急之御様子ニ御座候間、今日中ニも御達被下度、此段偏ニ奉願上候、以上

(万延元)九月四日

〈山口村文書より〉

七八

(一)

寒河江御出先　　　矢野目 伊藤義左衛門様　　　仁右衛門 天童ゟ之書状在中

一昨夜御立寄被下候処、余り御急之御様子ニ而一盃も進献不仕くれ／＼も残念不少奉存候間、嘸かし夜中之歩行御苦労被為在候事を御察申上候、其節御話被下候一条ニ付、昨夜天童大庄屋ゟ如何之訳歟、別紙之通朔日来上向相決り不申、此段御賢慮可被下候、且晋三郎儀一昨夜四ツ時頃帰宅、昨未明柏倉江差遣右様暫時之内御心配懸上候段恐入候、今日金十郎新田順合之儀ニ付差遣申候間、何分御添心被下度御願申上候

右申上度余者近日中拝顔迄申上残し候、以上

(万延元)九月五日

〈山口村文書より〉

（二）

以飛脚致啓上候、不正之時合ニ御座候処弥御安全可被成御凌奉賀候、野生義無異之条乍憚御意易思召可被成下候、過日其方々数日御廻り御苦労至極奉存候、然者天童一条之儀、漆山御帰着否同所江取合候義及示談候得共、過日右之者御内話申上候義、益々差継一同不得寸暇義ニ相成、責而者矢野目佐藤氏差向及内談度取合候義、是又老母不幸之趣ニ有之、野生ハ前件之次第ニ而何分手離兼、折角被仰聞候義ニ者御座候得とも行届兼候間、此段不悪御承知執れ候歟御賢慮を以平安ニ相成候様奉希候、右之段御意相伺度略意如斯御座候、以上

（万延元）九月廿日　　結城六右衛門

伊藤義左衛門様

再信、過日方々江御附添御厄介恐入候義御座候、扨又其砌漆山半沢所持之アメリカ御使者之書面写、半沢氏写取候義と心得申候処、陣内懇意之方ゟ借用之書物ニ候由ニ而、早速返却不致候而者不相成義申聞候間、此もの江御渡可被下候、且天童江被差出候集会趣意書并矢野目公天童大庄屋之書状共返上いたし候間、御受取可被成下候、繁雑中委敷申上兼、追而拝眉之節、草々、申洩候、以上

〈山口村文書より〉

七九

（一）

御紙面拝見仕候、如斯寒冷弥増御座候得共、弥御勇健可被遊御座珍重之御儀奉存候、然者来ル十五日村山郡集会御再興之儀、寒河江橋本屋権兵衛殿ニ而御勤不被成趣、委細承知仕候、右之段御報申上度、如此御座候　恐惶謹言

（万延元）十月十二日　　横山村　大庄屋　仁右衛門

柴橋附御惣代　太右衛門様

市郎兵衛様

寒河江御惣代　善兵衛様

(二)

御飛札致拝見候、如仰寒冷相進候得共益御壮健被成御勤役恐喜至極奉存候、然者兼而御取合有之候集会之儀、今般会合日取被仰越承知仕候、右日限無相違御差図之会所江出席可仕候、右之段貴酬迄如斯御座候　謹言

(万延元)十月十二日　結城六右衛門

那須弥八

日塔善兵衛様

(三)

御飛札着致拝見候、如来命寒冷日々相募候得共弥御安康ニ被成御勤役弥重候儀ニ奉存候、然者先般御取合申候村山郡集会再興之儀、来十五日寒河江橋本屋権兵衛方ニ而会合相催候付、無名代参上可致旨被仰越委細承知いたし候、日限無相違参上可仕候、右返答迄如此御座候　恐惶謹言

(万延元)十月十二日　鈴木多蔵

仁藤善兵衛様

鈴木市郎兵衛様

清野太右衛門様

(四)

御飛札忝拝見仕候、如仰近日寒冷弥増候得共益御安泰被給御盛勤ニ付弥重之儀奉存候、然者兼而被仰聞置候集会再興之儀、来ル十五日其御地於権兵衛殿宅ニ御執行被成下趣御紙面被仰付承知畏候、右者報迄如斯御座候、猶都ハ拝顔之時々　恐惶謹言

(万延元)十月十二日　阿部善四郎

日塔善兵衛様

(五)

昨十二日御日附之貴札忝拝見仕候、如貴命寒冷日々相進候処、倍御安康被遊御勤務弥重之至奉敬畏候、然者村山一般集会再興之儀、弥明後十五日寒河江橋本屋権

兵衛殿方ニおゐて御会合ニ付罷出候様被仰越之旨承知
仕候、先者右御請迄如此御座候　恐惶謹言
(万延元)十月十三日　東根惣代　安達栄蔵
小池郁太郎
寒河江　日塔善兵衛様
柴橋　鈴木市郎兵衛様
御苗太右衛門様

㈥　覚

一、御状　壱通
右者来十五日村山郡集会再興之儀被仰越承知仕、右
日限無相違出席可仕候、以上
(万延元)申十月十三日　長瀞　吉太郎㊞
柴橋附
寒河江附
御惣代中様

㈦　覚

一、御状　壱封
右之通慥受取申候、以上
(万延元)十月十二日　柏倉　中村五兵衛㊞
寒河江　御苗善兵衛様

㈧　覚

御状　壱通
右慥ニ受取申候、以上
(万延元)十月十二日　後藤小平次㊞
日塔善兵衛様
御使中様

㈨　覚

一、御状　壱通
右之通慥ニ請取可申候、以上
(万延元)申十月十二日　北口　義七郎㊞

柴橋　御使衆中

(十)　覚

一、御状壱通

右之通慥ニ請取申候、留主ニ而御預置申候、以上

(万延元)
十月十三日　上ノ山　元治郎

寒河江　御使中

(十一)　覚

一、書状壱通

右之通慥請取申候、以上

尾花沢附東根附
物代　藤左衛門㊞

(万延元)
申十月十二日

寒河江附御惣代　善兵衛様

柴橋附御惣代　太右衛門様

八〇

寒河江御会所　柴橋会所

此間者御出被下御麁末申上候、然者集会之儀六ケ所江及通達候様被仰越候間、則別紙之通返書有之候処、尾花沢北口丈ケ受取書ニ而聢と決着不仕候得共、宜哉奉存候、右御折合申上候、以上

(万延元)
申十月十九日

〈山口村文書より〉

八一

過刻途中ゟ之御状江天童江之一条委細貴酬申上候処、右飛脚途中ニ而行違も可有之哉、其御地御着直と大急を以委細被仰聞忝承知仕候得共、天童大庄屋之心底昨日迄之挨拶者何れニも取留も無之、今更漆山那須様江私領同士之儀ニ付、篤と内談致見度抔と申事

ニ付、子供等之寝言同様之申分ニ而、呉々もあきれ果申候間、右之段御賢慮可被下候、且天童江之御使状御会所ゟ御遣被下、右者差遣申間敷と奉存候得共、折角被仰越候義ニ付、只今委細別紙書添差遣申候間、不返事も可参哉抔之様子を待受明日迄飛脚を以申上候、此段御承知可被下候

一、私義明日出会之義相成兼候趣先刻申上候得共、如何御懇志ニ被仰聞忝承知仕候得共、明十五日者四七日殊ニ亡父之命日、昨十三日孫女死去、旁何れニも難去手抜も相成兼、右申訳旁如何御賢察茂可有之哉甚恐入候、尤此度之集会者大切之義ニ奉存押而茂出張可仕之処、右之仕合不悪様御承知可被下候、先右御請迄文略御高免、早々　以上

十月十四日夜（万延元）　　仁右衛門

伊藤義左衛門様

何分御物代御始最寄衆中江茂宜敷御通声被下度御座候、以上

〈山口村文書より〉

八二

乍略義口上

御使簡之趣承知仕候、其節参上御高評相願可申、御請迄如斯御座候、以上

十月十五日（万延元）　　山野辺　渡辺庄右衛門㊞

寒河江　御物代様

〈山口村文書より〉

八三

名前書

漆　山　那須弥八様　　結城六右衛門様

山　形　小林五兵衛様　　後　藤　小平次様

柏　倉　中村五兵衛様

上ノ山　吉野長左衛門様

山野辺　渡辺庄右衛門様

柴　左沢　鈴木多蔵様

同　北口　細矢義七郎様

同　横山　寺崎仁左衛門様
同　長瀞　松沢吉太郎様
尾花沢郡中惣代
　佐藤義左衛門様
同　東根　小池郁太郎様　安達栄蔵様
北目　阿部一郎様
天童　佐藤弥三郎様

集会献立
　着当日晩賄
　　掛物　蓬莱山
床　飾　瓶子
　　三方　のし
　　　とうふ
膳　部　一汁一菜
酒　　銘々各盃
　但、猪口盃を不用銘々分ニ応し献を重候事
　四海浪

謡　高　砂
　　玉の井
外流行等之雑うたを禁
　翌　日
朝　夕　一汁一菜
昼　　茶漬
評議中禁煙
給仕者男の子を用ひ女子者一切相用間敷事
評席江無用之もの立入さる様いたし候事
評議相済候ハヽ、其段御役所江申立、相伺済之上一同引取候事
賄料二日泊之積を以壱ケ分金弐百疋出金之積、泊増者右割合ニ准し候積

〈山口村文書より〉

八四

一統集会之上ニ而可申合箇条

一、当国産物他所荷出之儀、大石田船方御役所御改者

勿論、口留三拾四ケ所共最寄次第改を請荷出いたし来候処、近年猥ニ相成其村方ゟ之産物他所江出候節村役人ゟ之通手形も無之勝手次第口々無役ニ而荷出之向も有之趣ニ相聞、左候而者柴橋・寒河江御役所ニおゐて御役永御取立辻ニ差響、且御私領之御役場江御引渡永も同断ニ而御後闇仕方ニ付、互ニ申合国産出荷物等之節者、得と相改〳〵都度其荷物ニ引合通手形差出候様可致事

一、近年札米と唱其年春、又者前年暮自他米商人共ゟ見込相場を立他人共江前金相渡置、出来秋ニ至豊凶之無用捨約定米引取他郡江差送候故、前ケ条同様米穀払底ニ相成其上米無之もの者前金請取戻ニ遣払候故、無謂米被引取候様相心得及難儀候間、札米等之売買商悪敷仕癖於有之者、急度相改可申事

一、米銭相場之義、里方山方と差別可有之候得共、村山郡一郡年々豊凶者一躰之義ニ付申合不相当之高下無之儀可致事

右者寒河江郡中ゟ書出、此趣ニ向々存寄為書立候様いたし候積ニ御座候事

（万延元年のもの）　〈山口村文書より〉

八五

㈠　議定書之事

当郡之儀、異国御交易御開港以来諸色直段追々引上殊ニ近来違作之上、去未前代未聞大嵐洪水引続、当申年之儀者春中より不順気ニ而存外之違作ニ相成、夏分ニ至米価引上貧民共暮シ方差支及騒立候程之儀ニ付、今般一統相談之上別紙連印書五ケ条之趣意を以、天保度及休会候当郡大会合再興いたし、尚来酉壱ケ年限村々相続方申合候議定、左之通

一、近年世上一般奢侈僭上いたし当郡下々之もの迄絹布等着用、分限をも不相弁族有之哉ニ相見不宜儀ニ付、都而天保度被仰渡候御改革御趣意之趣相守、別而夫食足合ニ相成候品貯置非常之手当いたし、年柄ニ寄聊之違作等ニ而御上様ニ御苦労不奉掛、銘々自力を以取続候様可心掛事

一、当郡産物他所出荷出之儀、大石田船方御役所御改者勿論、外口留番所三拾四ケ所共最寄次第改を請荷出いたし来候処、近年猥ニ相成其村産物他所出之節村役人ゟ之通手形も無之、勝手次第口々無役ニ而荷出等も有之趣ニ相聞、左候而者御役永御取立辻ニ差響御後闇仕方ニ付、以来国産出荷物等之節者得と相改其都度〳〵荷物ニ引合通手形差出候様可致事

一、酒造之義、今般造高之内五分通減石被仰渡候之儀ニ付、無株之者者勿論酒造稼人共過造不致様精々取締、尤当春中ゟ奥州筋江酒差送候ニ付、追々勝手ニ造込候様子ニ而、自然夫食払底相成候次第ニ至候間、此節ゟ来酉年之儀者他国出酒御差留方向々様江願上候様可致事

一、去未年ゟ引続当申違作ニ付、来酉夫食差支、尤去年中ゟ他郡出米も不少一躰貯穀払底ニ相成候間、此上万一違作等有之候而者飢渇もの出来候者歴然之儀ニ付、専村毎非常之備夫食囲増候様いたし度、就而者来酉年作柄見留候迄、米并大小麦大豆共他郡出穀御差留之儀、向々様江一同願上候様可致事

一、前条穀留御聞届相成候上者、御私領御収納米酒田湊御川下相成候員数高、前以大石田船方御役所江御掛合御座候様申立、将又商人とも非分之利欲を構ひ、御差留外荷物之内江米穀類隠積、酒田湊江差下候様之義有之哉も難計候間、穀留中最上川筋毒沢村辺ニ先年之例ニ准し見張番所取建、御料所より壱人御私領ゟ壱人立会番差出隠積不致様取締、右賃銀者当時諸色高直ニ付以前之定江割増、壱人分一日銀六匁ツヽ手当いたし、其外共右掛入用之分者追而取調惣郡高江割賦出金之積、尤外口留番所江者其御支配御領主ゟ御厳重取締向被為仰達候様可申立事

一、近来水油格外高直ニ相成一統難渋いたし候間、来酉三月晦日迄水油荏菜種共他郡出御差留之儀、向々様江願上候様可致事
　但、上ノ山御領分産物栢之実油者薬用之品ニ付、同所大庄屋方ニ而外油ニ不紛様入念相改他郡出いたし候共不苦候事

一、紅花種之儀、前々之他郡出御差留相成候処、近来猥ニ相成候間、此度復古いたし、他郡出御差留之義、是亦向々様江願上候様可致事

一、近年札商ひと唱へ米穀類其外共、商人共空品を見込相場相立、〆売〆買同様之売買いたし其者共浮沈ニ拘候而已ならす、毎度損得之儀ニ付出入立、其御筋之御苦労ニ相成候上、直段等ニ差響一統之難儀ニ相成候間、追々右躰之商ひ差止候様いたし度事ニ付、以来札商ひ之始末差縺訴上候共、被為於向々様御取上無御座様一同可申立事

一、当郡者山方里方と之差別有之、米穀其外日用取賄之品々運送之遠近ニ応し、直段甲乙も可有之候得共、場所ニ寄格別直段行違候儀も有之候様子ニも相聞、右者商人共相場を計り諸色品〆切売出不申、又者暫時品切等之節者俄ニ直段引上、其品潤沢ニ相成候上ニも容易ニ直下不致様之儀も有之哉ニ相聞、左候而者諸色直段次第ニ引上候而已下直之期有之間敷、一統相続筋ニ拘候間、以来商人共相当之利を設け候義者格別、都而商ひ向正路ニ心掛候様穀屋其外店持候もの共ニ厚申諭し、可成丈諸色直段引下候様向々会所ゟ可申談事

一、近来悪徒等長脇差を帯し在々所々党を結ひ押歩行候間、時々御取締向御厳重被仰渡も御座候得共、何分不相止、此節ニ至り長脇差を帯し候者目立候様ニも心得候哉、諸家様方御家来躰ニ紛し帯刀いたし歩行候もの共も有之、一郡之憂不軽儀ニ付、尚又御厳重御取締被下置候様ニ可申立事

一、近来盗賊多徘徊いたし、中ニ者乞食又者商人躰ニ姿を替農業留主宅を窺、在町共年々盗難之憂不少一統難渋いたし候得共、御分々入込候場所柄故御取締向も一般不致、殊ニ番非人共之手々差押候分者盗品有所相探し、被盗候者ゟ酒代等ねたり取、内分ニ而品物請取引渡盗賊者其儘追払候様之義有之趣ニ相聞、左候而者盗賊共幾度被捕押候ても身分ニ無恙弥増横行いたし候様成行候間、以来盗難有之節者手懸り等厳重穿鑿之上盗賊取押候ハヽ、早々其御筋江申立御

吟味請候様可致事

一、近来堂社修覆其外種々之義申唱へ、新規諸勧化多く村々之煩ひニ相成候間、以来御免勧化之外記帳并人足等者勿論勧物差出申間敷候事

前書之通今般私共一同打寄、来酉年村々難渋凌方評議仕、右箇条之趣早速向々様江奉願上候積、尤寺社領江者其最寄会所ゟ及通達、都而不取締之儀無之一郡安穏ニ相続出来候様申合候処相違無御座候、依之一同連印議定如件

林　伊太郎御代官所
羽州村山郡村々并
寺社領兼柴橋附郡中惣代

万延元申年十月十七日　名主　市郎兵衛
同　太右衛門

右同断
寒河江附郡中惣代
名主　善兵衛

松前伊豆守預所
同州同郡村々惣代
尾花沢附郡中代
芳沢村名主　与四郎

水野左近将監領分
同州同郡村々兼寺社領兼
山形取締検断　小林五平
同　後藤小平治

松平山城守領分
同州同郡村々惣代
上ノ山大庄屋　松本長左衛門

堀田嶋之亟領分
同州同郡村々并寺社領兼
柏倉割元　折原市十郎
佐藤理兵衛

阿部播磨守領分
同州同郡村々寺社領兼
高力庸之亟知行所兼
山ノ辺大庄屋　渡辺庄右衛門

土屋采女正領分
同州同郡村々代
北目郡中惣代名主阿部彦四郎
戸沢上総介領分
同州同郡村々代
北口大庄屋代　細矢治右衛門
横山大庄屋　寺崎仁右衛門
秋元但馬守領分
同州同郡村々并寺社領兼
漆山取締名主　結城六右衛門
酒井大学頭領分
同州同郡村々并寺社領兼
左沢大庄屋　鈴　木　多　蔵
松前伊豆守領分
同州同郡村々并寺社領兼
東根郡中惣代名主小池郁太郎
米津鏻助領分
同州同郡村々代
長瀞大庄屋　松沢吉太郎

(二)

近来諸国共豊熟之年柄無数、去未年之義者風水災等ニ村山郡一般違作いたし米価高直故、貧民買食之もの共及難儀、同国中者勿論関内外并奥州筋も同様之違作ニ付、米直段宜を幸ひ商人共利欲ニ迷ひ、村山郡に数多入込糴買いたし酒田仙台米沢伊達辺江出穀いたし候故、米穀払底ニ相成貧民共弥増及難儀、既ニ当夏中何もの共ニ候哉、徒党ニ等しく不穏及所集ニ候風聞も有之不届之致ニ付、召捕もの差出御取締相立貧民相続方夫々申渡置候処、当年作柄も昨年同様出来悪ク候間、刈揚ニ米価下落不致却而直段引上、右ニ連諸色高直ニ相成候而已ならす、ややもすれハ米穀隠売いたし外品様ニ荷作いたし改所を欺き他郡出いたし候ものも有之、村々一統之難儀ニ付一郡之為筋、且米穀其外潤沢之仕法として、此度村山郡中会合之上、米大小麦大豆水油荏菜種紅花種酒等他郡出当分差留度、就而者最上川通り毒沢村辺江見張小屋取建御料私領ゟ名主共罷出立会、通船之分遂一相改陸路関山口関根口簗沢口下柳渡戸口其外口々改所ニ而も念入相改候間、以来心得違いたし間敷、若他郡ゟ入込候商人共江前書之品々隠売いたし、自然川下陸路等いたし候もの有之候ハヽ、召捕、急度遂吟味候条、其旨相心得小前末々迄不洩様可被相触候

(万延元)申十月

右之趣得其意村下江名主令請印早々順達留村ゟ可相返もの也

(万延元)申十月廿九日　　寒河江御役所

〈山口村文書より〉

八六

乍恐以書付奉願上候

羽州村山郡之儀、御料御私領寺社領共入込ニ相成向々振り分り居候場所柄ニ御座候間、自と人気区々にて公事出入取継等間々出来、且無宿悪党共徘徊致し村々難渋ニ付、先前向々惣代大庄屋割元名主一同年々参会仕、年柄に応し夫々取締向申合来候処、天保度飢饉凶年以来及休会ニ候処、猶又今般一郡之為筋を量り旧情ニ復し御料御陣屋許を参会所と相定め、再興致候様当郡一統下方示談ニ行届、向々御役所江奉願上候様申談仕候ニ付、別紙議定書写相添へ奉願上候処、此度前参会一条柴橋寒河江両御役所より、猶又下談有之、当月十五日寒河江御陣屋許江当郡惣代大庄屋割元名主一同相集前議定書ニ基き、来酉壱ケ年当郡取締向申談行届議定仕候ニ付、何卒御慈悲を以御聞済被成下置度、則猶又来酉議定書写相添へ此段奉願上候、右願之通御聞済被下置候ハヽ、難有仕合ニ奉存候、以上

老野森年番名主　儀右衛門
渋江村　同　重助
蟹沢村惣代名主　阿部孫子四郎

万延元申年十月廿日

北目御役所

〈『北村山郡史』下巻　六〇六頁〉

八七

議定之事

当郡之儀、御料御私領寺社領共入込候場所柄ニ而人気区々ニ候得共、一郷之人情可離様無之儀ニ付、先前向々惣代大庄屋割元一同年々打寄年柄ニ応し夫々取締向申合来候処、天保度飢饉凶歳打続遂ニ及休会、右者深く一郡之為筋を量り立置候規則失ひ候而者、古人懇篤之情ニ悖り候儀ニ付、今般一般相談之上再興いたし候議約、左之通

一、惣而御法度之趣堅相守、無宿ものハ勿論不良もの村内ニ住居為致候間、若其所御構等ニ相成候もの所縁を以外村江住居いたし度旨申出候義も有之候ハ丶、得与始末相糺先方江掛合之上差支無之分者、其者改心之躰見届候上、其筋江申立御差図ニ寄住居為致候儀者格別、産業無之悪徒等一切差置申間敷事

一、当郡向々振分ケ居候共、旧情ニ復し一郡之諸民一家同様信儀を尽し、凶作之村々江者作柄之場所ゟ米穀融通いたし、尤郡中一般違作いたし夫食払底之年柄者他郡出穀御差留之義、御支配御役所御領主御役場江願立御沙汰之上、陸川共穀物差留飢民共無之様心附一統無難相続出来候様可致事

一、近年相応之作柄ニ而も米価高直諸民及難儀候儀間々有之候、右者諸穀物他所相場宜を考ひ商人共一己之利欲ニ走、自国之痛をも不顧米穀類糶買いたし余国江差送候故、地米払底自然市場売米乏く相成、日々買食之貧民暮し方差支徒党ケ間敷儀も有之哉ニ相聞、旁以不容易義ニ付、向後右躰之儀者風聞たり共不捨置互ニ無隔心其向江掛合御取締請候様可致事

一、当郡之儀者一躰国産薄く金銀融通不宜国柄ニ候故近来公事出入多く他向引合候分ハ猶更趣意而已申張終ニ者江戸表及出訴御上様江奉掛御苦労候上、多少金銀他方江散財いたし、其村々之痛者勿論、一躰融通ニ拘往々国柄衰微之基ニも相成候儀ニ付、以来右様之出入有之節者相互深切ニ骨折無依怙無贔屓取扱、和談内済相整候様取計可申事

一、会合所之儀者、毎年十月中御料所御陣屋許を集会所と定置、其外何連之向々江も無差支打寄、尤非常之年柄者勿論、縦令其向限り之義ニ而も評議筋有之節者御料所最寄会所江申談、同所ゟ廻文差出次第銘々労を不厭幾度も〳〵打寄実意を以遂評議候様可致事

附、会合席上之義者長者を敬ひ、都而非礼之儀無之様、互ニ驕諂且無益之雑談を慎、尤賄者一汁一菜ニ限り諸雑費多く不掛様可致事

右者今般一統相談之上向々御支配御役所御領主御役場江申立御聞届之上、古人懇篤之情実ニ基キ再興いたし候義ニ付、前條之趣意永久違失無之様年々取締向申合、専国忠ニ相叶候様相勤可申候、為後鑑一同連印議定、仍如件

万延元申年十月

林　伊太郎御代官所
羽州村山郡村々并寺社領兼
柴橋附郡中惣代名主　市郎兵衛㊞
同　太右衛門㊞

右同断
寒河江附郡中惣代名主　善兵衛㊞

松前伊豆守御預所同
尾花沢附郡中惣代
芦沢村名主　与四郎㊞

水野左近将監領分
山形取締検断　小林五平
同　後藤小平次

松平山城守領分
上山大庄屋　松本長右衛門㊞

堀田播磨守領分
柏倉割元　折原市十郎㊞
佐藤理兵衛㊞

阿部播磨守領分
高力庸之亟知行所兼
山野辺大庄屋　渡辺庄右衛門㊞

土屋采女正領分
北目郡中惣代名主　阿部彦四郎㊞

戸沢上総介領分
　北口　名主　細矢次右衛門㊞
　横山大庄屋　寺崎仁右衛門㊞
秋元但馬守領分
　漆山取締　名主　結城六右衛門㊞
酒井大学頭領分
　左沢大庄屋　鈴木多蔵㊞
松前伊豆守領分
　東根郡中惣代名主　小池郁太郎㊞
米津鎗助領分
　長瀞大庄屋　松沢吉太郎㊞

村山郡会合再興之義、兼而御談ニ付御取計之積御頼申処、今般本文之通議約相整一同披見納得仕候処相違無御座候、然上者右五ケ条之趣意を以年々会合之上年柄ニ応し取締向、且村々相続凌方等評議御取究之趣急度相守可申候、羽国一郡為筋之儀ニ付其村々寄不勝手之儀有之候共、壱ケ年限之儀者押堪ひ、尤無余儀筋者再許を請其分ニ随ひ候様相心得、自己之儀中募郡中之差障ニ相成候義者勿論、前書之趣毎村記録ニ留置後役之者江申伝永々違背仕間敷候、為後証本紙江継添いたし連印書差出申処、仍如件

　羽州村山郡寒河江附
万延元申年十月　村々名主組頭百姓代　惣連印
　寒河江附御会所

〈山口村文書より〉

八八

貴札忝拝見仕候、如仰余寒厳敷御座候処、為御揃愈御安康罷成御勤珎重御儀奉存候、然者先般郡会議約之内穀物川下御差留之儀者貧民第一（抹消）救助第一之廉ニ付、当方四郎兵衛・義左衛門其外共大石田江差出候ニ付、同所御役所御取締向者勿論、毒沢見張小屋取建等都合いたし候義と被成御心得候処、其後御左右も不申上、殊ニ天童領分者大豆川下相成候風聞も有之、下方におゐて種々之雑説申唱、当御役所ニおゐて者兼而議條被聞

届、既ニ御向々様江御廻達も有之候上之義、不取締者有之間敷儀と御承知被成候得共、右始末聢と御承知無御座候而者御支配下御取締向御申諭方も被為拘候次第ニ付、船方取計等之手続巨細可申上候様御紙面之趣委細承知仕候、右者当方ゟ疾々可申上候処、彼是混雑いたし居却而預御尋問赤面之次第ニ奉存候、先以大石田表之義者此度一郡議約之廉を以穀物等御差留之義、四郎兵衛・義左衛門等と同所御役所江申立、米・大小麦・大豆・荏・菜種者十月廿九日ゟ川下御差留相成候得共、水油者御役永之品、乍去郡中申合破り候思召ニ者無之、殊ニ同日以前積状御渡相成候七艘者差留候様ニも相成間敷哉、且又毒沢見張番之義ニ付船方難渋筋申出候義も有之、右之分者（抹消）旁以是等之分得と御評議之上可及沙汰旨被仰聞候間、御評議中一ト先四郎兵衛其外之もの共同人（抹消）共為引取夫々必至と申立候中、松前様ゟ毒沢村地内江見張小屋取建候義者江戸表御伺之上ニ無御座候而者御聞届難被成旨御掛合有之、右七艘之分も無余儀筋ニ而三艘江者大豆、四艘江者小麦積下ニ相成候仕合ニ而拙者共申立貫兼、乍去斯而可止様も無之義ニ付、尚亦於古口立会相改候様いたし度新庄様江内願伺仕候得共、是以不行届、附而者御一分限商人共之取締ニ而も相立候様いたし度、精々心配罷在候処、今般不存寄大石田船持共ゟ穀留相成候而者稼方差支難渋仕候而已ならす、来春氷割荷物積下方御免無御座候而者当時水主之もの可召抱様も無之、自然御廻米御積請差支候様可相成抔、其外品々歎願書を以柴橋御役所江願出申立、乍仮勤も御廻米御引下差支候旨申立候ニおゐて者難捨置義ニ付、取締評議呉申立候様書面御役所ゟ被仰渡も有之候得共、手限ニ呉可申立様も無御座候、彼是いたし居候内最早及月迫候間来正月迄御猶予申立置候次第、将亦天童領ニ而大豆差下り候一条者会合後直と穀留之儀、同所御役場江御掛合相成候処、外品ハ無差支候得共同領内大豆四千俵程買込候もの有之、右之分差下候様被成度旨御返翰ニ而再応御掛合之上、無余儀千俵差下候様相成下候旨被仰聞有之、併郡会不同意之義者当御役所ゟ御内掛合ニ而悉御感伏、何れニも大庄屋含違

之義申諭し一和為致候様被成度旨御返翰ニ相成候間、
此段御承知被下度、扨右之次第ニ而（抹消）是迄品々手を尽し
候得共是迄精々心配も仕候得共更ニ功労も相立不申、
責而当南部商人共取締計りも際立取締御一統様江御廻
達申上候様仕度奉存候処、前書之通船方ゟ申遣始終混
雑罷在、就而者此上者是非御会合相願衆評（抹消）之上請進退
仕候外無御座候、時節柄急談ニ者行届間敷候間、来正
月中旬御会合相願仕候様いたし度決心罷在候義ニ付、
何卒乍御手数御最寄被仰合呉御賢慮之程急速被仰聞候
様奉希候、先者右之段御報旁可得其意如斯御座候、以
上

（万延元）極月廿八日　太右衛門
市郎兵衛
善兵衛

中村五兵衛様
渡辺庄右衛門様

追而最早余日も無御座、折角御取仕舞御迎春可被成候、
何れ来場寛々可得芳意萬々可申上候　頓首

〈山口村文書より〉

八九

村山郡会合再興不熟談之義御尋ニ付奉
申上候

一、村山郡会合再興之義、去申十一月中寒河江附郡中
物代善兵衛江御支配御役所ゟ御尋候所、同人ゟ天童
江打合候手続申立候ニ付今度掛合相成、依之私心得
方御尋ニ付左ニ奉申上候、右再興之義、矢野目村仁
右衛門去秋中面会之節申聞候間承知いたし居候、尤
其砌者五ケ条規則組立等之義者不承候、然ル処九月
三日山口村義左衛門参右ケ条書案を以申聞差廻候由
ニ而御難掛ヶ候事ニ付差留置、規定書熟覧も遠慮ニ
存預り置陣屋共へも申談、従是可及挨拶旨申入候処、
承知ニ而帰着いたし候、夫ゟ熟覧いたし候処、右ケ
条之内五ケ条目ニ至弐ケ所ニ承服いたし兼訳有之候
ニ付、翌四日早朝其段断申遣し候義ニ御座候、其後
矢野目村仁右衛門ゟ申越候者右一件近日中漆山附大

庄屋弥八、御同領貫津村六右衛門天童江出張談方頼置候間、其節申談示談整呉候様ニとの事ニ付心得居候、右両人参候節頼居候得共不参、然ル内十月初回普三郎を以間合ニ付、兼而不承知申遣置候不承知之廉申述候義候間、右弐ケ所者除候様取計可申候、定而出席いたし候儀申聞候得共、否之返事不致罷在候、且御私領御陣屋附大庄屋割元意味合不相弁承知之事も可有之哉とも慮察仕候、斯之処江普三郎申聞候迚任其意致出席不承知之廉、彼是談判喧敷押移候上者、諺ニ申山鳥里ニ上候と同様被責立候共、納得不致候得者不慭ニ相成気の毒と存、其上連中ゟ若故障等出来候得者尚更之義、又者大勢之無手心ならす調印いたし候得者後年ニ至私之不取計ニ相当御領分名主共江対し如何敷も存、出席之義不承知之趣普三郎江頼置候、然ルニ十月十五日会合差掛前日夜中仁右衛門ゟ之添書を以出席いたし候様之使ニも存候共、余ニ押付候義と存、出会過ニ而者慮外之様ニも存、気の毒いたし候得共不参之趣早速返書遣候儀ニ御座候、扨又以前も会合者会席を不定、申談之上順々相勤会主之外一郡ゟ賄料金弐百疋ツツ持寄夫ニ而供之分共問合候様相賄、会主ニ者格別入用足合無之相勤候様取極候由承伝居候、然ルニ廻り勤会合ニ而自然奢侈ニ流れ内損も不軽、旁以及休会候儀之趣申立候得共、全右様ニ者心得不申候、村山郡窮民救を始并一般取締之義ニ基会合相企候義ニ候得者、容易ニ休会不致訳ニ候得共、先役太兵衛義者休会之方ニ同意いたし相休候趣申送りも有之候、乍恐此義者何分様々申上候通仕遠慮候、将亦非常寄合等之義、其節御私領ゟ廻文差出候共一般いたし間敷候而、是も矢張認入候方可然と出席之一同評議之上認入候旨、御料所ハ勿論御威光も格別ニ付、左も可有之申迄も無之奉存候、御私領者何方様も御同様ニ可被為在と奉存候、当御領分之義ニ付非常之寄合を催し度他方之力を受取締度年柄ニ者、第一御料所惣代名主を頼取計請候義者心得之前々有之候、且奢侈ニ流れ候様心得違之ものニ会所場を御料所御陣屋許と定置候共、多人数之内

ニ者全く有間敷と計りハ無覚束奉存候、右会合之一條寒河江御役所ゟ御叮嚀御問合被仰遣候趣被仰聞難有奉承知候、同夜者何れも熟談之義可取計旨厚御利害之趣奉畏候、然ル処去申十一月御尋之節も申上候次第、猶前書ニも奉申上候通永久ニ拘候新規之廉、何分疑敷当惑仕候、以前会合之様再興之義ニ候得者廻りニ相勤候迚、私万事村山郡一般取締之義申談ハ御用も同様可相当、左候得者御料所御陣屋許江会合場を不定置候共、御料所惣代乍大義会合所江出張頭取世話いたし呉候得者、他所ニ拘候筋ニ者有間敷奉存候、此段御賢察奉願上候、再応厚御利害之処、何共恐入奉存候共永久ニ相残り候新規之廉何分とも承服仕兼候間、御尋ニ付乍恐存寄奉申上候、何卒此上御賢慮ニ御打合被為遊穏ニ示談相整、且惣代善兵衛不快ニ存不申心得呉候様仕度奉存候、以上

(万延元)
酉二月　　　　　　　　　　　　　　大庄屋　佐藤弥三郎

天童御役所

右三月廿九日写

〈山口村文書より〉

九〇

廻章

柴橋
寒河江　会所

以煎紙啓上仕候、甚寒之節各様愈御安康被成御勤珎重御儀奉存候、然者先般為御揃御会合之上夫々取締向御高談相伺千萬難有奉謝候、其節御談御座候議定書之儀、早速相認御調印可願上之処、彼是取紛及遅引候段何分ニも御用捨可被下候、則此度御向々拾五ケ分并柴橋寒河江両御役所江差上候分共都合三拾四通別紙之通認差上候間、御改御披見之上御調印御廻し被下度、将亦御性名順当御役所江内伺仕認候得共、御家格ニ寄御差支之義も御座候ハヽ、其段被仰聞候様仕度、殊ニ昨年御名代之御方者御出席之御方共御姓名認入候間、是又宜御承知御調印之程奉希候、扨追々及月迫無御繁用可有御座御取込中御気之毒奉存候得共、御会合之節御割合相

成候穀留掛入用并御賄入用共割賦帳相添差上候間、乍
御苦労請書御引替此者江出金可被下候、先者右之段可
得其意如斯御座候、以上

寒河江附郡中惣代　善兵衛
（文久元）
酉十二月四日　柴橋附郡中惣代　太右衛門
市郎兵衛

左沢　鈴木多蔵様
山野辺　渡辺庄右衛門様
柏倉　中村五兵衛様
上ノ山　松本長右衛門様
山形　北条長左衛門様
同　後藤小平次様
小林五兵衛様御調印之義
宜御取計可被下候
漆山　那須弥八様
天童　佐藤弥三郎様
北目　阿部彦四郎様
東根　小池郁太郎様
長瀞　松沢吉太郎様
尾花沢　佐藤義左衛門様（この部分抹消「橋本」と別記）
横山　寺崎伊右衛門様
北口　細矢義七郎様
次第不同御用捨可被下候

追而議定書之内当郡之廉江松橋村名主堀米四郎兵衛、山口村名主義左衛門其外連名之義、昨年会合之砌御評議も御座候へ共、同人共堅相断候ニ付任其意置候処、御賢存之通会合之節者手数も入用ニ有之候間、右両人并小泉村名主武助連名ニ差加会席世話為致候様いたし度、尤於当人者頻而及辞退候得共、御役所ゟ御諭し等も有之、旁以今般議定書江名前差加ひ印形為致申候、右者御打合之上可取計筈之処、兼而御談も御座候事故、此度ニ限手限之取計仕候段、何分ニも御宥恕宜御承知被下候様奉希候、書余拝顔之節可申上候、不備

〈山口村文書より〉

九一

㈠　口　上

類役姓名順之儀、御内伺之上御認被成候趣承知仕候、当時山形様者御役柄故御高順ニ不拘筋ニ御座候哉、右者我等抔不案内ニ候得共、御公辺御規則も被為在之候事と奉存候間、追而相伺候之様可仕、此段申上置候、以上

酉（文久元）十二月十七日　　山野辺　大　庄　屋　㊞

柴　橋
寒河江　　御会所

〈山口村文書より〉

㈡

義左衛門様御詰合無御座候ハヽ、どなた様成共御披見之上御報被仰下候様仕度、此段乍憚以附札申上候

一筆啓上仕候、甚寒之節御座候処、弥御壮健可被成御勤務珍重之御儀奉存候、次ニ下拙無異罷在候間、乍憚御休意可被下候、然者此度集会議定之事御調直調印之儀御廻達被下、尤性名順領主地頭家格ニ寄差支之儀も有之候ハヽ、其段可申上旨柴橋寒河江両会所ゟ御廻章之趣委曲承知仕候、然処此度御取調被下候表、山形様御順相違いたし居、右者一両年以前当領主役人中と水野様御役人中立会取調之筋御座候節、御同家様寺社御役附先筆と被申之、当役人中ニ者御官位格別之御昇進ニ而も於無之者御高順と心得候旨掛合候得共、相訳兼候ニ付諸家様御席順之儀、当領主中ゟ其筋江伺ニ相成候処、御高下ニ而も御家位四品ニ御昇進之御方者上ニ相成、其余御役ニ而も四品以下之御位ニ候得者都而御高順ニ御座候段御沙汰ニ相成、右ニ付当領主初阿部様其外様御席順之上水野様御名前御認可有之筈之処、御同家様御家位御昇進之儀も未承如何之儀ニ御座候哉、右写し夫々役場江差出候儀ニ付何分差支、殊ニ当領主御高順初筆ニ而御次順之御方様も有之処、不順之儘調印いたし差送

り候而も御次順之対御方様江候而も如何敷奉存候間、御手数之程重々乍御気之毒御調直被下候様相成間敷哉、此段内々御問合申上候條宜御承引被成下度奉希候、右之趣可得其意如此御座候　恐惶謹言

(文久元)
酉十二月十八日　　中村五兵衛

伊藤義左衛門様

追啓、御会合之砌者席順ニ不拘長者を敬ひ候儀者至極懇会之本意と奉存候得共、改り候事ゆえ取調句規矩を失ひ候而者是亦如何と奉存候間、無腹臓申上候、不悪御賢察乍憚両御会所江も貴所様ゟ可然御示談被下度奉頼候、尤御飛脚之仁者当所ニ逗留為致置候間、否御報之被仰下候様仕度奉存候、以上

〈山口村文書より〉

(三)

貴札忝拝見仕候、如仰甚寒之節御座候処、弥御安泰被成御勤珎重之儀奉賀候、随而野夫無異罷在候、乍憚御安意可被下候、然者此度集会議定書調直し御調印之義、当方会所ゟ申上候処、御姓名順相違之廉有之、其段巨細御示被下候御紙上之趣承知仕、早速惣代共江申聞候処、右者不案内ニ而相認之義ニ付、今般被仰下候御伺済候旨を以早々引直し候様可仕、就而者御向々様御官位之次第得と伺度時節柄月迫候事故、来正月壱人差上候様仕度旨申上候、依之御許様御調印御差控使之もの一ト先立戻候様御申聞可被下候、右之段御報旁可得貴意如斯ニ御座候　恐惶謹言

(文久元)
十二月十九日　　寒河江出先
伊藤義左衛門

中村五兵衛殿

〈山口村文書より〉

(四)

乍御報拝見仕候、弥御壮康被成御勤珎重之儀奉存候、然者議定書諸家様御席順御調直之儀、内々得御意候処、尤ニ被思召何而者向々様御官位之次第御聞合、来春御

調直可被下旨何共御手数之程奉恐縮候得共、宜敷御取計被下度奉頼候、水野様御名前も違ひ居候様相見得申候間、彼是聢と御取合之上御調被下候方と奉存候、仰之通議定書其儘ニ一先ツ御戻申上候、宜敷御承引可被下候、右御再報申上度如此御座候　恐惶頓首

（文久元）十二月廿日　中村五兵衛

伊藤義左衛門様

追啓、御会合之砌者免角下拙不快勝ニ而出席仕兼、詰合之者差上失敬不本意而已之段、何共御申訳も無御座恐縮之至り不悪御仁恕之程奉希上候、仰之通当年者珍敷寒中ニ而殊之外凌安奉存候、乍去雪者一夜も難計尚寒気一旦者相厳しく可申折角御厭御取仕舞被成候様奉存候、何事も来陽目出度可得貴意候、早々敬白

〈山口村文書より〉

九二

議定書付之事

近来物価高直諸民及難儀候ニ付、去々申年当郡御料御私領向々郡中惣代大庄屋割元共村山郡会合再興いたし、年々打寄申合之趣意者専夫食潤沢候、且者一郡安穏之取締向々有之候処、他方米相庭宜節者自他之商人共当郡へ入米穀糶買いたし他国江差送候故、俄ニ夫食払底ニ相成、場所ニ寄騒立等におよひ候義も有之候ニ付、以来大石田船方ニおゐてハ御私領御収納米并諸向郡中会所ゟ乞船いたし夫食余米川下之分積請之義者格別、其外商人共ゟ何様申入有之候共一切米之分者積請間敷、（「」内ノ部分張紙）「然ル上者大石田御役所ニおゐて通船御改候節御料御私領者無差別、向々名主共同河岸へ出張、右御役所ニ願上立会候様ニもいたし度、且御改後川下ニ而隠積等無之様誠精取締可致者勿論、万一如何之風聞等有之節者即刻右御役所へ申立、大石田河岸間者不申及、殊ニ前清水河岸其外共御出役再改之上御厳重受御取締候御取計被下、左候ハヽ、郡中ニ而も怪敷見受候分者其所ゟ舟中上乗いたし、大石田着船之上始御役所へ訴上御取締受、村山郡一般之為筋相成候義ニ付、舟方難渋眼前之義ニ者候得共、更ニ不相厭追々米価引下寄物相顕候

処取計候積、」然ル上者御料御私領之無差別向々ゟ大石田江出張通船御改之節立会候様ニもいたし度、勿論同所御改後川下ニ而隠積等も有之哉ニ相聞ニ付、船方入用を以古口改所江壱人差出再改可致候得共、郡中ニ而も何れ之川(抹消)端場所江成共取締之もの差出怪敷見請候分者、其所ニおゐて船中相糺候共船方ニ而聊難渋筋不申立、村山郡一般之為筋ニ相成候義者、仮令船方不勝手之義ニ候共更ニ不相厭、追々米価引下寄物相顕れ候様取計候積、今般申合候処相違無之候、尤右之趣諸向江対談之上本紙議定相認一同連印可致候得共、先以其内仮議定いたし置候処、仍如件

文久二戌年四月

柴　橋
寒河江
大石田
惣代連印

〈山口村文書より〉

九三

申合議定之事

今般村山郡大会合拙者共出席仕、来卯年取締之儀申合候箇条、左之通

一、近年打続違作之上、当寅案外之違作ニ而米穀払底ニ付、来卯年ニ至り夫食差支候向江者余米有之候場所ゟ融通方誠実ニ取計、一郡一同飢民無之様可致事

一、前條夫食払底之年柄故、作徳米者勿論大小豆・大小麦其余夫食足合相成候蕎麦・粟等之類迄他郡出穀差留、尤大石田其外口々御番所御厳重御取締之儀、向々様江願上、万一商人共自己之利欲ニ迷ひ、川船其外口々隠荷いたし候風聞有之候節者、其最寄々々ゟ無遠慮掛合取締方専一可致事

（「」内下ヶ札）

「本文大石田之義者他郡出第一取締之場ニ付、当年之義穀類御差留願上候者勿論之義ニ候得共、若万々一心得違もの有之大石田下モニおゐて隠荷物

積下し候様之義茂難計、依而柴・寒両郡并最寄御私領ゟも立会、最上川下毒沢村辺江見張り番いたし、穀物他国他郡出し来卯壱ケ年取締可致、外口々番所取締之義も同様、右入用之義一郡向々惣割合可致取究候事」

一、此度酒造三分一造被仰出、縦令右被仰出無御座候共皆差留ニも可相成程之年柄ニ付、酒造人共過造不致様御厳重御取締之儀申立、若心得違隠造いたし候族及見聞候ハヽ無遠御訴申上候様可致事

一、当年違作ニ付而者銘々倹約相守夫食喰延候様厚世話いたし、且恒例之神事祭礼等弥軽執行、就而者相撲芝居惣而見世物之類堅差留可申事

一、浮浪之徒徘徊不致様兼而被仰渡御座候得共、追々差弛、既ニ当年右躰之もの共立入及騒乱村々之難儀且御時節柄深奉恐入候儀ニ付、以来右様之萌し顕れ出所不知廻文等相廻り候ハヽ継送者勿論出所相糺差戻し、又者山野等ニ而火の手を揚人寄いたし候模様有之候ハヽ、最寄近村ゟ其地内村方江追払之儀掛合、尚不拒止候ハヽ其向々江申立御取締請候様可致事

一、御免勧化之外、諸勧化之類勧物者勿論人足等一切出間敷、殊ニ他国流民非人乞食惣而不良之もの郡内江不立入様口々番所ニ而厳敷取締可申事

一、前條之次第ニ而来卯年者不容易心配之年柄ニ付、自然此上何れ之向々ニ而何様之儀出来評議筋有之候節者、其向ゟ当番之方江取合会合相催し相互私情不泥実意を尽し、一郡一致之力を以凌合候様可致事

右之通評議之上取極候上者、一村限厚申聞一統堅相守候様可致候、依之一同連印議定、如件

羽州村山郡柴橋附郡中惣代

慶応二寅年十月

名主　仁左衛門㊞
同　堀米四郎兵衛㊞
同　嘉兵衛㊞

寒河江附郡中惣代

名主　善兵衛㊞
同　市右衛門㊞
同　義左衛門㊞

同　　武　助㊞
尾花沢附郡中惣代
　義左衛門代
　　名主　藤左兵門㊞
山野辺兼
柏倉　割元　中村五兵衛㊞
北目　名主　阿部儀右衛門㊞
漆山大庄屋　那須弥八㊞
横山兼
北口　庄屋　斉藤六左衛門㊞
山形　検断　尾関甚平㊞
　　　伊藤勘兵衛㊞
上山大庄屋　会田太郎左衛門㊞
東根郡中惣代
　　　横尾正作㊞
天童大庄屋　佐藤弥三郎㊞
長瀞　名主　植松伝三郎㊞
当会当番
左沢大庄屋　小国久右衛門㊞

〈北口村文書より〉

九四

山口村名主　義左衛門
道満村名主　保　吉
久野本百姓　青柳安助

右之もの共江当分之内、穀類融通懸申付候条、得其意穀物所持高有躰取調半紙横帳ニ相認右之もの共江早々書出置、売払方等之儀も申談候様可致候、此廻状村名下令請印刻付を以早々順達留村ゟ御返し可成候、以上

寅（慶応二）十月廿日　寒河江御役所

〈山口村、慶応二年「御用万留帳」より〉

九五

当寅違作ニ付、今般向々一同打寄評議之上、来卯取締相続筋別紙之通議定いたし候条、村々ニおゐて写取り小前末々江不洩様被申聞、箇条之趣者勿論米穀之外酒共ニ他郡出差留候積りニ付、都而心得違之儀無之様最

寄村々相互心附、取締向専一ニ御取計可成候、将又当節分追々物貰乞食多ニ相成村々及難儀候趣ニ付、別段写書相見候間、夫々建札いたし、不宜もの徘徊不致様是亦御取締可被成候、此廻状刻付を以早々順達留村ゟ御返し可成候、以上

（慶応二）
寅十一月十日　　寒河江会所

〈山口村、慶応二年「御用万留帳」より〉

九六

申合議定之事

今般大会合拙者共出席及評議候箇条、左之通

一、於酒田湊是迄相掛候湊役之外、当節新規上下通り荷物之分見積り代金を以、金百両ニ付金三両三分取立候趣相聞候、右者商人共ゟ出金可致事ニて候得共、根元一郡惣百姓江拘り候儀ニ付、差止方向々ゟ御掛合相願候而者御手数ニ相成候間、御料所ゟ其向御役所江申立、酒田湊御役人中江御掛合相願候積り申合候事

但し、右掛り入用之儀者追而可及評議候事

一、本議定五ケ条之内、当郡ゟ江戸表江出訴ニおよひ候一件、可成丈ケ国元和談整候様取扱候積申合候処猶又評議ニおよひ候儀者、御吟味筋者格別地方其外村方相続ニ拘り候一件等ニ付、其段金銀差引、又者右ニ準し候小出入等ニて拘り間鋪、乍去小事ニ候共難渋申出候分者取扱候積ニ候事

一、取曖候一件之儀ニ付、衆評之上向々惣代大庄屋衆へ及相談候節者、其向々ゟ当人江厚異見曖受候様得心為致、尤向々惣代大庄屋衆を為目付と為立合証人撰之上、一郡惣代之名目を以訴答願意得と承知し、趣意立之儀ニ至り候而者再三遂衆評自然示談不行届、其筋之御調ニ相成候而も一郡之恥辱ニ不相成候様、至当之場合能々弁別、聊究之上双方江相達幾重ニも内済整候様深切ニ取証可申事

一、内済相整候ハヽ、扱人飯料者双方より為差出、謝義ハ一切無用、若及破談候節者扱人飯料、且一件破談出府之上訴答之者ゟ申立証人御呼寄ニ相成候、道

中并江戸逗留中諸入用、将又御奉行所之以思召御召出ニ相成候節者、取嗳候始末一通申立早速引取候様いたし、右入用衆評之上割合可申事

前書之通評議仕候処相違無之、尤寺社領江者最寄会所ゟ及通達一郡和熟安穏相続出来候様可致候、為後鑑連印議定、衣而如件

羽州村山郡柴橋附郡中惣代
堀米四郎兵衛㊞

慶応二寅十一月

寒河江附郡中惣代
名主　仁右衛門㊞
同　義左衛門㊞
同　武助㊞

尾花沢附兼東根附惣代
石塚与惣右衛門㊞

北目附郡中惣代
名主　阿部茂右衛門㊞

柏倉附郡中惣代
取締　折原市太郎㊞

山野辺附郡中惣代
名主　奥山助右衛門㊞

北口横山附郡中惣代
名主　寺崎永作㊞

漆山附郡中惣代
大庄屋　那須弥八㊞

山形附郡中惣代
取締　北条長左衛門㊞
検断　尾関甚平㊞

上山附郡中惣代
大庄屋　会田太郎左衛門㊞

左沢附郡中惣代
大庄屋　小国久右衛門㊞

長瀞附郡中惣代
名主　植松伝三郎㊞

天童附郡中惣代
大庄屋　佐藤弥三郎㊞

〈山口村文書より〉

九七

村山郡御料私領村々去寅年違作ニ付、当卯壱ケ年穀留之儀、今般其筋江伺之上申付候ニ付而者、口々改所江茂申達、且最上川之通大石田ゟ川下之儀者毒沢村地内江仮見張所取建、時々出役廻村いたし取締方厳重取計、若心得違之族於有之者無用捨及吟味筈候条、得其意心得違無之様小前末々迄無洩申達承知之旨、村役人迄請印取置可申候、此廻状早々順達従留村御返可被成候、

以上

卯(慶応三)三月十三日　寒河江御役所

〈山口村、慶応三年「御用万留帳」より〉

九八

以廻章啓上仕候、暖和之節御座候処、各様愈御安康被成御勤珎重御儀奉存候、然者去冬当方江御会合之上御申合御座候他郡出穀留見張番所之儀、当御役所江申立御伺相成候処、今般御伺之通御下知相済、過ル四日同御役所出役人中江松橋村名主堀米四郎兵衛、山口村同義左衛門附添、大石田川下東根領村々同御役人御立会御見分相成、「毒沢村内ニ而場所御見立」(□内ハリガミ)新規御番所御取建御普請中、同村役人宅当分仮御番所ニ借上、明十五日ゟ当郡中之者一両人召連御出役之積被仰渡、殊ニ一国御取締被仰出候義も有之、旁以御相談申度義御座候間、乍御苦労来ル「廿日」(□内ハリガミ)無御名代寒河江御会合御評議御座候様奉希候、右之段可得貴意如斯御座候

以上

卯(慶応三)三月十四日

寒河江附郡中惣代　名主　善兵衛

柴橋附　右同断　同　仁左衛門

北口　細矢義七郎様

横山　寺崎仁右衛門様

尾花沢　御苗義左衛門様

東根　御苗善三郎様

長　瀞　松沢吉太郎様

次第不同御用捨可被下候

追而当年之山野辺会合番ニ付同所江打合御廻達可申候処、本文之次第差急候義ニ而、殊ニ去冬御談之続を以御評議之趣意柄、当御役所江伺候筋茂可有之、旁以臨時御立合相願候儀ニ付、此段不悪御承引可被下候、以上

〈山口村文書より〉

九九

議定之事

去寅年違作ニ付、同十月中一同打寄評議之上、米穀者勿論大小豆・大小麦其余夫食足合相成候品共、当卯壱ケ年穀留并大石田村川下も御取締として見張所等之儀、柴橋寒河江御役所江願上御伺被下置候処、御伺之通御下知相済候ニ付見張所為御見分、同御役所ゟ御出役東根領当郡毒沢村地内ニおゐて場所御見立御普請中、同村百姓代与作宅当八月迄御借上当分仮御見張所ニ御取建、当月十五日ゟ御出役御取締被成下、右者御料所之人民蒙御恩沢候而已ならす御私領村々共一般御仁恩ニ浴沢仕候儀ニ付、御番所御普請入用者御料御私領惣高割を以出金いたし候筈取極、尤御入用之内江上金願之儀者別紙連印書を以御料所惣代中江相頼、右御役所江申立候様可致事

一、見張御番所詰合之儀者大石田川船方御役所ゟ御出役御壱人、御料所村々ゟ正路之もの人撰、御代官様御家来ニ御雇上相成候もの壱人、御私領向々ゟ賄方之名目を以順番詰合候もの壱人、外水夫共都合四人詰合、御改方之儀者最上川荷積下船分前書御役所送状江一々荷物員数為引入念相改、尤私領ゟ詰合候ものも改方江手伝、若船中如何と心附候儀者無遠慮可申談事

附、川船方御役所ゟ御出役御賄料者一日玄米壱升宛、其余三人者給分共壱人前玄米壱升と銀五匁ニ而引請取賄、其外改方ニ付諸掛入用共惣高割を以出金いたし候筈取極候事

一、最上川筋御改所之外諸向口々御番所穀留改方之儀も同様最寄々々互ニ心附米穀者勿論、酒并酒糀等ニ至迄厳重取締怪敷荷物ハ切解キ相改、且又奥州筋諸色高価ニ付、米穀其外酒之類外荷物江紛シ持運候様ニ相聞以之外之儀ニ付、桶之類ハ錐もみいたし箇物ハ鉄さしニ而差通し相改候筈取極候事

一、近来違作続一般貯穀手薄ニ相成候ニ付、夫食囲方之義者是迄追々申合も有之候得共、当秋豊熟之上者其向々ニ而仕法勘弁いたし精々囲増之儀取計可申事

一、此度御代官山田佐金二様江出羽国御取締被仰出候ニ付而者時々御廻村も可有御座、村々取締向ハ勿論風俗不宜もの立入候節者相互不見遁取押始末承糺、左迄悪事之体も不相見分ハ其所江留置、其者村役人江懸合可成丈村々之難儀ニ不相成様時宜ニ応し取計、且又違作等之年柄取締向ハ兼而申合有之候得共、当節米価存外引上人気不穏自然及騒立候様之義も難計、御支配御領分一纏之地者早速御鎮静可相成候得共、御料御私領入込候場所ハ互ニ猶予いたし候内不容易儀ニ至候儀も可有之哉ニ付、右様之節ハ何れ之向ニ而も御料所会所迄迅速ニ注進いたし不取敢御取静相成候様可候事

前書之趣一同評儀之上取極候処相違無御座候、依之連印議定如件

羽州村山郡柴橋附郡中惣代

慶応三卯年三月　名主　仁左衛門㊞

同　堀米四郎兵衛㊞

寒河江附郡中惣代

名主　善兵衛㊞

同　義左衛門㊞

同　弥之助㊞

尾花沢附郡中惣代

名主　久右衛門㊞

柏倉　割元　中村良太㊞

山野辺　名主　奥山助左衛門㊞

北目　名主　阿部儀右衛門㊞

漆山　大庄屋　那須弥八㊞

横山兼
北口　庄屋　　斉藤久左衛門㊞
山形　検断　　尾関　甚　平㊞
上ノ山　大庄屋　会田太郎左衛門㊞
東根郡中惣代
名主　　早坂善三郎㊞
同　　入間清左衛門㊞
左沢　検断　　五十嵐利兵衛㊞
天童　大庄屋添役
佐藤弥左衛門㊞
長瀞　名主　　横尾権四郎㊞
〈山口村文書より〉

一〇〇

申合之事

一、去寅違作ニ付一統評議之上他郡出差留候品々、口留御番所を為又者間道を廻り隠荷いたし候ものも有之哉ニ相聞候間、穀留中右様之荷物見当り次第取押、当人迯去候分ハ其品取押候もの江遣し候而茂不苦筈、右者差向取締之ため別段評議いたし候ニ付、口留御番所有之向ハ勿論外村々ニおゐても心得居候様可致事

慶応三卯年三月
羽州村山郡柴橋附郡中惣代
仁左衛門㊞
寒河江附右同断
善　兵　衛㊞
尾花沢附右同断
久右衛門㊞
柏倉　割元　　中村良太㊞
山野辺　名主　奥山助左衛門㊞
北目　名主　　阿部儀右衛門㊞
漆山　大庄屋　那須弥八㊞
横山兼
北口　庄屋　　斉藤久左衛門㊞
山形　検断　　尾関　甚　平㊞
上ノ山　大庄屋　会田太郎左衛門㊞

東根郡中物代
早坂善三郎㊞
入間清左衛門㊞
左沢 検断 五十嵐利兵衛㊞
天童 大庄屋添役
佐藤弥左衛門㊞
長瀞 名主 横尾権四郎㊞
〈山口村文書より〉

一〇一

(一)

廻章 柴橋 寒河江 会所

以廻章啓上仕候、暖和之節愈御安康被成御勤珎重之御儀奉存候、過日者御一同御揃御来臨御苦労千万、折節御麁末之次第御宥恕可被下候、然者今般御立合議定之始末当御役所江御届申上候処、右之内弐ケ条目之廉ニ被為有思召候間、御分々御役所江御届方之義者、先以右二ケ条目御除被成候様仕度、尤其御向々来月朔日ゟ見張所御詰合之儀者議定之通御心得御取計可被成候、尚近々壱人差出得貴意候様可仕候間宜御承知、此廻章御披見之上飛脚之者江御渡可被成候、以上

卯(慶応三)三月廿四日 寒河江附郡中物代 善兵衛㊞
柴橋附 同 仁左衛門㊞
漆山大庄屋 那須弥八様㊞
天童大庄屋添役
佐藤弥左衛門様㊞
北目名主
阿部儀右衛門様㊞
〈山口村文書より〉

(二)

(本文は(一)と同文のため略)

卯(慶応三)三月廿四日 寒河江附郡中物代 善兵衛㊞
同 仁左衛門㊞

山野辺大庄屋　渡辺庄右衛門様㊞
柏倉御割元　中村五兵衛様㊞
山形御検断　尾関甚平様㊞

〈山口村文書より〉

㈢

（本文は㈠と同文のため略）

卯（慶応三）三月廿四日　寒河江附郡中物代　善兵衛㊞
柴橋附　同　仁左衛門㊞

東根御物代　早坂善三郎様「御廻章之趣承知仕候」（「」内ハリガミ）
長瀞大庄屋　松尾吉太郎様「承知仕候」（「」内ハリガミ）
尾花沢御物代　御苗義左衛門様「承知仕候」（「」内ハリガミ）

〈山口村文書より〉

一〇二

此之程村山郡中会合之儀ニ付急申談儀有之候間、明三日無相違罷出可相届者也

卯（慶応三）四月二日　寒河江御役所㊞

山口村名主　義左衛門

〈山口村文書より〉

補一

（表紙）

仙台鋳銭口留番人并 郡中村々小前江申渡定書 戌二月

仙台鋳銭口留番人可相心得定之事

一、商銭荷致持参候もの最上之者ニ候ハヽ、荷物差押立会致封印口留村々名主方江預置可申候、若又往来之旅人他国之ものニ而越銭留之儀不存致持参候筋ニ候ハヽ、相糺候上仙台領江為所返可申候事

一、諸商物不依何品ニ仙台ゟ最上江附送持送候諸荷物怪敷品と見請候ハヽ相改可申候、若外荷物と申立中ニ商銭作入置候ハヽ、奪落、員数相改日帳留置、是又同様口留村々名主方江預置申候事

是ハ五十集荷其外諸商物荷物之中、商銭作込持送り候由専風聞有之儀ニ付、如此ニ候、番所ニ越偽附通候義盗もの同然之儀ニ付奪落し不苦儀、追而相紕候上品ニゟ番人江遣筋も可有之候事

一、仙台御領之者之外往還之旅人銭荷致持参、他国江之附通し荷物之旨申立候も、行先宛所相紕最上之内ニ候得ハ、銭荷押江置不苦候、米沢庄内秋田迄之通荷物之由申立候ハヽ、早速惣代方江為相知、双方相紕候上ニ而何様とも可致候事

一、道中遣銭壱貫五百文迄ハ差免レ相通可申候、財布銭ニ而も壱貫五百文ゟ余計ハ通申間敷候事

一、右相定之儀御料御私領最上郡中村々役掛惣代之もの打寄、熟談之上相極候条聊心得違有之間敷候、且又鋳銭持越候もの知者近付之者ニ而見逃聞逃ニいたし、番所相返候段、後日ニ相知候ハヽ、郡中惣代之者とも立会急度相紕可申候事

御料御私領郡中村々大小百姓町人商人方江可申渡定之事

一、仙台鋳出之悪銭別而近年夥敷最上江持越商売いたし候ニ付銭相場次第引下、且又右悪銭ニ而自然と金子ハ仙台領江被買上金子不通用ニ相成、大小百姓町人商人連々及困窮御収納方差支、此上何様之大変ニ相成可申哉難計候ニ付、以来仙台銭最上江持越不申様仙台御領ゟ越口最上境村々江口留番人附置、越銭差留候様仕度旨、御代官所御預置清五郎郡中惣代名主印形書付を以旧冬御役所々江御願奉申上候処、未御下知無之候得共、彼是隙取候内、猶又段々越鋳相募銭相場悉引下ケ郡中一統必至と差詰候ニ付、此度村山郡中御料御私領村方役掛惣代之者打寄一同熟談之上、仙台領ゟ最上江之越口七ケ所江口留番人附置越銭差留候ニ付、此末決而商銭者勿論商物払候代物ニ而も仙台ゟ銭ニ而ハ持参致間敷候、尤道中遣銭壱貫五百文まてハ不苦候得とも、壱貫五百文ゟ余計致持参候得者、口留番人方ニ而指押江申来ニ候間可得其意候

一、仙台ゟ致持参候商荷物不依何品番人方ニ而怪敷見

請候荷物ハ相改候筈候間少も取境御改請可申候、外荷物ニ紛レ商銭作込致持参候類多分有之趣専風聞有之候儀ニ付如斯ニ候

一、越銭持参いたし候もの番所を忍ひ通候類又ハ隠道等いたし持越候もの有之候ハヽ、見当次第其者取勝ニ追落し可申候

一、隠持越候銭忍ひ買取候者有之候ハヽ、売人買人共同様吟味之上急度可申渡候事

右之趣村々小前江不洩様急度申渡差置可申相定ニ候

以上

戌二月

一、御朱印百姓所持之寺社方江者同領最寄之方ゟ致通達不洩様為申聞候様可致事

口留掛合

一、ならけ口　上ノ山
一、関根口　柴　橋
一、高野口　漆　山
一、山寺口　寒河江
一、関山口　長　瀞
一、上ノ畑口　尾花沢
一、小国口　新　庄

前條之通被御申渡逐一承知仕、然ル上ハ惣村中申合急度相守可申候、為其奥書印形差出申候、仍如件

安永七年戌二月　与　七

（以下略）

<山形大学附属図書館所蔵三泉村文書>

補二

此度三御料所より申来候趣左之通

最上領村々近年打続悪作ニ付、連々米穀不足ニ相成来候処、当卯年之儀大凶作ニ而、弥以来辰春夫食不足可仕義、依之当卯年之義者酒造相休、并米穀・麦・粟・稗・蕎麦等之類ニ至迄、酒田湊江積下、且他国出御料・私領・寺社領共ニ津留被仰付度候、左候ハヽケ成ニ取

続可申旨、御料所郡中一統願書差出候付、今般御手代中打寄評義被致候処、村方申立候之通近年不作打続、一躰米穀不足致候趣ニ御座候処、当田方之儀、宝暦年中凶作之年柄同様ニ相聞、無余義願ニ付、当卯壱ケ年都而酒造相休、百姓町人共より売買之米穀其外雑穀等津留不致候而者、来春夫食差支可申哉ニ付、御料所村々之願被承届候様ニ可被致哉と被存候由、然共私領・寺社領共ニ一同無御座候而ハ、津留之詮有之間敷候ニ付、右願之趣当御領分村々之儀も同様ニ可然与存候者、御領分村々も御料所一同ニ、大小豆之外者諸穀物津留申付、勿論当郡之義者御料・私領之無差別、米穀売買いたし候様致度由、弥於承知者御勘定所江茂一通御届被仰上、当郡口々江改所相建、他領出来為相改、御料私領廻米或者払米等津留有之節者、其領主役人中方、又者其支配役人ゟ之通切手を以、口々相通候様ニ致度旨、右之趣野田松三郎様・力石荻之進様・早川伊兵衛様御手代を以被仰聞、当領分も以之外不作、百姓共夫食難義之趣ニ付、右同様ニ取斗可申旨及挨拶候、依之他国出并酒造相休候義、急度相守候様ニ可仕候、此後隠候而酒造仕候歟、工ケ間敷義を以米穀他国出仕ニおゐてハ、科可申付候段領分在町江相触候、右之趣同様ニ被相心得、地中門前之者江も可被申付候、以上

十月廿二日（天明三）

新井甚五左衛門

黒　子　十郎兵衛

〈「事林日記」上『山形市史』史料編一、四六〇頁〉

補三

覚

一、去卯年凶作ニ付、米甚払底故、村山郡一統相談之上穀留御願申上、所々口留相立候処、追日高直ニ罷成困窮弥増、別而於御町方米春売専他所出致し候ニ付、町方困窮之小前日々之飯米ニ差支、惣様願出候ニ付、御城下出口小白川村・小荷駄町両所ニ而穀留被成、抜米無之様御取斗至極御尤之義、乍然東七ケ郷拙者共支配之村方ハ惣様買夫食ニて、日々御城下

誰

山形村検断
本間庄吉殿

天明四年甲辰年

何村人別家内仕訳帳

四月　　　名主　　誰

帳面表書

覚

一、家内何人　　誰
一、家内何人　　誰
一、家内何人　　誰
一、家内何人　　誰
一、家内何人　　誰

何村

ニ而舂米相調来申候ニ付、必至ト御差留被下候而ハ甚差支候ニ付、此度貴様へ御掛合申候ハ、村人別壱人ニ付五合ツヽ之積りニ而、飯米高一家内人別ニ通を以為相調、其度々拙者共印鑑江御引合御見届之御印形御差加江、御通し被下候様致度奉存候、自然通茂無之裏道等致抜穀候もの有之候ハヽ、右米追落しニ被成候節、当人彼是六ケ敷義も申候ハヽ、其者之村方支配江御渡可被成候、拙者共ニ而引請、其御城下江御苦労相懸申間敷候、且又御他領ニて相調、御城下持通シ之米茂通江相印、惣而通之外者決而為相通間敷候、右者此度貴様御町方御検断中為惣代、小白川村ニおゐて御参会御懸合申候之処相違無御座候、依之連印書付差出申候、以上

月　日

何村名主
誰

何村同
誰

何村同

惣〆人数合　　　　　　　何拾何人

〈「事林日記」上『山形市史』史料編二、四六八頁〉

補四

最上領村々近年打続悪作ニ有之候処、去々卯ノ年大凶作ニ而、米穀不足ニ相成来候処、当巳ノ年之儀茂甚不作ニ而、弥以来午ノ春・夏夫食不足可致義、依之当巳ノ年之義者酒造相休并米穀・麦・粟・稗・蕎麦等之類ニ至迄酒田湊江積下ケ且他国出、御料・私領・寺社領共ニ津留申付度候、左候ハヽか成ニも取続可申之旨、御料所郡中一統願書差出候ニ付、今般御手代中打寄被致評義候処、村方申立候通近年不作打続、一体米穀致不足候趣ニ候処、当田方之義も去々卯年凶作之年柄同様ニ相聞へ、無余義願ニ付、当巳壱ケ年都而酒造相休、百姓町人共より売買之米穀其外雑穀等津留不致候而ハ、来春・夏夫食差支可申哉ニ付、御料所村々之願被承届候様可被致哉と被存候由、然共私領・寺社領とも一同無之候而ハ、津留之詮有之間敷候ニ付、右之趣当領分村々之義も同様可然被存候ハヽ、領分村々茂御領所一同大小豆之外ハ諸穀物津留申付、勿論当郡之義者御料・私領之無差別、米穀売買いたし候様致度旨、弥於承知者御勘定所江茂一通り御届被仰上、当郡口々江改所相建他領出来為相改、御料・私領廻米或ハ払米等津留之有之節ハ、其領主・役人中方又ハ其支配役人ゟ之通切手を以、口々相通り候様ニ改度旨、右之趣松三郎様・荻之進様・八郎左衛門様御手代中を以被仰聞候、当領分茂存之外不作、百姓共夫食難儀之趣ニ付、右同様ニ取計可申之旨及挨拶候、依之他国出并酒造相休候義、急度相守候ニ可仕候、此後隠候而酒造仕候ハヽ、巧ケ間敷義を以米穀他国出致し候ニおゐてハ、科可申付候右之趣領分在町相触候間、各被得其意、寺領百姓共并地中門前之者江も可被申渡候、以上

（天明五）
十月十九日　　　　　　　　　　　寺社役所印

光明寺　来迎寺

専称寺　其次段々有

地蔵院

〈「事林日記」上『山形市史』史料編二、四七五頁〉

補五

近年諸色高直ニ而一統難義之事ニ候、右者去ル卯年不作より打続米直段高直ニ候故、米穀を造出し候類ハ勿論之儀、其余諸色共ニ米穀を元として相場相立候事ニ候得者、諸色米直段ニ准し、高下有之候義者無余義事ニ候処、未ノ年ゟ追々作方宜、去年・去々年米直段も格別下直成候得共、諸色之直段ハ其儘ニ而不引下ケ致商売、又ハ其品ニより出来不出来ニしたかい、直段ノ高下茂可有之品等出来方宜節も其儘直段不引下ケ類ひ、畢竟多分之利徳を心懸候故之儀ニ而不埒之事ニ候、都而諸色仕出し候その元直段よりして下直ニ相成、問屋仲買夫々商売方も〆売等之不埒無之、相応之利徳を以売捌候事ニ候得者、一躰ニ互ニ此心得無之而者、米価ニ准し格別引下候事も不相成道理ニ候、一統引下ケ売買致候得者所得同様ニあたり、一統之潤ニ相成候儀ニ候間、商売方之者共此儀厚相心得可申候、依之其出来方茂相応成品ハ、卯年より米価高直ニ最上之節之相場を引当、夫ゟ米価引下ケ候ニしたかい、諸色之直段茂引下ケ候様ニ仕入元を始、問屋仲買等夫々ニ商売方之者共江、急度可申付候、右之通申付候上ニも猶不埒之趣ニ候ハヽ、其筋々令僉義曲事ニ可申付候、此趣国々所々江も相触候之間、諸色仕入元直段引下ケ不申、或ハ買〆等之不埒相聞候ハヽ、其手寄商人共仲間之事たりとも可訴出候、尤訴出候もの難義ニ不相成様ニいたし遣、其品ニより賞美もあるへく候、不訴出其儘打捨置候ハヽ、是又可為曲事候、

戊二月

右之通町々并遠国諸奉行所在々迄茂厳重ニ申渡候間、私領分ハ其領主より一統教諭を加へ、国産等元直段引下ケ方其外諸色商売不埒之義無之ため、別ニ懸り役人等申付候而取扱候程ニ可申付候、右之儀ニ付而ハ、町奉行・御勘定奉行等より懸合候品茂可有之候、尤此上元直段等不引下ケ趣茂相聞候ハヽ、其領主之制令厳重

ならさる沙汰ニも至り可申間、精々厚可被申付候
右之趣万石以上并老中支配之面々江可被相触候
右之通従公義御触有之候間、各被得其意、地中門前之
もの共江能々可被申付候、以上
(寛政二)三月九日
寺社役所
光明寺　地蔵院
専称寺　来迎寺東方
極楽寺視留、〆廿寺也
〈「事林日記」上『山形市史』史料編一、五一三頁〉

補六

山形郡中御料・私領一統申談、米直段并諸品直段下別帳之通相極ル、尤当六日ゟ売買之積ニ相触候、乍去り当所之義ハ他ゟ入又他江売出シ候土地柄故、一躰之直段下直段ニ相成候ハヽ、他郡ゟ入米在之間敷、左候節ハ城下必然与差支ニ付、他村余米在之候而も下値ニ付、売出不申節ハ其段手代迄申遣シ、向方ニ而申付候積り

一、城下惣余米取調、并余斗米有之者ハ、壱俵成共売出し融通専一之事
一、買夫喰之人別調候事
一、右取調ハ、出来迄ハ他之者江売出候義無用之事
一、酒質物直段下之義申達置候
右之趣領分在町為相触候之間、各被得其意、地中門前之者江も可被相触候、尤領分在方ニ被罷在候同宗并配下之面々江も、不洩様通達可被有之候、以上
(享和元)七月十日
寺社役所
光始、石迄三十八ケ寺
〈「事林日記」上『山形市史』史料編一、六四三頁〉

補七

今度羽州御料所村々ゟ致他国候(出)紅花・青苧・煙草・真綿・蝋漆・紬布・胡麻・油荏・水油・大坂干粉・油・刻煙草・鳥荷共、荷出役永之儀、去辰年迄者村方請負ニ而上納仕来候之処、当巳年ゟ請負人相止、御取締方

被仰渡、御代官川崎平右衛門様・鈴木喜左衛門様ニ而御改有之、以来右品他国出之分、最上川通差下候分者、大石田川船方於御改所御改有之、陸附之分者平右衛門様・喜左衛門様御支配所、村山郡黒沢村・梁沢村・志津村・名木沢村・関谷村・下柳渡戸村・関山村・山寺村・高野村・関根村、都合十一ケ所ニ改所相立て候ニ付、当領分より差出候役荷物通手形之儀、最上川差下候分者大石田御役所宛ニ認、陸付之分者右口々御改所宛之通切手相認可差出候、依之以来役物他国出之節、是迄仕来之手形江、別段右十一ケ所宛所之増手形差出、当役所裏書判形を以、口々差出候筈ニ御料所掛ケ合之上相極候間、可得其意候、尤右手形認方之義者、通判書之者へ承合間違無之様可致候

一、右諸役物御料所村々ニ而買取候荷持、御私領町村江持運、又者御私領町村ニ而買取候荷持、御料所村方へ持送り荷造致、他国出候義致間敷候、是又御料所懸合之上相極候義ニ付、心得違無之様可致候、尤停止物之義物是迄之通可相心得候

右之趣領分在町へも相触候間、此段各被得其意、地中門前之者共へ申聞可被置候、尤此廻状寺号不相載同宗并配下之面々江も、不洩可被相達候、以上

（文化六）六月廿七日　寺社役所印

此廻状地蔵院へ送ル、寺院同様也

〈「事林日記」上『山形市史』史料編二、七四八～七四九頁〉

補八

差上申御請証文之事

紅花三拾弐貫目壱駄ニ付
一永七拾八文壱分

青苧三拾六貫目壱駄ニ付
一永九拾六文五分

葉たはこ弐百四拾斤壱駄ニ付

一永拾弐文五分

真綿三拾弐貫目壱駄ニ付
一永百四文弐分

蝋漆四貫目壱駄ニ付
一丁銭三百五拾文三分
此永五拾四文七分

油壱反（ママ）ニ付
一丁銭弐拾文
此永三文九分

布壱反
一丁銭六文三分
此永壱分

胡麻壱石壱駄ニ付
一丁銭六拾六文七分
此永拾文四分

油荏壱石八斗壱駄ニ付
一丁銭三拾五文
此永五文五分

水油八斗壱駄ニ付
一丁銭六拾六文七分
此永拾文四分

大坂干粉壱斗ニ付
一丁銭三拾三文三分
此永五文弐分

刻たばこ三拾弐貫目壱駄ニ付
一丁銭百三拾三文三分
此永弐拾三文八分

鳥壱駄ニ付
一永五拾弐文壱分
〆
右は羽州村山郡村々、他国出仕候紅華外拾弐品御役永之内、安永年中より請負人方江取集上納仕来候処、明和年去年中御取締方被仰出候ニ付御取調御座候処、明和年中御伺済金壱両ニ付丁銭四貫文、銀は六拾目替ニ而、其節御定之通ニ而は猶高直故、難義仕候ニ付、今般御伺済之上、当時の相場金壱両ニ付丁銭六貫四百文・銀六拾目替之積りを以銘々御役永当り、御仕出三分ニ直下三分一御役永書面当りを以相納可申旨被仰渡奉畏候、尤荷持他国出之節、大石田船方御役所并名木沢口、簗沢口・志津口・黒沢口右五ケ所并御料・私領口留役所江兼々其村々役人より印鑑差出置、通切手ニ荷数并宛所相認、荷主・村役人印形之切手取方、口々改所江差出、御料は名主、私領は口留番所改を請、荷持相通し、右船方御役所并名木沢口弐ケ所江は荷主より直々御役永其時々相納、其外口々改所之分ハ切手計差出改を請、御役永は荷持出村方名主方江取立置、一ケ月限り御用序御支配御役所江相納可申旨、且、明和年中御伺済後免除被仰付候、村方より作出候青苧・たばこ之義、商人江売払候分ハ御役永納方并通切手等之義、前廉同様相心得、村方ゟ他国江直出之分は仕来之通無役永之儀ニ付、前廉ニ其支配御役所江願出、御改を請、通切手申請候積リ相心得、都而御支配所村々より作出候品は不及申上、外ゟ買取候品私領村方江持運ひ荷造致候様成義、決而仕間敷、且御料私領御役所ケ所限書付・通切手振合とも別紙を以被仰渡候間、写取可申旨、村役人印形相替り候節は早速可申旨、逐一被仰渡、一同承知仕奉畏候、若相背候ハヽ、何分ニも可被仰付候、依之御請印形差上申所如件

文化六巳年六月

前書羽州村山郡村々ゟ他国江出荷物紅華外拾弐品之分、

荷持差出候村々名主通り切手を以差出候筈ニ付、右村役印鑑御渡置可被下候間、通り切手ニ引合、荷物員数壱品限り委細控帳ニ相記、入念改之相通し、右帳面ハ壱ケ月限リ・品限リ寄立置、右帳面之写通切手相添、其月限リ御役所差出、改請申旨

尤、志津口・簗沢口弐ケ所は、是まて有来候口留所江名主相詰居、黒沢村は追而改所御普請可被仰付候得共、夫迄は百姓家又は商ひ居等借受、是又、名主相詰メ相改可申候、為御取締御役所ゟも時々御見廻り被成候間、抜荷等は勿論、都而等閑之義無之様入念取計可申旨被仰渡一同承知仕奉畏候、然ル上は、抜荷等は不及申上、若不取締之筋有之義を後日被及御聞候ハヽ、私共何分之義ニも可被仰付、依之前書継添日限印形差上申候、以上

簗沢村
志津村
黒沢村

〈『西川町史編集資料』第一二号、一九一～一九三頁〉

補九

近年諸国共豊か熟之年柄無少(ママ)、去未年之義は風水災等ニ而村山郡一般違作致し、米価高直故、貧民買食之もの共及難義、同国中は勿論関東筋并奥州筋も同様之違作ニ付、米直段宜を幸ひ、商人共利欲ニ迷ひ、村山郡江多人数入込、糴買いたし、酒田・仙台・米沢・伊達辺江出穀致候故、米穀沸底ニ相成、貧民共弥増及難義、既ニ当夏中何もの共ニ候哉徒党ニひとしく不穏及所業風聞も有之、不届之至ニ付召捕之者差出し御取締相立、貧民相続方夫々申渡置候処、当年作柄も昨年同様出来劣り候間、刈場ニ至り米価下落不致却直段引上、右ニ准し諸色高直ニ相成候而已ならす、米穀隠買致し、外品々紡(紛カ)敷荷造致、改所を欺キ他郡出いたし候ものも有之、村々一統之痛ニ相成、一郡之為筋且米穀其外潤沢之仕法として、此度村山郡中会合之上、米・大麦・水油・菜種・紅華・

種酒等他郡出当分差留度、就而は、最上川通毒沢村辺江見張小屋取建、御料私領より名主共罷出立会、通船之分逐一改、陸路関山口・関根口・ 沢口・下柳渡戸口、其外口々改所ニ而モ入年相改、疑敷分ハ其所々留、御役所江訴出候積評義取極、其段議定書を以申立候ニ付、右之通為取計、大石田船方御役所ニおゐてハ別而厳重ニ相改候間、以来心得違致間敷、若他郡ゟ入込商人方江前書之品々隠売買いたし、自然川下ケ陸路出いたし候もの有之候ハヽ、召捕、急度遂吟味其旨相心得、小前末々迄名主宅江呼寄、不洩様可申聞候

右之趣得其意、此廻状村下江名主令印形、刻付を以留り村より可相返もの也

(万延元)
申十月二十八日

柴橋
御役所

〈『西川町史編集資料』第一二号、七七頁〉

補一〇

支配所村々
身元助之もの
并
穀物売買江
携候もの

昨年之儀凶作と申程には無之候得共、近来打続之違作米穀不足之上、当今之時勢旁穀類而已ならす都而物価引上、下々及難渋候ニ付、いつ方ニ而も奇特之志有之もの共は、精々合力向取計、蒙御称誉候分も有之由ニ候得共、自分支配所之儀は素より貧乏之土地柄、殊ニ是迄随分奇特之ものも有之、疲居候場合故、施候迄ニは至兼候共、貯之穀物成丈安直ニ売払候ハヽ、難渋なから買食之もの共無難ニ取凌穏ニ農事を励候様可相成、然ルニ他領之内ニは穀物積貯候を専一ニ心得、甚敷ニ至候而は相場之高貴ニ乗し、他之難渋ニ陥候をも不顧、一己之利益ニ走り、相手次

第高直ニ売払候族も有之哉ニ相聞、左も有之候而は、仕儀ニ寄何様之異変出来間敷共難申、其期ニ至り及後悔、合力向々及取計候とも奇特之筋とは難申、歎敷次第ニ候得共、是は他方之儀、自然自分支配所内ニ右躰不心得之もの候ハヽ、厳敷所計候心得ニ候取(ママ)、兼而厳敷申渡置候事故、於支配所ニは、右様不埒之及所業候ものは有之間敷、併当節諸方之穀相場承り候所、上郷故とは乍申、自分支配所辺取訳高価之趣相聞、窮民之難渋は勿論、御取締向ニも抱り候事ニ有之、扨又、兼而村々より歎願致候御廻米之内、村買受御救石代一条も不容易筋ニ候得共、伺之趣厚聞届被下度、然ル上は猶又融通出来候もの共ゟ精々助合、末々之もの共無難ニ為取続可申と之主意ニ而、伺書御取請当時御取調中ニ相成居候儀ニ而、今様之時節ニ臨ミ候而は、融通出来候もの、末々を助け遣候外致方無之、是則弐百年来太平之御恩沢ニ而、安穏ニ妻子扶助之御国恵を奉報候一端とも可申候条、夫是深く相考、心取違不致、銘々夫食之外余分有之もの精々助合向、或は穀類直安ニ売渡等之儀器量次第取斗、報国之心を尽し、積徳之子孫ニおよひ候様可致候

酉(万延二)三月

右は御代官様より厚諭し方被仰渡之趣銘々写置、心得違無之様可取斗旨、御役所より被仰渡候間、則写置申候事

酉三月廿五日

郡中村々江

〈『西川町史編集資料』第一二号、七九頁〉

おわりに

　私が出羽国村山郡の近世社会に関心を持ったのは、学生時代に明治大学刑事博物館で、山口村（天童市）や観音寺村（東根市）などの村方文書の整理の手伝いに誘われたのが始まりである。もう四十年も前のことである。そのとき誘ってくれたのが、博物館員だった茎田佳寿子さんだった。とてもきびしい指導と適切な助言を思いだす。いっしょに手伝いをした仲間が、木村忠夫君（九州産業大学教授）と菅野圭子さんだった。木村君とは同じ歴史研究の世界に生きているのに、ほとんど音信不通である。菅野圭子さんは先年亡くなられた。いまも年賀状だけだけれど音信が続いているのは茎田さんだけである。

　そのようなわけで卒業論文に村山地方の紅花生産を取り上げた。四年生の夏、初めて山口村と観音寺村に足を運んだ。そのころ村山地方の近世経済史研究の実証的成果は、当時の歴史学界で大きな反響を呼んでいた。その研究者が、小樽商科大学から東北大学に戻ってこられた安孫子麟さんで、もう一人が文学部国史研究室の助手をされていた渡辺信夫さんだった。私は、その渡辺さんに学ぼうと思い、明治大学から東北大学大学院文学研究科へ進んだのである。ところが行ってみたら渡辺さんは平高等工業専門学校に就職され、おられなかった。

　大学四年のころ、指導教授の木村礎さんは、夏休みになるときまって合宿形式の史料調査を行ない、その成果をベースに研究書を刊行していた。そのころは、下総佐倉藩の藩政史料と領内の村々に残る古文書を使って、譜代藩とはなにかという研究をやろうとしていた。これは薩長土肥に代表される外様大藩研究が主流の時代に、そもそも藩の大半を占める譜代藩政を分析せずして幕藩体制を論ぜられるかという視点から研究をリードしようという木村さんの野心的な挑戦だった。譜代藩といえば遠隔地所領＝「飛地」がつきものである。佐倉藩堀田氏も例に違わず、羽州村山郡にかなりの「飛地」を有していた。

大学院一年のとき木村さんから共同研究に誘われ、私がその「飛地」の研究をやることになった。佐倉藩の藩政史料には羽州領の関係文書はあまり残っていなかった。しかも「飛地」の研究なんてほとんどなかったので、どこから手をつけてよいかも見当がつかなかった。そこで木村さん一流のやり方で、夏休みを利用して村山郡内の旧佐倉藩領の村々を悉皆調査して手掛かりを得ようということになって、夏の山形へ四、五日の調査旅行を実施した。一九六二年八月半ばだった。

暑かった。日本一の記録を持つ山形であると実感させられた。そんな灼熱の道を古文書を探して武田君という山形出身の三年生と三人は歩いた。軍靴とがばがばの軍隊用鞄を肩にかけ、木村さんは物凄いスピードで歩く。ついていくのがやっとだった。そして長屋門がある家を見つけると、「おい青木、ちょっと聞いてこい」といわれ、私が家に入り名主さんだった家か、古文書があるかどうかを尋ねる。不思議にほぼ間違いなく古文書があり、それを廊下で見せていただいた。カメラなどという高級品はなかったから、机を借りて必要な文書をその場で筆写した。即座に眠気がおそってきて机にうつ伏せになると、「おい青木だらしがないぞ」という大きな声で目が覚めた。なんで眠気がおそうかというと、それは炎天の山形盆地を歩いた疲れだけからではない。前の晩ほとんど一睡もできないからである。木村さんの鼾がすごいのは当時有名だったが、それである。なつかしい想い出である。

こうしてついに柏倉村に佐倉藩の陣屋跡がほぼそのまま残っているのを見つけた。うれしかった。礎石の上に立って、これで書けると思った。研究というのは机上だけでやるものではない、じっさいに現場に行き、景観を見つめ、建物の配置をこの目で確かめるなど、こんなことがすごく大事なんだと木村さんは教えてくれた。それから一気に書き上げた。それが活字になった最初の本格的な論文である。木村礎・杉本敏夫編『譜代藩政の展開と明治維新―下総佐倉藩―』（文雅堂銀行研究社、一九六三年）の三章「佐倉藩羽州領の成立とその構造―いわゆる〝飛地〟の歴史的意義―」、五章Ⅲ「『羽州領』政の推転」がそれである。総頁四二二頁の内八〇頁を占めている。自分でも力が入っていたことが思いだされる。

それから私の村山研究は、このとき分かった非領国地域への関心から「郡中議定」へ向かい、その「郡中議定」制定が飢饉期の民衆運動と深くかかわっていることに気づき、近世後期の村山地方の百姓一揆や打ちこわしに関心が移り、さらに農兵制、世直しへと進んだ。

この間、山形では横山昭男さんという大先達に教えを受け、東北大学にお帰りになった渡辺信夫さんには、なにかと適切な助言を受けた。そしてなんと言っても歴史学研究会での佐々木潤之介さんとの出会いである。頭脳明晰というのは、こんな人をいうのかと思った。面白いデータがあるんですけれどと、佐々木さんにお見せすると、即座に理路整然とした体系性をもった近世史像が示される。

北島万次さんとは、第二回近世史サマーセミナー（一九六三年）で一緒に報告したのが、最初の出会いである。二人とも安良城盛昭さんから猛烈に批判された。もう駄目だと失望しながら高尾山を下りた。二人を慰めてくれたのが津田秀夫さんだった。さまざまな出会いがあった。そんななかでいまでも励ましあっているのが、北島さんと深谷克己さんだ。大学院生だった深谷さんからの手紙で二人は出会った。その点で私は恵まれていたなあと、しみじみ思う。

初めての論文からちょうど四〇年、ちょっと自分史として振り返っておこうと思い、まとめてみたのが本書である。一章から六章及び二編の出典は、次の通りである。

第一章　羽州村山郡における幕領諸藩領の展開（『駿台史学』一六号、一九六八年）
第二章　天保期羽州村山地方の農民闘争（北島正元編『幕藩制国家解体過程の研究』吉川弘文館、一九七八年）
第三章　天保一三年、羽州村山地方幕領における「私領渡し」反対運動（『地方史研究』一二五号　一九七三年）
第四章　幕末における農民闘争と農兵制―とくに出羽国村山地方の農兵組織の展開を中心に―」（『日本史研究』九七号　一九六八年）
第五章　慶応二年、羽州村山地方の世直し一揆（佐々木潤之介編『村方騒動と世直し』上、青木書店、一九七二年）
第六章　羽州村山郡「郡中議定」の初発と休会について（書き下ろし）
第二編　出羽国村山郡「郡中議定」（『山形市史編集資料』第四号、一九六七年）

今回読み直してみて、題名と内容を若干訂正した。時代の流れと研究の進展を感じたからである。それでもなんとか命脈を保ち、少しは若い研究者の皆さんの刺激になればと思い頑張ってみた。とくに「郡中議定」集成は、山形市史編集が終わってかなりの年月がたってしまっているのでお役に立つことだろう。

この間、渡辺信夫さんが亡くなり、今年に入って佐々木潤之介さんが鬼籍に入ってしまった。淋しくなった。もう一度、村山地方の幕末・維新史を渡辺さんと語りあいたかった。その点で、お前も歳だから、そろそろ昔の仕事をまとめておこうなんていう気持ちで、こんな本を出したのだろうと思われることだろう。しかしそれだけではない。これをきっかけにもう一度村山地方の近世史に挑戦してみたいと思いながら本書を編集した。とくに今回、「郡中議定」をすべて読み直し、雪の山形県立図書館に何度か通ってみてしみじみそう思った。ものすごい史料集が続々と刊行されているではないか。使わない手はない。幸い岩田浩太郎さんのようなすごい研究者がバリバリ仕事をされている。岩田さんらに学びながら、少しでも実証的な仕事を続け、民衆の歴史的役割を跡づけていきたいと思っている。

専修大学文学部に移り七年が過ぎた。いろいろなことがあったが、それでも大学は好きな仕事をさせてくれる時間を与えてくれたと思う。その点で西川正雄さん、荒木敏夫さん、矢野建一さんら同僚の皆さんに心から感謝している。また大学院生の石綿豊大君にはいろいろとお力添えをいただいた。この場を借りてお礼を申し上げる。

今度もまた、ゆまに書房の吉田えり子さんにお世話になった。同じ歴史の出身でしかも近世という同時代を学んでこられた彼女の適切な助言と温かいご支援があって、ここまで来られたと思う。ありがとうございます。

二〇〇四年二月一〇日

初版から八年が経った。この間、恩師の木村礎先生が亡くなられた。また専修大学でのフランス革命の共同研究のさい、歴史学研究の厳しさをみっちり教えていただいた西川正雄先生がこの世を去った。そして本書をはじめ私の研究のすべてを親身に支えてくれた廣田慶子さんもあの世に旅立たれてしまった。これらの方々のご冥福を祈りつつ、本書の再版刊行を機に新たな決意でさらに研究に専心することをご霊前に誓う（二〇一二年七月一〇日）。

著　者
青木　美智男　あおき・みちお
1936年福島県棚倉町に生まれる。明治大学文学部卒業。東北大学大学院文学研究科修士課程修了。日本福祉大学経済学部教授をへて、専修大学文学部教授。退職後、専修大学史編集主幹。

主著『天保騒動記』(三省堂、1979年)
『一茶の時代』(校倉書房、1988年)
『大系日本の歴史11、近代の予兆』(小学館、1990年)
『近世尾張の海村と海運』(校倉書房、1997年)
『百姓一揆の時代』(校倉書房、1999年)
『深読み浮世風呂』(小学館、2003年)
『藤沢周平が描ききれなかった歴史』(柏書房、2009年)
『日本文化の原型—近世庶民文化史—』(小学館、全集 日本の歴史、別巻　2009年)
『小林一茶—時代をよむ俳諧師—』(日本史リブレット・人63、山川出版社、2012年)

近世非領国地域の民衆運動と郡中議定

2004年5月27日　第1版第1刷発行
2013年2月20日　第1版第2刷発行

著　者　青木　美智男
発行者　荒井　秀夫
発行所　株式会社　ゆまに書房
〒101-0047　東京都千代田区内神田2-7-6
電話　03-5296-0491(営業)、03-5296-0492(編集)
FAX　03-5296-0493
組　版　富士リプロ株式会社
印　刷　株式会社平河工業社
製　本　東和製本株式会社

　ISBN978-4-8433-1160-8　C3021
　定価：本体8,000円＋税